사례와 판례로 이해하는
학교폭력의 예방과 대책

천세영 · 정일화 · 남미정 · 김미정 · 조성만 · 김수아 · 유지영 · 방인자 공저

학지사

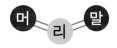

　국가의 미래이며 희망인 우리의 학생들이 학교폭력으로 고통받고 있다. 학교폭력을 종식시키고자 하는 노력을 통해 통계적으로는 학교폭력이 줄고 있기는 하지만 새로운 유형의 학교폭력이 생겨나거나 어린 학생들이 소중한 생명을 스스로 끊는 안타깝고 불행한 일은 여전히 벌어지고 있다. 정부가 어린 학생들이 안전하게 생활할 수 있도록 학교폭력근절 종합대책과 학교폭력의 근본적인 치유대책으로 인성교육 비전을 수립하고 방안을 마련하여 시민사회단체 등과 힘을 모아 실천하고 있는데 여기에 가정, 학교, 사회의 협력이 더욱 필요하다.

　학교폭력의 원인은 학교폭력을 행사하는 개인의 생리적 특성 등과 더불어, 생명을 가볍게 생각하는 가치관의 타락, 타인에 대한 배려가 부족한 사회문화의 척박함, 물질을 중시하며 향락적인 사회풍조, 게임중독 등으로 인한 가상과 현실의 혼동, 핵가족화와 개인주의에 따른 가족 공동체의 붕괴, 인성교육이 취약한 학교교육 등 다양하고 복합적이다. 원인이 무엇이든 학교폭력으로 인한 아픔은 해당 학생과 가족뿐만 아니라 우리 모두의 고통이다. 또한 그 책임은 우리 공동의 책임이다. 특히 가정과 더불어 학생의 보호자이며 교육자인 교사가 학교폭력으로 빚어지는 사태를 접하는 경우 그 아픔은 말로 표현할 수 없으며, 책임을 통감하게 된다.

　밝은 미래를 향해 한창 자라나는 꿈 많은 어린 학생들이 단 한 명도 학교폭력으로 고통받는 일이 없게 하는 것은 모든 어른, 특히 교육자들의 가장 큰 책무다. 학교폭력 예방을 위한 일말의 책임감으로 학교현장의 경험과 사례를 담아 이 책을 출간한다. 학교폭력을 예방하고, 학교폭력 사안이 발생했을 때 법률에 근거하여 교육적으로 올바르게 대처하는 데 도움이 되기를 바란다. 저자 모두가 교육행정을 전공하였고 또한 저자 대부분이 학교현장의 교사이기도 하여 법규에 따른 행정적 절차를 안내하는 데 그치지 않고, 학교폭력의 근본적 예방과 치유를 위한 학급경영 및 인성교육 등도 다루려고 노력했다.

이 책을 『교육윤리 리더십』(학지사, 2011), 『교육행정 사례연구』(학지사, 2007), 『교사와 윤리』(원미사, 2004) 등과 함께 살펴본다면 학교폭력 사안대처에 더 참고가 되리라 생각한다. 교직을 준비하는 예비교사뿐만 아니라 학교폭력 예방 및 사안처리와 관련하여 현직 교사, 수석교사, 교감·교장 등의 교육행정가, 교육청의 학교폭력 담당자, 학교폭력 관련 시민단체 등에서 일하는 분, 그리고 대학에서 학교폭력 관련 강의를 하는 분들에게도 이 책이 도움이 되기를 바란다.

이 책의 내용은 정부의 학교폭력근절 종합대책, 학교폭력 사안처리 Q & A, 2012년 교육과학기술부 정책연구인 '국가 인성교육 비전 수립 및 실천 방안 연구'와 「형법」「교육법」「교육기본법」「초·중등교육법」「학교폭력 예방 및 대책에 관한 법률」 및 시행령, 「성폭력범죄의 처벌 등에 관한 특례법」「아동·청소년의 성보호에 관한 법률」 등의 법률과 시행령, 그리고 먼저 출간된 학교폭력 관련 도서와 언론보도 등을 참고하였다. 이 책의 학교폭력 관련 사례에 등장하는 학교와 개인의 이름은 모두 가명임을 밝힌다. 특히 사례의 내용은 여러 언론보도와 사법부의 판결을 참고하여 옮기거나, 현장의 경험을 바탕으로 구성 또는 각색하였다. 이 책의 내용이 채워지도록 유형·무형의 도움을 준 여러 선도자들께 감사를 드린다. 이 책의 내용이 모든 사람을 만족시킬 수는 없을 것이다. 부족한 내용은 앞으로 지속적으로 수정하고 보완하겠다. 부족한 점을 채우기 위해 독자들과 전문가들의 조언과 도움을 청한다.

폭력이 없는 행복한 학교를 바라며
저자를 대표하여
천세영

제2부 학교폭력의 예방

제3부 학교폭력 관련 법규 및 예방 프로그램

제4부 학교폭력 유형별 사례 연구

서문

학교폭력의 인문학적 서설

인류의 역사와 함께한 학교폭력

본래 폭력은 에너지의 흐름이다. 강한 에너지가 약한 에너지를 흡수하는 과정이다. 실상 모든 생명체는 살아남기 위한 경쟁을 하고, 경쟁은 전쟁이며, 전쟁은 바로 폭력이다. 즉, 폭력은 자연의 현상이며, 인류의 진화사 자체가 폭력을 극복해 온 역사다. 인류는 동족·동종 간의 폭력과 전쟁이 단기적으로는 생존과 풍요를 가져오는 것 같지만 장기적으로는 동족·동종의 멸족·멸종을 초래한다는 것을 가장 확실하고 심각하게 깨달았으며, 폭력을 극복하는 방법을 발전시켜 왔다. 그것이 인류 문명의 비밀이나.

인류의 역사는 곧 전쟁사이며 진화의 비밀은 적자생존의 피비린내 나는 전쟁이다. 타자를 죽이지 않고는 살아남을 수 없기 때문에 폭력은 모든 생명체에 내재한 에너지의 흐름이었다. 그러던 중 전쟁을 극복하고 평화를 얻는 길이 공생의 길임을 깨달으면서 진화는 한 단계 나아간다.

폭력 극복을 위한 일차적 진화는 일부일처제, 근친상간 금지를 진화 코드에 심는 것으로 시작되었다. 이렇게 가족 간, 동족 간 폭력과 전쟁을 극복함으로써 씨족사회라는 최초의 집단체를 만들었고, 점차 부족사회와 국가체, 나아가 제국을 만듦으로써 제국 내 개인 간의 폭력과 전쟁이 방지되고 제국 내에서의 자유와 번영을 보장받을 수 있었다. 그리고 이차적 진화는 진정한 개인의 자유를 쟁취하여 근본적인 폭력 극복의 길을 엶으로써 완성되었다.

신이 인간에게 부여한 천부인권적 자유(freedom)는 천국과 피안 세계에서 가능한 것으로, 인간은 에덴에서 추방된 이후 정치적 자유(liberty)를 쟁취해야 했다. 역사를 거치면서 자유의 개념은 점차 진화되었다. 사실상 인류는 자유를 창조하였다. 신께서 허락한 동산에서의 자유는 신에게 절대 복종해야만 얻을 수 있는 조건부 자유였고, 신의 명령을 거부하고 얻은 자유는 죽음을 의미하였다. 그러나 신은 인간에게 한 번의 기회를 더 주었다. 스스로 땅을 일구고 땀을 흘려 먹을 것을 구할 기회였다. 이후 개인이 폭력에서 자유를 얻음으로써 인류가 번영할 수 있다는 진리를 깨닫는 데까지는 수만 년 이상의 긴 시간이 걸렸다.

물론 진정한 자유와 평화를 얻는 일은 쉽지 않았다. 피비린내 나는 두 차례의 세계대전을 거친 후에야 비로소 인류는 진정한 자유와 평화의 가치를 깨닫고 폭력은 생존을 위한 수단이 아니라는 점을 인문학적으로 성찰하기에 이르렀다. 그럼에도 여전히 테러리즘은 존재하고 극히 일부 종교에 의해 정당화되기까지 한다. 또한 일부 국가는 아직 사형이라는 폭력을 행사하고 있으며, 평화 유지를 위한 필요악이라는 명분으로 군대라는 강력한 폭력제도를 유지하고 있다. 폭력은 단지 그 형태가 달라졌을 뿐 여전히 자연 질서로 존재한다.

폭력 방지를 인류의 진화코드에 심는 일은 교육제도의 탄생과 발전과정으로 이해되어야 한다. 교육은 생존의 기술을 배워 나가는 과정이며 후손과 이웃과 함께 생존의 기술을 공유하고 발전시켜 나가는 과정이다. 그러한 공유된 생존기술의 크기가 문명의 발전 수준을 결정한다. 인류는 근대에 이르러서야 생존기술의 공유제도로서 학교제도를 발전시킬 수 있었다. 전통적으로 가족 내에서 이루어지던 교육을 사회로 확장하고 제도화한 바, 우리는 이를 학교라고 부르게 되었다.

학교에서 가르치는 제일 덕목은 바르게 사는 인성이다. 바르게 산다는 것은 서로 폭력을 행사하기보다는 서로 협력해야만 살아남는다는 것을 뜻한다. 결국 학교의 존재 이유는 여러 형태의 폭력으로부터 개인이 자유를 얻는 방법을 배우는 데 있었다. 그런데 20세기에 들어서면서 인류는 폭력 방지를 배워야 할 학교에서의 폭력 발생 빈도와 형태가 더 위험한 사태에 직면했다. 통계적 정보들이 그것을 증언하며, 직접적인 폭력 외에도 언어 폭력, 왕따 그리고 SNS(social network service)를 통한 사이버 폭력과 같은 집단적 폭력 등 폭력이 새로운 형태로 진화하고 있기까지 하다.

학교폭력 발생의 원인에 대한 해석 또한 분분하다. 첫째로는 학교폭력은 새삼스러운 것이 아니고 늘 있어 온 사소한 것이라는 인식이다. 둘째로는 잘못된 학교교육이 학생들을 학교폭력으로 이끈다는 인식이다. 그리고 셋째로는 학교폭력은 잘못된 가정교육으로 억눌린 감정을 아이들이 학교에서 표출하는 것이라는 인식이다. 세 가지 모두 옳지만, 사실은 일부분만 옳을 뿐이다. 더 정확하게 말하면, 여러 원인이 서로 연계되어 있는 것이지 어느 하나만으로 학교폭력이 발생하는 것은 아니다. 그러므로 학교폭력이 발생하는 원인을 잘 모르고 있음을 겸허하게 인정하고 또 다른 원인을 찾아보려고 노력해야 한다는 것을 의미한다.

그 새로운 원인 중 하나는 각 나라와 사회의 발전사에 내재한 특수성이다. 물론 그러한 특수성은 세계사적 보편성의 한 측면일 것이다. 급작스럽게 산업화가 진행된 대한민국에서 일어난 필연적인 사회 현상은 산업화를 먼저 이룬 서구의 국가들이 경험한 역사의 반복일 수 있다. 오이디푸스 콤플렉스(Oedipus complex)가 그 증거다. 현대인은 가정의 해체로 지극히 개인화되어 부모까지 포함하여 모든 타인을 적으로 인식한다. 슈퍼에고로서는 감당하기 어려운 에고의 폭발이 학교폭력의 원인 ㄱ 사제라고 할 수 있다.

학교는 근대의 등장과 함께 탄생하였다. 학교의 가장 중요한 기능은 국가정체성을 갖춘 국민을 양성하고, 종교적 이념을 통합하는 세속성을 합리화하는 것이었다. 학교의 탄생은 학생의 탄생으로 시작된다. 근대 이전에는 모든 인간이 그저 덜 자란 미성숙인과 다 자란 성숙인으로 구분되었을 뿐이다. 1948년 유엔아동권리헌장의 선언에 따라 17세 이하의 인간은 모두 아동으로서 보호받을 권리를 보장받았다. 많은 선진국이 17세까지를 무상교육 기간으로 국가의무를 선언함으로써 5세까지의 유아기를 거친 이후의 아동은 모두 학생이 되었다. 학교폭력을 학교의 주구성원인 학생을 대상으로 행해지는 폭력으로 정의할 때, 학교폭력이 발생했다면 구성원인 학생이 또는 학교 밖 사회 구성원이 폭력적이 되었다는 것을 의미한다. 학생을 비롯한 사회 구성원이 폭력적으로 변화한 원인 중 발생지인 학교의 변화를 제외한 행위자인 학생 또는 사회 구성원의 변화를 살펴볼 필요가 있다.

첫 번째 변화 요인은 근대산업사회가 초래한 가족과 공동체의 해체로부터 찾아진다. 인류 문명사가 태동한 이래로, 인간은 가족과 마을 공동체의 보호와 사랑 속에서 이웃과 관계 맺기를 배우면서 자랐다. 그러나 근대산업사회는 대가족을 핵가족으로 분절시켰으며 심지어 전통적으로 육아책임을 지던 어머니인 여성을 가정에서 분리시켰다. 대가족을 넘어서는 마을 공동체 또한 해체되었다. 이제 개인은 어려서부터 자신을 보호하고 사랑해 주는 가족과 이웃을, 자신을 해할 수도 있는 타자로 인식하게 되었다. 이는 인류 진화사의 핵심코드인 협력을 통한 폭력 극복의 코드가 소멸되었음을 의미한다.

둘째, 20세기 초 스위스의 지그문트 프로이트(Sigmund Freud)가 오이디푸스 콤플렉스를 발견했다. 오이디푸스 콤플렉스는 훗날 모든 포유류에 공통으로 나타나는 부성(父性) 공격성으로 밝혀졌다. 프로이트는 당시 잘못 엮인 운명 때문에 아버지를 죽이고 어머니와 결혼하게 되는 그리스의 오이디푸스 신화에서 오이디푸스 콤플렉스의 실마리를 찾았다. 산업화가 진전되고 여성의 사회참여가 늘어나면서 자녀양육 방식에 변화가 생겼다. 귀족과 왕족들이 유모를 고용해 자녀양육 책임을 분담하던 방식이 일반인들에게까지 확산된 것이다. 짧아진 부부생활 시간을 확보할 방법은 자녀와 부부의 취침 공간을 일찍부터 분리하는 것이었으며, 이는 경제적 풍요로 주거공간이 확대됨에 다라 가능하게 하였다. 동시에 아이들은 일찍부터 독립적인 인간으로 길러져야 한다는 주장이 등장하면서 태어나자마자 엄마의 품에서 떨어지게 되었다.

이러한 분리육아 방식은 유아기 아동에게 심각한 고독과 불안으로 자리 잡게 되었다. 그 원인 제공자로 부친에 대한 분노를 심화하고 이것이 훗날 슈퍼에고에 의해 제대로 제어되지 못할 때 청소년기의 공격성, 나아가서는 성인기의 폭력성으로 발현된다는 것이 프로이트의 가설이었다. 서구에서 발견된 오이디푸스 콤플렉스는 한동안 서구문화의 특성으로 이해되었으며, 문학작품에서부터 시작하여 범죄심리학의 근간이 되었다. 그러나 서구의 산업화와 경제 번영이 전 세계적으로 확산하면서 전통적 육아법에 관한 가장 보수적인 문화를 유지하여 온 대한민국도 결국 그 예외가 되지 못하는 것으로 보인다.

셋째, 다원문화의 충돌과 위협이 또 다른 아동폭력과 학교폭력의 원인으로 생각된다. 급진전되는 세계화로 다원문화가 상호 충돌하고, 위협과 방어라는 전선을 만들어 낸다. 사실상 아동이 성인으로 자라나는 과정에서 가정문화와 사회문화의 충돌도 마찬가지 과정으로 이해될 수 있으나, 이러한 충돌 극복은 사회화라는 과정을 통해 가정의 사회화 기능과 교육 기능에 포함되어 왔다. 그렇지만 급속도로 진전되는 다문화 간 충돌에는 가정과 사회 및 학교 모두 충분히 대비하지 못한 상태다. 개방적 이민정책을 시행하는 나라의 경우는 당연히 이러한 대비가 상대적으로 잘 되어 있겠지만, 대한민국처럼 오랫동안 단일민족 문화를 공공연하게 형성해 온 나라일수록 다문화 간 충돌로 인한 학교폭력의 위험은 훨씬 높다고 할 수 있다.

학교폭력 방지를 위한 공동체 복원

학교폭력 방지의 제일 정책은 가족과 마을 공동체의 복원이다. 현대 산업사회의 등장 이후, 두 공동체의 해체는 불가피한 현실로 받아들여져 왔다. 그러나 후발효과 이론에 따르면, 서구사회의 실패를 타산지석으로 삼아야 한다. 가족과 마을 공동체의 해체로 말미암아 미래에 발생될 학교폭력의 사회적 비용은 계량하기 어려울 정도로 클 것이다. 오히려 가족과 마을 공동체의 복원 비용은 충분히 경제적일 수 있다.

가족 공동체의 복원은 먼저 출산과 양육환경을 복원하는 것부터 시작되어야 한다. 이를 위해서는 무엇보다도 여성의 사회참여를 보장하는 일 못지않게 출산과 육아가 여성의 사회 생활과 자아실현을 해치지 않도록 하는 강력한 사회보장체제가 마련되어야 한다. 이를 위해서는 국가사회적 계약이 필요하며, 국가가 출산과 육아 비용을 전면적으로 보장해야 한다. 예를 들면, 삼대가 함께 사는 확대가족을 유지하는 가정에 대한 강력한 인센티브제도를 도입할 수 있다.

다음으로 마을 공동체의 복원은 현대사회에서는 불가능에 가까운 과업일 수 있으며, 가정의 복원처럼 선례도 없는 편이다. 이 역시 서구사회의 실패를 극복해야 하는 창조적 과제다. 마을 공동체를 하나의 생활정치 단위로 육성하는 방법도 있다. 일본 공명당에서 강조하는 생활정치가 그 한 예다. 또한 학교가 복합지역사회에서 중심체로 역할을 할 수도 있다.

학교의 재구조화도 필수적인 과제다. 오늘날 학교는 공부만 하는 곳이 아니다. 과거 가정과 마을공동체에서 맡았던 교육 기능을 이젠 학교에서 맡아야 한다. 이를 위해서는 학교의 기능을 교육 기능과 보호 기능 그리고 마을 공동체 기능으로 삼분하여야 한다.

마지막으로 만인소통(connect for all)의 시대가 새로운 진화코드가 될 수 있음을 깨달아야 한다. 인터넷시대는 학교폭력에 독이 될지 약이 될지의 갈림길에 서 있다. 당연히 독보다는 약이 되는 길을 찾아야 하며, 해체된 가족과 마을 공동체의 복원을 위한 소통체계로 활용해야 한다.

학교폭력의 근본적인 예방을 위한 인성교육

학교폭력은 우리나라에서만 일어나는 현상은 아니다. 경제적으로 앞선 나라에서도 이미 겪어 왔고, 여전히 끊이지 않고 있다. 신흥개발국에서도 마찬가지로 심화되어 가고 있다. 우리나라에도 과거부터 학교폭력이 있었다. 현재처럼 심각하게 인식하지 못했거나 심각한 정도에 차이가 있었을지 모르나 학교폭력은 존재했다. 경제적으로 급성장하면서 우리나라에서는 전통적 가치관의 변화, 핵가족화에 따른 가정교육의 부실 또는 부재, 성적을 중시하는 입시 위주의 교육으로 인한 학교의 경쟁적 풍토, 폭력적인 가상 게임의 범람과 물질·말초적 쾌락을 추구하는 사회 분위기 등으로 학교폭력의 수위가 높아지고 폭력적 행위에 무감각해져 가고 있다.

　이러한 복합적인 요인들이 누적되어 결국 2011년 대구의 중학생이 학교폭력에 시달리다가 아까운 목숨을 끊은 안타까운 사건이 대한민국 사회를 강타했다. 이 사건으로 이미 일상화된지 오래인 학교폭력 문제가 수면으로 급부상하고 그 후 학생자살 사건이 연이어 보도되며 온 사회가 충격에 빠졌다. 그동안의 무관심과 무대책은 정부와 학교는 물론 사회와 어른들의 엄중한 책임으로 돌아왔다. 급기야 대통령이 나서고 교육과학기술부[1]를 비롯 경찰청, 여성가족부, 보건복지부, 문화관광체육부 등 범부처가 근본적인 대책 마련에 나섰다. 2012년 2월 6일에 민간 전문가를 포함한 범정부적 학교폭력근절대책위원회가 총리주재 협의체로 발족되어 첫 회의를 하고 종합대책을 발표하기에 이르렀다.

　2012년 3월 신학기가 시작되자 모든 학교에 학교폭력대책자치위원회가 정비되어 본격적인 활동을 시작했고, 학교폭력 실태에 관한 전수조사도 이루어졌다. 생각보다 많은 학생들이 학교폭력 피해를 경험한 것으로 나타나 충격은 더 컸다. 하루 평균 1명꼴로 보고되어 온 청소년 자살 또한 줄어들 기미는 보이지 않았다. 다행스러운 것은 학교현장과 교사들이 더욱 적극적으로 학교폭력 문제에 개입하게 되었으며 종전보다 피해학생들의 신고편의성이 높아짐으로써 학교폭력 발생 현상이 눈에 띄게 누그러지는 것으로 보고되었다.

　그러나 무엇보다도 근본적인 대책은 학교폭력을 예방하는 일이며 그것이 구체적으로 학생들의 바른 인성교육이라는 점은 주지의 사실이다. 사회 일각에서도 인성교육에 대한 근본적 대책의 필요성이 제기되었으며, 인성교육은 학교폭력 예방대책을 넘어 더욱 근본적으로 대한민국 교육의 진로에 대한 엄숙한 진단과 고백, 그리고 미래를 위한 새로운 비전 수립과 관련된 과제로 인식되기에 이르렀다. 이상의 「인성교육 비전 수립 및 실천 방안 연구」(천세영, 김왕준, 성기옥, 정일화, 김

---

1) 2008년부터 2013년 2월까지 '교육과학기술부'로 명명되어 오다가 2013년 3월부터 '교육부'로 명칭이 변경되었다. 이 책에서는 해당 시기에 따라 교육과학기술부, 교육부를 혼용하고 있음을 밝힌다.

수아, 2012: 3)의 '학교폭력 근본 치유를 위한 인성교육'의 내용처럼 결국 학교폭력 예방의 핵심은 인성 회복이다. 즉, 가정, 학교, 사회의 협력 위에서 이루어지는 인성교육이 학교폭력을 방지, 예방, 치유하는 근본적인 길이다.

인성교육 비전 선언문 ....

대한민국은 지금 중대한 기로에 서 있습니다.
몸집만 커진 기형적인 나라가 될 것인지,
정신까지 알찬 선진일류국가가 될 것인지 갈림길에 서 있습니다.
원조를 받던 나라에서 원조를 주는 나라가 되고,
국제규범을 따라가기 바쁜 나라에서 세계표준을 선도하는 나라가 되고,
우리의 춤과 음악이 세계인을 감동시키고 있는 가운데,
남들은 우리를 '기적의 나라'로 부르고,
'교육 모델'로 따라 배우며, '선진국'으로 분류하지만
우리는 이를 당당하게 인정하지 못하고 있습니다.
우리의 국력과 개인의 능력은 커졌지만
더불어 함께 살아가는 품성은 부족하다고 느끼기 때문입니다.
양적인 성장은 이뤘지만 질적인 성장이 부족하다고 느끼기 때문입니다.

고도경제성장을 이끌었던 치열한 경쟁 사회 문화는 극심한 이기주의와
세계 최고 수준의 자살률이라는 그림자를 만들어 냈습니다.
직장에 내몰린 부모와 입시에 쫓기는 학생은 밥상머리 대화가 부족하고,
자식교육에 대한 부담은 세계 최고 수준의 저출산을 낳았습니다.
사회와 가정의 무관심 속에 우리 아이들이 병들어 가고 있습니다.
학업성취도와 같은 지적 능력에서는 세계 최고 수준이지만
타인을 배려하고 함께 살아가는 능력에서는 세계 최하위 수준입니다.
학교폭력과 왕따를 사소한 장난으로 생각하고
아무런 죄의식 없이 행하는 경우가 많습니다.
학년이 높아갈수록 자기만족도가 떨어지고

학교에 적응하지 못해 학교를 떠나거나 자살하는 학생이 늘고 있습니다.

우리나라는 동방예의지국으로 불릴 만큼
전통적으로 인성교육 강국이었지만
지금 우리 아이들의 인성은 위기에 처해 있습니다.

이 모든 것이 인성보다 교과 성적을 우선하는 사회풍토 속에서
학교, 가정, 사회가 인성교육을 소홀히 하였기 때문입니다.
학생들이 겪고 있는 어려움을 해결하기 위한
교사-학생-학부모 간의 소통이 원활하지 못했기 때문입니다.
학생들의 인성교육과 생활지도에 대한
우리 모두의 역할과 노력이 부족했기 때문입니다.

학생들은 우리의 미래입니다.
올바른 인성교육 없이는 학생의 행복한 미래도
우리 사회의 건강한 미래도 기대할 수 없습니다.
우리나라 모든 학교는 인성교육을 최고의 가치로 약속하고 있지만
이를 실천하지 못하고 있는 것이 현실입니다.
이제 그 약속을 지켜야 할 때입니다.

'아이 하나를 기르기 위해서는 온 동네가 필요하다.'
'인성이 진정한 실력이다.' 라는 공감대로 함께 모인 인성교육범국민실천연합은
그동안 포럼 및 출범식을 통해
정부(교육과학기술부)에 인성교육 실천을 위한 정책을 제안한 바 있습니다.
그리고 이를 근거로 하여 인성교육 비전 시안을 함께 마련하였습니다.

먼저 우리는 지금까지외는 다른 방법으로 인성교육을 접근해야 한다.
인성교육은 학교폭력을 줄이는 차원을 넘어
미래사회의 핵심역량을 키우는 차원에서 접근해야 한다.

21세기 글로벌 시대는 사람과 사람, 사람과 자연이
더불어 조화롭게 사는 능력이 강조되고 있습니다.
공감과 소통, 긍정과 자율, 정직과 책임을 바탕으로 한
도덕성, 사회성, 감성적 능력이 요구되고 있습니다.
또한 인성교육은 학교와 가정, 사회가 모두 함께 노력해야 합니다.
서로 남의 탓으로 책임을 떠넘겨서는 안 됩니다.
모두가 절치부심하여 지혜를 모으고 손발을 맞추어야 합니다.
우리는 인성교육 강화를 위해 정부와 함께
다음과 같이 실천하고자 합니다.

첫째, 추상적으로 제시되어 온 인성 덕목을 구체화하고, 기존 지식 위주의 교육에서 실천·체험을 통해 역량을 키우는 학교교육으로 재구성하겠습니다. 이를 위해 예술·체육교육을 활성화하고 독서교육을 강화하여 소통·공감 능력을 향상시키겠습니다.

둘째, 학생이 참여하는 자치활동을 활성화하고, 학생·교사가 함께 행복할 수 있는 학교문화를 만들어 나가겠습니다. 이를 위해 언어문화를 개선하고, 주변 학생을 돌보는 위기학생 대책을 수립하고, 학생으로부터 신뢰받는 교사문화를 만들겠습니다.

셋째, 범사회적 캠페인을 통해 국민적 공감대를 형성하고, 학교-가정-사회의 총체적 협력을 유도하겠습니다. 이를 위해 학생-학부모-교사가 서로 믿고 대화할 수 있는 유기적 협력 관계를 구축하고, 모든 국민이 동참할 수 있는 다양한 인성교육 프로그램을 개발하고 확산하겠습니다.

넷째, 우리 사회에 '인성이 진정한 실력'이라는 새로운 인재 패러다임을 정착시키겠습니다. 이를 위해 대학 진학 및 취업 시 인성 수준을 중요한 요소로 반영하는 제도를 마련하겠습니다.

이러한 비전 실행을 위해 인성교육범국민실천연합은
국민적 관심과 에너지를 모으는 데 앞장서고
정부는 이를 적극 지원할 것입니다.
사회적 공감대가 형성되고 비전이 보이는 만큼

이제는 과감한 실천만이 남았습니다.

우리 모두 힘을 합쳐 실천해 나간다면

우리 아이들의 행복은 물론 우리나라가

교육으로 인류에 모범이 되는

진정한 교육 강국, 선진일류국가로 도약할 것으로 확신합니다.

인성교육 실천을 향한 우리의 비전이 꼭 실현될 수 있도록

국민 여러분의 성원을 바라 마지않습니다.

2012년 9월 4일

인성교육범국민실천연합 · 교육과학기술부

제1부

학교폭력의 이해

제1장
개념과 유형

　학교폭력을 예방하는 것이 최선이지만 불행하게도 학교폭력이 발생한 경우에, 법제처의 '찾기 쉬운 생활법률 정보'의 안내에 따르면 형벌의 대상으로 「형법」을 비롯한 「형사법」이 적용되고, 가해행위의 동기와 죄질을 고려하여 「소년법」이 적용될 수 있다. 학교폭력 피해자 보호 등의 전반적인 문제를 다루기 위해 「학교폭력 예방 및 대책에 관한 법률」이 제정되어 시행되고 있다.

　이 법률에서는 피해학생의 보호 및 구제와 가해자가 학생인 경우 가해학생의 선도 및 교육 그리고 분쟁조정에 관한 사항을 규정하고 있다. 이 장에서는 국가법령정보센터에서 제공하는 법률 용어를 바탕으로 학교폭력의 개념과 유형을 알아보고 사례를 통해 이해를 돕고자 한다. 이 장의 사례는 언론에 보도된 사건 내용과 현장의 경험을 바탕으로 각색하거나 창작한 것이며, 사례에 등장하는 학교와 개인의 이름은 가명이다.

제1장 : 개념과 유형

1. 학교폭력의 개념

학교폭력은 우리 사회가 해결해야 할 어려운 과제 가운데 하나다. 정부는 최근 학교폭력, 가정폭력, 성폭력, 불량식품을 우리 사회의 질서와 안녕을 해치는 4대 악으로 규정하고, 이를 근절하기 위한 노력을 국정의 최우선 과제로 내세우고 있다. 학교폭력은 오늘날만의 문제도 아니고 우리나라만의 문제는 더욱 아니다. 최근 우리 사회에서 학교폭력이 심각한 사회문제로 불거진 이유로는 짧은 기간 내에 이룬 세계가 부러워하는 물질적 풍요와 세계 최고 수준의 학력에 비해 남보다 잘사는 데 몰두한 나머지 민주시민 의식이 부족하고, 경쟁과 입시 위주의 교육으로 가정과 학교 그리고 사회에서 인성교육이 제대로 이루어지지 않은 이유가 가장 크다고 할 수 있다.

2012년 교육부가 한국교육개발원과 공동으로 조사한 학교폭력 실태조사에서 응답 학생 139만 명 가운데 12.3%인 17만 명이 학교폭력을 경험한 것으로 밝혀졌다. 학교폭력을 경험한 장소로는 학교가 절반 이상의 비중을 차지했다. 경험한 학교폭력 유형으로는 협박과 욕설이 51%, 따돌림 13%, 돈이나 물건 빼앗기 13%, 폭행 및 감금 11%였고, 성희롱이나 성추행도 5%에 달하는 것으로 나타났다. 학생의 24%가 학교에 일진과 같은 폭력서클이 존재한다고 응답했고, 초등학생의

33%도 학교 내에 폭력서클이 있다고 응답하여 학교폭력의 피해학생과 가해학생의 나이가 점차 낮아지고 있다는 점이 밝혀졌다. 실태조사에 응답한 학생은 전체 학생의 25%에 지나지 않아, 학교폭력을 경험한 학생은 실태조사로 나타난 것보다 많을 것으로 추정된다.

학생을 비롯한 아동과 청소년들은 학교폭력에 대한 이해 부족으로 무심코 학교폭력의 가담자가 되거나, 피해 사실을 밝히지 못하고 혼자 감내하다가 극단적인 선택을 하게 되는 경우가 있다. 또한 학교폭력 피해학생에 대한 학교, 학부모, 사회의 무관심으로 되돌릴 수 없는 불행이 초래되는 경우도 많다. 학교폭력에 대한 올바른 이해를 통해 학교폭력을 예방하고, 학교폭력이 발생할 경우에 올바르게 대처하고 피해를 최소화하여 학생들의 교육적 성장에 도움이 되도록 해야 한다. 학교에서 학생들에게 생활지도를 할 때, '사소한 괴롭힘'이나 학생들이 '장난'이라고 핑계대는 행위도 학교폭력임을 분명히 인식하도록 분명하게 가르쳐야 한다(교육과학기술부, 이화여자대학교 학교폭력예방연구소, 청소년폭력예방재단, 법무부, 한국법교육센터, 2012).

학교폭력을 이해하려면 학생을 비롯한 청소년의 성장과 관련된 심리적·신체적 발달에 대한 이해와 더불어 학교폭력에 관한 법률적 정의를 이해해야 한다. 「학교폭력 예방 및 대책에 관한 법률」에 따른 학교폭력의 정의는 다음과 같다.

학교폭력의 정의

학교 안팎 또는 사이버 공간 등 발생 장소에 상관없이 학생을 대상으로 이루어지는 상해, 폭행, 감금, 협박, 약취, 유인, 공갈, 강요, 명예훼손, 모욕, 강제적인 심부름, 사이버 따돌림을 포함한 집단 따돌림, 성폭력, 언어폭력, SNS 등 정보통신망을 이용한 음란 및 사이버 폭력 등 학생에게 정신적·신체적으로 고통과 괴로움을 주거나 재산상 피해를 수반하는 행위

「학교폭력 예방 및 대책에 관한 법률」 제2조 제1호

2012년 1월에 「학교폭력 예방 및 대책에 관한 법률」이 개정되기 전에는 학교폭력을 학교 내에서 발생한 폭력적 행위와 학생 간에 이루어진 폭력적 행위로 정의했으나, 현재는 학교 내외를 막론하고 피해자가 학생이라면 학교폭력의 범주에 넣고 있다. 즉, '학생 간에 발생한 사건'에서 '학생을 대상으로 발생한 사건'으로 개념을 확대하였다. 그리고 사이버 공간에서 학생들의 활동 폭이 넓어지고 인간관계를 맺는 일이 일반화되면서 '사이버 따돌림'이 추가되었다. 따라서 광의의 개념으로는 폭력은 사이버 폭력을 포함하며, 학교폭력은 사이버 공간을 포함한 학교 안과 밖 모든 곳에서 학생을 대상으로 이루어지는 신체적 또는 정신적으로 해를 가하는 행위라고 말할 수 있다. 정리하면 폭력적 행위의 발생 장소와 관계없이 피해자가 학생인지가 학교폭력을 결정하는 핵심이라고 할 수 있다.

2. 학교폭력의 유형

학교폭력은 신체폭력, 언어폭력, 금품갈취, 강요, 따돌림, 성폭력, 그리고 사이버 폭력으로 유형을 구분할 수 있다. 신체폭력에는 상해, 폭행, 감금, 약취 · 유인 등이 있다. 언어폭력은 명예훼손, 모욕, 협박으로 나눌 수 있다. 금품갈취의 예로는 공갈이 있다. 강요에는 청소년들 사이에 사용하는 '빵 셔틀' 등 강제적 심부름과 강요 등이 있다. 따돌림이 집단적으로 이루어지는 경우에는 '집단 따돌림'이라고 하며, 엄동섭(2012)은 집단 따돌림은 집단 괴롭힘을 포함하는 상위 개념이라고 밝혔다. 그리고 성폭력에는 일반 성폭력과 사이버 공간에서 이루어지는 사이버 성폭력이 있으며, 이 중 사이버 성폭력은 사이버 폭력에 포함되기도 한다.

국가법령정보센터(http://www.law.go.kr)에서 제공하는 법령 용어를 바탕으로 학교폭력 유형별 구체적인 개념의 이해를 돕기 위한 간략한 사례를 살펴보면 다음과 같다.

표 1-1   학교폭력의 유형

유형	학교폭력 예방법 관련	예시 상황

신체 폭력	• 상해
	• 폭행
	• 감금
	• 약취 · 유인
		• 상해 · 폭행: 신체를 손, 발로 때리는 등 고통을 가하는 행위
		• 감금: 일정한 장소에서 쉽게 나오지 못하도록 하는 행위
		• 약취: 폭행 또는 협박하여 강제로 일정한 장소로 데리고 가는 행위
		• 유인: 상대방을 속이거나 유혹해서 일정한 장소로 데리고 가는 행위
		  * 장난을 빙자해서 꼬집거나, 때리거나, 힘껏 밀치는 행동 등도 상대
		    학생이 폭력행위로 인식한다면 학교폭력에 해당

언어 폭력	• 명예훼손
	• 모욕
	• 협박
		• 명예훼손: 여러 사람 앞에서 상대방의 명예를 훼손하는 구체적인 말
		  (성격, 능력, 배경 등)을 하거나 인터넷, SNS 등으로 그런 내용의 글
		  을 퍼뜨리는 행위
		  * 내용이 진실이라도 범죄이고, 허위인 경우에는 형법상 가중처벌
		• 모욕: 여러 사람 앞에서 모욕적인 용어(생김새에 대한 놀림, 병신 · 바
		  보 등 상대방을 비하하는 내용)를 지속적으로 말하거나 인터넷, SNS
		  등으로 그런 내용의 글을 퍼뜨리는 행위
		• 협박: 신체 등에 해를 끼칠 듯한 언행(죽을래? 등)과 문자메시지 등으
		  로 겁을 주는 행위

금품 갈취	• 공갈	• 돌려줄 생각이 없으면서 돈을 요구하는 행위 • 옷, 문구류 등을 빌려가 되돌려 주지 않는 행위 • 일부러 물품을 망가뜨리는 행위 • 돈을 걷어 오라고 하는 행위 등

강요	• 강제적 심부름
	• 강요
		• 강제적 심부름: 속칭 빵 셔틀, 와이파이 셔틀, 과제 대행, 게임 대행,
		  심부름 강요 등 의사에 반하는 행동을 강요하는 행위
		• 강요: 폭행 또는 협박으로 상대방의 권리행사를 방해하거나 해야 할
		  의무가 없는 일을 하게 하는 행위
		  * 속칭 바바리맨을 하도록 강요하는 경우, 자해하거나 스스로 신체에
		    고통을 주는 경우 등이 강요죄에 해당

따돌림	• 따돌림	• 집단적으로 상대방을 의도적이고 반복적으로 피하는 행위 • 싫어하는 말로 바보 취급하는 등 놀리거나, 빈정거리거나, 면박 주거 나, 겁을 주거나, 골탕을 먹이거나, 비웃는 행위 • 다른 학생들과 어울리지 못하도록 막는 등의 행위

성폭력	• 성폭력	• 폭행 · 협박을 하여 성행위나 유사 성행위를 강제하거나, 성기에 이
		  물질을 삽입하는 등의 행위
		• 상대방에게 폭행과 협박을 하면서 성적 모멸감을 느끼도록 신체적
		  접촉을 하는 행위
		• 성적인 말과 행동을 하여 상대방이 성적 굴욕감, 수치감을 느끼도록
		  하는 등의 행위

| 사이버 폭력 | • 사이버 따돌림
• 정보통신망을 이용한 음란·폭력 정보 등으로 신체·정신 또는 재산상 피해를 수반하는 행위 | • 특정인에 대한 모욕적인 언사나 욕설 등을 인터넷 게시판, 채팅, 카페 등에 올리는 행위
• 특정인에 대한 허위 글이나 개인의 사생활에 관한 사실을 인터넷, 카카오톡 등 SNS를 통해 불특정 다수에게 공개하는 행위
• 성적 수치심을 주거나 위협하거나 조롱하는 글, 그림, 동영상 등을 정보통신망을 통해 유포하는 행위
• 공포심이나 불안감을 유발하는 문자, 음향, 영상 등을 휴대폰 등 정보통신망을 통해 반복적으로 보내는 행위 |

출처: 교육과학기술부 외(2012). 학교폭력 사안처리 가이드북.

상해는 다른 사람의 신체의 생리적 기능에 장해를 끼쳐 건강을 해치는 행위다. 상해의 수단과 방법에는 제한을 두지 않는다. 알고 하든 모르고 하든 관계없이 가해자의 신체적 행위나 기타의 방법으로 타인의 신체에 해를 끼치는 직접적 행위 또는 자연력, 도구의 사용, 동물에게 시키는 등의 간접적인 수단 및 방법으로 해를 가하는 모든 행위를 말한다. 상해가 고의적이든 우연하게 발생하든 상해의 결과 유무에 따라서 법적 처벌이 무거워지거나 가벼워질 수 있다. 친구와 장난치거나 다투는 과정에서 상대를 밀쳤는데 상대의 치아가 빠지거나 일부 훼손되는 경우도 상해에 해당한다. 학교 복도에서 지나가는 친구를 장난삼아 억지로 붙잡다가 공교롭게도 벽에 부딪히게 하여 상처를 입혔다면 상해죄가 적용될 수 있다.

📔 사례로 이해하는 상해

　가나다고등학교의 나무책 학생은 교실에서 장난으로 의자에 앉으려는 친구 황당해 학생의 의자를 예기치 못하게 갑자기 빼어 친구를 넘어지게 하였다. 전혀 예상하지 못하고 무방비로 당한 친구는 넘어지면서 뒤편 책상에 머리를 부딪쳐 이마가 찢어졌고, 엉덩방아를 찧으면서 척추를 다쳤다. 나무책 학생은 장난으로 한 일이었지만, 결과는 매우 심각했다. 다친 황당해 학생은 119에 의해 급히 병원으로 옮겨졌고, 나무책 학생의 개념 없는 무책임한 행동에 화가 난 황당해 학생과 부모는 나무책 학생을 단단히 혼내 주고자 상해죄로 고소하였다.

　이 가상사례와 관련된 실제사례의 대법원 선고 92다13646(1993.2.12.) 판결은 다음과 같다. 고등학교 2학년 학생이 점심시간에 장난으로 급우가 앉아 있던 의자를 걷어차 급우가 교실 벽에 뒷머리를 부딪쳐 상해를 입게 하였다. 점심시간 동안은 교장이나 교사의 일반적 보호감독의무가 미친다고 할 수 있으나, 가해자의 분별 능력과 성행, 피해자와의 평소 관계 등을 고려할 때 예측 가능하지 않은 사고로서 교장이나 담임교사의 보호감독의무 위반의 책임을 묻지 않았다(엄동섭, 2012).

폭행은 사람의 자유로운 의사를 무시하고 곤란하게 하는 물리력의 사용, 사람이나 물건을 대상으로 하는 모든 물리력 행사를 말한다. 사람은 물론이고 물건을 던져 공포감을 조성하거나 상해 등 위해(危害)를 가하고자 하는 경우, 던진 물건의 파편이 신체에 접촉되는 경우 등과 같은 물리력의 행사도 폭행에 포함된다. 물리력의 행사가 신체에 접촉하여 가해지면 분명한 폭행이며, 직접적인 물리력의 행사가 피해 대상의 신체에 가해지는 경우뿐만 아니라 착용한 의복 등에 접촉한 경우에 상해가 발생하지 않아도 폭행죄에 해당할 수 있다.

물리적인 힘을 사용하여 친구와 싸우려고 할 때, 친구들이 말려서 본격적인 싸움으로는 번지지 않았으나 이 과정에서 목덜미를 잡다가 상대 학생의 목에 손톱자국이 나거나 옷 단추가 떨어진다면 폭행죄가 성립될 수 있다. 지나가려는 친구의 의사와 상관없이 밀치거나, 어깨를 툭 치거나, 잡아당기거나, 밀가루 또는 물을 뿌리거나, 옷을 벗기려 하거나, 머리카락을 잡아당기거나, 머리카락을 자르거나 자르려고 하는 행위 등은 폭행에 해당할 수 있다. 폭행의 정도가 심하면 상해죄로 처벌받을 수 있다.

사례로 이해하는 폭행

법원은 "폭행은 사람의 신체에 직·간접적 힘을 행사하는 것을 의미하는데, 손을 놓으라는 피해자의 요구에도 불구하고 옷깃을 10초 동안 붙잡고 놓지 않은 행위도 이에 해당한다."라고 밝힌 바 있다(연합뉴스, 2013.7.8.).

모든 수업이 끝나고 귀가할 때, 허과시 학생은 학교에서 따돌림을 받는 같은 반 나홀로 학생이 지나가자 재수가 없다고 말하며 나홀로 학생의 어깨를 툭치고 침을 뱉었다. 나홀로 학생은 허과시 학생이 예기치 못하게 자신의 어깨를 치는 바람에 순간 움찔했다. 그리고 허과시 학생이 뱉은 침이 나홀로 학생의 책가방에 떨어졌다. 나홀로 학생과 부모는 허과시 학생을 폭행죄와 모욕죄로 고소했다.

상대방을 때리는 경우뿐만 아니라 학생들 간에 힘을 과시하며 상대의 자유의사에 반하여 억지로 상대의 신체 일부나 의복 등을 잡는 경우에도 폭행죄가 성립될 수 있다. 하지만 폭행죄는 '반의사불벌죄'로 피해자가 처벌을 원치 않으면 처벌할 수 없다.

감금은 사람을 강제로 일정한 곳에 가두고 자유롭게 드나들지 못하게 하여 장소 선택에 관한 개인의 자유를 제한하는 불법 행위다. 개인의 자유로운 의지를 무시하고 당사자를 일정한 장소 밖으로 출입하지 못하게 억제하거나 곤란하게 하여 신체활동을 시간적 또는 공간적으로 제한하는 것을 말한다. 감금의 수단과 방법에는 제한을 두지 않는다.

감금은 출입구를 지키며 탈출을 봉쇄하는 유형적·물리적 방법뿐 아니라 무형적·심리적 방법에 의해서도 가능하다(대법원 선고 97도877, 1997.6.13.). 개인의 자

사례로 이해하는 감금

동급생을 집으로 불러 안마를 시키거나 청소를 시킨 것도 범죄행위에 해당할까? 정답은 '그렇다'. 물건을 훔쳐 구속된 전과가 있는 C군(15)은 평소 학교에서 '일진'으로 군림해 왔다. C군은 어느 날 같은 학교 D군을 자신의 집으로 불러 2시간 동안 안마를 하게 하고, 집 청소를 하게 하는 등 하루 종일 D군을 붙잡아 뒀다. 이런 경우 감금죄가 성립할 수 있다. "감금죄는 형법에 따라 5년 이하의 징역이나 700만 원 이하의 벌금에 처해진다."(조선일보, 2012.6.7.)

학교 수업을 마치고 모두 귀가한 오후, 학생 3명이 텅 빈 운동장에 동그라미를 그려 놓고 같은 반 친구에게 "여기에서 나오면 가만 두지 않겠다. 우리가 어디에선가 너를 보고 있다는 것을 명심해라!"라고 말하여 심한 심리적 압박을 주어 나오지 못하게 한다면 감금죄에 해당한다고 할 수 있다.

유로운 이동 및 활동을 제한하는 물리적 방법 및 실체는 사용되지 않았으나 심리와 정신에 영향을 미치는 무형의 방법도 감금에 해당한다.

약취와 유인은 두 용어를 함께 살펴볼 필요가 있다. 약취는 폭행, 협박 또는 불법적인 사실상의 힘을 사용하여 피해자를 그 의사에 반하여 자유로운 생활관계 또는 보호관계로부터 이탈시켜 자신 또는 제삼자의 사실상 지배하에 옮기는 행위를 의미한다(대법원 선고 2010도 14328, 2013.6.20.). 즉, 약취는 위법, 불법적인 수단을 사용하여 피해자를 정상적이고 자유로운 생활 상태에서 위법인(違法人) 자신 또는 관련자의 실력적인 영향이 미치는 곳에 두는 것을 말한다.

유인은 허위 사실을 그럴듯한 이유를 들며 말하는 등의 유혹을 수단으로 피해대상을 착각에 빠뜨려 정상적이고 자유로운 생활상태에서 이탈시켜 위법인 자신 또는 제삼자의 영향력 또는 실력적인 지배하에 옮기는 행위를 말한다. 다시 말하면, 약취는 협박, 위세, 폭행 등의 물리적 위력을 가하여 개인의 신체 또는 정신을 조종하여 자신의 지배하에 두려는 행위이고, 유인은 위세나 위력은 없으나 달콤하게 꼬여 상대방이 허위 사실을 사실로 믿어 착각에 빠지게 하는 행위다. 따라오지 않으면 가만두지 않겠다고 협박하여 끌고 가는 것이 약취라면, 맛있는 사탕을 사 주겠다고 꼬드겨 데리고 가는 것은 유인에 해당한다.

사례로 이해하는 약취와 유인

여중생 A는 가출하여 거리를 헤매고 있었다 고등학교를 중퇴한 B, C는 A의 행색을 보고 가출 청소년임을 알았다. 숙소를 제공하겠다는 B, C의 말에, 잘 곳이 마땅하지 않던 A는 B, C를 따라갔다. B, C는 처음 며칠 동안은 A에게 잘해 주었다. 하지만 얼마 지나지 않아 A에게 생활비를 벌어야 한다며 원조교제를 요구하였다. B, C는 A에게 홍보용 나체 사진을 찍도록 강요하였고, 원조교제로 받은 돈을 A에게 주지 않고 자신들이 관리하였다. A는 원조교제가 싫어 B, C를 떠나고 싶었으나, B와 C 둘이 합세하여 위력을 가하거나 폭력을 행사하여 A가 이 상황에서 벗어날 수 없게 하였다. 이 경우 약취, 유인, 폭행 등과 관련된 「형법」 「아동·청소년의 성보호에 관한 법률」에 의해 처벌된다(대법원 선고 2010도6924 각색, 2010.9.9.).

미성년자를 보호·감독하는 자라 하더라도 다른 보호자의 감호권을 침해하거나 자신의 감호권을 남용하여 미성년자 본인의 이익을 침해하면 미성년자 약취·유인죄의 주체가 될 수 있다(대법원 선고 2007도8011, 2008.1.31.). 「형법」 제287조에 따르면 미성년자를 약취 또는 유인한 사람은 10년 이하의 징역에 처한다.

언어폭력은 사전적 의미를 살펴보면 "저속한 말이나 욕설 따위를 함부로 하여 듣는 이가 두려움이나 불쾌감을 느끼게 하는 언어적 행위"다. 예전에도 그랬지만 최근 들어 더욱 학생에게 사이에 이루어지는 대화는 욕설로 채워지는 경우가 허다하다. 욕은 이미 학생들에게 대화의 '발어사(發語詞)' 정도가 된 듯하다. 주위에 어른들이 있든 말든 툭하면 말끝마다 욕을 달고 대화하는 학생들의 모습은 너무도 흔한 일이다. 무심코 던진 돌멩이에 개구리가 맞아 치명적일 수 있듯이 무심코 던진 말 한마디는 듣는 상대방에게 씻기 어려운 상처가 될 수 있다.

언어폭력은 도덕적 책임뿐만 아니라 명예훼손, 협박, 모욕 등의 법률적 책임과도 관련이 있다. 단순한 욕설행위 외에 별다른 물리적인 행위를 하지 않았다면 형법상 폭행죄에는 해당하지 않는다는 대법원의 판례가 있으나, 언어폭력은 협박죄와 모욕죄를 구성할 수 있다는 점에 유의해야 한다.

군대에서는 선임병이 후임병에게 욕설을 한 사실만으로도 유죄 판결을 내린 바가 있고, 114 상담원에게 전화로 욕설을 퍼붓는 경우도 형법에 저촉되어 고발 조치가 이루어질 수 있다는 언론 보도가 있었다. 글로 옮기고 말로 내뱉기에 낯 뜨

사례로 이해하는 언어폭력

모질고 학생은 무리를 지어 다니며 얌전한 친구들을 함부로 대하여 평판이 좋지 않다. 모질고 학생은 얼마 전 전학 온 차분해 학생이 이상하게 생겼다고 여러 학생 앞에서 놀리며, 잘못을 저질러 쫓겨 오게 되었다는 근거 없는 이야기를 하였다. 모질고 학생은 차분해 학생에게 학교를 편히 다니고 싶으면 시키는 대로 하고 그렇지 않으면 가만두지 않겠다며, 휴대전화를 항상 켜놓고 SNS 지시를 따르라고 하였다. 차분해 학생은 억지로 가입한 집단 채팅방에서 자신의 신체를 비하하는 내용들과 참을 수 없는 욕설을 끊임없이 들어야 했다.

거운 욕설의 사용은 자신과 상대방의 정신과 영혼에 큰 상처를 남기는 백해무익한 행위임을 깨달아야 한다. 또한 학생들의 언어문화 개선을 위해 지속적으로 노력해야 한다.

명예훼손은 어떤 사실이나 허위의 사실을 세상이 모두 알 만큼 직접적으로 여러 사람 앞에서 공공연하게 또는 언론매체, 인터넷, SNS 등을 통해 드러나게 사람의 명예를 훼손하는 행위를 말한다. 단, 「형법」 제310조에는 이러한 행위가 진실한 사실을 담고 있으며 오로지 공익을 위해 진질한 사실을 알리는 때에는 처벌하지 않는다고 적시되어 있다.

명예훼손은 피해자의 분명한 의사에 반하여 공소를 제기할 수 없다. 명예훼손 가운데 '출판물에 의한 명예훼손'이 있다. 「형법」 제309조에 의하면, 사람을 비방할 목적으로 신문, 잡지 또는 라디오, 기타 출판물에 의한 것도 명예훼손에 해당한다. 명예훼손으로 인한 법적인 처벌은 사실인 경우에 비해 허위의 사실을 퍼뜨린 경우에 더 무겁게 처벌된다.

🔖 사례로 이해하는 명예훼손

학교폭력 사건이 발생하여 며칠 동안 학교가 뒤숭숭하다. 학교폭력대책자치위원회 회의가 열릴 사무실 근처에서 학생은 학생대로, 학부모는 학부모대로 몇몇이 모여 수군거리고 있다. "알아? 그 아이 부모 성격이 말이 아니래. 꼬투리를 잡으면 절대로 떨어지지 않는 진드기 같대. 아이는 왕따를 당할 만한 성격이고, 꼬투리를 잡는 게 능력인가 봐. 그런데 그 집안 친척 중에 법원에서 힘 꽤나 쓰는 사람이 있다고 하네. 친척을 등에 업고 이번 기회에 한몫 톡톡히 챙기려는가 보지?" 그때, 지나던 피해학생 학부모가 우연히 이 대화를 들었다. 이렇게 해서 학교폭력 외에 명예훼손이라는 또 다른 법적 다툼이 시작되었다.

무욕은 다른 사람을 업신여겨 욕되게 하는 행위다. 다른 사람을 경멸, 비하하고 조롱하고 무시하는 행위를 통칭하여 모멸(侮蔑)이라고 한다. 모멸 가운데 경멸의 의도는 적으나 상대적으로 적대적 의도가 강한 경우를 모욕이라고 한다. 모욕죄는 명예훼손처럼 불특정 또는 다수인이 알 수 있는 상태를 요건으로 한다.

명예훼손과 모욕의 차이는 피해 당사자의 사회적 평가를 깎아내려 헐뜯는 면에서는 같으나, 명예훼손은 '사실의 적시'가 있고 모욕은 사실이 아닌 의견에 가까운 추상적이고 경멸을 담은 감정의 표현에 해당한다는 차이가 있다. "아무개는 누구의 돈을 훔친 × 같은 놈이다."라고 사실 또는 허위 사실을 말하여 친구들에게 아무개를 깎아내리거나 헐뜯는 경우에는 명예훼손에 해당할 수 있다. 이와 비교하여 "아무개는 게으르고 지저분하며 멍청하다."라고 단지 감정적인 경멸을 담은 의견을 표현한 경우에는 모욕죄가 성립될 수 있다. 요즘 학생들이 별 생각 없이 주고받는 욕설과 비방은 모욕죄에 해당할 수 있다.

교육부에 따르면 117센터로 접수된 학교폭력 건수는 지난해 하루 평균 219.5건에서 올해 5월 말까지 301.8건으로 37.5% 늘었다. 유형별로 보면 지난해에는 폭행이 38.3%로 가장 많았고 모욕, 협박·공갈, '왕따'가 뒤를 이었다. 올해에도 순서는 같았지만 폭행이 29.1%로 작년보다 9.2% 포인트 줄어든 대신 모욕이 6.3% 포인트 늘어나, 신체적 폭행은 감소한 반면에 언어·정신적 폭력인 모욕은 증가하고 있는 것으로 나타났다(연합뉴스, 2013.6.17.)

◆ 사례로 이해하는 모욕

여중생 3명이 반성문을 쓰면서 자신들로 인해 집단 따돌림을 견디다 못해 투신하여 자살을 시도한 학생을 비난하고 있다. 반성문을 쓰면서도 반성의 기미는 전혀 없다. 이 상황을 전해들은 피해학생의 엄마는 학교로 달려가 가해학생들을 꾸짖었다. 그리고 "내 딸을 또다시 괴롭히면 가만두지 않겠다."라고 말했다. 이 말에 가해학생들이 "아줌마가 가만두지 않으면 어쩔 건데……."라며 대들자 격분한 피해학생의 엄마는 가해학생들을 향해 "너희는 쓰레기야!"라고 소리쳤다. 이 일로 피해학생의 엄마는 학생들을 모욕한 죄로 검찰에서 기소유예 처분을 받았다. 피해학생의 엄마는 억울하여 헌법소원을 냈다. 헌법재판소는 "일련의 경위, 발언의 취지 등을 종합적으로 고려할 때, 피해학생의 어머니로서 사회적으로 용인될 수준의 발언이었다."라며 피해학생 엄마의 손을 들어 주었다(교통방송, 2013.4.5.).

협박은 개인의 정신적 자유와 심신의 안정을 보호하고 활동의 자유를 보장하기 위해 마련된 범죄 유형이다. 협박이란 의사능력이 있는 상대방에게 해악을 가할 것을 통지하여 공포심을 유발함으로써 자신의 말을 따르도록 압박하는 행위를 말한다. 협박죄는 피해자의 의사에 반하여 공소를 제기할 수는 없다. 협박의 내용을 실현할 의사가 없다고 하여도 상대방에게 신체 또는 생명에 위해를 겪을 것이라는 공포심을 느끼게 하거나, 신변에 미칠 악영향을 가상(假想)하여 심각한 고통을 겪게 한다면 협박에 해당할 수 있다.

학교나 학급에서 반 전체 또는 일부가 무리를 지어 특정 학생에게 공공연하게 절교를 선언하는 경우에 협박죄가 성립될 수 있다. 집단이 개인과 실제로 절교할 의사가 없고 또한 절교에 이르지 않았으나, 절교 가능성을 통지하여 상대방이 상당한 심리적 고통을 겪는다면 협박죄 요건이 구성된다. 또한 실제로는 때리지 않더라도 때리겠다고 상대방에게 통지하여 상대방이 신체에 위해를 당할 수 있다는 심리적·정신적 고통을 겪는다면 협박죄 요건에 해당한다.

학교폭력 사실을 신고하지 못하게 말로 강압하는 경우도 협박에 해당한다. 협박죄 또한 죄가 성립되기 위해서는 확실한 증거가 있어야 가장 분명하다. 하지만 협박이 영향을 미친 정황을 참작할 수 있다면 증거가 없더라도 죄의 구성요건이 갖춰진다.

◤ 사례로 이해하는 협박

A, B 두 학생이 말다툼을 하는 과정에서 감정이 격해져 욕설을 하였다. A 학생이 상대 B 학생에게 "가만두지 않겠어. 죽여 버리겠어."라는 말을 서슴없이 하였다. 그러자 B 학생도 격하게 반응하여 "죽일 테면 죽여 봐. 나라고 그냥 있을 것 같으냐?"라고 말하며 학습용 가위를 들어 위협하는 자세를 취하였다. 감정적인 욕설을 하는 경우는 협박죄에 해당하지 않을 수 있으나, 친구와 말다툼을 하다가 학습용 칼이나 가위를 들고 상대방을 위해할 태도를 보이는 경우는 "죽이겠다. 가만두지 않겠다."라는 말을 하지 않더라도 협박에 해당할 수 있다는 것이 법원의 대체적인 판단이다.

공갈은 재물, 노동력 또는 재산상의 이익 취득 실현 여부에 관계없이, 이를 위해 불법의 방법이 아니라도 폭행 등 물리적 위력의 사용을 통고하여 위협하거나 윽박질러 공포심을 유발하는 일체의 행위다. 공갈을 당하는 자는 강압성에 의해 두려움에 빠진 나머지 비정상적인 상황에서 판단력이 흐려져 재물이나 재산을 양도하게 된다. 공갈을 당하는 자가 심리적 압박감 때문에 공갈자의 취득을 알고도 눈감는 경우에도 공갈에 해당한다.

「형법」 제350조에 따르면, 사람을 공갈하여 재물의 교부를 받거나 재산상의 이익을 취득하는 경우 또는 제삼자로 하여금 재물의 교부를 받게 하거나 재산상의

📖 사례로 이해하는 공갈

강무식 학생은 가나중학교에서 제일 힘이 센 '짱'이라고 알려졌다. 평소 강무식 학생은 친구나 후배에게 '삥'을 뜯었다. 강무식 학생과 어울리는 일진들도 강무식 학생의 말에 따라 '삥'을 뜯어 강무식 학생에게 상납하였다. 이 학생들은 자기 돈이 아니고 받을 돈도 아니면서 상대의 돈을 빼앗는 행위인 '삥'을 버젓이 대놓고 하였다. 어느 날 강무식 학생이 같은 반의 나원참 학생에게 "내일까지 2만 원을 안 가져오면 곤란해질 줄 알아!" 하고 한마디하였다. 나원참 학생은 평소 강무식 학생이 돈을 요구했는데 가져오지 않은 친구들이 당하던 모습을 떠올렸다. 나원참 학생은 다음날 요구한 돈을 가져다주었다. 피해학생의 자유의사와 무관하게 강압적인 관계에서 억지로 돈이나 물건을 취득하는 경우에 공갈죄가 성립될 수 있다.

A, B, C, D는 모두 같은 중학교를 졸업하였다. 이들은 중학교 시절 일진이었다. A와 B는 중학교를 졸업하고 고등학교에 진학하였으나 적응하지 못하고 곧 학교를 중퇴했다. A, B와 어울리던 C, D는 고등학교를 다니고 있으나 이들 모두 학교생활보다는 어울려 시내를 배회하며 대부분의 시간을 보냈다. 이들은 유흥비로 쓰려고 중학교에 재학 중인 일진 후배들에게 금전의 상납을 요구하였다. 그리고 귀가하는 중학생들에게도 폭행과 위협을 하여 '삥'을 뜯었다.

이 경우에 「폭력행위 등 처벌에 관한 법률」 제2조 제2항의 공동폭행, 「형법」 제350조 "사람을 공갈하여 재물의 교부를 받거나 재산상의 이익을 취득한 자는 10년 이하의 징역 또는 2천만 원 이하의 벌금에 처한다." 에 의거하여 기소될 수 있다.

이익을 취득하게 하는 경우에 공갈죄의 구성 요건이 갖춰진다. 또한 공갈을 하는 자가 제삼자를 이용해 간접적인 행위를 할 때도 피공갈자가 가해행위의 의중을 알거나 추측할 수 있다면 공갈죄의 요건에 해당한다.

공갈하여 재물을 취득하였으나 당연한 권리행사에 해당하는 경우에는 공갈죄가 아닌 협박죄가 적용될 수 있다. 당연한 권리행사이지만 권리를 남용하여 부당하게 청구한 경우에는 공갈죄가 성립될 수 있다. 상대방의 반항을 아주 억압하는 정도로 공갈을 할 경우에는 강도죄가 성립될 수 있으며, 강도의 정도에 이르지 않았다고 판단될 경우에는 협박죄가 적용될 수 있다.

강요는 사전에서 '강제로 요구한다.' 라는 의미로 풀이된다. 「형법」 제324조에 따르면, 폭행 또는 협박으로 사람의 권리행사를 방해하거나 의무가 없는 일을 하게 한 자를 처벌하도록 한다. 이에 비추어 강요는 비합법적인 수단을 사용하여 타인의 권리행사를 방해하거나 의무가 없는 일을 하게 하는 행위라고 할 수 있다.

강제적인 심부름은 강요에 속하는 범죄행위라고 할 수 있다. 학교에서 선배와 후배 사이에 또는 친구들 사이에 강제적인 심부름이 죄의식 없이 무의식적으로 행해지고 나아가 심각한 문제를 불러일으킴에 따라 강제적인 심부름을 학교폭력의 범주에 넣게 되었다. 억압적 위세를 이용하여 자신의 책가방을 다른 친구에게 가져가도록 하는 행위, 숙제를 대신 해 오게 하는 행위, 휴대폰을 빌려 달라고 하여 자기 것처럼 장기간 소유하거나 장시간 통화하는 경우 등은 강요로 인한 처벌

🔖 사례로 이해하는 강요

말을 잘 안 듣는다는 이유로 후배들을 데리고 다니며 '교육'을 시킨 선배들은 어떨까? 중학교에 다니는 E양 등 6명은 평소 자신들을 잘 안 따르는 후배들을 등굣길에 붙잡아 하루 종일 데리고 다녔다. 선배들은 때리지 않았고, 점심시간에는 햄버거 가게에서 햄버거도 사 줬지만, 이 선배들의 행동은 최고 5년의 징역을 받을 수도 있는 '범죄'다. "집에 가겠다."라는 후배들의 의사를 무시한 채 7시간 넘게 이들을 자신들과 동행하게 한 것이 「형법」상 '강요죄'에 해당하기 때문이다(아시아뉴스통신, 2012.9.23.).

을 받을 수 있다.

최근 '와이파이 셔틀'이라는 신종 학교폭력이 등장하였다. 타인의 휴대전화 데이터를 자신이 이용하는 행위다. 이 또한 강요이며, 경우에 따라서는 공갈죄에 해당할 수 있다.

집단 따돌림은 일본에서 이지메라고 불리는 것과 비슷한 이른바 '왕따'라고도 불리는 학교폭력의 한 유형이다. 집단 따돌림은 2명 이상의 학생들이 특정 학생을 대상으로 정신적·심리적으로 느낄 수 있는 고통을 집단적·의도적·반복적·편파적으로 가하여 특정 학생이 부정적 상황에 처하도록 하는 모든 행위를 말한다. 집단 따돌림은 겉으로 드러나게 공격적인 경향을 띠는 직접적인 따돌림과 집단에서의 소외 등 정신적·심리적 갈등을 통해 부적응을 유발하는 간접적인 따돌림으로 구분할 수 있다.

여러 학생이 특정 학생을 대상으로 점심시간에 식당에서 멀리 떨어져 앉게 하기, 집단적으로 야유하기, 지저분하거나 게으르다고 조롱하기, 괜히 주변에 침 뱉기, 의자에 풀칠을 해 놓기, 책가방에 쓰레기 넣어 놓기, 물건 등을 감추거나 훼손하기, 등에 낙서 종이를 붙이고 모르는 척 즐기기 등의 행위는 집단 따돌림에 해당한다.

집단 따돌림은 사이버 공간에서도 이루어진다. 카카오톡이나 트위터·페이스북 등의 SNS, 인터넷, 그리고 휴대전화 등의 정보통신기기를 이용하여 사이버 공간에서 이루어지는 따돌림을 '사이버 따돌림'이라고 부른다. 사이버 따돌림 등 집단 따돌림은 여러 학생이 특정 학생에 대한 나쁜 소문을 퍼뜨리거나, 허위사실을 유포하거나, 개인정보를 유포하거나, 피해학생이 고립적 상황에 처하도록 고

표 1-2 학교폭력의 유형별 접수 현황

(단위: 건)

구분	계	폭행	협박	공갈	성폭행 성추행	강요	모욕 명예 훼손	음란정 보전송	교사 관련	왕따 등	법률 상담
2012년	8만 127	3만 672	3,273	5,034	804	869	1만 3,411	627	1,322	6,339	1만 7,776
2013년	10만 1,524	3만 318	4,614	4,265	1,256	1,124	2만 3,734	321	2,359	6,418	2만 7,115

출처: 내일신문(2014.4.8.). '117' 학교폭력 신고전화 지난해 '급증'.

통을 주는 불법행위다.

대법원은 중학교 3학년 여학생이 동급생 3~4명으로 구성된 집단에게 6개월 동안 배척을 받다가 자살한 사안에 대해 집단 괴롭힘의 상위 개념으로 '집단 따돌림'이라는 개념을 사용하면서, "학교 또는 학급 등 집단에서 복수의 학생이 1명 또는 소수의 학생을 대상으로 의도와 적극성을 가지고 지속적이면서 반복적으로 관계에서 소외시키거나 괴롭히는 현상을 의미한다."라고 정의하고 있다(대법원 선고 2007.11.15., 2005다16034: 엄동섭, 2012 재인용). 헌법재판소 전원재판부는 '집단 괴롭힘'을 '집단 따돌림'과 비교하여 "한 집단의 소속원 중 자기보다 약하거

집단 따돌림의 유형 1

• 놀리기: 별명을 부르거나 욕을 하면서 조롱하기 등
• 시비 걸기: 사사건건 시비를 걸고 약을 올리기 등
• 무시하기: 물어봐도 대답하지 않고 쳐다보지 않으며, 전혀 말을 걸지 않거나 상대하지 않기 등
• 모욕 주기: 여러 사람 앞에서 무시하고 창피를 주거나, 여러 사람 앞에서 따돌림 당하는 아이를 은연중에 나쁘게 말하기 등
• 거절하기: 자기 물건을 빌려 주지 않으며, 부탁할 때마다 들어주지 않기 등
• 훼방 놓기: 수업시간에 쪽지를 주거나 말을 걸어서 집중하지 못하게 하기 등
• 배제하기: 쉬는 시간에 같이 놀지 않고, 등하굣길에 같이 가지 않으며, 점심시간에 함께 식사하지 않기 등
• 구타하기: 꼬집거나 쥐어박거나 때리기 등

집단 따돌림의 유형 2

• 소외형 괴롭힘: 동료 집단에 넣어 주지 않기, 무시하기 등
• 협박형 괴롭힘: 심한 욕설이나 위협 등
• 놀림 · 조롱형 괴롭힘: 신체적 장애에 대해 놀리기
• 심한 장난형 괴롭힘: 툭툭 치기, 옷 벗기기 등
• 강제형 괴롭힘: 억지로 싫어하는 일 시키기 등

출처: 엄동섭(2012). 학교폭력에 따른 교사들의 민사책임.

나 신체적 · 정신적으로 부족한 상대를 대상으로 집단으로 신체적 · 심리적 공격을 지속적으로 가하거나 반복하여 고통을 주는 행동"이라고 정의하였다(헌법재판소 1999.3.25., 결정 98헌마303: 엄동섭, 2012 재인용).

사례로 이해하는 집단 따돌림

점심시간, 모든 학생이 서둘러 식당으로 향했다. 벌써 줄을 길게 섰다. 나홀로 학생도 줄을 섰다. 그런데 같은 반 학생 여러 명이 나홀로 학생 앞으로 당당하게 새치기를 했다. 나홀로 학생은 한마디도 하지 못하고 밀려나야 했다. 배식을 받은 나홀로 학생이 식탁에 자리를 잡으려 하는데 앉을 자리가 마땅하지 않았다. 조금 전 자신을 밀치고 새치기를 한 친구들의 옆자리를 제외하고는 자리가 눈에 띄지 않았다. 친구들 옆에 앉으려고 하니까 친구들이 다른 곳으로 가라고 윽박을 질렀다. 이 학생들은 평소에도 나홀로 학생에게서 냄새가 나지도 않는데 냄새가 난다고 놀리는 일이 잦다.

성폭력은 물리적 강제력을 사용하여 타인에게 육체적 또는 정신적 손상 및 피해를 주는 성적 행위다. 성폭력은 타인의 의사에 반하는 행위로서 강간, 강제추행, 야한 동영상 등의 음란물 및 음란문자 전송, 타인의 신체를 몰래 촬영하는 일과 성희롱 등이 포함된다. 또한 성폭력 사안 발생에서 처리, 결과에 이르는 과정에서 피해자에게 쏟아지는 사회의 따가운 시선, 인신공격적 비난 및 태도로 피해자가 겪게 되는 정신적 고통 또한 넓은 의미의 성폭력 가해행위에 해당한다고 할 수 있다.

성폭력 범죄는 「형법」 및 「성폭력범죄의 처벌 등에 관한 특례법」을 중심으로 그 범위를 정의할 수 있으며, 이를 바탕으로 「성폭력범죄의 처벌 등에 관한 특례법」 및 「아동 · 청소년의 성보호에 관한 법률」 등에서는 성폭력 범죄에 대하여 가중 처벌하도록한다(국가법령정보센터). 피해자가 미성년인 성폭력 범죄의 경우에는 「아동 · 청소년의 성보호에 관한 법률」에 따라 대부분의 처리 및 처벌이 이루어진다.

「아동 · 청소년의 성보호에 관한 법률」 제1조에 따르면, 이 법은 아동과 청소년이 피해자인 성범죄의 처벌과 절차에 관한 특례를 규정하고, 아동과 청소년을 대

사례로 이해하는 성폭력

황당고등학교에서 '짱'으로 소문난 강무식 학생은 같은 반 여학생 나여린 학생에게 호감이 있다. 나여린 학생에게 여러 차례 사귀자고 하였으나 나여린 학생은 거절하곤 하였다. 어느 날 수업이 끝나고 친구들이 귀가한 후 텅 빈 교실에서 만나자는 강무식 학생의 제의를 나여린 학생이 뿌리쳤다. 그러자 강무식 학생은 억지로 나여린 학생의 어깨와 손을 잡고 완력으로 자리에 앉혔다. 힘에 눌려 어쩔 수 없이 앉게 된 나여린 학생의 옆에 앉아서 강무식 학생은 나여린 학생의 어깨를 감싸고 사귀자고 추근거렸다. 나여린 학생이 뿌리치려고 하면 할수록 강무식 학생은 더욱 힘을 주어 어깨를 눌렀다. 이 경우 강무식 학생은 성희롱, 강요, 감금, 폭행 등의 죄로 처벌받을 수 있다.

상으로 삼은 성범죄자를 체계적으로 관리함으로써 아동과 청소년을 성범죄에서 보호하고 건강한 사회 구성원으로 성장하도록 하는 데 목적이 있다.

이 법의 제2조 제1호에서는 '아동·청소년'이란 19세 미만의 자로 규정하고, 19세에 도달하는 해의 1월 1일이 지난 자는 아동·청소년에서 제외한다. 제3조는 이 법을 해석하고 적용할 때는 아동과 청소년의 권리와 이익을 우선적으로 고려하며, 이해관계인과 그 가족의 권리가 부당하게 침해받지 않도록 주의할 것을 명시한다. 그리고 제5조는 모든 국민의 사회적 책임으로서 이 법에서 정한 아동과 청소년이 범죄의 대상이나 피해자가 되거나 범죄를 저지르지 않도록 사회 환경을 정비하고 최선을 다해 아동과 청소년을 보호하고 선도하고 교육해야 한다고 규정한다.

최근 「아동·청소년의 성보호에 관한 법률」의 개정으로 친고죄와 반의사불벌죄가 폐지되어 피해자의 고소나 합의 여하를 불문하고 가해자를 처벌하게 되었다. 그리고 13세 미만의 아동, 청소년, 장애인 대상 성범죄자의 공소시효가 없어졌다.

여기에서 「형법」과 「아동·청소년의 성보호에 관한 법률」을 상세하게 말하기는 어렵지만, 실행에 옮긴 죄뿐만 아니라 미수에 그친 죄도 포함한다. 성폭력의 범위에 대한 좀 더 폭넓은 이해를 돕기 위해 복잡하지만 「형법」 일부를 소개한다.

「형법」제242조에는 영리를 목적으로 미성년자를 매개하여 간음한 죄, 제243조에는 음란한 문서, 도화, 필름이나 그 밖의 물건을 반포, 판매 또는 임대하거나 공연히 전시 또는 상영한 죄, 제244조에는 음화 반포 등의 행위에 제공할 목적으로 음란한 물건을 제조, 소지, 수입 또는 수출한 죄, 제245조에는 공연히 음란한 행위를 한 죄, 제288조와 제292조에는 추행, 간음의 목적으로 사람을 약취 또는 유인하거나 추업에 사용할 목적으로 부녀를 매매한 죄, 그리고 매매된 자를 수수 또는 은닉한 죄, 제293조와 제294조에는 상습으로 약취, 유인되었거나 추업에 사용할 목적으로 매매된 자 또는 국외에 이송된 자를 수수 또는 은닉한 죄 또는 이러한 죄의 미수, 제297조에는 폭행 또는 협박으로 부녀를 강간한 죄, 제298조에는 폭행 또는 협박으로 사람에 대하여 추행을 한 죄, 제299조에는 사람의 심신상실 또는 항거불능의 상태를 이용하여 간음 또는 추행을 한 죄, 제302조에는 위계 또는 위력으로 미성년자 또는 심신미약자를 간음 또는 추행한 죄, 제203조에는 업무, 고용이나 그 밖의 관계로 자기의 보호 또는 감독을 받는 부녀에 대하여 위계 또는 위력으로 간음하거나 법률에 의하여 구금된 부녀의 감호자가 간음한 죄, 제350조에는 13세 미만의 부녀를 간음하거나 추행을 한 죄 등이 열거되어 있다.

「아동·청소년의 성보호에 관한 법률」제18조에 따르면, 기관·시설 또는 단체의 장과 그 종사자가 자기의 보호·감독 또는 진료를 받는 아동·청소년을 대상으로 성범죄를 범한 경우에 그 죄에서 정한 형의 2분의 1까지 가중처벌을 받는다. 예를 들어 교직원이 소속 학교의 학생을 대상으로 성범죄를 범하는 경우가 이에 해당한다. 그리고 교사는 성폭력 범죄 발생을 인지할 경우에 신고 의무가 있으므로 이 범죄에 해당할 경우 가중처벌의 대상이 된다.

즉, 「아동·청소년의 성보호에 관한 법률」제34조에는 직무상 아동·청소년 대상 성범죄의 발생 사실을 알게 된 때에는 즉시 수사기관에 신고하도록 명시하고 있다. 교장과 교감 등 어떠한 상급자도 교사의 법적 신고 의무를 제지 또는 제한할 수 없다. 학교장 또는 교사는 인지한 성범죄 발생 사실을 사후 범죄 성립 여부와는 무관하게 즉시 수사기관에 신고해야 한다. 이 법의 제67조는 신고하지 않거나 허위 신고를 한 경우에 300만 원 이하의 과태료를 부과하도록 한다.

또한 이 법률 제31조는 피해 아동과 청소년 또는 대상 아동과 청소년뿐만 아니라 등록 대상 성범죄자의 신상 정보 등에 관한 비밀누설의 금지를 명시한다. 이를 어길 경우에는 징역형과 벌금형을 병과하거나 별도로 부과할 수 있다. 또한 제67조에는 아동·청소년 관련 기관 등의 장이 그 기관에 노무를 제공 중인 사람, 취업을 하려 하거나 사실상 노무를 제공하려는 사람에 대하여 성범죄의 경력을 확인하도록 하고, 이를 어길 경우에는 500만 원 이하의 과태료를 부과하도록 한다. 학교에서 기간제 교사 등 계약제 교직원을 채용할 경우에도 이를 준수해야 한다.

교사는 아동과 청소년을 보호하고 교육하는 교육자로서 아동과 청소년이 성폭력의 피해자 또는 대상자가 되지 않도록 마땅히 보호해야 할 뿐만 아니라, 교사 스스로도 성폭력 가해자 또는 피의자가 되지 않도록 각별히 언행에 주의를 기울여야 한다. 해도 되는 농담과 해서는 안 되는 농담을 제대로 가리지 못해 성희롱 추문에 휘말리거나, 성적 수치심을 일으킬 내용의 음란성 물건이나 그림 또는 영상을 무분별하게 수업 자료로 잘못 사용하지 않도록 각별히 유의해야 한다. 아동과 청소년을 보호하고 교육할 위치에 있는 종사자들이 관련된 성범죄의 발생 및 분란을 예방하기 위해 「아동·청소년의 성보호에 관한 법률」 제35조는 학교, 보육 및 복지시설, 학원 등의 기관·시설 또는 단체의 장과 해당 종사자의 자격취득 과정에 아동과 청소년 대상의 성범죄 예방 및 신고 의무와 관련된 교육 내용을 포함시키고, 성범죄 예방 및 신고의무와 관련된 교육을 실시하도록 하고 있다.

최근 학생들 사이에 이루어지는 성희롱 등의 성폭력이 증가하고 있어 이에 대한 대책 마련도 시급하다. 학생들이 성범죄의 심각성 또는 성범죄라고 인식하지 못한 채 무분별하게 성범죄에 관련되는 경우가 많다. 별명을 빗댄 성적 놀림도 단순한 장난으로 했을지라도 성범죄로 처벌될 수 있다. 상대의 의사 또는 기분을 무시하고 SNS 등의 사이버 공간에서 음란성 메시지, 사진, 동영상을 전송하는 행위는 학생에 대한 심각한 사이버 성폭력에 해당할 수 있다.

동급생 이성 친구 간에 벌어지는 신체 노출 사진의 전송과 같은 외국의 사례(주삼환, 정일화 역, 2011)가 이제는 우리나라에서도 일어나고 있다. 발생 시간과 장소가 학교인가, 학교 밖인가를 두고 학교의 책임에 대해 왈가왈부하지만, 학생교육과 생활지도를 담당하는 학교의 책임을 고려할 때 학교 안팎의 문제를 떠나서 이러한 일이 발생한 경우 학교는 사회적 비난이나 법적인 책임을 면하기 어렵다. 또한 빈민지역 학교의 성공 실화를 바탕으로 만든 〈Lean on Me〉와 같은 영화에서 볼 수 있듯이, 동성 간이라 할지라도 상대 학생의 의사를 무시하고 억지로 옷을 벗기는 등의 강압적 행위인 성폭력 발생 가능성이 우리나라라고 예외일 수 없다. 요즘 청소년들 사이에 무리를 지어 자신보다 약하거나 어린 학생을 성폭력 피해자로 만드는 경우가 늘고 있어, 성폭력 범죄에 대한 예방교육이 더욱 강화되어야 한다.

사이버 폭력은 최근 들어 사이버 공간에서 이루어지는 '사이버 따돌림'의 수준을 넘어서 심각한 사회문제로 불거지고 있다. 미국정신의학회(APA) 연례회의에서 13~17세의 청소년을 대상으로 표본 조사해 발표한 결과를 보면, 사이버 왕따 피해학생이 자살을 시도한 비율은 14.7%로 아무런 피해 경험이 없는 학생이 자살을 시도한 비율(4.6%)보다 3배로 높았고, 학교폭력을 당한 학생의 자살 시도율 9.5%보다도 높게 나타났다(연합뉴스, 2013.6.24.).

사이버 폭력은 SNS 등 정보통신망을 이용해 음란한 사진이나 동영상을 전송하

사례로 이해하는 사이버 폭력

한앙심 학생은 오늘 학교에서 담임선생님에게 혼이 났다. 어제 청소를 하지 않고 그냥 귀가한 사실을 담임선생님이 알게 되어 아침조회 시간에 야단을 맞았다. 한앙심 학생은 담임선생님에게 고자질한 친구가 있을 것이라고 단정했다. 사실 그날 청소시간에 담임선생님이 와서 참여 인원을 확인하였는데, 한앙심 학생은 누가 자신을 일러바쳤기 때문에 드러났다고 생각했다. 곰곰이 짚어 보니 평소에도 사이가 좋지 않았고 며칠 전 사소한 시비가 있었던 나원참이 생각났다. 한앙심 학생은 학원 친구 5명에게 나원참 학생을 혼내 줄 것을 부탁했다. 한앙심 학생과 학원 친구들은 나원참 학생을 SNS로 불러 10대들이 소위 '감옥'이라고 하는 사이버 공간을 빠져나가지 못하게 해 놓고 욕설, 험담 등 폭력적 언어를 사용하며 괴롭혔다.

거나 억지로 보여 주거나 또는 요구하거나, 명예훼손 또는 모욕 등 폭력적 언어를 사용하여 집단적·의도적·반복적·지속적·편파적으로 위협을 느끼도록 고통을 가하여 정신적·심리적 피해를 받게 하는 모든 행위를 말한다. 억지로 게임을 대신하게 시켜 사이버 공간에서 자신의 레벨을 높이거나 재화의 역할을 하는 아이템을 취득하는 행위, 게임 아이템 사기나 절취, 휴대전화 또는 SNS 등을 이용한 협박 및 허위 사실 유포, 허락 없이 피해학생의 동영상을 SNS 또는 인터넷에 올려 놀림감이되게 하거나 명예를 훼손하는 행위 등은 사이버 폭력에 해당할 수 있다.

연 구 과 제

1. 쉬는 시간에 학생 몇 명이 웅성거린다. 어떤 일과 관련해서 오해가 있었는지 한 학생을 에워싸고 옥신각신한다. 수업 종이 울리고 선생님이 교실에 들어오자 학생들은 마지못해 자리에 앉는다. 수업이 끝나자 학생들은 한 학생의 어깨를 붙들고 화장실로 몰려간다. 화장실에서 역시 여러 학생이 한 학생을 에워싸고 이야기를 한다. 친구들에게 에워싸인 학생은 변명을 하는 듯 별말 없이 고개를 숙인 채 듣고 있다. 수업을 알리는 종이 울리자 학생들은 할 얘기가 더 있는 듯 굳은 얼굴로 마지못해 화장실을 나선다. 이 경우에 감금죄가 성립되는지 토론하시오.

2. '언어폭력' '명예훼손' '모욕'의 차이에 대해 토론하시오.

3. 휴대전화를 이용한 음란 동영상 전송, 성희롱과 모욕적인 언어폭력 등 '사이버 폭력'이 일어난 시점과 장소가 학교 일과 중 그리고 학교 내인 경우와, 학교 일과 후 그리고 학교 밖인 경우에 학교의 책임에 차이가 있는지를 토론하시오.

참고문헌

엄동섭(2012). 학교폭력에 따른 교사 등의 민사책임. 법교육연구, 제7권, 2호, 55-91. 한국
    법교육학회.
주삼환, 정일화 역(2011). 교육윤리 리더십. 학지사.
교육과학기술부, 이화여자대학교 학교폭력예방연구소, 청소년폭력예방재단, 법무부, 한
    국법교육센터(2012). 학교폭력 사안처리 가이드북.

대법원 선고 92다13646(1993.2.12.).
대법원 선고 97도877(1997.6.13.).
대법원 선고 2010도14328(2013.6.20.).
대법원 선고 2007도8011(2008.1.31.).
대법원 선고 2010도6924(2010.9.9.).
대법원 선고 2005다16034(2007.11.15.).
헌법재판소 결정 98헌마303(1999.3.25.).

참고자료
교통방송(2013.4.5.). 왕따 가해학생에 욕설했다 모욕죄 굴레..憲訴로 구제.
내일신문(2014.4.8.). '117' 학교폭력 신고전화 지난해 '급증'
아시아뉴스통신(2012.9.23.). 알기 쉽게 전해 주는 김경진 변호사의 법률 상식.
연합뉴스(2013.6.24.). 사이버 왕따가 학교폭력보다 자살위험 높여.
연합뉴스(2013.7.8.). 옷깃 10초 잡아당긴 삼성 노조원에 '유죄'
연합뉴스(2013.6.17.). 학교폭력, 폭행 비율 줄고 모욕 늘어.
조선일보(2012.6.7.). 동급생 집으로 불러 청소시키면 감금죄.

참고 사이트
국가법령정보센터 http://www.law.go.kr
찾기 쉬운 생활법령정보 http://oneclick.law.go.kr

제2장

원인과 실태

    학교폭력을 예방하기 위해서는 무엇보다 학교폭력의 실태를 알고 그 원인을 분석하는 것이 중요하다. 교육과학기술부에서 2012년 실시한 학교폭력 실태조사에 나타난 학교폭력의 실태는 우리로 하여금 학교폭력 예방을 위해 어떻게 대처해야 할지 실마리를 제공한다.

    이를 위해 「인성교육 비전 수립 및 실천 방안 연구」(천세영 , 김왕준, 성기옥, 정일화, 김수아, 2012)와 2012년 2월 정부가 발표한 '학교폭력근절 종합대책'을 통해 최근 학교폭력의 현상 및 그 특징을 살펴본다. 그리고 학교폭력의 원인으로 청소년기의 생물학적 특징과 학교 및 또래 문화의 특징, 가정환경과 사회환경의 변화를 살펴본다. 이 두 가지 원전의 인용이 광범위하여 내용에 일일이 인용 주석을 달지 않는다.

제2장 : **원인과 실태**

최근 우리의 어린이들이 심각한 위험에 방치되어 있으며, 학교교육은 인성교육의 측면에서 심각한 도전을 받고 있다. 학생들의 대화는 욕설로 채워지고, 폭력과 왕따도 날로 심각해지고 있다. 어린 학생들이 어른을 공경하지 않는 것은 물론 선생님에게도 무례를 넘어 폭행까지 하고 있다. 친구들에게 따돌림과 폭행을 당하거나 극심한 성적 경쟁을 못 이긴 학생들은 자살이라는 끔찍한 길을 택하기까지 한다.

이런 일은 사실 우리보다 먼저 경제적 번영을 이룬 선진국들이 이미 겪어 온 일들이다. 더구나 날로 치열해지는 경쟁과 극심해져 가는 경제위기 속에서 관용과 배려가 사라지고 있다. 가정과 마을은 해체의 길을 걸어 왔고 인류가 공동체 하나라는 숭고한 가치를 지탱하는 데 힘겨워하고 있다. 기성사회의 이러한 고통은 자녀교육의 실패로 이어져서 그 결과 청소년 범죄와 실업은 일상화되었고, 불안한 시절을 보낸 젊은 세대들은 가정을 꾸리고 자녀를 키우는 일을 버거워한다. 선진사회의 이러한 아픔은 단순히 경제적 위기만이 아닌 인류사회의 위기를 예고한다.

선진화와 경제성장만을 위해 달려 온 우리 사회 또한 예외는 아닌 것 같다. 때로 사회적 범죄 증가와 인성교육의 실패를 선진국으로 나아가는 과정에서 생기는 불가피한 일로 눈감아 왔는지도 모른다. 아이들의 인성과 여러 사회문제는 수용의 한계를 벗어났으며, 대한민국 사회의 지속가능성이라는 관점에서 근본적 성찰을 요구하고 있다.

1. 위기에 처한 아이들

우리의 아이들이 정말 아파하고 있다. OECD 국가 가운데 우리 아이들의 체감 행복이 가장 낮은 수준이다. 사회와 교육이 총체적인 혼란에 빠져 드는 사이, 아이들은 친구를 괴롭히는 등 폭력적으로 변해 가고 일탈하고 있으며 아이들의 삶과 행복이 점차 위협받고 있다.

2012년 교육과학기술부가 실시한 학교폭력 실태조사 결과를 보면, 전국 학생 응답자 139만 명 가운데 12.3%인 17만 명이 최근 1년 이내에 폭력 피해를 경험하였다. 최근 학교폭력이 저연령화(低年齡化), 다양화(多樣化), 집단화(集團化)되어 그 심각성이 가히 우려할 만하다. 전국 139만 명 학생 응답자 가운데 12.3%인 17만 명이 최근 1년 이내에 폭력 피해를 경험했다고 답변하였고, 학교폭력 가해학생의 58.0%와 피해학생의 53.6%는 초등학교 때 이를 경험하였다. 학교폭력의 유형도 단순 신체적 폭력에서 강제적 심부름(금품갈취 포함) 46%, 사이버 폭력 34.9%, 성적 모독 20.7% 등 언어적·정신적 폭력 등으로 심각해지고 있다.

학교에서는 소위 '일진' 등의 폭력서클이 우리 아이들을 위협하고 있다. 그러나 아이들은 이러한 행동들이 무서운 폭력임을 인식하지 못하고 있다. 가해학생 중 11.1%의 학생들은 자신들의 행동은 정당하다, 9.6%는 아무런 생각 없이 가해 행동을 했다고 응답한 바 있다. 또한 주변에 폐를 끼치면서도 그것이 잘못하는 것임을 깨닫지 못하고 있으며, 어른들이 나무라면 오히려 화를 내는 아이가 많다.

10대의 자살은 2010년 기준으로 하루에 한 명꼴인 350건을 넘고 있다. 요즘 세상에는 언제 어디서든 이용가능한 매체와 통신기기의 발달로 편리함이 더할 나위 없이 확대되었지만, 그와 함께 컴퓨터나 휴대용 정보통신기기로 인터넷에 접속하면 누구나 쉽게 선정적이고 폭력적인 장면을 볼 수 있게 되었다. 정보화 시대의 역작용으로 아이들의 감성이 메말라 가고 도덕성이 희미해지고 있으며, 올곧은 인성을 기르지 못한 아이들은 사이버 공간을 넘어 현실 공간에서까지 갖가지 부적응 행동을 보이고 있다.

모방범죄와 자살동호회, 신상 털기와 악플 등 정도를 넘는 인터넷 오염은 유명 연예인뿐만 아니라 우리 아이들을 자살에 이르게 하고 있다. 지난 5년 동안 서울시에서 스스로 목숨을 끊은 초 · 중 · 고교생이 무려 101명에 달하고, 전국적으로는 자살 학생 수가 2005년 135명에서 2011년에는 150명으로 안타깝게도 증가하고 있다. 고교생이 대부분을 차지했지만 초등생도 포함되어 주고 있다.

성매매, 성폭력의 희생자가 된 아이들이 늘고 있다. 어른들이 심신이 병들고 잘못된 행동에 빠져 허우적대는 아이들을 제대로 가르치고 모범을 보여야 함에도, 때로는 아이들을 돈벌이의 대상으로하여 범죄를 저지르는 어른도 많다. 전국 각지에서 가출 청소년이 성폭행을 당하거나 성매매에 나서는 사례가 빈번하게 나타나고 있으며, 성폭력 피해자는 3년 전보다 43% 늘었다. 한편, 최근 들어서는 가출 청소년들이 가족처럼 집단을 이루어 생활하는 가출팸이 청소년 비행의 온상이 되기도 한다.

우리 아이들의 성의식도 건전하게 자라지 못하고 있어 우려가 된다. 13~18세 청소년 7만 4천여 명 중 이성교제 경험이 있거나 현재 이성교제를 하고 있는 청소년은 55.3%로 조사됐으며, 그중 성관계 경험이 있는 청소년은 17%로 나타났다. 대략 청소년 10명 중 1명은 성관계 경험이 있다. 이 중 31.9%가 중2 때 처음 성관계를 경험하였고, 이성교제 경험 청소년 중 임신을 경험한 비율도 3.3%에 이른다.

학교에 적응하지 못하는 아이들이 해마다 늘고 있다. 2009년 6만 1,910명, 2010년 7만 6,598명의 아이들이 학업을 포기했다. 이는 하루 평균 109명의 아이들이 학교를 떠난다는 것을 의미한다. 학업을 중단하는 이유가 과거에는 '가정 형편'이었지만, 요즘에는 '학교생활 부적응'이 약 45%로 가장 높게 나타났다. 전체 학생 가운데 40.3%가 학교를 그만두고 싶다고 응답하였고, 이 가운데 41.8%가 학업성적을, 22.1%가 재미 없는 학교생활을 이유로 들었다.

학생들의 대화가 욕설로 얼룩지고 있다. 장경희, 이삼형, 이필영, 김명희, 김태경, 김정선, 송수민(2011)의 조사에 따르면, 중 · 고등학생의 80.3%가 욕설이나 협박 등 공격적 언어 표현을 사용한 경험이 있는 것으로 나타났으며, 대부분 학생이 '하루에 한두 번'은 사용한다고 답했다. 인터넷 매체의 급속한 발달과 쌍방향 의

사소통의 무분별한 확산으로 아이들은 욕설과 비속어의 사용에 대해서 그 심각성을 전혀 체감하지 못하고 있으며, 무의식적이고 습관적으로 욕을 사용하고 있다. 비속어를 사용하는 동기로는 '습관이 되어서(53%)'가 가장 많았고, 다음으로 '기분 나쁠 때 감정을 표현하기 위해(38%)' '남들이 사용하니까(30%)' 등의 순으로 나타났다(장경희, 이삼형, 이필영, 김태경, 김정선 외, 2010).

정서 및 행동 장애를 겪는 학생들이 날로 증가하고 있다. 우리나라의 주의력 결핍, 과잉행동, 충동을 억제하지 못하는 ADHD 유병률은 전 세계 아동 평균 3~5%를 훨씬 넘는 약 5~12%로 매우 심각한 수준이다. 이 중 실제로 진단과 치료를 받고 있는 경우는 10명 중 1명에 불과하다. 또한 우울증을 겪는 청소년이 3명 중 1명꼴 (37.5%)로 조사됐으며, 전국 학생 모두를 대상으로 학생정서행동발달선별검사를 실시한 결과 정신건강의학과 전문의의 치료 등을 받아야 하는 학생이 전체의 30%인 230만 명을 넘는 것으로 나타났다.

아이들이 보호받지 못하고 있다. 아이들의 안전과 건강 및 정서와 행동에 결정적으로 영향을 미치고 행복을 제공해야 할 가장 근본이 되는 곳은 바로 가정이다. 그러나 산업화의 물결 속에서 가정의 가치는 날로 훼손되어 왔고, 부모의 안타까운 사정에 따라 해체된 가정이 늘어나면서 상처를 입는 아이들도 날로 늘고 있다. 이혼율이 OECD 국가 중 1위이며, 한부모 가구는 전체 가구의 9.4%로 독일 5.9%, 호주 5.8%, 일본 8.5%, 미국 9.2%보다 높다. 더구나 2010년을 기준으로 가정에서의 아동학대가 거의 매일 발생하고 있으며, 2~3일에 한 번꼴로 빈번하게 학대를 경험한 학생이 60.1%에 이른다.

2. 아이들은 왜 잘못 행동하는가

우리 아이들이 왜 이렇게 되어 갈까? 한국전쟁의 비극적인 폐허를 딛고 이룬 기적 같은 산업화와 현대화는 선진국가의 물질적 풍요를 가져왔다. 하지만 잘살고자 앞만 보고 달린 그 과정에서, 지금의 부모들은 전통을 소중히 여기며 바른 길을 가도록 가르친 우리 선조와 달리 자녀들에게 교육을 잘먹고 잘 살기 위한 수단으로만 가르쳤기 때문은 아닐까? "윗물이 맑아야 아랫물이 맑다." "콩 심은 데 콩 나고 팥 심은 데 팥 난다."는 말처럼 우리 선조, 우리 부모가 우리에게 모범을 보이며 지혜롭고 헌신적으로 해 온 교육을, 우리는 우리 자녀에게 몸과 마음으로 가르치며 제대로 전하고 있는가?

우리 사회에는 왜곡된 가치관이 팽배해 있다. 초고속 경제성장의 거품이 꺼지면서 닥친 1998년 금융위기의 큰 어려움이 있었으나, 과거에 선조들이 위기에 처한 나라를 힘을 합쳐 구했듯이 우리는 절체절명의 금융위기 또한 극복해 냈다. 이제는 당당히 G20 정상회의를 개최하고, 경제력이 세계 10위권에 진입하여 선진국의 반열에 들었다. 하지만 다른 선진국이 장기간에 이룬 경제적 성과를 비교적 단기간에 이룬 우리 또한 선진국들이 겪는 선진국병을 앓게 되었다. 개인과 집단 이기주의의 팽배, 가족의 해체, 물질과 향락 문화의 만연, 부모에 대한 효 정신의 퇴색, 스승 등 어른에 대한 존경과 권위의 훼손, 학교폭력, 청소년의 자살률 증가와 도를 넘는 욕설 사용, 온·오프라인상의 왜곡된 학생문화, 학교에 적응하지 못하고 중도에 탈락하는 학생들의 증가, 그리고 학교를 졸업하고 취직한 뒤에는 자신이 다니는 회사의 핵심정보를 다른 나라의 경쟁사에 팔아넘기는 윤리의식의 실종 등이 바로 그것이다.

> 우리나라 학생들이 타인을 배려하고 함께 일할 수 있는 사회적 상호작용 능력은 OECD 국가 중 최하위 수준이다. 또한 미국의 경우 청소년의 자원봉사 시간이 하루 평균 8분, 지역 공동체 활동 참여율이 21.4%인 것과 비교하면, 우리나라 청소년들의 자원봉사 시간은 하루 평균 1분, 지역 공동체 활동 참여율은 0.7%에 그치고 있다(김기헌, 장근영, 조광수, 박현준, 2010).

학교와 사회의 교육적 기능이 약화되었다. 예전의 부모는 자식을 낳으면 아이를 포대기로 안아서 아이와 일체감을 나누며 사랑으로 키웠다. 그리고 할아버지와 할머니, 삼촌과 사촌들, 이웃 아저씨와 아줌마의 보호와 관심 속에서 온 동네가 놀이터

이자 학교와 같은 곳에서, 온 마을 사람이 부모이자 선생 같은 곳에서 또래와 형, 언니, 누나, 동생들과 어울리며 안정된 유년기를 보냈다.

지역 공동체 안에서는 '향약'의 덕목을 바탕으로 선한 일을 서로 권하고, 잘못은 서로 꾸짖고, 예부터 이어 온 예절에 따라 서로를 대하고, 힘들고 어려울 때 서로 돕는 미풍양속의 전통을 계승하는 우리의 소중하고 자랑스러운 정신문화의 보고 속에서 올바르게 성장할 수 있었다.

향약(鄕約)은 조선 중종 때 조광조를 비롯한 사림파에 의해 추진되어 영 · 정조 때까지 전국 각지에서 실시된 경(敬)과 성(誠), 그리고 권선징악과 상부상조를 목적으로 만든 향촌의 자치 규약 및 협동 조직체. 향약의 4대 덕목은 좋은 일은 서로 권하는 '덕업상권(德業相勸)', 잘못을 서로 규제하는 '과실상규(過失相規)', 예의규범에 따라 서로 대하는 '예속상교(禮俗相交)', 어려울 때 서로 돕는 '환난상휼(患難相恤)'이다. 향약의 전통은 굳건한 사회적 자본으로, 험난한 근세사 직전까지 우리 사회를 지켜 낸 힘이었다.

그러나 최근 우리 사회는 핵가족화로 세대 간의 소통이 부족해지고, 부모님의 은혜에 감사해하는 등 어른 공경의 미풍양속이 사라지고 있다. 그러면서 본을 받아 전통으로 이어 가야 할 뿌리 깊은 부모의 지식과 지혜를 경시하고, 고전은 낡은 것이라고 생각하기도 한다. 동네 아이를 내 자식처럼 여기던 공동체 의식은 약화되고, '내 아이만 최고'라는 생각이 앞선다. 이웃에 대한 무관심과 배려 부족은 관계 단절로 이어져 결국은 서로가 소외되는 사회가 되고 있다. 좋아하는 선생님은 있어

임희진, 김지연, 이경상(2009)에 따르면 '학교 선생님을 존경해야 한다.'에 대해 한 · 중 · 일 중학생은 '매우 그렇다.'에 중국이 81.9%, 한국은 26.2%, 일본은 12.2%로 응답하였다. 우리나라의 경우 '별로 및 전혀 그렇지 않다.'라고 응답한 학생의 비율이 21.5%에 달하였다. '학교 선생님에 대한 신뢰도'는 '매우 그렇다.'에 중국 36.5%, 한국 21.4%, 일본 18.5%로 나타났으며, '별로 및 전혀 그렇지 않다.'라고 응답한 우리나라 학생의 비율은 22.1%에 달하였다.

도 존경할 만한 스승은 찾기 어렵다는 말이 자주 오르내리고, "스승의 그림자도 밟지도 않는다."라는 말은 옛말이 되었다.

조선시대 '오성과 한음'의 스승이 가르친 "모름지기 친구 사이에는 반드시 믿음이 있어야 한다."라는 말이 무색하게, 친구를 괴롭히는 일부 학생들의 비뚤어진 행동이 학생문화를 혼탁하게 하고 있다. 이러한 세태 속에서 우리의 소중한 아이들이 생명경시의 극단적인 선택을 하는 경우가 늘고 있다. 되돌아보면 이 모두 자녀들에게, 학생들에게, 후대에게 모범을 보이지 못하고 제대로 가르치지 못한 어른들의 잘못이다.

학교에 적응하지 못하고 떠나는 학생들이 2013년에 총 6만 8,188명이었으며(교육부, 2013), 전국의 응답 학생 139만 명가운데 12.3%인 17만 명이 최근 1년 이내에 학교폭력을 경험했고(교육과학기술부, 2012b), 학교폭력 가해학생의 11.1%가 자신의 행동은 정당하다, 9.6%는 아무런 생각도 들지 않았다고 했으며, 목격학생 가운데 56.3%는 자신이 피해를 입을지 몰라 방관했다고 응답하였다(청소년폭력예방재단, 2011).

청소년들의 성인용 간행물 이용 경험은 2011년 41.1%에 달하고(여성가족부, 2010), 학교폭력 피해로 자살을 생각해 본 학생 비율이 31.4%로 나타났으며(청소년폭력예방재단, 2011), 2011년에 150명의 학생이 자살하였고(교육과학기술부, 2012b), 2010년 15~19세 청소년의 사망원인 1위가 자살로 비율이 28%에 이르는 것으로 집계되었다(한국보건의료연구원, 2012).

온 동네 아이들이 동네 어귀에 모여 자치기, 비석치기, 숨바꼭질 놀이를 하고, 휴일 아침에는 동네를 청소하고, 평소에는 즐겁게 얘기하며 학교를 오가던 우리 전통의 또래 문화가 사라졌다. 놀이터는 주민 편의시설 확충을 이유로 주민 운동시설이나 주차장으로 바뀌고 있고, 놀이터를 가려 해도 아이들에게는 한참인 거리를 차를 피해 걸어가야 하는 경우도 많다. 또한 시설 훼손에 기인한 놀이터 안전사고도 많이 발생하고 있다.

안타까운 일은 컴퓨터 게임 등으로 놀이터에는 주인공인 아이들이 보이지 않고,

어른들의 주차난 때문에 아이들의 놀이터가 사라지고 있다. 최근 일부 아파트에서 어린이 놀이터를 주차장으로 개조해 아이들이 뛰어 놀 공간이 줄어들고 있다. 지자체는 놀이터를 주차장으로 용도변경하면 최대 3천만 원을 지원하며 놀이터 축소를 부추기고 있다(기호일보, 2011.03.03.).

학교 방과 후에는 집 주변의 친구들이 모두 학원에 가 버려 함께 놀 친구가 없어 마지못해 학원을 찾는다는 얘기도 한다. 꽉 짜인 학교 일과와 학원이나 과외 프로그램으로 인해 아이들이 학교와 동네에서 친구, 형, 누나, 언니, 동생들과 함께 몸을 부딪치며 마음껏 노는 것으로 스트레스를 풀고, 자율적으로 활동하고 성장할 수 있는 시간과 공간이 절대적으로 부족한 데는 어른들의 잘못이 크다.

가정이 해체되고 가정의 교육적 기능이 약화되었다. 우리 선조들은 세계 어느 민족보다 뛰어난 지혜로 우리를 낳고 키웠다. 『태교신기(胎敎新記)』에서는 "스승이 십 년을 잘 가르쳐도 엄마 배 속에서 열 달 잘 가르침만 못하."라고 하여 태교의 중요성을 강조하였다. 바른 마음, 바른 말, 바른 자세를 갖추게 하기 위해 엄마는 물론이고 아빠와 온 가족이 정성을 담아 아이를 배 속에서부터 가르치고 길렀다.

EBS 〈아기성장보고서〉(2009)에 따르면, 영아기의 사회·정서발달에 영향을 미치는 기질(temperament)은 개인의 타고난 성격의 근원으로 유전의 영향을 받는다. 기질은 고정적이지는 않지만 지속성이 있다. 부모의 양육태도 또한 영아의 기질에 영향을 미친다. 개인의 기질과 환경이 조화를 이룰 때 가장 적절한 발달을 이룰 수 있다. 성격은 유전과 환경이 각자 영향을 주고받으면서 형성된다. 결국 아이의 성격과 기질이 바람직한지 아닌지의 잘잘못은 태교부터 시작하여 적절한 환경을 제공하고 교육했는기에 따른 어른의 책임이라고 할 수 있다.

그러나 최근 우리 사회에서는 세계 최고의 이혼율을 보이며 가정이 해체되고 있고, 맞벌이 부부의 증가와 세계 최다인 노동시간으로 인해 부모와 자녀가 함께 대화하고 식사하는 기회가 점점 줄어들고 있다. 각박한 경쟁사회의 심화는 자녀 교육에도 영향을 미쳐, 남보다 조금이라도 더 좋은 직장과 더 높은 명예를 누리게 하기 위해 자녀를 '무한경쟁'에 내몰고 있다. "좋은 친구 사귀어라. 바른 친구 사귀어라." "쉬면서 공부해라."라고 부모가 자녀에게 하는 말이 "공부 잘하는 친구와 친하게 지내라." "공부만 해라."라는 말로 바뀌고 있다.

> 우리와 학업성취도 수준이 비슷한 핀란드, 일본 등 OECD 국가와 비교하면, 우리나라 청소년의 학습시간이 가장 긴 편이고, 초·중·고등학생의 신체활동이 2006년 38%에서 2010년 26.5%로 감소하였고, 청소년의 하루 평균 여가시간도 감소하고 있다(교육과학기술부, 2012b). 아버지와의 대화시간이 채 30분도 되지 않는 청소년이 40%가 넘으며, 34.4%는 부모와 고민에 대한 대화를 한 적이 거의 없었다(여성가족부, 2012). 고민이 있을 때 교사와 제일 먼저 상담하는 학생은 2.8%에 불과하였다(교육과학기술부, 2012b).

학벌을 중시하는 풍조로 인해 대부분의 학부모는 내 자식만 잘 되면 된다는 극단적인 이기심에 얽매여 자녀들이 학교를 마치면 밤중까지 학원으로 내돌리고, '오직 일류대학'에 목을 맨다. 학교 울타리를 벗어나면 가정에서는 양육자와 보호자 부재로 인해, 사회에서는 학생들의 잘못된 행동을 엄하게 꾸짖어 줄 어른의 부

> 우리나라 이혼율은 OECD 국가 중 1위로 2011년 11만 4,300쌍이 이혼하였고(통계청, 2012), 청소년들의 성인용 간행물 이용 경험은 2011년 41.1%에 달한다. 보건복지부가 발표한 자료에 따르면, 청소년들이 인터넷 음란·게임 사이트와 술·담배 등을 접하는 장소가 '집과 친구 집'으로 나타나, 한부모 가정과 맞벌이 가정의 증가에 따른 부모의 부재가 자녀 양육에 악영향을 미치는 것으로 지적된다(이투데이, 2012.5.10).

재로 인해 우리 아이들이 사행, 음주 등 향락문화와 나쁜 인터넷 콘텐츠를 손쉽게 접할 수 있는 환경 또한 우리 아이들을 잘못 가르친 어른들의 공동 책임이라고 할 수 있다.

입시 위주의 교육이 학교교육을 왜곡하고 있다. 과거에는 선생님이 점심을 거르는 제자에게 자신의 점심 도시락을 살며시 건네주었고, 공납금을 못 내 애를 태우는 제자의 어려움을 몰래 챙겨 주었다. 학생은 선생님의 보살핌과 가르침에 힘입어 글을 깨쳤으며, 열심히 공부해 훌륭한 사람이 되어서 장차 고향과 나라에 보탬이 되는 사람이 되고자 하였다.

그러나 최근의 학교교육은 더 좋은 상급학교에 진학하기 위한 목적의 입시교육으로 내몰리고 있다. 예전에는 바른 품성을 최고의 덕목으로 강조하였으나, 요즘에는 경쟁에서의 승리와 성공을 최고의 미덕인 양 강조하는 흐름으로 바뀌고 있다. 여기에는 나만이 최고이고 나만 가지면 그만이라는 극단적인 이기심에서 자녀를 '된사람'보다는 '난사람'으로 키우려 한 우리 어른들의 잘못이 크다. 이 모든 것은 돈을 많이 벌어 즐기고 남에게 뽐내는 삶이 사회에 쓸모 있는 사람이 되는 것보다 성공한 인생이라고 잘못 가르쳐 왔기 때문이다. '협동보다는 경쟁, 함께보다는 혼자, 우리보다는 나, 더불어보다는 더'를 강조하며 일류대학병이 만연해 가는 사이에 우리 아이들의 인성은 비뚤어지고 만 것이다. 잘 가르치는 선생은 있어도 신뢰와 존경을 받는 스승이 없는 학교를 만든 우리 어른들의 책임이다.

학생과 학부모는 학생들의 인성 형성에 부정적인 영향을 끼치는 최우선 요소로 '성적 위주의 학교교육'을 꼽았으며(교육과학기술부, 2012b), 우리나라 청소년의 행복 수준은 OECD 국가 중 최하위 수준이다(연세대학교 사회발전연구소, 2011).

위기학생을 위한 안전망이 부족하다. 가정의 사랑과 지역 공동체는 그 자체로 학생들의 안전망이었다. 과거 우리 사회에는 어려운 학생을 보면 마을의 공동체가 나서서 적극적으로 지원하고, 행실이 바르지 못한 학생들을 공동체의 힘으로 훈계하는 전통이 있었다. 그러나 최근 우리 사회에서는 도움을 요청하는 이를 외면하는 경우가 종종 발생하고 있다. 가정과 사회의 안전망의 기능이 많이 약화된 것이다.

최근 아이들의 정서적 병리에 따른 위기학생뿐만 아니라 다문화 가정이나 결손 가정으로 인한 위기의 위험이 높은 학생들이 증가하고 있다. 그러나 위험과 위기에 처한 아이들이 구원의 눈빛과 신호를 보낼 수 있는 보호망이 취약하다. 아이들만의 세계는 존중하되 아이들의 생활을 조심스럽게 살피고 살찌울 수 있는 어른과 아이들의 조화와 관계망이 미흡한 편이다. 가정, 사회, 학교와 연계하여 ADHD, 우울증, 대인 갈등 등 요즘 아이들이 겪는 새로운 심리, 정서와 관련된 질병을 예방, 치료할 수 있는 총체적 대책 마련이 미진하였다.

우리나라 청소년의 우울감 경험률이 2009년 38%(전북매일신문, 2010.10.17.), 2010년 기준으로 초·중·고등학생의 인터넷 중독률은 각각 13.7%, 12.2%, 10.0%이며(경기매거진, 2011.3.4.), ADHD 진단을 받은 소아·청소년의 수는 2007년 4만 8천 명에서 2011년 5만 7천 명으로 연평균 4.4%의 증가율을 보이고 있다(건강보험심사평가원 보도자료, 2012). 또한 학교급이 높아질수록 자기만족도, 자기효능감이 저하되는 것으로 나타났다(교육과학기술부, 2012b).

3. 위기에 처한 아이들의 자화상

2012년 2월 정부가 발표한 학교폭력근절 종합대책(교육과학기술부, 2012a)에서 밝힌 최근 학교폭력의 특징과 원인 및 2012년 4월에 발표된 학교폭력 실태조사 결과를 바탕으로 최근의 학교폭력 현황과 그 실태를 알아보자.

1) 학교폭력 현황

2011년 12월 대구의 한 중학교 2학년생 권○○ 학생이 자신의 짧은 생을 스스로 마감했다. 학교폭력 때문이었다. 당시 권 군이 남긴 유서가 세상을 울렸고, 정부와 학교, 그리고 각 가정은 학교폭력에 대해 이전까지 볼 수 없던 각성의 모습을 보였다. 다음은 중학교 2학년 학생이 이 세상을 떠나야겠다고 마음을 먹고 쓴 마지막 글이다.

> "엄마 아빠 죄송해요. 3월 중순에 그 아이가 같이 게임을 키우자며 협박을 하더라고요. 게임에 쓴다고 제 통장의 돈까지 가져갔고, 담배도 피우게 하고 오만 심부름과 숙제를 시켰어요. 게다가 매일 우리 집에 와서 때리고, 나중에는 다른 애하고 같이 저를 괴롭혔어요. (중략) 12월 19일, 그 녀석들은 저에게 라디오를 들게 해서 무릎을 꿇리고 벌을 세웠어요. 라디오 선을 뽑아 제 목에 묶고 끌고 다니면서 떨어진 부스러기를 주워 먹으라 하였고, 피아노 의자에 엎드리게 한 뒤 손을 묶어 놓고 무차별적으로 저를 구타했어요. 저는 그냥 부모님한테나 선생님, 경찰 등에게 도움을 구하려고 했지만 걔들의 보복이 너무 두려웠어요. 매일 맞던 시절을 끝내는 대신 가족들을 볼 수가 없다는 생각에 벌써부터 눈물이 앞을 가리네요. 부디 제가 없어도 행복하시길 빌게요."
>
> (고 권○○ 군의 유서 중)

아이들은 싸우면서 크는 것이라는 통념, 사춘기 시절 어려운 친구관계는 누구나 겪는 일이라는 안이한 생각이 우리 사회에서 학교폭력을 키워 왔다는 자성의 목소리가 높아졌다. 그리고 이어 학교폭력근절 종합대책이 발표되기에 이르렀다. 종합대책에서 밝히는 최근 학교폭력 실태의 특징은 다음의 여섯 가지다.

첫째, 학교폭력 최초 발생연령이 낮아지는 추세다. 피해학생 중 53.6%가 초등학교 때 최초로 학교폭력 피해경험을 한 것으로 나타났다. 그중 초등학교 저학년 때 학교폭력 피해경험을 한 학생의 비율은 17.6%였다. 또한 가해학생 중 58%가

초등학교 때 처음으로 학교폭력 가해경험을 한 것으로 조사되었다. 초등학교 4학년에서 6학년 때에 43.1%의 학생이 최초로 가해경험을 한 것으로 나타났다.

둘째, 중학생의 학교폭력 발생비율이 가장 높은 상황이다. 학교폭력대책자치위원회 총 심의건수 중 중학교가 차지하는 비율이 전체의 69%였다. 이러한 상황은 어떤 한 해에만 나타난 특징이 아니다. 2010년부터 이후 3년 동안 동일하게 나타난 현상이다. 국민신문고에 신고된 학교폭력 관련 민원이 지속적으로 증가하고 있는 가운데 중학교의 민원 증가율이 2010년 대비 2011년에 초등학교의 7배, 고등학교의 2배 수준으로 늘었다. 그리고 2009년에 2,017건, 2010년에 3,237건, 2011년에 4,269건의 민원이 발생하여 계속해서 증가하고 있음을 알 수 있다. 2010년 대비 2011년 증가율을 보면 초등학교 5.1%, 중학교 35.6%, 고등학교 19.6%로 중학교 학교폭력 관련 민원 증가율이 두드러진다.

셋째, 가해자와 피해자의 구별이 불분명하다. 학교폭력은 가해자와 피해자의 구별이 불분명하고 폭력의 시작과 과정을 밝히기에는 그 원인이 복합적인 경우가 많다. 게다가 학교폭력 피해경험이 있는 학생은 다시 학교폭력을 당하지 않기 위해 다른 학생에게 폭력을 가하는 사례가 많다. 폭력은 쉽게 학습되고, 한 번 폭력을 당한 학생은 자신이 폭력을 당하지 않으려면 폭력을 행사해야 한다는 이분법적 사고를 하게 되기 때문에 피해자가 다시 가해자로 변하는 경우가 많다. 이는 피해와 가해를 모두 경험한 학생이 10.3%라는 결과가 말해 준다.

넷째, 정서적 폭력이 증가하고 폭력의 지속성이 확대되고 있다. 단순한 신체적 폭력이 아닌 '셔틀'이라고 불리는 강제적 심부름, '카카오톡'상에서 일어나는 사이버 폭력, 성적 모독과 같은 언어적·정신적 폭력이 증가하는 추세다. 특히 사이버 폭력은 어른들에게 쉽게 노출되지 않고 학생들 사이에서 은밀하게 진행된다는 점에서, 그리고 하교 후 가정에 와서도 폭력이 지속되어 피해자를 잠시도 그냥 두지 않는다는 점에서 매우 심각한 현상으로 받아들여지고 있다. 게다가 스마트폰 사용이 일상화된 현재, 물리적 소외보다 사이버상에서의 소외 및 정신적 폭력은 피해자의 자존감을 더욱 심각하게 훼손시키고 피해자가 돌이킬 수 없는 결정을 하도록 몰아 가는 주요한 원인이 된다.

다섯째, 학교폭력의 집단화 경향이다. '일진'과 같은 학생폭력 집단이 학교 내에서 영향력을 발휘하는 경우가 많아졌다. 학교폭력 피해학생 중 66.2%가 2명 이상의 가해자에게 폭력을 당했고, 가해학생의 수가 6명 이상인 경우가 16.3%에 달했다. 학생들은 피해를 입지 않기 위해 일진과 같은 조직에 가입하게 되고, 이러한 조직은 지역의 다른 학교 조직과 연계되어 특정한 학생을 조직적으로 괴롭히는 행태를 보이기도 한다.

여섯째, 이렇게 심각한 상황에도 불구하고 학교폭력에 대한 인식과 대응 수준은 매우 낮은 편이다. 학교폭력을 사소한 장난으로 인식하거나 위장하기도 하고, 학교폭력을 목격하는 경우에도 방관하는 사회 분위기가 있다. 게다가 학생이라는 신분 때문에 학교폭력에 대해 온정주의적으로 바라보는 사회 분위기와 처벌이나 징계보다는 교육적 차원의 계도가 옳다는 생각이 지배적이어서 학교폭력을 방관하거나 심지어는 키우는 결과를 낳았다고 볼 수 있다. 〈표 2-1〉은 학교폭력에 대

▲ **표 2-1**   학교폭력에 대한 인식 및 대응 수준

학생	• (피해자) 신고를 해도 문제해결이 되지 않고, 보복을 우려 　※ 피해학생의 57.5%가 도움을 요청하지 않는 이유: 일이 커질 것 같아서(1위), 　　이야기해도 소용없을 것 같아서(2위), 보복당할 것 같아서(3위) • (가해자) 학교폭력을 단순한 '장난'으로 인식하거나 위장 　※ 가해행동 이유: 장난(1위), 상대 학생이 잘못해서(2위), 오해와 갈등(3위) 　※ 가해 후 상황: 아무 일도 일어나지 않음(1위), 피해학생과 화해(2위) • (목격자) 학교폭력을 목격해도 보복이 두려워 방관하는 경우가 다수 　※ 목격자의 62.0%가 방관하는 이유: 같이 피해를 당할까 봐(1위), 관심이 없어 　　서(2위), 어떻게 해야 할지 몰라서(3위)
학부모	• (학교폭력에 관대) 아이들은 싸우면서 자라는 것이 당연하다는 인식 • (학교폭력 정당화) 학교폭력의 원인을 피해학생에게 돌리려는 경향
교원	• (온정주의적 시각) 처벌보다는 교육적 차원의 계도에 치우쳐 조치 • (학교폭력 은폐 경향) 학교의 부정적 이미지 유발, 신상의 불이익 등을 우려

출처: 교육과학기술부(2012a). 학교폭력근절 종합대책.

한 학생, 학부모, 교원의 인식 및 대응 수준을 보여 준다.

2) 학교폭력 실태

다음은 교육과학기술부에서 2012년에 실시한 학교폭력 실태조사 결과다. 학교폭력 피해 현황 및 유형, 피해 이유, 가해 이유, 가해자 특성, 폭력 발생 장소, 그리고 피해 대응순으로 살펴보면 다음과 같다.

학교폭력 피해 현황 조사 결과인 〈표 2-2〉는 학교급별 학교폭력 피해학생 수 및 응답률이다. 전체 응답 학생 약 139만 명 중 약 17만이 학교폭력 피해를 경험하였다고 대답하였다. 이것은 약 12.3%에 해당하는 수치다. 학교급별로 살펴보면 초등학교가 15.2%, 중학교가 13.4%, 고등학교가 5.7%로 학교급이 낮을수록 피해경험 비율이 높았다.

〈표 2-3〉은 학교폭력 피해 유형에 관한 응답 결과다. 직접적인 욕설이나 인터넷 등의 매체를 통한 욕설 등 언어폭력이 51.2%를 차지했다. 그다음으로는 집단따돌림이 13.3%로 뒤를 이었다. 특히 인터넷과 같은 정보통신망을 이용한 언어폭력이 심각해지고 있는데, 이러한 정보통신망을 통한 폭력은 불특정다수에게 폭력의 내용이 전해진다는 점에서 피해자에게 더 큰 상처를 주게 된다. 이에 대한 예방 및 관리가 절실하다.

표 2-2 학교급별 학교폭력 피해 응답률

구분	학생 수	피해 응답 수	피해 응답률(%)
총계	1,396,566	171,637	12.3
초등학교	607,552	92,212	15.2
중학교	422,494	56,568	13.4
고등학교	342,443	19,697	5.7

출처: 교육과학기술부(2012b). 학교폭력 실태조사.

| 표 2-3 | 학교폭력 피해 유형별 응답 현황(복수응답 가능, 발생빈도 순) | | | | | | | (단위: %) | |

구분		학교폭력 당한 적 있음							당한 적 없음	모름/무응답
		말로 하는 협박이나 욕설	인터넷 채팅, 이메일, 휴대전화로 하는 욕설과 비방	집단 따돌림	돈 또는 물건을 빼앗김	손, 발 또는 도구로 맞거나 특정한 장소에 갇힘	강제 심부름과 같은 괴롭힘	성적인 부끄러움을 느끼게 하는 말과 행동 또는 강제로 몸을 만지는 행위		
응답자 전체 대비	건수(건)	111,725	39,104	39,104	37,707	30,724	20,948	15,362	1,080,942	143,846
	비율(%)	8.0	2.8	2.8	2.7	2.2	1.5	1.1	77.4	10.3
학교폭력 피해 응답 건수 대비	비율(%)	37.9	13.3	13.3	12.8	10.4	7.1	5.2	–	–

*산출 방식 1) 응답자 전체 대비: 피해 유형별 해당 피해학생 수 / 총 응답 학생 수×100
2) 학교폭력 피해 응답 건수 대비: 피해 유형별 해당 피해학생 수 / 총 피해 응답 건수×100
출처: 교육과학기술부(2012b). 학교폭력 실태조사.

2012년에 이어 실시된 '2013년 2차 학교폭력 실태조사'의 결과 분석에 따르면, 학교폭력 피해학생 비율은 2012년 1차 조사 때 12.3%였으나 같은 해 2차 조사에서는 8.5%였고, 2013년 1차 조사에서는 2.2%, 2차 조사에서는 1.9%로 감소 추세를 보이고 있다. 이는 강제 심부름과 금품갈취 등의 피해 건수가 줄었기 때문으로 분석된다. 그러나 학교 밖에서 행해지는 사이버 폭력은 오히려 늘었다. 2013년 1차 조사 때 9.1%에서 2013년 2차 조사 때 9.7%로 증가했다. 특히 카카오톡 등을 더 많이 쓰는 여학생의 사이버 폭력 피해는 16.4%로 심각했다. 학교급별로 보면 중학생의 피해율이 9.9%로 가장 높았고, 초등학생과 고교생은 각각 6.6%, 6.5%였다(한국일보, 2013.11.29.).

학교급별 피해 유형을 살펴보면, 초등학교 수준에서는 인터넷 등을 이용한 욕설

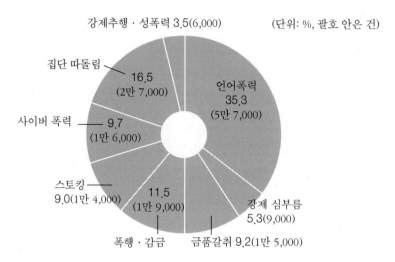

강제추행·성폭력 3.5(6,000)   (단위: %, 괄호 안은 건)

집단 따돌림
16.5
(2만 7,000)

언어폭력
35.3
(5만 7,000)

사이버 폭력
9.7
(1만 6,000)

스토킹
9.0(1만 4,000)

11.5
(1만 9,000)

강제 심부름
5.3(9,000)

폭행·감금

금품갈취 9.2(1만 5,000)

2013년 9월 9일~10월 18일 초4~고2 학년 454만 명, 학부모 89만 8천 명 설문조사.
출처: 교육과학기술부(한국일보 2013.11.29. 보도 재인용)

[그림 2-1] 학교폭력 피해 유형

표 2-4   학교급별 피해 유형

(단위: %)

구분	말로 하는 협박이나 욕설	집단 따돌림	강제 심부름과 같은 괴롭힘	돈 또는 물건을 빼앗김	손, 발 또는 도구로 맞거나 특정한 장소 안에 갇힘	성적인 부끄러움을 갖게 하는 말과 행동 또는 강제로 몸을 만지는 행위	인터넷 채팅, 이메일, 휴대전화로 하는 욕설과 비방	응답 수
총계	64.8	22.5	12.2	22.3	18.0	9.1	22.9	171,636
초등학교	64.0	23.5	8.1	16.5	16.6	6.5	24.6	92,212
중학교	64.6	21.3	16.4	32.5	20.0	10.5	20.5	56,568
고등학교	69.0	20.4	18.4	19.7	18.6	16.3	21.6	19,697
모름/무응답	64.1	25.0	17.4	26.3	21.3	13.1	22.4	3,159

*산출 방식: 피해 유형별 해당 피해학생 수 / 총 응답 학생 수×100
출처: 교육과학기술부(2012b). 학교폭력 실태조사.

과 비방의 비율이 높고 중학교 수준에서는 돈 또는 물건을 빼앗는 등의 폭력이 많이 나타났다. 또한 고등학교 수준에서는 성적인 학교폭력 비율이 높은 것으로 나타나 두드러진 학교급별 피해 유형이 파악되었다.

학교폭력을 당한 이유에 대해 '특별한 이유가 없다.'가 42.5%로 가장 많았다. 남학생, 여학생 모두 특별한 이유 없이 학교폭력을 당했다고 응답했다. 특별한 이유가 있는 경우로는 남학생의 경우 '몸이 작거나 약해서' 학교폭력을 당했다고 응답한 학생이 17.2%로 많았다. 여학생의 경우에는 '성격 때문에'라고 답한 비율이 높았다. 다음의 표는 학교폭력 피해 이유다.

▲ 표 2-5   학교폭력 피해 이유

(단위: %)

구분		사례 수 (명)	특별한 이유 없음	몸이 작거나 약해서	내가 잘못했기 때문에	외모나 장애 때문에	성격 때문에	금품을 요구했을 때 주지 않아서	기타
전체		1,534	42.5	14.2	9.6	3.7	10.5	6.2	13.2
성별	남	1,101	40.4	17.2	9.3	4.3	9.9	5.8	13.1
	여	433	48.0	6.7	10.4	2.2	12.0	7.3	13.4

출처: 교육과학기술부(2012b). 학교폭력 실태조사.

학교폭력의 가해 이유로 가장 많은 응답을 보인 항목은 2011년도의 경우 '상대가 잘못했기 때문에'로 31.2%였다. 그다음으로 '특별한 이유 없이'가 31.2%, 기타 10.5%로 조사되었다. 특이한 점은 남학생의 경우 '특별한 이유 없이'가 35.9%로 여학생의 19.4%와 비교해 월등히 높은 비율을 보였고, 여학생의 경우 '돈을 얻기 위해'가 7.1%로 남학생의 2.8%에 비해 높은 응답률을 보였다.

학교폭력 가해자 특성에서 학교폭력의 주가해자로는 '학교 동료 또는 선후배'가 2010년에 73.5%, 2011년에는 42.2%로 조사되었다. 응답 중 특이사항은 2010년과 2011년 사이 주가해자에 대해 '학교 동료 또는 선후배'라는 응답이 약 31% 감소하였고, '모르겠다.'라는 응답이 약 36% 증가하였다는 점이다. 이 점에 대해서는 좀 더 세밀한 연구가 필요할 것으로 보인다. 가해자 특성에 관한 자세한 내용은 다음의 표와 같다.

학교폭력 발생 장소는 교실이 25%, 화장실과 복도 9.6%, 온라인·휴대전화 7.7% 순으로 조사되었다. 온라인·휴대전화의 응답 비율이 7.7%나 되는 것으로 조사되어 대책 마련이 요구된다.

학교폭력의 피해 대응으로, 학교폭력을 당한 후 취한 행동으로 가장 많이 응답된 것은 '아무에게도 알리지 않음'으로 32.5%(2011년)였다. 특히 여학생에 비해 남학

표 2-6 **학교폭력 가해 이유** (단위: %)

구분		사례 수 (명)	특별한 이유 없이	상대가 잘못했기 때문에	내 힘이 강하다는 것을 보여 주기 위해	용돈이 부족해서 돈을 얻기 위해	부추기는 분위기에 휩싸여서 우발적으로	다른 사람이 시켜서	기타	무응답
2009		(1,310)	27.7	47.1	3.3	4.3	5.5	1.5	12.6	0.0
2010		(848)	17.9	32.7	2.9	2.9	3.7	1.3	8.8	29.8
2011		(493)	31.2	47.1	1.9	4.0	3.5	1.8	10.5	0.0
성별	남	(362)	35.9	45.3	1.3	2.8	4.1	1.9	8.8	0.0
	여	(131)	19.4	51.5	3.4	7.1	2.1	1.6	15.0	0.0

출처: 여성가족부(2012). 2011 청소년 유해환경 접촉 종합실태조사.

표 2-7 **폭력 주 가해자** (단위: %)

구분		사례 수 (명)	폭력 주 가해자					
			학교 동료 또는 선후배	다른 학교 동료/ 선후배	전혀 모르는 같은 또래	모르겠다	기타	무응답
2009		(1,502)	55.9	9.5	3.9	22.7	8.0	0.0
2010		(1,175)	73.5	9.6	7.6	6.0	3.1	0.2
2011		(2,013)	42.2	6.1	2.9	42.6	6.2	0.0
성별	남	(1,445)	39.4	5.7	3.6	45.5	5.8	0.0
	여	(568)	49.1	7.3	0.9	35.2	7.4	0.0

출처: 여성가족부(2012). 2011 청소년 유해환경 접촉 종합실태조사.

표 2-8   학교폭력 발생 장소 응답 현황(복수응답 가능, 발생빈도 순)

(단위: %)

구분		학교폭력 발생 장소 응답										무응답
		교실	화장실과 복도	온라인·휴대전화	그 외 학교 내 장소	운동장	등하굣길 그 주변	학원 및 그 주변	공터·빈 건물 주차장	오락실·PC방 노래방	기타 장소	
응답자 전체 대비	건수	89,483	34,485	27,678	26,603	21,139	21,783	12,464	10,927	10,455	102,444	1,147,764
	비율(%)	6.4	2.4	2.0	1.9	1.5	1.5	0.9	0.8	0.7	7.4	82.2
학교폭력 피해 응답 건수 대비	비율(%)	25.0	9.6	7.7	7.5	5.9	6.1	3.5	3.1	2.9	28.7	–

*산출 방식 1)응답자 전체 대비: 장소별 응답 건수 / 총 응답 학생 수×100
　　　　 2) 장소별 응답 건수 / 총 응답 건수×100
출처: 교육과학기술부(2012b). 학교폭력 실태조사.

생이 학교폭력을 당한 사실을 아무에게도 알리지 않는 경향이 두드러지는 것으로 조사되었다. 남학생의 비율은 38.4%, 여학생의 비율은 18.2%였다. 여학생은 '친구에게 알림'이 45.5%로 친구들의 도움을 많이 청한 것으로 나타났다. 그다음으로는 '가족에게 알림' 27.2%, '선생님께 알림' 22.7%로 조사되었다. 이에 비해 남학생들은 '가족, 선생님, 친구'에게 알리는 비율이 모두 비슷하게 나타났고, 아

표 2-9   폭력 피해 후 행동(복수응답 가능)

(단위: %)

구분		아무에게도 알리지 않음	가족에게 알림	선생님께 알림	친구에게 알림	상담실·전문기관에 알림	경찰에 신고	기타	무응답
2009		33.2	23.1	15.7	27.0	3.9	4.7	11.6	0.0
2010		30.5	32.2	24.4	34.2	3.6	2.2	3.3	1.1
2011		32.5	21.1	19.3	26.1	3.7	2.6	13.5	0.0
성별	남	38.4	18.5	17.9	18.1	2.6	2.8	14.0	0.0
	여	18.2	27.2	22.7	45.5	6.5	1.9	12.1	0.0

출처: 여성가족부(2012). 2011 청소년 유해환경 접촉 종합실태조사.

무에게도 알리지 않는 성향이 강한 것으로 밝혀졌다.

4. 무엇이 아이들을 위기로 모는가

학교폭력의 원인을 단 몇 가지로 단정 지어 말하기에는 어려움이 있다. 그럼에
도 불구하고 이 장에서는 학교폭력 발생 원인을 개관하고자 한다. 학교폭력은 과
거에도 있었고, 과거의 학교폭력도 결코 가벼이 다루어질 것은 아니었다. 일상적
으로 존재해 온 학교폭력이 지금 더욱 신중하게 그리고 진지하게 다루어져야 한
다면, 원론적인 측면부터 그 원인을 따져 봐야 할 것이다. 따라서 청소년의 내적
인 원인으로서 생물학적 변화 및 인간관계의 변화를, 외적인 원인으로서 학교 문
화 및 사회의 변화를 살펴보고자 한다.

1) 청소년기의 생물학적 변화

(1) 신체적 변화

청소년기에는 다른 무엇보다 청소년들 스스로 자신의 신체적 변화를 감지하고
그것에 적응해야 한다. 먼저 사춘기에 2차 성징이 나타나는데, 소년들에게 사정
능력이 생기는 것과 소녀들에게 초경이 발생하는 것을 말한다. 남자에게는 콧수
염이 나거나 목소리가 낮아지는 변화, 여자에게는 유방이 커지는 것 등의 변화로
나타난다. 모두 성호르몬의 증가에 의한 것으로, 소년의 몸에는 테스토스테론, 소
녀의 몸에는 에스트로겐 호르몬의 분비가 증가한다.

호르몬의 증가에 따라 성적인 호기심이 증대되지만 이 호기심이 바로 성적인
행동으로 연결되지는 않는다. Tanner(1978)에 따르면 성적 관심이 행동으로 표현
되는 데는 종교적 전통과 사회적 규범이 주도적인 역할을 하게 되며, 가족문화와
또래관계가 또한 영향을 미친다.

(2) 뇌의 변화

청소년기의 신체변화에서 가장 큰 변화는 뇌의 변화라 해도 과언이 아니다. 사춘기 시기의 청소년들이 보이는 행동들, 특히 성인들이 이해할 수 없는 청소년들의 행동은 뇌의 변화에 의한 것이라는 연구 결과가 속속 나오고 있다. 청소년기의 뇌의 변화는 전두엽에서 가장 극적으로 나타난다. 감정, 운동, 지적 기능을 담당하는 전두엽이 13~14세까지 어느 정도 발달하다가 사춘기가 되면서 새롭게 재구축된다. Gottman 등(Gottman, 최성애, 조벽, 2011)은 사춘기의 뇌를 리모델링하는 건물에 비유하였다. 리모델링 중의 건물은 여기저기 널린 건축자재와 완성되지 않은 부속물들, 연결되지 않은 채로 비죽이 튀어나온 전선들로 가득하다. 청소년의 뇌는 이와 같아서 올바른 판단을 하거나 우선순위를 정하거나 예측해서 계획을 세우는 등의 일을 어려워한다.

이 시기의 뇌에는 회백질이 1년에 2배는 늘어날 정도로 매일 새로운 뉴런이 생성되고, 이 중에서 경험과 자극을 통해 강화된 뉴런은 남고 사용하지 않은 뉴런은 소멸한다. 이렇게 급격한 변화를 겪는 청소년기의 뇌는 다양한 경험과 자극에 의해 새롭고 능력 있는, 즉 인지적으로나 감성적으로 활발한 전두엽을 형성하게 된다.

(3) 인지적 변화

전두엽의 재구조화 및 발달로 인한 청소년기의 두드러진 인지 변화는 추상적 사고능력의 발달과 자기중심적 사고다. Piaget의 인지 발달 이론에 따르면 청소년기는 인지 발달 제4기에 해당하며, 이 시기의 주된 인지 변화는 추상적 사고능력의 발달이다. 이 발달로 청소년은 어려운 개념에 대해 스스로 생각하기 시작하고, 개념화하고자 노력한다. 나는 누구이고, 사회정의는 무엇인지와 같은 생각을 스스로 하기 시작하면서 자아정체성을 확립해 나가며, 대수, 기하와 같은 어려운 수학개념을 이해하여 과학적 사고를 할 수 있는 능력을 쌓아 간다.

반면, 청소년기에는 자신을 타인의 관점에서 바라볼 수 있게 되는데, 이러한 능력으로 인해 청소년은 타인이 자신을 어떻게 볼 것인지에 과도하게 집중하는 경향을 보인다. 자신의 외모나 행동에 매우 신경 쓰게 되고 사소한 실수에도 크게 당황하는 모습을 보인다. 이런 현상은 청소년이 쉽게 자기중심적이 되게 하고, 허세로 가득 찬 행동과 말을 하도록 한다.

(4) 사회성 발달

청소년의 사회성 발달은 인간의 사회화 과정에서 가장 중요한 시기에 해당한다. 영아기와 유아기를 거치면서 부모 및 형제들과의 상호작용을 통해 사회성을 발달시키고, 이후 학령기 아동이 되면 집 밖의 다른 어린이와 어울리기 시작하면서 또래와 영향을 주고받으며 사회화되어 간다. 청소년기가 되면 개인으로서의 자아에서 사회적 자아로의 성장이 시작된다. Cooley(1902)에 의하면 개인의 진정한 사회화 과정은 사회적 자아(social self)의 발달로 시작된다. Cooley는 사회적 자아를 '거울 속의 자아'라고 하였는데, 이는 마치 거울을 들여다볼 때 느끼듯이 자기가 다른 사람에게 어떻게 보일까, 다른 사람들이 자기 모습을 어떻게 판단할까를 상상하는 데서 발달한다.

Mead(1934)는 사회화 과정에서 자아의 발달이 중요하다는 점을 주장하면서 자아의 구조를 '나'와 '일반화된 타인(generalized others)'으로 구분하였다. '일반화된 타인'은 타인과의 상호작용 속에서 여러 가지 역할을 하며 다른 사람들에게서 기대되는 행동이나 태도를 취하게 되고, 이러한 경험을 통해 점차로 그 태도를 일반화해 내면화한것을 말한다. 이렇게 형성된 일반화된 타인을 통해 사회에서 기대하는 역할에 자신의 행동을 맞추어 가는 것이다. 또한 Mead는 자신이 인식하는 '나'와 타인이 인식하는 '나' 사이에 아무런 갈등이 없을 때 정상적으로 사회화된 사람으로 성장한 것이라고 하였다. 이러한 과정, 즉 자신이 인식하는 '나'와 타인이 기대하는 '나' 사이의 차이와 갈등을 경험하는 이 과정을 청소년기에 겪게 되고, 이 과정을 원만히 겪고 나면 정상적인 성인으로 성장하게 된다.

2) 청소년기의 관계 변화

영아기, 유아기, 아동기에는 부모와 자녀의 질적인 관계가 정서 및 인지 발달에 가장 중요하다. 이때 아이들은 부모에게 물리적으로나 감정적으로 가장 의존한다. 부모에게서 확보된 안정감이 이 시기의 아이들을 정서적으로 건강하게 성장시킨다. 아이는 부모가 가치 있게 여기는 것을 자신에게도 가치 있는 것으로 내면화하고, 자신도 모르는 사이에 부모의 세계관에 기대어 자신의 가치관과 세계관을 형성한다.

반면, 청소년기에 진입하면서 나타나는 가장 큰 특징은 부모에게서 정서적으로 멀어지는 모습을 보이며 관심을 또래집단으로 이동시키는 현상이다. 부모와의 유대보다는 또래와의 관계를 발전시키며 그 유대관계를 바탕으로 자아개념을 발전시킨다. 말하자면, 자신의 존재를 친구관계를 기반으로 정의하게 된다. 청소년들은 또래집단 안에서 자신의 유능함과 소속감을 느낀다. 그래서 자신이 가치 있다고 느끼는 또래집단에 소속되는 것이 이 시기의 가장 중요한 과업이 되고 자신이 좋아하는 또래와 안정적인 우정을 발전시키는 것이 사춘기를 잘 보내는 기초가 된다.

친구관계의 형성과 우정은 소년, 소녀 모두에게 그들의 생애사적으로 중요한 일이지만 소년과 소녀에게 우정의 의미가 똑같지는 않다. 여자아이들의 우정에는 친밀감과 공감, 신뢰감이 중요하며, 따라서 소녀들은 자신의 사적인 이야기를 친구와 공유하면서 친밀감을 형성하고 안정감을 느끼게 된다. 그래서 여자아이들은 더 배타적인 또래집단을 형성하게 되고, 그 사이에서 갈등과 질투가 끊이지 않는다. 그리고 여학생들은 그 때문에 또래집단의 거부와 배신을 가장 두려워한다. 반면에 소년들은 운동을 함께 하거나 좋아하는 운동을 함께 보고, 그것에 대한 정보를 공유함으로써 우정관계를 형성한다. 소녀들이 자신의 사적인 이야기를 공유함으로써 배타적인 관계를 형성하는 것과는 달리, 소년들은 개인적인 이야기를 공유하거나 경험을 노출하는 일이 적다. 남학생들은 공통된 어떤 것에 관심이 있다든지 거리상으로 가까이 있는 또래와 우정관계를 형성할 가능성이 크다.

청소년기가 부모의 간섭에서 벗어나 또래집단에서 정체성을 찾는 시기임에도 불구하고, 우리나라 부모들은 청소년기의 자녀들을 놓아 주지 않는 경향을 보인다. 이것이 부모와 자녀 사이에 빚어지는 주요한 갈등의 원인이 되고 있다. 문화체육부(1997)에서 수행한 연구에 의하면 우리나라 학생들이 부모와 겪는 갈등의 정도가 일본, 중국에 비해 월등히 높은 것으로 나타났다. '부모에게서 간섭을 많이 받고 있다고 느끼는가?'라는 질문에 한국 청소년은 64.4%가 그렇다고 응답한 데 비해, 일본 청소년은 50.2%, 중국 청소년은 27.5%만이 그렇다고 응답하였다. 이 연구결과는 우리나라 청소년들의 폭력적인 문화, 학교폭력의 증가 추세와 관련이 있을 것이라고 추측할 수 있다.

3) 학교문화 및 현대사회의 변화

과거에도 존재했던 학교폭력이 지금 더 중요한 현상으로 인식되는 이유는 과거의 학교폭력이 문제아라고 일컬어지는 특정한 학생들의 문제로 인식된 데 반해, 현재의 학교폭력은 언제 어디에서나 발견되는 일상적인 현상이라는 데 있다. 학교폭력의 일상성은 무엇보다 사회의 변화에서 기인한다고 하겠다.

현대사회의 과학 기술과 정보통신의 발달 그리고 SNS(social network service)와 같은 다양한 채널의 의사소통 기술의 발달은 청소년들의 인격을 형성하는 데 강력한 영향을 미치고 있다. 과학 기술과 의사소통 기술의 발달은 동전의 양면과 같아서 유익한 점과 유해한 점이 모두 있다. 매체의 발달은 직접적인 인간관계의 한계를 뛰어넘어 무한대의 인간관계와 의사소통을 가능하게 한다. 이러한 의사소통과 관계의 확장을 통해 요즈음의 청소년들은 자신에게 필요한, 자신에게 특화된 지식을 체득하는 것이 가능해졌다. 이것의 교육적 효과와 의미는 엄청나다고 할 수 있다.

하지만 매체의 과다한 접속과 활용의 역효과도 만만치 않다. 수많은 광고와 유해한 정보들이 걸러지지 않은 채 청소년들에게 직접 전달되고 있다. 자기중심적이며 충동적인 청소년기의 특성으로 청소년들은 이러한 매체의 내용을 당연시하며 자신과 동일시하고 내면화하게 된다. 따라서 청소년의 폭력성과 음란성의 증가가 매체에의 지속적인 노출에 의한 것이라는 점을 부인할 수 없게 되었다. 무엇보다 카카오톡을 통해 이루어지는 사이버 학교폭력은 그 어떤 학교폭력 유형보다 잔인하고 집요해서, 카카오톡을 발단으로 한 청소년 자살 사건이 이미 여러 건 보고되고 있다.

경쟁이라는 단어로 표현되는 한국사회의 단면은 학교에서도 그대로 재연된다. 학벌 위주, 경쟁 위주의 사회체제는 학습의 장이며 동시에 공동체의 일원으로서의 삶을 가르쳐야 하는 학교에서 그대로 반복되어 나타난다. 또래집단 속에서 안정감을 찾기보다는 자신의 서열과 위치를 확인하고 그 안에서 살아남기 위해 다른 친구를 밟아야 한다. 이러한 학교문화 속에서 한 명을 공공의 적으로 삼아 따돌리고 괴롭히는 학교폭력이 정당화되었다고 봐도 무방할 것이다.

학교폭력과 소득불평등이 연관이 있다는 연구가 있다. 어떤 한 사회의 소득불평등 정도가 학교폭력의 증가에 영향을 준다는 것이다. sbs스페셜 〈학교의 눈물〉(2013) 제작진은 캐나다 맥길 대학교 Frank J. Elga 교수의 연구를 인용하였다. 이 연구는 소득불평등이 학교폭력에 직접적인 영향을 미친다고 주장한다. 사회 구성원 간에 소득 차이가 많으면 구성원 간에 사회적 거리가 생기고, 학교폭력이 더 쉽게 일어난다는 것이다. 예를 들어, 미국은 매우 풍족한 나라지만 세계적으로 불평등한 나라기도 하다. 가난한 동네 바로 옆에 백만장자들이 사는 부유한 동네가 있다. 이러한 상황은 사회적 긴장상태를 초래한다.

이 긴장은 더 많은 스트레스, 스트레스성 질병, 폭력적인 행동으로 나타난다. 부유한 아이들과 가난한 아이들은 서로 어울리지 못하고 소득불평등으로 인한 경제적 차이를 바탕으로 한 조롱, 거절, 수치심을 허용하는 사회가 된다. 이것이 바로 따돌림의 원인이 된다. 이 연구가 시사하는 바는 학교폭력을 예방하기 위해서는 학교폭력이라는 현상 하나에만 집중해서는 안 된다는 것이다. 학교폭력을 줄이려면 사회 구성원 간의 신뢰도가 높은 사회를 지향해야 한다. 하나의 목적을 가진 공동체로서의 사회일 때 근본적으로 학교폭력을 줄일 수 있다.

연 구 과 제

1. 학교폭력을 예방하고 근절하기 위해 정부의 학교폭력근절 종합대책이 발표되었다. 종합대책에서 밝히는 최근 학교폭력 실태의 특징 여섯 가지를 나열하고 각각의 특징을 나타내는 사례를 들어 토론하시오.

2. 청소년기의 발달적 특징을 신체적 변화, 뇌의 변화, 인지 발달의 변화, 사회성 발달의 측면에서 설명하시오.

3. 최근의 사회문화의 특징을 설명하고 이것과 학교폭력과의 관련성을 토론하시오.

참고문헌

건강보험심사평가원 보도자료(2012.5.10.). 소아·청소년 주의력결핍장애, 10명 중 8명 '男'.

교육과학기술부(2012a). 학교폭력근절 종합대책.

교육과학기술부(2012b). 학교폭력 실태조사.

교육과학기술부(2013). 2차 학교폭력 실태조사.

교육부 보도자료(2013.9.4.). 2012학년도 초중고 학업중단 현황 조사결과 발표.

김가녕(2013). 굿바이, 학교폭력. 경향BP.

김규태, 방경곤, 이병환, 윤혜영, 우원재, 김태연, 이용진(2013). 학교폭력의 예방 및 대책. 양서원.

김기헌, 장근영, 조광수, 박현준(2010). 청소년생애핵심역량 개발 및 추진방안 연구 Ⅲ '2010 한국청소년 핵심역량진단조사'. 한국청소년정책 연구보고 10-R17. 한국청소년정책연구원.

김려령(2009). 우아한 거짓말. 창비.

문화체육부(1997). 청소년백서.

여성가족부(2012). 2011 청소년 유해환경 접촉 종합실태조사.

연세대학교 사회발전연구소(2011). 한국 어린이·청소년 행복지수의 국제비교. 한국방정환재단, 연세대학교 사회발전연구소.

임희진, 김지연, 이경상(2009). 청소년 가치관 국제비교 조사. 한국청소년정책연구원.

장경희, 이삼형, 이필영, 김태경, 김정선, 전은진, 권우진(2010). 청소년 언어 사용 실태 조사.

문화체육관광부.

장경희, 이삼형, 이필영, 김명희, 김태경, 김정선, 송수민(2011). 청소년 언어실태 언어의식 전국조사. 국립국어원 2011-01-38.

정원식(2005). 인간과 교육. 교육과학사.

천세영, 김왕준, 성기옥, 정일화, 김수아(2012). 인성교육 비전 수립 및 실천 방안 연구. 교육과학기술부 정책연구 2012-41.

청소년폭력예방재단(2011). 2011 전국 학교폭력 실태조사.

통계청(2012). 2012 청소년 통계.

한국보건의료연구원(2012). 국내 정신질환 관련 연구 현황 파악 및 우울증 자살에 대한 연구.

EBS 아기성장보고서 제작팀(2009). 아기성장보고서. 예담.

Gottman, J. 최성애, 조벽(2011). 내 아이를 위한 감정코칭. 한국경제신문.

sbs스페셜 제작팀(2013). 학교의 눈물. 프롬북스.

Cooley, C. H. (1902). *Human and Nature anad Social Order*. Charles Scribners and Sons.

Mead, G. H. (1934). *Self and Society*. Chicago Univ. Press.

Tanner, J. M. (1970). Physical growth. In Mussen, P. H. I. (Ed.), *Carmichael's Manual of Child Psychology* (3rd ed., pp.77-155). New York Wiley.

참고 자료

기호일보(2011.3.3). 아파트 주차장 확보… 사라지는 놀이터.

한국일보(2013.11.29.). SNS서 욕·비방… 아이들 학교 밖 사이버 폭력 증가.

헬스코리아뉴스(2012.5.9.). 소아·청소년 ADHD 10명 중 8명 남자.

이투데이(2012.5.10) 모두가 행복한 '가정의 달' 그래시 더 '잔인한 5월'.

전북매일신문(2010.10.17.). [질병본부 국감현장] 초중고생 38% 우울감.

경기매거진(2011.3.4.). 정부 2010년도 인터넷중독 실태조사 결과 발표.

연합뉴스(2013.7.4.). 소득격자 심한 나라, 학교폭력도 심하다.

레이디경향(2013.9.16). 카따, 와이파이셔틀. 엄마들은 모르는 신종 학교폭력 세태.

참고 사이트

학교알리미 www.schoolinfo.go.kr.

학교폭력 예방 종합포털사이트 www. stopbullying.or.kr

제3장
학교의 보호 · 감독의무와 책임

학교폭력과 관련하여 교장과 교사의 의무와 책임이 과거에 비해 시간이 지날수록 강화되는 추세다. 과거에는 학교폭력 당사자들 또는 학부모의 책임으로 전가하는 경우가 대부분이었다. 그리고 학교 내에서 발생한 학교폭력의 경우에 한하여 교장과 교사의 학교폭력 예측가능 여부를 바탕으로 책임을 가렸으나, 교장 및 교사의 감독과 책임을 묻는 경우는 극히 제한적이었다.

하지만 최근에는 학교 내에서 일어나는 학교폭력은 물론이고 사이버 공간을 비롯한 학교 밖에서 일어나는 학교폭력의 경우에도 교장으로서의 역할과 교사이 예측가능성을 폭넓게 해석하여 학교와 교사의 보호 · 감독의무와 책임을 판단하는 경향이 강해지고 있다. 즉, '학교에서의 직접적인 교육활동인가? 교육활동과 밀접한 생활관계인가? 예측가능성이 있는가? 상황에 맞게 예방 조치 및 대처를 하였는가?' 등이 보호 · 감독의무 위반 여부의 판단기준으로 작용한다.

이 장에서는 학교폭력의 예방 및 대책에 관한 학교장과 교사의 보호 · 감독의무와 책임을 「학교폭력 예방 및 대책에 관한 법률」, 「학교폭력 예방 및 대책에 관한 법률 시행령」 등의 법률적 측면과 학교폭력 예방활동 및 대처기준 등과 관련한 교육행정적 측면에서 살펴본다.

제3장 : 학교의 보호 · 감독의무와 책임

1. 교장의 보호 · 감독의무와 책임

학교경영의 최고 책임자로서 교장은 학생의 보호자에게 학생의 학교생활에 관한 기본적인 정보를 알릴 뿐만 아니라 학생의 안전과 관련된 정보 및 환경을 갖추는 최종적인 책임이 있다. 따라서 학교폭력 예방을 위한 의무와, 학교폭력 사안이 발생할 경우 대처 및 결과에 대한 법적 · 도덕적 책임이 있다. 경제협력개발기구 (OECD)는 학교안전과 학업성취도 등 학교경영 전반에 걸쳐 교장의 역할이 막중함을 밝힌 바 있다. 학교폭력 예방을 위한 학칙을 마련하고 학교질서를 유지하는 등 학교의 물리적 · 정서적 환경을 갖추는 것은 교장의 기본적인 의무 및 책임이다. 교장의 교육철학에 따라 학교의 교육목표 설정과 중점 추진방향에 차이가 있을 수 있다. 교장은 학생의 감성을 헤아리며 학생들이 심미적으로 성장할 수 있는 교육의 방향을 잡아 학교가 우리나라의 교육이념을 실현할 수 있도록, 교육자의 양식을 바탕으로 법률이 부과하고 위임한 의무와 책임을 다해야 한다.

교장은 교육활동을 통해 그리고 관련 법률에 따라 학교폭력을 예방하고, 학교폭력이 발생했을 경우에 해결과 재발 방지를 위해 노력해야 한다. 「초 · 중등교육법」 제20조는 "교장은 교무를 통합하고, 소속 교직원을 지도 · 감독하며, 학생을 교육해야 한다." "교사는 법령이 정하는 바에 따라 학생을 교육한다."라고 명시하고 있다. 엄동섭(2012)은 「헌법」 제31조에서 국민의 기본적인 인권의 하나로 인정하는 '교육을 받을 권리'의 내용 가운데는 학생이 학교교육을 받는 과정에서 생명이나 신체의 건강 등을 위협받지 아니한 채 안전하게 교육을 받을 권리가 포함되어 있다고 보았다. 따라서 학교의 장은 학생을 안전하게 보호하고 교육하며, 학교폭력 예방 및 적절한 조처 등 학생의 학교생활 전반과 관련하여 소속 교직원의 교육활동을 감독할 직무가 있다고 할 수 있다. 교장은 학교폭력 사안이 발생하면 책임의 중심에서 벗어나기 어렵다.[1] 또한 교장은 학생들이 안전하게 학교생활을 할 수 있는 최종 관리 의무를 지니며, 여러 경로를 통해 학생의 학교생활에 관한 많은 정보를 관리하기 때문에 그 중요 정보를 학부모에게 제공할 의무가 있다.[2]

「학교폭력 예방 및 대책에 관한 법률」에 따르면, 학교의 장은 대통령령으로 정하는 바에 따라 학교에 상담실을 설치하고 「초·중등교육법」 제19조의2에 따라

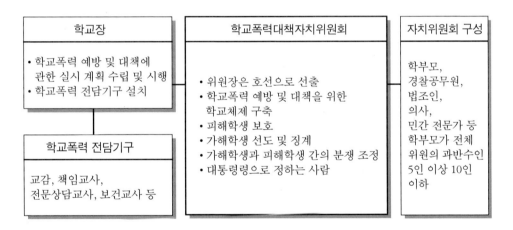

학교장	학교폭력대책자치위원회	자치위원회 구성
• 학교폭력 예방 및 대책에 관한 실시 계획 수립 및 시행 • 학교폭력 전담기구 설치	• 위원장은 호선으로 선출 • 학교폭력 예방 및 대책을 위한 학교체제 구축 • 피해학생 보호 • 가해학생 선도 및 징계 • 가해학생과 피해학생 간의 분쟁 조정 • 대통령령으로 정하는 사람	학부모, 경찰공무원, 법조인, 의사, 민간 전문가 등 학부모가 전체 위원의 과반수인 5인 이상 10인 이하
학교폭력 전담기구 교감, 책임교사, 전문상담교사, 보건교사 등		

[그림 3-1] 학교 내 학교폭력 근절 추진체계

출처: 교육과학기술부(2012). 학교폭력근절 종합대책.

---

1) 「학교폭력 예방 및 대책에 관한 법률」 제19조(학교장의 의무) 학교의 장은 교육감에게 학교폭력이 발생한 사실 및 제16조, 제16조의2, 제17조, 제17조의2 및 제18조에 따른 조치 및 그 결과를 보고하고, 관계 기관과 협력하여 교내 학교폭력 단체의 결성 방지 및 해체에 노력해야 한다.
2) 정보제공 의무의 근거로는 위임계약설, 교육권의 내용으로 이해하는 견해, 학교제도 이용자의 권리로 이해하는 견해 등이 제시되고 있다(이우석, 2008; 엄동섭, 2012 재인용).

전문상담교사를 두어야 한다. 또한 학교폭력의 예방 및 대책에 관련된 사항을 심의하기 위해 학교폭력대책자치위원회(이하 자치위원회)를 두어, 예방 및 대책 수립, 피해학생의 보호, 가해학생의 선도 및 징계, 피해학생과 가해학생 당사자 간의 분쟁 조정 등을 심의하도록 해야 한다.

학교의 장은 학교폭력 문제를 전담할 수 있도록 교감, 전문상담교사, 보건교사 및 학교폭력 문제를 담당하는 책임교사 등으로 전담기구를 구성하고, 이를 위한 행정적·재정적 지원을 해야 한다. 성폭력 등 학교폭력 사건에 대한 전문성을 확보하기 위해 실태조사 등 전문기관의 협조가 필요한 경우에 자치위원회 위원장의 심의를 거쳐 학교장 명의로 전문기관에 의뢰해야 한다. 또한 학교폭력과 관련한 개인정보 등이 필요한 경우에 경찰청장 등 관계 기관에 협조를 요청할 수 있다.

교장은 학생의 신체적·정신적 보호와 학교폭력 예방을 위해 학생들을 대상으로 학교폭력의 개념, 실태, 대처방안 등을 포함한 예방교육을 학기별로 1회 이상 실시해야 한다. 또한 교직원과 학부모에 대한 교육도 학기별로 1회 이상 실시해야 한다. 교장은 이러한 예방교육의 프로그램 구성 및 운용 등에 관해 전담기구와 협의하여 전문단체 또는 전문가에게 위탁할 수 있다. 교장은 학부모들이 학교폭력 예방교육 프로그램의 구성과 운용 계획을 쉽게 알 수 있게 학교 홈페이지에 게시하고, 가정통신문 또는 SNS 이용 등의 다양한 방법으로 학부모에게 알리도록 노력해야 한다.

교장은 대통령령으로 정하는 바에 따라 상담실을 설치하고, 「초·중등교육법」에 의거 전문상담교사를 둔다. 학교의 장은 교감, 전문상담교사, 보건교사 및 학교폭력 문제를 담당하는 교사인 책임교사 등으로 학교폭력 문제를 담당하는 전담기구를 조직하고, 학교폭력을 인지한 경우에 즉시 전담기구 또는 관련 소속 교원으로 하여금 피해 및 가해 사실 여부를 확인하게 하고 활동 결과를 보고받아 실태 및 사태를 파악해야 한다.

자치위원회가 피해학생의 보호가 필요하다고 인정하여 학교장에게 필요한 조치를 요청할 경우에 학교장은 심리상담 및 조언, 일시보호, 치료 및 치료를 위한 요양, 학급교체 등 피해학생의 보호를 위한 조치를 취해야 한다. 이러한 조치는

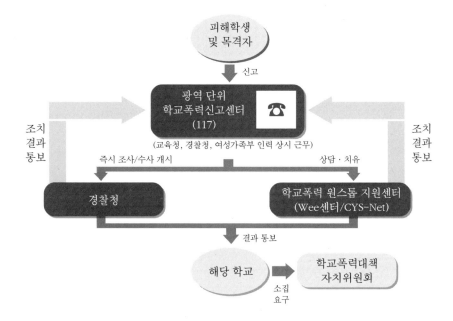

[그림 3-2] 117 학교폭력신고센터 운영 체계도

출처: 청와대 정책소식 통권 제110호(2012).

피해학생 보호자의 동의가 필요하며, 7일 이내에 해당 조치를 해야 하고, 조처 후 자치위원회에 보고해야 한다. 조치 과정에서 조치에 필요한 결석을 출석일수에 산입할 수 있고, 성적 등의 평가에서도 학생에게 불이익을 주지 않도록 노력해야 한다. 그리고 교장은 자치위원회가 학교폭력의 피해를 입은 학생을 보호하기 위해 전문상담기의 싱담 또는 전문 치료기관에서의 요양을 요청하는 경우에 해당 조치를 취해야 한다. 학교의 장은 자치위원회의 요청 전이라도 학교폭력 발생 즉시 피해학생 보호를 위해 심리치료를 받게 할 수 있다. 피해학생에 대한 심리치료 조치와 결과는 추후 자치위원회에 보고한다. 사안이 가벼울 경우에는 학교 내 Wee클래스 또는 상담실에서 실시하고, 사안이 중대할 경우에는 Wee센터, Wee 스쿨, 지역사회정소년통합지원체계(Community Youth Safety-Net: CYS-Net), 병원 에서 심리치료를 받게 해야 한다.

자치위원회의 요청이 있기 전이라도 피해학생의 보호가 긴급하다고 판단하거나 인정되는 경우 또는 피해학생이 긴급하게 보호를 요청한 경우, 교장은 심리상담 및 조언, 일시보호 등 피해학생의 보호를 위한 응급 조처를 취할 수 있다. 피해학생의 보호과정에 드는 전문상담 비용 등은 가해학생의 보호자가 부담하는 것이 원칙이다. 하지만 피해학생의 신속한 치료를 위해 피해학생의 보호자가 원하는 경우에는, 교장이 필요하다고 판단했을 때 학교안전공제회에 직접 청구하거나 또는 시 · 도 교육청이 부담하도록 하고, 추후 학교안전공제회 또는 시 · 도 교육청이 가해학생 보호자에게 구상권을 행사하도록 한다.

「학교폭력 예방 및 대책에 관한 법률」에서는 장애학생의 보호를 특별히 강조한다. 장애 등을 이유로 장애학생에게 학교폭력을 행사해서는 안 되며, 자치위원회가 학교폭력의 피해를 당한 장애학생의 보호를 위해 장애인을 위한 전문상담가 전문치료 기관의 요양 조치를 요구할 경우에 학교장은 해당 조치를 취할 의무가 있다. 장애학생을 포함한 피해학생의 보호와 가해학생의 선도와 교육을 위해 학교장은 자치위원회가 가해학생에 대한 조치를 요구할 경우에 규정에 따라서 요청일을 기준으로 14일 이내에 해당 조치를 취해야 하며, 조치를 병과하거나 조치 내용을 가중하여 적용 조치할 수 있다.

교장은 가해학생의 선도가 긴급하다고 판단될 경우에 자치위원회의 요청 전이

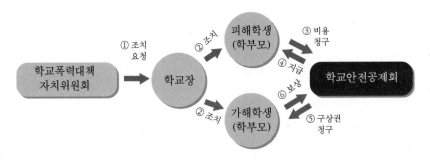

※ 학교안전공제회가 학교폭력 피해 비용을 우선 부담하는 경우

[그림 3-3] 학교안전공제회 피해학생 보상절차

출처: 청와대 정책소식 통권 제110호(2012).

라도 피해학생에 대한 서면사과, 피해학생 및 신고·고발 학생에 대한 접촉과 협박 및 보복 행위의 금지, 교내봉사, 교내외 전문가의 특별교육 및 심리치료, 출석정지 후 별도의 시설에서 교육 등의 조치를 취할 수 있다. 교내외 전문가의 특별교육 및 심리치료와 출석정지는 병과하여 조치할 수 있다. 이러한 긴급조치 직후에 자치위원회에 보고하여 추인하는 절차가 필요하다.

「학교폭력 예방 및 대책에 관한 법률 시행령」 제21조의 가해학생에 대한 우선 출석정지 등을 보면 학교의 장이 가해학생에게 출석정지 조치를 할 수 있는 경우는 다음과 같다. "① 2명 이상의 학생이 고의적·지속적으로 폭력을 행사한 경우, ② 학교폭력을 행사하여 전치 2주 이상의 상해를 입힌 경우, ③ 학교폭력에 대한 신고, 진술, 자료 제공 등에 대한 보복을 목적으로 폭력을 행사한 경우, ④ 학교의 장이 피해학생을 가해학생으로부터 긴급하게 보호할 필요가 있다고 판단하는 경우"다. 학교의 장이 가해학생에게 출석정지를 명하는 경우에는 반드시 해당 학생 또는 보호자의 의견을 들어야 한다. 학교의 장이 해당 가해학생 또는 가해학생 보호자의 의견을 청취하려고 하였으나 따르지 않는 경우에는 보호자의 의견 청취를 생략할 수 있다.

「학교폭력 예방 및 대책에 관한 법률 시행령」 제19조의 가해학생에 대한 조치별 적용 기준을 보면,「학교폭력 예방 및 대책에 관한 법률」 제17조 제1항의 조치별 적용 기준은 다음 각 호의 사항을 고려하여 결정하고, 그 세부적인 기준은 교육부 장관이 정하여 고시하도록 하고 있다. 기준을 살펴보면, "① 가해학생이 행사한 학교폭력의 심각성·지속성·고의성, ② 가해학생의 반성 정도, ③ 해당 조치로 인한 가해학생의 선도 가능성, ④ 가해학생 및 보호자와 피해학생 및 보호자 간의 화해의 정도, ⑤ 피해학생의 장애학생 여부 등"이다.

사회봉사 조치의 경우, 학교장은 가해학생과 가해학생 보호자에게 통지해야 하며, 해당 학생이 사회봉사의 조치를 거부하거나 회피할 때는 다음과 같은「초·중등교육법」 제18조 "① 학교의 장은 교육상 필요한 경우에는 법령과 학칙으로 정하는 바에 따라 학생을 징계하거나 그 밖의 방법으로 지도할 수 있다. 다만, 의무교육을 받고 있는 학생은 퇴학시킬 수 없다. ② 학교의 장은 학생을 징계하려면 그 학생이나 보호자에게 의견을 진술할 기회를 주는 등 적정한 절차를 거쳐야 한다." 에 의거하여 징계 해야 한다.

가해학생이 교내봉사, 사회봉사, 교내외 전문가에 의한 특별교육 및 심리치료의 조치로 결석한 경우 학교장이 출석으로 인정하면 출석일수에 산입할 수 있다. 가해학생에 대한 특별교육의 경우에는 가해학생의 보호자도 함께 교육을 받아야 한다. 「학교폭력 예방 및 대책에 관한 법률」 제17조에서 제시한 가해학생에 대한 조치 가운데 제1호 가해학생에 대한 서면사과를 제외하고, 제2호 피해학생 및 신고 · 고발 학생에 대한 접촉, 협박 및 보복 행위의 금지, 제3호 학교에서의 봉사, 제4호 사회봉사, 제5호 학내외 전문가에 의한 특별 교육이수 및 심리치료, 제6호 출석정지, 제7호 학급교체, 제8호 전학, 제9호 퇴학처분을 기피하거나 거부하는 경우, 자치위원회의 다른 추가적인 요청이 있으면 학교장은 대통령령으로 정하는 바에 따라 필요한 조치를 취해야 한다.

대통령령인 「학교폭력 예방 및 대책에 관한 법률 시행령」 제22조는 가해학생의 조치 거부 · 기피에 대한 추가 조치로서 「학교폭력 예방 및 대책에 관한 법률」 제17조 제1항 제2호부터 제9호까지의 조치를 받은 학생이 해당 조치를 거부하거나 기피하는 경우 자치위원회가 법 제17조 제11항에 따라 학교의 장으로부터 그 사실을 통보받은 날부터 7일 이내에 추가로 다른 조치를 할 것을 학교의 장에게 요청할 수 있도록 한다. 그러나 구체적인 조치 내용은 언급하지 않아, 학교장을 비롯한 학교 구성원들의 해당 상황을 고려한 적절한 판단과 결정이 필요하다.

「학교폭력 예방 및 대책에 관한 법률」 제19조에 따르면, 교장의 의무로서 교장은 교육감에게 학교폭력이 발생한 사실과 제16조 피해학생의 보호, 제16조의2 장애학생의 보호, 제17조 가해학생에 대한 조치, 제17조의2 재심청구, 제18조 분쟁조정 등에 따른 조치 및 결과를 보고해야 한다. 또한 학교 내의 학교폭력 단체 결성을 예방하고 학교폭력 단체의 해체를 위해 관계 기관과 협력하여 노력하도록 한다.

학교폭력의 현장을 목격하거나 학교폭력 사실을 알게 된 사람은 학교와 경찰을 비롯한 관계 기관에 즉시 신고해야 하며, 신고를 받은 학교 이외의 경찰 등 기관은 피해학생 보호자와 가해학생 보호자 및 소속 학교의 장에게 즉시 통보해야 한다.[3] 또한 학교폭력의 예비 혹은 음모 등을 알게 된 사람도 학교의 장 또는 자치위원회에 고발할 수 있다. 학교의 장은 이러한 과정을 거쳐 통보받은 학교폭력 관련 사실을 지체 없이 자치위원회에 통보하여 적법 절차가 진행될 수 있게 한다. 학교의 장은 학교폭력을 신고한 자에게 신고행위로 인해 불이익을 주거나 불이익을 당하는 일이 없도록 해야 하며, 신고자의 신상정보가 노출되지 않도록 비밀유지의 의무와 책임이 있다.[4]

「학교폭력 예방 및 대책에 관한 법률」 제21조는 비밀누설의 금지를 다룬다. 학교폭력의 예방 및 대책과 관련된 업무를 수행하거나 수행하였던 자는 직무상 알게 된 비밀 또는 피해학생과 가해학생 및 학교폭력 신고 · 고발자와 관련된 자료를 누설해서는 안 된다. 비밀의 범위는 대통령령으로 정한 「학교폭력 예방 및 대책에 관한 법률 시행령」 제33조에 "① 학교폭력 피해학생과 가해학생 개인 및 가족의 성명, 주민등록번호, 주소 등 개인정보에 관한 사항, ② 학교폭력 피해학생과 가해학생에 대한 심의 · 의결과 관련된 개인별 발언 내용, ③ 그 밖에 외부로 누설될 경우 분쟁 당사자 간에 논란을 일으킬 우려가 있음이 명백한 사항"으로 규정되어 있다.

미국에서는 학교폭력을 방관, 방조하거나 신고하지 않은 사람도 처벌하는 국가 왕따방지법안(anti-hazing bill)의 입법이 추진되고 있다. 이 법안은 동료 학생에 대한 폭력행위를 보고도 경찰에 신고하지 않거나 방관하는 경우도 처벌하도록 한다. 신체적 상해를 가한 경우에만 중죄로 처벌하는 기존의 법을 개정하여, 심지어는 괴롭힘을 당한 피해학생 또는 피해학생의 보호자가 이를 신고하지 않을 경우

---

3) 「학교폭력 예방 및 대책에 관한 법률」 제20조 제4항에 따르면, 학교폭력의 예비 · 음모 등을 알게 된 자는 이를 학교의 장 또는 학교폭력대책자치위원회 등 관계 기관에 신고할 수 있고, 교원이 이를 알게 된 경우에는 학교의 장에게 보고하고 해당 학부모에게도 알려야 한다.
4) 비공개대상정보라 할지라도 공개하는 것이 공익 또는 개인의 권리구제를 위하여 필요하다고 인정되는 정보는 예외적으로 공개가 허용된다(엄동섭, 2012).

에도 처벌할 수 있게 강화하는 방안이 검토 중에 있다(동아일보, 2012.1.12.). 우리나라도 학교폭력의 현장을 보거나 학교폭력 사실을 알게 된 경우에 신고의 의무를 법으로 부과하고 있으며, 법률적으로 의무 위반은 과태료 또는 벌금형, 손해배상 및 내부 징계의 사유가 될 수 있다.

「학교폭력 예방 및 대책에 관한 법률 시행령」 제17조는 학교의 장이 학생과 교직원 및 학부모에 대한 학교폭력 예방교육을 실시하도록 다음과 같이 명문화한다. "① 학기별로 1회 이상 실시하고, 교육 횟수·시간 및 강사 등 세부적인 사항은 학교 여건에 따라 학교의 장이 정한다. ② 학생에 대한 학교폭력 예방교육은 학급 단위로 실시함을 원칙으로 하되, 학교 여건에 따라 전체 학생을 대상으로 한 장소에서 동시에 실시할 수 있다. ③ 학생과 교직원, 학부모를 따로 교육하는 것을 원칙으로 하되, 내용에 따라 함께 교육할 수 있다. ④ 강의, 토론 및 역할연기 등 다양한 방법으로 하고, 다양한 자료나 프로그램 등을 활용해야 한다. ⑤ 교직원에 대한 학교폭력 예방교육은 학교폭력 관련 법령에 대한 내용, 학교폭력 발생 시 대응요령, 학생 대상 학교폭력 예방 프로그램 운영방법 등을 포함해야 한다. ⑥ 학부모에 대한 학교폭력 예방교육은 학교폭력 징후 판별, 학교폭력 발생 시 대응요령, 가정에서의 인성교육에 관한 사항을 포함해야 한다."

2. 교사의 보호·감독의무와 책임

교사는 교육활동을 통해 그리고 관련 법률에 따라 학교폭력을 예방하고, 학교폭력이 발생했을 경우에 해결과 재발 방지를 위해 노력해야 한다. 「초·중등교육법」 제20조 교직원의 임무에 의거하면, "교사는 법령이 정하는 바에 따라 학생을 교육한다."라고 명시되어 있다. 따라서 교사는 소속 교직원에 대한 지도·감독의 의무가 있는 교장의 합법적인 명과 「학교폭력 예방 및 대책에 관한 법률」 「학교폭력 예방 및 대책에 관한 법률 시행령」 등의 관련 법령에 따른 학교폭력 예방과 대처를 위한 의무를 지닌다.

교원은 학교폭력의 예비, 음모, 사실 등을 알게 된 경우에 이를 학교의 장에게 보고하고, 학교는 절차에 따라 해당 학부모에게도 알려야 한다. 이를 이행하지 않는다면 경우에 따라서는 인사상의 불이익을 받거나 과태료를 부담하거나 벌금형에 처해질 수 있다. 또한 학교폭력 문제 처리 과정에서 피해학생과 가해학생 그리고 해당 학생의 보호자, 제보자, 신고자 또는 고발자 등의 신분에 관한 비밀유지에 관한 의무와 책임이 있다.

책임교사는 발생한 학교폭력 사안 조사를 총괄하여 폭력 사안에 관한 조사 방향을 판단하고, 피해학생과 가해학생 등 관련 학생들의 담임교사 및 학부모, 전문상담교사, 보건교사 등과 협조하여 학교폭력 사안의 진상을 파악하는 등 조사를 총괄하는 역할을 한다. 조사결과는 학교장 및 자치위원회에 보고한다. 책임교사는 피해학생과 가해학생, 그리고 목격한 주변 학생 등을 대상으로 학교폭력 진술서 등을 활용하여 학교폭력이 발생한 상황, 피해학생 및 가해학생의 안전, 학교폭력 발생 전후의 상황을 육하원칙을 바탕으로 조사하고, 이를 종합하여 사안보고서를 작성하여 필요한 경우 자치위원회에 제출한다.

보건교사는 피해학생과 가해학생의 신체적·정신적 피해를 파악하고 필요한 조치를 취한다. 피해학생의 신체적·정신적 피해 상황이 심각하다고 판단되면 응급조치를 하거나 119에 연락하여 학생을 신속하게 병원으로 이송한다. 이때 다른 긴급한 교내 상황이 없거나 보건교사가 필요한 다른 상황이 발생하지 않는 한 보건교사가 이송에 동승하도록 한다. 성폭력 사안인 경우에는 증거를 보존하고 경찰에 신고할 수 있도록 책임교사와 협조하여 학교장에게 사태를 보고하는 등 관련 절차를 밟는다.

전문상담교사는 학교폭력 피해학생 및 가해학생 등 학교폭력과 관련된 학생들을 대상으로 상담하여 피해학생과 가해학생의 심리적·정서적 상황을 파악하고 더 나아가 가능하다면 학교폭력의 원인 등을 파악한다. 상담을 통해 책임교사 업무 처리와 관련하여 문제 해결에 필요한 정보를 제공한다. 학교의 장 및 자치위원회의 요구가 있을 때에는 상담 결과를 보고한다. 심층 상담이 필요하다면 전문기관에 협조를 의뢰한다. 피해학생과 가해학생에 대한 심리검사를 실시하여 관련 정보를 책임교사에게 제공할 수 있다.

피해학생 및 가해학생의 담임교사는 우선적으로 해당 학생의 학부모에게 사안 발생에 관하여 통지하고, 정확한 상황이 파악되는 대로 상황 전반에 대해 전화 또는 면담을 통해서 학부모에게 관련 내용을 알린다. 더불어 문제해결에 도움이 될 만한 주변 학생들의 목격 또는 학교폭력과 관련한 평소 정황 정보를 수집하여 책임교사의 업무수행에 협력한다. 자칫 학교폭력 문제로 어수선할 수 있는 교실 및 학생들 사이의 분위기를 차분하게 하여 질서를 유지하도록 해야 한다.

책임교사, 보건교사, 전문상담교사, 담임교사는 문제 해결에 꼭 필요하거나 적법한 경우를 제외하고는 피해학생 측과 가해학생 측 간에 직접적으로 접촉하여 2차적인 폭력사태 또는 감정이 격화되어 갈등이 증폭되는 사태를 예방해야 한다. 그리고 쌍방 학생이 심리적 안정과 회복을 위한 시간을 보낼 수 있도록 피해학생과 가해학생을 격리 조치해야 한다. 특히 사안 발생 초기 조사과정에서는 피해학생과 가해학생 간 격리보호에 만전을 기해야 한다. 또한 선입견으로 단정 짓지 말고 객관적이고 중립적으로 초기 사안 조사를 공정하게 진행한다. 응급한 상황에서 임시로 피해학생과 가해학생에 대한 조치를 취한 후에는 보호자에게 알려 협조 및 동의를 구하고 필요한 추가적인 보호 및 선도 조치를 취한다.

학교폭력 문제를 전담하는 기구(이하 전담기구)는 학교폭력 예방, 학교폭력 실태조사, 학교폭력 신고 접수, 학교폭력 사안 조사 등의 업무를 담당한다. 전담기구는 교감을 책임자로 하고 보건교사, 전문상담교사, 학교폭력 문제를 담당하는 책임교사 등으로 구성되어 고유한 업무를 처리하게 된다. 하지만 피해자와 가해자 외에도 다수의 피해자 또는 다수의 가해자가 동시에 연루되는 사안인 경우, 집단적으로 일시에 조사할 필요가 있는 경우, 그리고 피해학생과 가해학생을 격리하여 상담하거나 조사하게 되어 해당 업무를 혼자 처리하기에는 어려운 경우, 다른 예기치 못한 비상사태가 전개될 경우도 있을 수 있다. 이런 경우를 대비하여 담임교사를 비롯한 다른 교사들의 협조가 필요하며, 모든 교사가 전담기구에 속한 교사의 업무수행에 적극적으로 협력하는 자세가 필요하다.

학교폭력 문제해결 과정에서 교사는 관련자의 신상정보 및 내용에 관한 비밀유지의 의무를 다해야 한다. 또한 상담이나 조사 과정에서 원칙을 위배하거나 피해학생과 가해학생의 인격을 훼손하는 일이 발생하지 않도록 주의를 기울여야 한다. 전화 또는 직접 대면 등 학생 및 학부모 면담과 관련된 내용을 기록으로 남기는 일도 소홀히 해서는 안 된다. 피해학생 보호자와 가해학생 보호자에게 관련 절차나 규정을 상세하게 설명해 주어 모르거나 지나쳐서 생길 수 있는 불이익을 피할 수 있게 해야 한다. 학교폭력 문제해결 과정에서 적법하지 않게 피해학생 보호자의 동의 없이 가해학생 보호자에게 연락처 등 개인정보를 알려 주는 등 규정을 위배해서는 안 된다.

「학교폭력 예방 및 대책에 관한 법률」 제20조에 따르면, 학교폭력을 목격한 자 또는 알게 된 자는 학교 등 관계 기관에 신고해야 한다. 이를 위반할 경우에 교사는 내부 징계의 사유로 신분상 불이익을 당할 수 있다. 더불어 과태료나 벌금 등에 처해질 수도 있다. 따라서 교사가 개인적으로 가볍게 생각하여 처리하는 일이 있어서는 안 된다. 「학교폭력 예방 및 대책에 관한 법률」에 의한 절차와는 별개로 피해학생과 보호자는 학교폭력 사안 발생과 관련하여 또는 관련 일 처리로 인해 가해학생과 보호자 또는 교사, 교장, 교육청 등을 상대로 형사 소송 및 민사 소송을 제기할 수 있다.

「형법」 제122조는 "공무원이 정당한 이유 없이 그 직무수행을 거부하거나 그 직무를 유기한 때에는 1년 이하의 징역이나 금고 또는 3년 이하의 자격정지에 처한다."라고 공무원의 직무유기에 대해 명시하고 있다. 직무유기는 사전적 의미로는 '정당한 이유 없이 맡은 일 또는 책임을 다하지 않고 방치'한다는 의미다. 직무에 관한 의식적인 방임 등 정당한 이유 없이 직무를 수행하지 않는 경우는 직무유기죄에 해당한다. 단, 업무처리에서 내용적으로 충실치 못하거나 절차상 잘못이 있더라도 직무를 수행하였다면 해당죄가 성립되지 않는다.

직무유기죄가 성립되지는 않더라도 민사 책임이 따를 수 있다는 점에 유의해야 한다. 법원은 학교폭력으로 스스로 목숨을 끊은 중학생의 유족에게 가해학생 부모와 교장, 담임교사, 학교법인이 보호 및 감독 책임을 지고 손해배상을 해야 한다는 판결을 내린 바 있다. 교장이나 교사는 학부모 등 법정감독 의무자를 대신하여 학생을 보호하고 감독해야 하는 의무가 있다. 따라서 이러한 의무를 위반할 경우에 「민법」상 손해배상책임이 발생할 수 있다. 단, 보호 및 감독의 의무는 학교교육 활동에 한하고 예견이 가능해야 하는 조건을 충족해야 한다.[5]

대법원 판례에 따르면, 교장과 교사의 불법행위로 인한 민·형사상 손해배상책임은 교사가 필요한 예방조치를 취해야 하나 주의 의무를 소홀히 하여 조치를 취하지 않은 경우, 다른 폭력을 유발할 위험의 가능성을 예측할 수 있었으나 실효성 있는 대책을 강구하지 않아 학교폭력이 발생한 경우에 따를 수 있다.[6] 반면에 방과 후 학교 밖에서 학교의 교육활동과 연관 없이 학교폭력이 발생한 경우, 돌발적이어서 예측가능성이 인정되지 않는 경우는 불법행위로 인한 민·형사상 손해배상책임을 묻지 않았다. 하지만 미국에서는 학교 밖에서 학교폭력이 발생했을지라도 교우관계 등 학교생활과의 연관성이 있거나 연속선에서 이루어진 사안이라면 학교의 교육활동과 관계가 없어도 불법행위로 인한 손해배상책임을 묻는 경우도 있다.

학교폭력 가해학생에 대한 조치사항 가운데 자치위원회에서 결정된 심의 결과를 학교생활기록부에 기재하는 것을 두고 논쟁과 갈등이 있다. 교육부는 가해학생에 대한 조치 사항을 학교생활기록부에 기재하도록 지침을 내린 바 있다. 경미한 사안, 즉 가해학생에 대한 조치인 1호 피해학생에 대한 서면사과, 2호 피해학생 및 신고·고발 학생에 대한 접촉, 협박 및 보복행위의 금지, 3호 학교 내 봉사, 7호 학급교체 등은 학교생활기록부에 기재하고 졸업 직후에 삭제한다. 하지만 4호 사회봉사, 5호 특별 교육이수 또는 심리치료, 6호 출석정지, 8호 전학, 9호 퇴학 등은 학교생활기록부에 기재하며 졸업 후 5년 동안 보존해야 한다.

---

5) 학교폭력과 관련하여 교사의 손해배상책임이 인정되면, 국공립 학교인 경우 국가나 지방자치단체가 교사의 직무상 불법 또는 위법 행위를 이유로 「국가배상법」 제2조에 따라 손해를 배상한다. 사립학교인 경우에는 사용자인 학교법인이 「민법」 제756조에 의해 손해배상의 책임을 진다. 학교는 손해를 배상한 후, 해당 교사에게 구상권을 청구할 수 있다. 공무원은 고의나 중과실이 없는 경우에는 손해배상 책임을 부담하지 않으나, 사립학교 교원의 경우에는 경과실일 때에는 책임이 부과된다. 교육 단체에서는 국공립과 사립의 이러한 불평등을 해소하기 위해 노력하고 있다.
6) 예측가능성 유무 판단의 기준으로 교육활동의 때와 장소, 가해자의 분별 능력, 가해자의 성행, 가해자와 피해자의 관계 등을 고려해야 한다(김도형, 2002: 엄동섭 2012 재인용).

🔖 사례로 이해하는 직무유기

경찰은 "학교폭력에 대처하는 교사가 정당한 이유 없이 직무를 의식적으로 방기하거나 포기했다고 판단되면 형사입건할 수 있다."라는 방침을 발표한 바 있다. 2012년 초에 경찰은 학교폭력과 관련한 직무유기의 혐의로 담임교사를 소환한 일이 있었다. 학교폭력으로 인해 투신자살한 여중생 사건을 수사하던 경찰에게 피해학생 학부모가 담임교사와 교장이 학교폭력을 방관하여 적절한 조처를 취하지 않았다고 진정하자 교사를 직무유기 혐의로 조사하기 위해 소환한 첫 사례다. 교원 단체의 항의로 경찰청은 뚜렷하지 않은 교장 또는 교사의 직무유기 혐의에 대한 진정, 고소, 고발을 소환 없이 각하, 종결 처리하도록 일선 경찰에 지시했다.

하지만 향후 학교폭력과 관련해 지속적으로 학부모들이 교사를 상대로 한 진정, 고소, 고발의 빈도가 더욱 높아질 것으로 예상된다. 경찰이 밝힌 '뚜렷하지 않은 직무유기 혐의'의 기준이 모호할 수 있어, 직무유기에 해당하는지 아닌지를 두고 이해당사자 간의 판단에 혼선이 계속되리라 예측된다. '직무유기죄'라는 「형법」과는 별개로 민사소송으로 이어질 수 있다. 학교폭력 사안이 발생할 경우에 적법한 절차에 따라 이루어지는 교장과 교사 등 학교의 행정 행위가 자칫 왜곡 또는 은폐의 오해를 받아 곤경에 처하게 되는 일이 우려된다.

최근에 한 중학교에서 남학생들이 여학생을 집단 성추행한 일이 벌어졌는데 학교 측이 제대로 조치 하지 않았다고 해당 학교 학부모들이 주장하며 교장과 교사를 직무유기 혐의로 경찰에 고발할 것이라고 언론이 보도하였다. 미술 수업시간에 남학생 4명이 같은 반 여학생의 치마 속을 휴대전화로 촬영했다. 3명이 사진을 찍었고 이 가운데 2명은 찍은 사진을 삭제했다. 하지만 나머지 한 학생의 휴대전화에서 삭제되지 않은 사진을 피해학생의 친구가 알게 되어 사건의 실체가 드러나게 되었다.

학교는 학교폭력대책자치위원회를 열어 학생 4명 중 3명은 학급교체, 나머지 1명에게는 피해학생과의 접촉, 협박 및 보복행위를 금지했다. 그리고 4명 모두에게 교내봉사 5일과 특별 교육이수 처분을 내렸다. 학교는 남학생들이 여학생의 치마 속 사진을 찍은 사실은 있지만 다른 성추행이나 성희롱은 없었다고 해명하였다. 하지만 교체된 가해학생 반의 학부모들은 가해학생들이 피해학생의 특정 신체 부위를 만지고 사진을 찍어 문자로 보낸 추가적인 잘못을 제기하며 재조사를 요구했다. 학부모들은 학교에서 학교폭력대책자치위원회를 열어 가해학생들의 반 배정을 바꿨을 뿐, 피해학생의 학부모에게는 제대로 설명하지 않았고 사건을 덮으려고 했다고 주장하였다.

연합뉴스 · YTN(2013.7.4.) 정리

표 3-1 학교생활기록부 기재 사항

학교생활기록부 기록 영역	가해학생 조치사항 「학교폭력 예방 및 대책에 관한 법률」제17조 제1항	
학적사항 특기사항	• 8호(전학)	• 9호(퇴학처분)
출결상황 특기사항	• 4호(사회봉사) • 6호(10일 이내의 출석정지)	• 5호(특별 교육이수 또는 심리치료)
행동특성 및 종합의견	• 1호(서면사과) • 3호(학교에서의 봉사)	• 2호(접촉, 협박 및 보복 행위 금지) • 7호(학급교체)

출처: 교육과학기술부(2012). 학교폭력근절 종합대책.

최근 교육부에서는 학교폭력 조치사항의 학생부 기재와 관련한 개선안을 마련하여 2014년 2월 졸업생부터 적용을 고시한 바 있다. 개선안은 NEIS 학생부에 학교폭력 조치사항을 기재하여 관리하되, 경미한 조치에 해당하는 1호, 2호, 3호, 7호는 현재와 마찬가지로 별도 심의 없이 졸업과 동시에 삭제하도록 한다. 그러나 퇴학에 해당하는 9호를 제외한 4호, 5호, 6호, 8호는 졸업 전에 학교폭력대책자치위원회에서 최종 심의하여 가해학생이 반성하고 현저하게 긍정적 행동의 변화를 보인 경우에는 졸업 후 즉시 삭제하고, 긍정적인 행동의 변화를 보이지 않거나 학교폭력 재발 및 문제 행동이 발생한 경우에는 졸업 2년 후에 삭제하는 내용을 담고 있다.

학교폭력과 관련하여 교장과 교사로 구분하여 의무와 책임을 말하지만, 포괄적으로는 학교의 의무와 책임이다. 교장의 의무와 책임은 실질적으로는 실무 책임자의 업무처리 과정을 통해 이루어지고, 학교경영의 최고 책임자로서 교장은 학교의 모든 사안에 대한 최종적인 책임을 부담하는 위치다. 모든 사안이 교장과 교사의 불가분의 관계 속에서 이루어지기 때문에 교장과 교사는 의무와 책임에 있어 공동체적인 연대관계라고 할 수 있다.

증가하고 있는 학교폭력과 관련하여 감독기관, 교장 및 교사, 가해학생 보호자에게 법적 책임을 제기하는 경향이 강하므로 이들은 각각 의무와 책임을 잘 알고 예방 및 대처에 철저를 기해야 한다.[7] Shafii와 Shafii가 저술한 『학교폭력』(김상식,

사례로 이해하는 학교폭력 손해배상

형사적 책임과 별개로, 법원은 학교폭력으로 인해 자살한 학생의 유족에게 가해학생 부모와 교장, 담임교사, 학교법인이 학생 및 자녀에 대한 보호와 감독 책임을 지고 손해배상을 해야 한다고 판결했다. 피해학생 유족이 가해학생 부모, 학교법인, 대구교육청을 상대로 낸 손해배상 청구 민사소송에서 가해학생 부모, 교장, 담임교사, 학교법인이 숨진 중학생의 상속인 부모와 형제에게 배상할 것을 판결했다.

법원은 가해학생의 부모는 "연령상 법률적 책임을 질 수 없는 '책임무능력자'인 자식을 감독할 의무를 다하지 못했기 때문에", 담임교사와 교장은 "학교에서 부모 대신 학생들을 보호 · 감독할 의무가 있기 때문에" "학급과 학교의 책임자로서 자살 예방 조치를 하지 않고 가해학생 감독을 소홀히 하는 등 피해학생과 가해학생들을 보호 · 감독할 의무를 위반했기 때문에", 학교법인은 "교장과 교사를 고용한 사용자로서 손해배상책임이 있기 때문에" 손해배상의 책임이 있다고 밝혔다. 가해학생들의 폭력이 대부분 숨진 피해학생의 집에서 이루어졌지만, 수시로 교실에서도 발생했고 피해와 가해 사실이 학교생활과 뗄 수 없는 관련성이 있어 교장과 교사의 보호 · 감독의무 범위에 속한다고 하였다. 그러나 재판부는 "교감은 부모 대신 학생을 보호하고 감독할 직접적인 의무가 있다고 보기 어렵고, 교육청은 학교법인을 감독하는 데 소홀했다고 볼 직접적인 증거가 없다."라고 판시했다.

하지만 이 사건이 국 · 공립학교에서 발생했다면 교육감과 광역자치단체장이 연대 책임의 대상이 될 수도 있다. 교육감과 광역자치단체장은 국 · 공립학교의 사용자 역할을 하기 때문이다.

조선일보(2012.8.17.) 등 언론 보도 정리

황동현, 정일미 역, 2006)에 따르면, 미국에서는 학교폭력과 관련한 법적 책임을 지속적으로 강화하고 있다. 폭력적 행위의 만연함에 대해 높아진 경각심은 범죄적 행위에 대해 예견 능력의 향상과 동일한 의미를 지닌다. 청소년에 의한 폭력행동을 사

---

7) 공립학교 교사에 비해 사립학교 교사는 경과실에도 손해배상책임을 부담하나, 실제 소송에서 피해학생 측은 배상자력이 있는 학교법인을 상대로 소송을 제기하는 경우가 대부분이었다. 최근에는 교사 개인을 피고로 소송을 제기하거나 소송 제기 이전에 급여에 대한 가압류를 신청하는 사례가 발생하고 있다(엄동섭, 2012).

전에 인지할 수 있는 위치에 있는 사람들은 잠재적인 희생자에게 직접 그 가능성을 경고하거나, 아니면 잠재적인 희생자에게 경고하거나 그들을 보호할 수 있는 제삼자에게 주의를 주어야 할 법적 책임이 있다는 것을 알아야 한다. 모든 사람은 다른 모든 사람에게 예측 가능한 상해를 방지할 수 있는 그의 활동 범위에서 기본적인 보호를 해야 할 의무가 있다. 제삼자 책임 소송이라고 불리는 유형의 사건은 가해자의 폭력행위에 대해 실제로 또는 추정적으로 알고 있었다고 알려진 사람들을 상대로 폭력행위의 피해자에 의해 제기된다.

학교폭력을 은폐한 사실이 드러날 경우 또는 부적절하게 대응한 경우에 교장 및 관련 교원은 4대 비위, 즉 금품수수, 성적조작, 성폭력 범죄, 신체적 폭력과 같은 수준에서 반드시 징계받고, 교원이 학교폭력을 은폐하거나 부적절하게 대응한 경우에는 징계감경 사유에서 제외된다. 하지만 교장과 교사에게 부과되는 의무와 책임은 규정, 절차 등 법률적 측면보다는 학생들의 올바른 성장을 위해 교육적 차원과 도덕적 차원에서 의무와 책임을 다한다는 높은 수준의 지향이 필요하다. "사후약방문(死後藥方文)" "소 잃고 외양간 고친다."라는 말이 있듯이 불미스러운 일이 발생한 후에 일처리에 급급하기보다는 예방이 최선임을 마음에 새겨, 예방을 위한 프로그램 마련과 시행, 관련 예방교육, 예방과 대처를 위한 법률적 의무와 책임 등을 잘 알아야 한다.

교원의 징계감경 제외 사유
- 징계의결 요구 시효가 5년인 징계 사유에 해당하는 비위
- 직무와 관련한 금품수수 비위
- 시험 문제 유출, 학생 성적조작, 학교생활기록부 부당정정 등 비위
- 성폭력 범죄를 범하여 징계 대상이 된 경우
- 학생에 대한 상습적이고 심각한 신체적 폭력 행위
- 신규채용, 특별채용, 승진 등 인사와 관련된 비위직무

출처: 교육과학기술부(2012). 학교폭력근절 종합대책.

연 구 과 제

1. 「민법」 제750조, 제755조 제2항과 학교폭력 발생 시 학교의 보호 · 감독의무 위반 여부에 관한 판단 기준을 알아보고, 현실성과 적정성에 관해 토론하시오.

2. 교사의 불법행위로 인한 손해배상책임이 인정 및 부정된 대법원의 판례를 알아보시오.

3. 학교폭력과 관련하여 교사와 교장에게 직무유기죄를 적용하는 문제에 대해 토론하시오.

4. 가해학생에 대한 조치 사항을 학교생활기록부에 기재하도록 하는 교육부 지침과 「소년법」 제70조, 「학교폭력 예방 및 대책에 관한 법률」 제21조를 알아보고, 학교생활기록부 기재와 관련하여 토론하시오.

참고문헌

교육과학기술부(2012). 학교폭력근절 종합대책.

김상식, 황동현, 정일미 역(2006). 학교폭력. 하나의학사.

김도형(2002). 교육활동과 관련하여 학생 사이에 발생한 사고와 교사 등의 손해배상책임. 민사판례연구, 제24권, 344-387.

엄동섭(2012). 학교폭력에 따른 교사 등의 민사책임. 법교육연구, 제7권, 2호, 55-91. 한국법교육학회.

이우석(2008). 집단따돌림과 학교의 정보제공의무. 경성법학, 제17집, 1호, 37-61.

청와대 정책소식 통권 110호(2012). 학교폭력 반드시 해결하겠습니다.

참고 사이트

국가법령센터 http://www.law.go.kr

참고자료

동아일보(2012.1.12.). 학교폭력 방관자도 처벌 … 美 '수퍼 왕따 방지법' 추진.

연합뉴스(2013.7.4.). 중학교 남학생들 수업시간에 여학생 치마 속 '몰카'.

조선일보(2012.8.17.). 학교 · 교장 · 담임 · 가해학생 부모 함께 배상하라.

YTN(2013.7.4.). '성추행' 학교의 이상한 대응.

제4장
인성교육의 방향

2011년, 학교폭력에 시달리던 한 중학생의 자살이 대한민국 사회를 강타했다. 일상화되어 버린 지 오래인 학교폭력 문제가 수면으로 급부상하여 2012년 2월 6일 민간 전문가를 포함한 범정부적 학교폭력근절대책위원회가 발족되었으며, 3월 신학기가 시작되면서 모든 학교에 학교폭력대책위원회가 정비되고 학교폭력 실태에 관한 전수조사가 이루어졌다. 그 결과 생각보다 많은 학생들이 학교폭력 피해를 경험한 것으로 나타나 근본적인 대책으로 학교폭력을 예방하는 일, 즉 학생의 바른 인성교육이 주문되었다. 교육과학기술부는 이러한 국가 사회적 요청에 부응하여 2012년 3월 인성교육 실천을 위한 10대 정책과제연구팀을 가동했다. 2012년 4월 7일 인성교육정책연구팀의 1차 워크숍을 시작으로 5개월간 수차례의 워크숍, 서베이, 델파이, 연구 세미나들을 통해 인성교육 비전 수립 작업에 들어갔다(천세영, 김왕준, 성기옥, 정일화, 김수아, 2012).

이 장에서 인용한 「인성교육 비전 수립 및 실천 방안 연구」(천세영 외, 2012)는 인성교육 실천을 위한 교육과정 등 10대정책과제연구팀의 연구총괄 및 인성교육 비전 수립 작업의 연구보고서다. 총괄연구팀의 팀장인 충남대학교 천세영 교수를 주축으로 하여 경인교육대학교 김왕준 교수, 세계화교육문화재단 성기옥 회장, 대전만년고등학교 정일화 수석교사, 봉암초등학교 김수아 교사의 공동연구진이 '인성 및 인성교육 개념 탐구, 청소년 인성의 실태조사, 인성교육 비전 선언문안 및 비전안 구성, 인성함양 실천 과제' 등을 연구하였다. 이 장에서는 「인성교육 비전 수립 및 실천 방안 연구」에 바탕하여 하여 학교폭력의 예방 및 근본 치유대책으로 인성교육의 반성과 비전, 그리고 과제에 대해 살펴보기로 한다.

제4장 : 인성교육의 방향

1. 인성교육의 반성

대한민국은 건국이념이자 교육이념으로 "널리 인간세계를 이롭게 한다."라는 '홍익인간'을 천명하였다. 이를 바탕으로 「교육기본법」 제2조는 "교육은 홍익인간의 이념 아래 모든 국민으로 하여금 인격을 도야하고 자주적 생활능력과 민주시민으로서 필요한 자질을 갖추게 함으로써 인간다운 삶을 영위하게 하고 민주국가의 발전과 인류공영의 이상을 실현하는 데에 이바지하게 함을 목적으로 한다."라고 밝히고 있다. 이는 완성된 인격을 바탕으로 자아실현을 추구하고, 자주적 민주시민으로서 세계 평화와 상생, 공영을 위해 봉사하는 한민족의 위대한 교육적 포부를 당당하게 선포함을 뜻한다.

우리는 광복과 건국 이후 동족상잔의 폐허에서 허기진 배를 물로 채우며 견뎌야 했던 어려운 시절도 있었지만, 홍익인간의 교육이념을 바탕으로 산업화와 민주화를 이룩하고 '라인 강의 기적'을 뛰어넘는 '한강의 기적'을 만들어 낸 세계의 새로운 리더, 위대한 대한민국이 되었다. 우리나라는 OECD에 가입하고, G20 정상회의를 개최하였으며, 경제력은 세계 10위권에 진입하는 등 국격(國格)이 높아지고 있다. 짧은 시간에 이러한 일이 가능했던 것은 '교육은 백년지대계'라는 공감대와, 부모는 굶어도 자녀교육은 놓칠 수 없다는 우리 부모 모두의 자녀교육에 대한 헌신 덕분이었다. 세계의 어떤 나라보다 먼저 어린이날을 제정하였고, 세계 최고의 어린이헌장을 제정하여 지켜 왔다.

인성보다 성적을 우선하는 사회풍토에 인해 자녀교육에 헌신하여 교육입국(敎育立國)을 이끌었던 모습이 언젠가부터 남과 비교하여 앞서고자 하는 경쟁으로 변질하고 있다. 우리는 경이로운 경제 성장을 이루어 풍요를 누리고 있지만, 물질만능의 사회 병리 현상과 전통적 가치관 훼손으로 가정의 기반이 흔들리고, 우리 아이들의 생활은 피폐해지면서 위기에 내몰리고 있다.

학생들의 일상적인 대화는 욕설이 대부분일 정도로 심각하며, 전체 학생의 10%를 넘는 학생들이 최근 1년 동안 학교폭력의 피해를 보았고, 청소년의 자살률은 하루에 한 명꼴인 350명에 이르고 있다. 이혼율도 OECD 국가 가운데 가장 높다. 가정의 보호를 제대로 받지 못하거나, 가정교육이 소홀하여 학생들은 해로운 환경에 쉽게 노출되고 학교를 떠나 범죄에 빠지게도 된다.

세계에서 가장 많은 시간을 공부로 보내야 하는 학생들은 신체적으로 허약해지고, 성적 때문에 느끼는 부담과 불안감은 정신을 나약하게 만들기도 한다. 경쟁하느라 협력할 기회를 얻지 못한 학생들은 더불어 사는 능력과 시민의식이 부족하고, 삶을 부정적으로 인식할 가능성도 높다. 학생들의 이러한 삶의 모습은 극단적인 학교폭력이라는 결과를 낳기도 한다. 반인륜적 학교폭력 사건이 일어나거나 청소년들의 심각한 병폐가 언론에 보도될 때마다, 모두가 인성 수준의 심각성을 공감하는 걱정의 목소리가 높다.

이렇게 우리나라 학생들의 인성이 기대보다 부족한 측면이 있기는 해도 여전히 희망은 가질 수 있다. 그러나 학교폭력 피해 학생들이 여전히 존재하고 학업중단 학생과 신체적?정신적 병리 증상을 보이는 학생 등 위기 학생들이 늘고 있다. 이런 현실이 초래된 이유를 바탕 교육이라 할 수 있는 가정교육, 인성교육의 실패로 보는 게 일반적이다. 그렇지만 이러한 문제는 사회의 공동 책임으로, '지속 가능한 국가'를 만들어야 한다는 측면에서 가정이나 학교에 한정한 문제가 아닌 국가가 당면한 과제라는 시각을 가지고 근본적인 해결을 해 나가야 한다.

연이은 학교폭력 사태로 드러난 우리 인성교육의 자화상을 겸허히 반성하고 온 국민이 나서서 개개인이 21세기 선진국의 국격에 어울리는 인성을 바로 세워야 한다는 각계 시민단체와 학교현장의 요청에 부응하여, 인성교육의 주무부처인 교육과학기술부가 2012년 9월 인성교육 비전을 선포하기에 이르렀다.

"인성교육 이제는 실천이다." "인성교육, 답이 있다." "인성이 실력이다."라는 슬로건들이 봇물처럼 터져 나오고 있다. 이제 오늘부터, 나부터 우리 아이들의 인성교육을 걱정만 하지 말고 앞장서서 실천해야 할 때다.

1) 뿌리 깊은 인성교육 강국

우리 선조는 우리에게 효와 충의에 빛나는 동방의 아름다운 선비 나라, 예의의 나라라는 위대한 유산을 물려주었다. 그리고 그에 바탕하여 자녀들을 가르쳤다. 나라를 잃고 분단과 전쟁의 아픔을 겪으면서도 온 세계가 놀라는 산업화와 민주화의 기적을 이룬 것도 모두 이러한 유산을 바탕으로 열심히 자녀를 가르치고 스스로 공부하여 세계에 나아가 견줄 만한 인성을 갖춘 덕분이었다. 인성이 곧 실력이었던 것이다. 이제 기성세대와 젊은 세대 모두 인성이 실력임을 다시 한 번 재확인해야 할 때다.

이제 다시 한 번 우리를 돌아볼 때다. 조금 잘 산다고 잠시 우쭐대는 사이, 우리의 자녀들이 고통받고 인성이 비뚤어지고 있음을 깨닫는다. 깨달았을 때가 다시 시작할 때다. 이제 우리는 '인성이 실력인 나라, 인성교육 강국'을 건설하여 세계 그 어떤 선진국도 이루지 못한 선진국 병폐를 걷어 내고 지속가능한 성장을 이룩해야 한다.

아이들의 인성회복 문제는 정부와 학교만의 노력으로는 해결이 어려운 지경임을 우리 모두 알고 있다. 사회 전체의 협력이 절실한 때다. 무엇보다도 겸허하고 철저하게 우리를 돌아보고 희망을 찾아 나서야 한다. 그리고 모두 함께 나서야 한다.

우리는 세계인이 부러워하는 윤택한 삶을 누리게 되었지만, 정의와 정직의 상징인 '선비정신'과 순결의 상징인 '백의의 나라', 예와 질서를 뜻하는 '동방예의지국', 그리고 공동체 정신의 실천적 표양인 '두레'로 일컫는 우리 국가와 사회의 소중하고 아름다운 전통과 정신적 가치를 모두 잃어 가고 있다. 인격도야를 위한 학문에 힘쓰고 아이를 사랑하고 어른을 공경하며 서로 돌보고 배려하는 공동체 문화가 사라지고 있다.

물질만능과 이기심의 팽배와 더불어 우리의 전통적 정신가치의 몰락으로 나타난 많은 사회문제를 우리는 선진국들이 앞서 겪었던 불가피한 일로 치부해 버렸는지 모른다. 가정의 해체로 인한 아동방임과 학대 그리고 공동체 정신의 해체를 반드시 극복해야 할 사회병리로 보지 않고 선진국으로 가는 길에 한 번은 거쳐야 할 당연한 일로 여겼는지도 모른다. 더구나 우리는 식민과 분단의 역사에 대한 부끄러움 때문에 선조가 물려준 전통과 지혜를 스스로 애써 망각해 버렸는지도 모른다.

이제는 우리가 잊고 있었던 것들을 다시 생각해 보아야 한다. 우리의 아이들이 어떻게 자라고 있는지 겸허하게 돌아보아야 할 때다. 그동안 우리 아이들을 어떻게 가르쳐 왔는지 진지하게 반성할 때다. 활기 넘치는 아침의 나라인 '신 동방예의지국'의 품격을 갖춘 글로벌 리더 국가를 영위할 건강하고 생기발랄한 우리 아이들의 현재와 미래를 위해 부끄러움 없는 당당한 어른의 모습을 되찾아야 하겠다.

2) 인성교육의 방법과 자신감의 성찰

무엇보다도 우리는 인성교육을 형식적으로 하려 했던 것은 아닌지 반성해야 한다. 교과 위주 학교수업만으로는 바른 인성을 길러 내기 어려우며, 특히 학교의 평가체제나 상급학교 입시제도가 많은 방해를 하는 상황, 도저히 인성교육을 할 수 없는 상황을 국가에, 사회에 피력했어야 함에도 불구하고 이 문제를 간과하지 않았나 생각한다. 언론이나 국회에서는 문제가 터지면 이슈화하고 정부나 학교는 '특별대책'이라는 포장으로 시범학교 등의 단편적인 정책을 내세워 국민들을 안심시키려 하지 않았는가. 인성교육은 교과별로 체험과 실천을 통하여 지식을 습득하도록 유도하고, 또한 다양한 활동(예체능, 동아리, 봉사, 독서, 학생회) 과정에서 총체적으로 인성을 다듬어 가야 함이 당연함에도 근본적인 대책 없이 악순환이 반복되었음을 모두가 인정하는 데서부터 출발해야 한다.

우리 모두 인성교육은 불가능할 것이라는 무력감에 빠지고 무관심에까지 이르고 있지 않은지 돌아보아야 할 때다. 개인주의가 심해지고 사회의 경쟁 분위기가 계속되기 때문에 자녀들에게 올바른 인성을 기대하는 것은 불가능하다고 자포자기하며 무력감과 무관심에 빠진 것은 아닌지 돌이켜 보아야 할 때다. 도시화, 산업화에 신음하던 서울이 살기 좋은 도시로 거듭나는 경험을 지켜보았듯이, 교통사고 불명예를 안고 살던 우리가 이제는 교통 선진국이 되었듯이, 전쟁의 폐허에서 일어나 산업강국으로, 나아가 문화를 수출하는 국가로 거듭나고 있듯이 우리는 이제 스스로 자신감을 회복해야 할 때다.

3) 인성교육의 전통과 공동체의 회복

인성은 아이들이 가정이나 학교, 사회에서 어른들의 언행을 모방하고 재생하면서 만들어진다. "한 아이를 키우려면 온 동네가 나서야" 하듯이 가정과 사회와 학교가 함께해야 한다. 또한 인성을 머리로 가르치려고만 한 것은 아닌지 반성해야 한다. 진정한 교육은 학생들의 마음을 얻고 그 마음을 움직이도록 하는 일이라고 한다면, 우선 아이들을 인격체로 인정하고 존중하면서 어른들이 먼저 진정한 마음, 애정이 담긴 말씨, 그리고 몸으로 보여 주어야 한다.

헤아릴 수 없이 많은 자랑스럽고 존경스러운 우리의 부모 선조 가운데 우리 거의 모두가 알고 있는 율곡 이이의 어머니 신사임당과 한석봉의 어머니를 떠올린다. 부모는 자녀의 최초의 교육자이며 자식은 부모의 덕으로 커 간다.

일제강점기에도 용기 있게 민족혼을 교육한 수많은 훌륭한 선생님을 떠올린다. 전쟁의 폐허 위에서 교육입국을 위해 땀 흘린 이름 없는 훌륭한 선생님을 떠올린다. 아이들의 고사리 같은 손을 따스하게 잡아 주고, 넘어지면 일으켜 세워 주는 부모 같은 선생님들 덕분에 아이들이 바르게 성장했음을 기억해야 한다.

태교, 밥상머리교육, 조상의 지혜가 담긴 뿌리교육, 백의민족의 기품과 선비정신, 동방예의지국의 호칭에 어울리는 예절과 질서, 향약과 두레 같은 지역사회의 공동체 문화 그리고 훌륭한 어머니, 훌륭한 아버지, 훌륭한 어른, 훌륭한 가문, 훌륭한 선생님 등을 공경하는 문화, 이 모든 것은 오늘날 우리가 소중하게 가꾸고 이어가야 할 가치 있는 우리의 전통이다. 이러한 전통은 가정과 학교와 사회의 협력을 통해 우리의 자녀들이 자주적으로 서로 더불어 생활하며 민주시민으로서 봉사할 수 있는 건강한 인격체로 자라게 하는 데 꼭 필요한 정신문화이며 보물임을 되새겨야 한다.

이제 우리 모두가 나서서 우리 아이들이 행복하고 남을 배려할 줄 아는 바른 인성을 갖춘 아이들로 자라나게 해야 한다. 이를 위해서 학교와 가정, 민간사회단체와 정부가 뜻을 같이하여 인성교육 회복을 위한 장기적이면서도 종합적인 비전을 선포하고, 온 사회와 온 마을이 나서서 서로 힘을 합쳐야 한다.

2. 인성교육의 비전

1) 진정한 실력, 인성

인성교육은 바람직한 인간으로서의 성품을 기르는 교육이다. 개인의 도덕과 인격을 대표하는 정직과 용기, 그리고 시민으로서 갖추어야 할 배려와 나눔의 정신은 오랫동안 가치 있게 전수되고 추구된 핵심적인 인성요소라고 할 수 있다. 또한 공감과 소통 같은 감성적 측면이 최근 부각되고 있다.

여기에서 우리가 주목할 또 한 가지는 올바른 인성이 곧 실력이고 한 사회의 경쟁력이라는 것을 재인식하는 것이다. 올바른 인성은 곧 서로 신뢰하고 소통하고 협력하는 역량을 의미하는 사회적 자본이다. 그러므로 올바른 인성이 곧 사회적 자본이다. 사회적 신뢰도가 10% 상승할 때, 경제는 0.8%가 성장한다는 연구보고도 있다. 유태인 보석상은 서로 철저히 신뢰하기 때문에 거금의 계약도 "마잘(Ma-zal)."이라는 말 한마디로 거래한다. 마잘은 히브리어로 '축하한다.' '행운을 빕니다.'라는 의미다. 서로 신뢰하기에 계약서 작성 없이 빠르게 거래하고, 그로써 관련 비용을 절약하고 경쟁력을 갖게 된다.

우리나라는 예로부터 교육을 중시하였고, 교육의 핵심은 언제나 인성의 함양이

베니스 상인과 '제3의 자본'

상거래에서는 항상 신뢰가 중요하다. 계약보다도 훨씬 강력한 약속이 바로 사람들 간의 신뢰다. 서로 신뢰하면 계약도 필요 없고, 거래비용도 절감할 수 있다. 서로가 서로를 믿어 주는 신뢰의 네트워크도 생성된다. 그러나 신뢰가 취약할수록 더욱 복잡하고 엄격한 계약이 필요하고, 계약 이행 과정도 엄청나게 복잡해진다. 물론 계약은 선진화된 사회규범의 하나지만, 아무리 계약이 완벽하다고 해도 모든 상황을 반영할 수는 없다.

이런 이유로 세계은행은 사회적 신뢰도가 10% 오르면 경제성장률은 0.8% 증가한다고 분석한 바 있다. 저명한 사회학자 후쿠야마 교수도 시장경제가 지속적으로 발전하기 위해서는 경쟁 시스템과 함께 사회 구성원 간의 신뢰가 필수적이라는 사실을 지적한다. 이를 바탕으로 최근에는 물적·인적 자본에 이어 신뢰가 중심이 되는 사회적 자본이 '제3의 자본'으로 주목받고 있다. 사회적 자본은 개인과 기업, 정부 등 사회를 구성하는 주체를 협력적인 관계로 연결하기 때문이다(이동원, 정갑영 외 『제3의 자본』에서 일부 인용, 매경이코노미 제1536호, 2009.12.23.).

었다. 우리나라의 교육은 홍익인간의 이념 아래 모든 국민이 인격을 도야하고, 자주적 생활능력과 민주시민으로서 필요한 자질을 갖추게 하여 인간다운 삶을 영위하게 하고, 민주국가의 발전과 인류 공영의 이상을 실현하는 데 이바지하게 함을 목적으로 한다. 이를 위해서 학교의 교육과정은 배려와 나눔을 실천하는 창의적인 인재를 길러 내도록 구성하고 있다.

올바른 인성은 기업의 생존에도 영향을 미친다. 동료에 대한 배려와 존중 없이는 조직의 팀이 형성되기 어려우며, 책임과 정직이 뒷받침되지 않을 때 자신만의 부당한 이익을 위해 횡령이나 금품수수 등의 비리를 저지르거나 핵심기술을 경쟁회사에 유출하는 등의 문제가 생기는 것을 우리는 종종 목격한다. 역사상에서 유명한 기업이 일부의 비윤리적인 행동에 의해 사라지는 것을 목격하였다. 최근 우리나라 저축은행 경영자들의 비윤리적인 행위들은 인성의 중요성을 새삼 느끼게한다. 이러한 현실은 올바른 인성이 곧 개인의 경쟁력이고 기업의 경쟁력이 된다는 의미다. 이는 최근 많은 기업에서 직원을 채용할 때 적성검사와 함께 인성검사를 하며 면접을 중요시하는 이유다.

기업이 원하는 인재의 진짜 스펙

기업이 원하는 으뜸 인재는 화려한 스펙(SPECification)이 아닌 '성실성(Sincerity)' '전문성(Professionalism)' '실무능력(Executive ability)', '창의성(Creativity)'을 가리키는 진정한 스펙(S.P.E.C)을 갖춘 직장인이라는 조사결과가 나왔다.

27일 대한상공회의소가 수도권 305개 기업을 대상으로 조사한 결과에 따르면 기업들은 '성실성·책임감'(39.0%), '전문성'(30.5%), '실무능력'(29.5%), '창의성'(29.2%), '글로벌 역량'(25.2%)을 갖춘 인재를 원했다.

이어 기업들은 신입사원 채용 시 '인재상'을 더 중시한다는 기업이 89.2%에 달했고 실제 '신입사원 선발 시 스펙이 우수해도 인재상에 부합하지 않으면 탈락시키는지'라는 질문에 응답 기업의 20.7%가 '자주 그렇다', 59.0%가 '가끔 그렇다'라고 답했다.

응답기업의 절반(46.5%)은 신입사원 중 인재상에 충족하는 직원의 비율이 50%를 밑돈다고 답해 신입사원에 대한 불만을 나타냈다.

신입사원이 기업 인재상에 부합하지 못하는 원인으로는 '다양한 경험 부족'(53.4%)을 가장 많이 꼽았고, 이어 '이론에 치우친 학교교육'(24.9%), '입시 위주 사교육'(13.8%), '가정에서의 과보호'(7.5%) 등을 꼽았다(매일경제, 2012.2.27.).

2) 인성의 6대 요소

혼자 살 수 없는 인간의 본성에 비추어, 사람과 더불어 살아가는 존재가 지니는 성질이 인성이며, 인성의 핵심은 다른 사람들과 더불어 사는 능력이라고 할 수 있다. 함께 잘 살 수 있는 타인과의 관계능력이야말로 인간이 갖추어야 할 진정한 실력이다. 흔히 우리는 이 세상에서 잘 살기 위해서는 실력이 있어야 한다고 말한다.

그러면 잘 산다는 의미는 무엇일까? '인간은 사회적 동물'이라고 말한 Aristoteles는 인간은 '영혼' '숨'을 가진 존재로서 공동체 안에서 더불어 살 때 행복하고, 행복은 삶의 의미이며 목적이고 인간 존재의 목표이자 이유라고 말하였다. Hermann Hesse는 인간은 행복해지기 위해 세상에 온 존재라고 하였다. 인간이 태어난 목적대로 사는 것이 당연히 인간으로서 잘 사는 것이고, 인간이 잘 산다는 것은 행복하게 생활하는 것이며, 행복해지기 위해서는 사람들과 더불어 살아야 한다. 따라서 함께 잘 사는 품성 및 역량을 갖추는 일이 실질적인 능력, 즉 진정한 실력을 갖추는 일이라고 할 수 있다.

인성을 개념화할 때 학자나 사람들마다 주장이 조금씩 다를 수 있다. 개성과 성격 등 개인의 심리적 특성이 강조되기도 하고, 인간성, 사람됨, 도덕성 등 개인이 내면화해야 할 사회나 시대의 신념, 문화, 가치가 더 강조되기도 한다. 전반적으로 인성을 언급할 때 개인과 타인의 영역에서 자아를 존중하고 타자를 배려할 줄 아는 올바른 인간상을 구현하는 데 초점이 맞추어져 있다. 또한 감성의 시대라고 일컬어지는 21세기에 접어들면서, 논리적인 인지적 영역에 더한 공감과 같은 정서적 감성능력이 인지적 부조화로 인한 개인의 불행이나 사회문제 등을 해결하여 인간을 진정 행복하게 해 줄 수 있다고 하여 새롭게 강조되고 있다.

우리는 전통적으로 인성교육을 중시하였다. 개인의 도덕과 인격을 대표하는 정직과 용기, 그리고 시민으로서 갖추어야 할 배려와 나눔의 정신은 오랫동안 가치 있게 전수되고 추구된 핵심적인 인성요소라고 할 수 있다. 하지만 최근 부각되어 강조되는 공감과 소통과 같은 감성적 측면은 아직 생소하여 인성교육과의 접목이 미흡하다.

그동안 우리는 대체로 인성은 타고나거나 아니면 저절로 이루어지고, 인성교육은 서책의 가르침을 통해 이루려고 생각하는 경향이 있었다. 정직과 용기, 배려와 나눔 등의 인성 요소를 인지적 영역 수준에서 교과서적으로 가르치고자 하였다. 인성교육을 도덕, 윤리와 같은 일부 교과가 담당하는 일로 여기기도 하였다. 그러나 이제는 인지적 영역과 정서적 영역, 개인, 사회, 감성적 차원의 조화와, 정직과 용기, 배려와 나눔, 공감과 소통 같은 우선적인 인성의 핵심 요소를 모든 교과에서 총체적인 교육과정을 통해 가르쳐야 한다.

3) '함께' 하는 인성교육

시대가 바뀌어도 인성에 대한 근본적인 생각은 같다고 할지라도, 강조하는 인성영역, 요소와 인성교육의 방법은 달라질 수 있다. 음양이 조화를 이루듯 인성교육도 그동안 강조한 인지적 영역 못지않게 정의적 영역도 중요하다. 전통적 인성요소를 존중하면서 현대사회에서 강조될 인성요소가 무엇인지도 새로운 관점에서 살펴보아야 한다. 인성교육의 방법도 요즘 아이들의 특성을 고려하여 과거에 더해 새로운 창으로 바라보아야 할 것이다.

정직과 용기 같은 인성요소는 소크라테스와 아리스토텔레스, 공자와 맹자의 가르침과 같이 전통적으로 우리 교육이 구현하고자 하는 덕목이었고, 도덕과 윤리 교과교육을 통해 지금도 인지적 접근을 꾸준하게 해 오고 있다. 이러한 덕목이 단순히 지식에 그치지 않고 행동으로 옮겨질 수 있는 실천적 교육이 한층 더해진다면 '지행합일'의 효과를 거둘 수 있을 것이다. 배려와 나눔과 같은 사회적 시민성 교육도 사회교과 등 학교교육 전반에 걸쳐 더 많이 다루어지고 있고, 또 사회적 실천운동으로도 확산하고 있어 긍정적 효과로 이어지고 있다. 하지만 정서적 측면을 고려한다든가, 체험 등 방법론적 측면을 더욱 또는 새롭게 강조할 필요가 있다.

지금까지 개인적 차원의 정직과 용기, 사회적 차원의 배려와 나눔은 인성교육 소기의 목적을 이루고 있다고 말할 수 있다. 그러나 여전히 우리의 소중한 아이들이 아파하고 있고, 학교폭력이나 집단 따돌림 등의 괴로움을 겪고 있다. 대한소아청소년정신의학회는 이러한 현상이 청소년의 공감 능력 결핍 때문이라고 밝힌 바 있다. Jeremy Rifkin이 공감의 시대를 언급한 바처럼, 감성의 시대인 새로운 세기를 맞이하여 공감과 소통이야말로 새롭게 강조되어야 할 인성요소다. 맹자의 측은지심, 부처의 자비, 예수의 사랑도 공감과 다르지 않다. 남의 고통이 나의 고통이라고 느낄 수 있는 공감이야말로 우리가 서로, 세계와, 나아가 우주와도 소통할 수 있는 길이다.

공감은 막연한 감성영역으로 생각된 적도 있지만, 공감이야말로 '함께' 하는 능력이고, 서로의 진정성이 통하는 소통능력이다. 공감능력을 배양하기 위해서는 소통해야 하고, 소통은 서로서로 함께 살아야 하는 인간의 본성을 깨달아야 가능하다. 좋은 인간관계, 나쁜 인간관계는 결국 공감과 소통의 문제, 더불어 살아가는 능력의 문제다. 공감과 소통 능력을 기르면 함께 어울려 사는 능력이 함양된다. 정직과 용기, 배려와 나눔도 결국 '함께'하기 위해 필요한 능력이기 때문에 공감능력과 소통능력이 잘 갖추어지면 다른 인성요소도 더 잘 다듬어질 것이다. 따라서 공감과 소통이 근본적인 인성요소라고 할 수 있다.

우리 아이들에게 공감능력과 소통능력을 길러 주려면 '함께'하는 교육이 필요하다. 음악, 미술, 체육, 독서와 같은 심신활동 등의 정서적 접근이 더욱 강조되어야 한다. 예술활동은 예술가와 예술세계, 예술가와 청중, 그리고 청중과 예술세계의 공감과 소통의 기회다. 음악과 미술은 메시지를 전달하는 소통의 언어다. 미술과 음악은 정신세계와 공감능력을 확장시켜 타인과의 소통을 원활하게 해 준다. '혼자'가 아닌 '함께'의 정신을 바탕으로 하는 운동을 통한 스포츠맨십의 발휘는 타인의 고통을 이해하는 공감능력을 길러 준다. 또 고전을 통해 선인을 만나고, 예지력이 담긴 글을 읽으며 미래와 대화할 수 있고, 책 속의 인물과도 소통할 수 있다. 이러한 우리 아이들의 활동은 친구는 물론이고 부모, 교사 등과 함께 학교, 가정, 사회에서 이루어질 수 있어야 한다.

4) 가정과 학교, 사회의 협력

가정에서의 인성교육을 위해서는 가족이 함께하는 시간이 확보되어야 하며, 이를 위해서는 자녀, 부모, 사회가 모두 협조해야 한다. 건강한 사회와 건강한 가정이 건강하고 행복한 아동과 청소년을 교육시킬 수 있다는 점에서 인성교육의 목표는 아동, 청소년의 교육을 넘어 전 사회적인 신뢰와 사회자본 수준을 향상시키는 데 있어야 한다.

아동·청소년의 균형 잡힌 인성발달은 가정과 학교, 사회에서의 모델링을 통해 이루어지므로 성인들의 솔선수범이 이루어져야 한다. 아동·청소년의 무분별한 욕설문화를 개선하고자 한다면 성인들의 욕설문화가 먼저 개선되어야 한다.

우리는 자녀들이 아파하면 함께 아파하고, 자녀들이 기뻐하면 함께 기뻐한다. 그리고 모든 자녀가 성공하고 행복하기를 바란다. 우리는 위기에 처한 아이를 보호하고, 우리 아이가 서로 정답게 손잡고 더불어 사는 세상에서 사이좋게 살아갈 수 있도록, 우리 모두는 우리의 아이들이 우리 모두의 자녀임을 선포해야 한다.

아이는 어른의 거울이며, 아이는 어른들의 행동에 따라 희생자가 될 수도 있고 희망이 될 수도 있다. 부모와 가정은 물론이고 온 동네가, 온 사회가 우리 자녀의 올바른 인격적 성장을 돕는 학교가 되어야 한다.

"한 아이를 기르기 위해서는 온 동네가 필요하다."라는 말처럼 학교의 노력과 더불어 범사회적인 동참이 필요하다. 가정, 학교, 사회가 힘을 모아 실천하는 감성, 덕성, 영성, 그리고 덕, 지, 체를 골고루 갖춘 '든사람, 난사람, 된사람'인 우리의 미래, 우리의 희망인 모든 자녀의 올바른 성장을 위한 삼위일체 교육이 필요하다. 이를 위해 정부와 학교는 물론 언론계, 문화 · 예술 · 체육계, 종교계 등 모든 분야의 실천적 동참이 필요하다.

3. 인성교육의 과제

인성교육의 중요성은 우리 사회 모두가 공감한다. 이제 핵심은 공감을 바탕으로 실천의 문제다. 가정, 학교, 사회가 힘을 모아 우리 아이들의 인성을 함양하기 위해 다 같이 노력해야 할 주요 과제와 방향을 제시하면 다음과 같다.

1) 체험을 통한 실천적 교육

인성교육은 특별한 시간을 내서 해야 하는 것은 아니다. 학교의 모든 교과의 일상적인 교육과정을 통해 이루어져야 한다. 즉, 평소의 수업에서, 학급생활에서, 학교생활에서 인성요소가 다루어지고 인성의 핵심역량이 길러져야 한다. 이를 위해서는 인성교육의 핵심인 교육과정이 인성교육을 위한 실천적 교육과정으로 바뀌어야 한다. 예술 · 체육교육 활성화로 소통 · 공감 능력을 향상시키고, 독서교육을 강화하여 자기주도적 미래 인재로 육성해 나가는 실천적 교육과정이어야 한다.

유아교육부터 초 · 중등교육 전반에 걸쳐 아동과 학생의 성장단계를 고려해 모든 교과에서, 공식적·잠재적 교육과정에서 자신과 가족을 사랑하고 타인과 이웃을 배려하며, 공동체와 자연과 소통하고 공감하는 인성교육을 실현해야 한다. 학교는 사회 등 외부 환경과 협력하여 학교 안팎에서 인성교육이 활성화되도록 여건을 개선하고 환경을 조성하기 위해 힘써야 한다.

아동과 학생들은 마음과 신체가 고르고 균형 있게 성장해야 한다. "건강한 신체에 건전한 마음이 깃든다."라는 말이 있다. 아이들은 마음껏 땀을 흘리고 뛰놀면서 건강한 에너지를 축적하고 또 발산할 수 있어야 한다. 친구들과 어울려 하는 놀이와 체육활동을 통해 아동과 학생들의 대인관계 역량 같은 사회적 역량이 길러진다. 서로에 대한 배려, 신뢰, 희생정신 등이다. 학교는 가정과 사회와 협력하여 입시경쟁으로 인한 성적지상주의를 극복해야 한다. 이를 위한 구체적인 노력으로 학교 및 사회에서 모든 학생이 각자 한 종목 이상의 학교 스포츠 클럽 또는 스포츠 동호회 활동을 할 수 있어야 한다. 아동과 학생들이 신체활동을 충분히 할 수 있게 하는 일은 학교와 가정, 사회의 중요한 책무다.

놀이와 신체 활동은 스포츠와 같은 체육활동에 국한되지 않는다. 신체 활동의 궁극적인 목적은 세상의 아름다움, 즉 우리가 생활하는 공동체와 자연에 대한 감사와 긍정, 행복감을 느낄 수 있게 하는 것이다. 학교는 가정과 사회와 협력하여 모든 학생이 예술 및 문화적 감성과 이를 통해 더불어 살아가는 사회성을 고양할 수 있도록 다양한 예술활동을 지원해야 한다. 학생 개인의 가정 및 사회적 배경과 차이에 관계없이 모든 학생이 문화·예술 활동에 참여하여 문화·예술적 소양과 감성을 기르도록 문화·예술 교육을 지원해야 한다. 학교 오케스트라와 주말 및 방학을 이용한 문화·예술 캠프 등을 문화·예술 활동을 지원하는 실천적 방안의 예로 들 수 있다.

인문학과 철학을 바탕으로 하여 체육활동과 문화·예술 활동이 이루어진다면 아동과 학생들의 정신세계는 더욱 풍요롭고 건강할 것이다. 전통과 소통하고, 같은 시대를 살아가는 세대 그리고 다가올 미래 세계와 소통하는 능력은 고전, 역사, 철학, 문학 등 분야의 독서를 통해 강화된다. 입시위주의 문제풀이식 학교교육은 더불어 살아가며 갈등을 해소하고 협력을 증대하는 문제해결식 학교교육으로 바뀌어야 한다. 학생 스스로 책을 통해 선인과 만나고 미래세계를 꿈꾸는 상상력을 발휘할 수 있도록 학교는 학생이 자율적으로 독서 할 수 있는 환경을 만들어야 한다. 바른 인성을 형성하는 과정에서 아동과 학생들의 소통 · 공감 능력 함양을 간과해서는 안 된다. 또 학교에서의 독서교육이 학교에 특별한 부담이 되어서는 안 된다. 모든 교과의 평소 교수-학습과정과 연계하여 이루어지는 것이 바람직하다. 예를 들면, 각 교과에서 아동과 학생들의 인성을 함양할 수 있는 내용을 담은 서책을 선정하여 수업활동에서 다룰 수 있을 것이다. 이때 교사 주도의 독서활동과 학생 주도의 독서활동이 궁극적으로는 학생 스스로 탐구하여 문제를 해결할 수 있는 자기주도적 학습태도와 문제해결능력을 신장하는 방향으로 이루어져야 한다는 점에 유의해야 한다.

2) 자율과 참여, 안전한 생활이 보장되는 학교문화

학생들의 자치활동이 보장되고 더 나아가 활성화되어야 한다. 학생들은 피동적 존재가 아닌 학교교육활동의 주체적인 존재로 존중되어야 한다. 특히 학생자치활동은 민주시민의 역량을 학습하는 중요한 기회다. 또한 학생들이 주체적 존재로 생활하면서 서로 의사소통할 때는 서로에 대한 존중과 배려 및 신뢰의 마음을 바탕으로 해야 한다. 이러한 마음이 태도로 나타나고 언어로 나타난다. 학생들이 잘못 사용하는 언어를 올바르게 사용하도록 교육하는 일은 학교문화 중 건전한 학생문화를 소성하는 데 핵심이라고 할 수 있다. 학교교육은 학생들에게 더불어 살아가는 능력을 길러 줄 수 있어야 한다. 뒤처지는 학생, 외로운 학생, 적응하지 못하고 어울리지 못하는 학생, 이런저런 일로 고통을 겪는 위기학생에게 관심을 기울이고 사랑과 배려를 실천하는 학생문화, 학교문화를 이루는 일은 학교가 교육하는 핵심목적이다. 이러한 학교문화 조성을 위해 교사가 솔선할 때 학생, 학부모, 사회가 교사와 학교를 존중하고 신뢰하게 된다.

유엔아동권리협약에 따르면, 학생은 서로의 권리를 존중하고 공동체의 규칙을 소중하게 여길 줄 아는 학생으로 성장하도록 지원받아야 한다. 학교는 학생들이

유엔아동권리협약 정신을 실현 가능하게 해야 한다. 학생자치활동의 보장과 활성화는 그러한 정신을 대표할 수 있다. 미성숙한 학생들에게 모든 것을 가르치려는 마음은 이해하지만, 학생들을 미성숙한 상태로만 보면 학생 스스로 발전할 기회가 없다. 실패와 시련은 발전과 성공 그리고 성숙의 밑바탕이 된다. 학생들이 스스로 참여해 볼 수 있는 기회를 제공하는 것은 교육자의 책무다.

학생들이 성숙한 인격체로 성장하며 학생 공동체의 자율성, 학교 공동체 활동의 참여가 원활하게 이루어지는 첫 단추는 서로 존중하는 마음을 갖는 것이며, 서로에 대한 존중의 표시는 올바른 언어다. 학생들은 민주시민으로서 자신의 의견을 아름다운 언어를 사용하여 부드럽고 합리적으로 표현할 수 있어야 한다. 학생들이 욕설에 젖게 되면 서로 상처를 주고 부정적 자아를 형성할 수 있다. 학교는 가정과 사회와 협력하여 학생들이 올바른 언어를 사용해 서로 소통할 수 있도록 학교생활지도와 교육과정에서 소홀함이 없어야 한다.

학교와 교사는 치우치지 않고 모든 학생을 고르게 살펴야 한다. 모든 학생에게 안전한 학교생활을 보장하고, 보편되며 공평한 관심과 사랑을 가져야 한다. 특히 부족한 아동과 학생, 아직 어려서 어찌할 줄 모르고 방황하고 고통을 겪는 위기에 처한 학생들을 세심한 눈으로 살펴야 한다. 수업 중에 또는 학급담임이나 동아리 담당교사로서 지도하는 학생 가운데 위기학생 또는 잠재적 위기학생을 가려내고자 하는 긴장의 끈을 놓아서는 안 된다. 아동과 학생에 대한 사랑과 관심을 바탕으로 한 학생 상담은 위기학생 감별에 효과적이다.

교사가 위기학생을 알아보고 사랑과 관심을 기울이며 학생들을 가르치려면 예비교사 선발부터 임용 후에 이르기까지 학생들에게 모범적인 인성을 갖춘 교사로서의 역량을 갖추는 일이 중요하다. 학생들이 바른 언어를 사용하여 서로 소통할 수 있게 하기 위해서는 교사부터 올바른 언어 사용에 익숙해야 한다. 학생들의 자율과 참여 능력을 높이려면 교사가 먼저 자율과 참여를 인정하고 실천하는 역량을 갖추어야 한다. 예비교사 선발과 양성 그리고 임용 및 임용 후에 이르기까지 교육 당국과 학생들을 가르칠 개개인은 스스로 또는 동료와의 협업을 통해 인성교육 역량을 갖추어야 하고 지속적으로 강화해야 한다.

3) 학교 공동체 협력을 통한 사회적 자본 구축

사회적 자본은 흔히 경제적 자본, 인적 자본, 문화적 자본과 더불어 한 사회를 지속가능하게 유지하고 발전시키는 핵심적인 네 축 가운데 하나다. 사회적 자본은 신뢰, 정직, 배려, 존중 등의 요소를 갖는 무형의 자산이다. 무형의 자산이지만 유형 자산의 경제적 손실과 이익을 모두 증가시키는 중요한 자산이다. 서로 신뢰하면 일의 처리과정이 신속해지고 사회적 갈등이 줄어든다. 사건과 사고가 예방되어 사건사고의 처리에 드는 비용이 사회의 다른 유익한 곳에 쓰일 수 있다. 사회적 자본이 튼튼하여 학교폭력이 예방된다면 학교폭력이 발생할 때 들어갈 비용이 사회에 유익하게 쓰일 수 있을 것이다. 따라서 학교에서의 사회적 자본을 증대시킨다면 학교의 에너지를 교육목적에 맞게 학생들에게 유익하게 사용되도록 해 줄 수 있는 일이 될 것이다. 가정과 학교가 소통하여 서로 신뢰를 쌓는 일과 학생이 교사를 신뢰하고 존중하는 일은 학교 공동체의 크나큰 사회적 자본이다.

학교 공동체의 사회적 자본을 구축하는 예를 좀 더 구체적으로 들어 본다. 학교는 사회의 지원을 통해 인성교육의 출발지인 가정이 인성교육 기능을 회복하는 일에 협력해야 한다. 학교는 학생의 발달단계를 고려하여 평생교육 차원에서의 학부모 교육기회를 확대해야 한다. 이를 통해 가족 간에 대화가 풍성해지고 개인과 가정의 삶의 축이 가정친화적이 되도록 가정의 인성교육적 기능이 제대로 작동하도록 학교는 가정을 지원해야 한다. 학교는 가정의 인성교육적 역할 제고와 더불어 학교 내에서는 학생들의 의견을 존중하며 학교행사 등 교육활동에 학생의 참여기회를 확대 보장해 학교와 학생들이 서로 원활하게 소통 할 수 있는 학교문화를 조성해야 한다. 학교의 기능을 교육과정을 통한 교육기능, 방과 후 돌봄교실과 같은 보호기능, 학부모와 지역민들을 위해 봉사하는 지역사회 중심 마음공동체 학교로서 평생교육 등을 담당하는 사회봉사 기능으로 확대할 필요가 있다.

4) 인성이 진정한 실력이라는 사회적 공감대 형성

사회와 국가의 지속가능한 성장발전과 인류 공영에 기여하는 지식의 밑바탕은 인성이 되어야 한다. 아무리 지식이 많아도 인성이 바르지 않다면 그 사람이 인류 사회에 끼치는 해악의 위험은 이루 상상할 수 없을 것이다. 따라서 제도와 인재선발 등은 인성을 최우선으로 고려하여 이루어져야 한다. 지식에 앞서 인성이 제대로인 사람을 가려야 한다. 상급학교 진학, 취업 등에서 '인성이 진정한 실력이다.'라는 모토에 부합하는 인재선발이 이루어져야 한다.

인성을 제대로 갖춘 인재를 양성하고 선발을 준비하는 일은 초·중등교육만으로는 부족하다. 대학과 기업 등 사회의 모든 구성체가 협력해야 한다. 사회 모든 분야에서 인성의 중요성에 대한 공감대가 새롭게 형성된다면 학교교육에서 인성교육은 자연스럽게 자리 잡고 꽃을 피울 수 있을 것이다. 하지만 학교는 인성교육을 위한 사회의 지원과 공감대 형성을 마냥 기다릴 수는 없다. 학교가 먼저 노력하고 가정 및 사회단체와 협력하여 사회의 여론을 형성해야 한다. 학생들의 성적이 가장 뛰어남을 자랑하기에 앞서 학생들의 인성이 가장 훌륭한 학교임을 당당히 밝힐 수 있어야 한다.

어린이헌장(1957 제정, 1988 개정)

대한민국 어린이헌장은 모든 어린이가 차별 없이 인간으로서의 존엄성을 지니고 겨레의 앞날을 이어 나갈 새사람으로 존중되며 바르고 아름답고 씩씩하게 자라도록 함을 지표로 삼는다.

1. 어린이는 건전하게 태어나 따뜻한 가정에서 사랑 속에 자라야 하며, 가정이 없는 어린이에게는 이를 대신할 수 있는 알맞은 환경을 마련해 주어야 한다.
2. 어린이는 몸과 마음이 튼튼하게 자라도록 균형 있는 영양을 취하고, 질병의 예방과 치료를 받으며 공해 없는 깨끗한 환경에서 살아야 한다.

3. 어린이는 누구나 교육을 받을 수 있어야 하고, 어린이를 위한 좋은 교육시설이 마련되어야 하며, 개인의 능력과 소질에 따라 교육이 이루어져야 한다.

4. 어린이는 빛나는 우리 문화를 이어받아 새로운 문화를 창조하고 발전시키도록 이끌어야 한다.

5. 어린이는 즐겁고 유익한 놀이와 오락을 위한 시설과 환경을 제공받아야 한다.

6. 어린이는 예절과 질서를 지키며 서로 돕고 스스로 책임을 다하는 민주시민으로 길러야 한다.

7. 어린이는 자연과 예술을 사랑하고 과학을 탐구하는 마음과 태도를 길러야 한다.

8. 어린이는 위험으로부터 먼저 보호되어야 하고, 안전을 지킬 수 있는 지도를 받아야 한다.

9. 어린이는 학대를 받거나 버림을 당해서는 안 되고, 나쁜 일과 짐이 되는 노동에 이용되지 말아야 하며, 해로운 사회환경으로부터 보호받아야 한다.

10. 몸이나 마음에 장애를 가진 어린이는 필요한 교육과 치료를 받아야 하고, 빗나간 어린이는 선도되어야 한다.

11. 어린이는 우리의 내일이며 소망이다. 겨레의 앞날을 짊어질 한국인으로 인류의 평화에 이바지할 수 있는 세계인으로 키워야 한다.

연 구 과 제

1. 전통적인 인성교육의 개념을 알아보고, 미래사회의 인성교육 개념 변화에 대해 토론하시오.

2. 학교에서 이루어졌던 인성교육 방법에 비추어, 현재 이루어지는 인성교육의 현황과 개선 방안 및 방향에 대해 토론하시오.

3. 인성교육의 핵심어로 '함께'가 꼽힌다. 아이들이 함께 어울리며 성장할 수 있도록 하는 가정, 학교, 사회의 역할에 대해 토론하시오.

참고문헌

대한민국 어린이헌장(1957, 1988).
이동원, 정갑영(2009). 제3의 자본. 삼성경제연구소.
천세영, 김왕준, 성기옥, 정일화, 김수아(2012). 인성교육 비전 수립 및 실천 방안 연구. 교
　　육과학기술부 정책연구 2012-41.

참고 자료
매경이코노미 제1536호(2009.12.23.). 베니스 상인과 '제3의 자본'.
매일경제(2009.2.27.). 기업 89% 채용기준 "스펙보다 인재상".

제2부

학교폭력의 예방

제5장
학교교육의 역할

　학교마다 이루어진 학교폭력 실태에 관한 전수조사에 따르면 많은 학생이 학교폭력 피해를 경험하고 있으며 청소년 자살도 하루 평균 1명꼴로 보고되고 있다. 학교현장은 학교폭력대책자치위원회를 정비하고 적극적으로 학교폭력 문제에 개입하게 되었다.

　그러나 무엇보다도 근본적인 대책은 학교폭력을 예방하는 일이며 그것은 학생들의 바른 인성교육이다. 우리 사회에서 학교는 인성교육을 잘 해서 좋은 시민을 길러 내는 곳이 아니라, 좋은 대학에 진학하고 좋은 직장을 얻기 위해 입시 공부를 하는 곳으로 전락하였다.

　이 장에서는 「인성교육 비전 수립 및 실천 방안 연구」(천세영, 김왕준, 성기옥, 정일화, 김수아, 2012)의 내용을 인용 및 참고하여, 학교현장에 대한 이해를 바탕으로 학교폭력을 예방하기 위한 학교교육의 역할을 알아본다.

제5장 : 학교교육의 역할

1. 학교현장의 이해

1) 현황

우리는 언제부터인가 아이들이 공중도덕을 잘 지키지 않거나 어른을 공경하지 않는 태도를 보일 때 그것이 꼭 학교교육에서 비롯된 것이 아닐지라도 학교를 지목한다. 그만큼 학교는 학생의 태도를 바로잡을 책임이 있는 곳으로 인식되고 있다. 우리 사회는 이렇게 겉으로는 학교의 역할에 대해 전인교육을 강조하지만, 실제로는 좋은 학교에 진학하기 위하여 입시에 도움이 되는 공부를 하는 데 더 큰 비중을 둔다. 그래서 성적은 세계 최고 수준이지만 공부에 대한 흥미도나 행복지수는 세계 최하 수준이다.

> 한국의 초등학생들은 행복하기 위해 '화목한 가정'이 가장 필요하다고 생각하지만, 중·고교로 올라갈수록 '돈'과 '성적'을 중요하게 생각하는 것으로 조사되었다. 어린이와 청소년이 스스로 행복하다고 느끼는 주관적 행복지수는 72.54점을 기록해 5년째 조사해 온 OECD 23개국 중 최하위였다. 가장 점수가 높은 스페인(117.23점)과는 44.69점 차였고, 21위 폴란드(85.89점), 22위 벨기에(85.65점)와도 10점 이상 격차를 보인 단연 꼴찌였다(경향신문, 2013.5.2.).

아동과 청소년의 건강은 국가 발전의 원동력이다. 세계보건기구(WHO)는 건강을 "단지 질병이 없는 상태만을 의미하지 않으며, 신체적·정신적·사회적으로 안녕(well-being)한 상태"로 정의한다. 그러나 지식 위주의 학생선발과 교육정책은 결국 학교교육의 가장 기본 목적인 청소년의 신체적·정신적 건강에 심각한 악영향을 미치고 있다. 초·중·고등학생들의 비만 비율은 2002년 9.4%에서 2008년 11.2%로 크게 증가했으며(교육과학기술부, 2011a),[1] 청소년 우울감 경험률은 2005년 29.9%에서 2009년 37.5%로, 스트레스 인지율은 1998년 28.8%에서 2009년 30.0%로 증가했다.[2] 또한 우리나라 청소년의 '지적 역량'은 OECD 36개국 중 2위이지만, 공동체 참여와 사회적 협력도를 보여 주는 '사회적 상호작용 역량'은 35위에 불과하다. 게다가 현재 우리 청소년들의 학습시간은 OECD 국가들 중 최고 수준인 데 반해 운동시간은 오히려 줄고 있다.

인간의 삶과 밀접한 관계가 있는 예술활동은 개인의 인격 형성과 전인적 성장뿐만 아니라 공동체 의식과 사회문화 형성에 매우 큰 영향을 끼치게 된다. 그러나 2012년 통계청과 여성가족부의 보도자료에 의하면 청소년의 주말이나 휴일 여가활용을 조사한 결과 TV 및 DVD 시청이 61.6%로 가장 많았고, 다음으로 '컴퓨터 게임 등'이 49.6%, '사교 관련 일'이 30.1%순으로 나타났다. 이처럼 수동적인 활동이 오히려 더 높은 것은 청소년들의 발달 특성에 맞게 예술을 활용한 창작 중심의 표현활동이 더욱 활성화되어야 할 필요가 있음을 보여 준다. 그러나 수학과 영어 등 주요 교과 중심의 사교육으로 인해 아이들은 취학 전부터 평가 중심의 과제수행과 사고력에 길들여지므로 예술과 같이 자기 표현과 독창성을 실현하는 교육적 체험에는 오히려 불안감을 갖고 예술적 감수성을 기를 수 있는 기회마저 적다.

2011년 청소년 매체이용 실태조사에 따르면, 독서율은 줄고 온라인게임시간은 증가해서 평일에는 1시간, 주말에는 2시간 이상인 것으로 조사되었다. 또한 청소년들은 학년이 올라갈수록 독서를 멀리하는 것으로 나타났다. 그 대책으로 2003년

---

1) 2011년 학교체육주요업무계획 통계자료를 참조하기 바란다.
2) 통계청의 연도별 자료와 질병관리본부의 국민건강영양조사 연도별 자료를 참조하기 바란다.

부터 학교 및 지역 도서관을 중심으로 한 독서환경 인프라를 지속적으로 정비해 왔고, 창의적 체험활동의 강화에 힘입어 학교현장에는 논술 또는 토론, 다양한 독서 프로그램을 체계적으로 보급했다. 그럼에도 학생들의 독서 흥미도나 실질적인 독서율을 끌어올리지 못하고 있다. 그에 비해 청소년들이 컴퓨터게임을 하는시간은 하루 평균 46분으로 영국의 8배, 핀란드의 5배, 미국의 2배 수준으로 세계 최장이며, 청소년의 인터넷 중독률이 전체 연령대 중 가장 높게 나타나 심각성을 보여 준다.

국제 비교연구를 보면 우리 학생들의 문제를 객관적으로 살펴볼 수 있다. 국제 교육협의회(IEA)가 세계의 중학교 2학년 학생들을 대상으로 실시한 국제 시민의식 교육연구(ICCS)의 결과를 살펴보면, 우리나라 학생들의 '더불어 조화롭게 살아가는 능력'을 보여 주는 사회적 상호작용 역량 수준은 비교 대상인 36개국 가운데 35위로 매우 낮게 나타났다(한국청소년정책연구원, 한국교육개발원, 2010). 관계지향성은 100점 만점에 48점, 사회적 협력은 100점 만점에 13점으로 세계 최하위 수준이다.

미래에 대한 긍정적인 인식을 바탕으로 민주시민 자질을 함양하는 것이 학교교육의 중요한 목적이다. 하지만 우리 학생들은 사회체제에 대한 존중감과 법과 질서 준수 등의 준법정신, 상호존중의 공공의식, 청렴의식 등의 윤리, 도덕성이 미흡하다. 성인과 중·고등학생을 대상으로 조사한 '한국사회의 도덕성 지표 개발 연구'에 따르면, 학생은 경로효친, 정직, 절제, 생명존중 등 18개 도덕성 점수 분포에서 평등·인권존중 영역을 제외한 17개 영역에서 성인에 비해 낮게 나타났다. 학생자치활동은 학생이 자율로 참여해 조직을 구성하고, 교육적 활동에 자기주도적으로 참여함으로써 민주시민으로 성장하기 위한 자질을 키우고 고유한 청소년문화를 만들어 가는 일련의 활동이다. 학교는 학생들이 중심이 되어 학교의 문화와 전통을 만들어 갈 수 있도록 적극적인 지원과 지도를 해 주어야 하나, 대부분 학교에서 학생들은 자치활동에서 배제되고 있다.

전국 초·중·고등학생, 학부모, 교사 5만 7,902명을 대상으로 한 교육과학기술부(2012a)의 언어문화 실태조사 결과에 의하면 '학생들이 바른 말을 사용하고 있다.'라는 질문에 학생은 52.9%, 교사는 43.1%만이 긍정적으로 인식하는 반면에 학부모는 73.3%로 훨씬 긍정적으로 인식하는 것으로 나타났다. 이러한 인식 차이는 학생들의 언어 사용이 학교와 집에서 큰 차이가 있음을 보여 준다. 또한 학교급이 올라갈수록 불량언어 사용이 빈번해지며 일상화된다. 학생들이 느끼는 학생 언어 사용의 문제점은 욕설(50.5%), 언어폭력(33.4%), 은어(9.2%), 통신언어(5.2%) 등의 순이었다(한국청소년정책연구원, 한국교육개발원, 2010). 이러한 청소년 불량 언어 사용의 원인에는 불량언어 사용의 부적절성에 대한 인식 부재, 무분별한 또래문화에 의한 반복·확대 그리고 불안정한 가족관계나 취미활동도 연관된다.

최근 학교폭력의 수준도 매우 심각한 상황이다. 학교폭력이 점차 다양화, 집단화, 저연령화되어 줄어들지 않는 추세이며 이로 인해 학생들은 심각한 정신적 위기를 경험한다. 교육과학기술부의 2012년 '학교폭력 실태조사 발표'에 따르면 학교폭력 가해학생 중 58.0%, 피해학생 중 53.6%가 초등학교 때 최초로 학교폭력을 경험하고 있어서 저연령화 현상이 심화되고 있다는 점을 알 수 있다. 학교폭력의 유형도 단순 신체적 폭력이 아닌 심한 욕설(33.9%), 금품갈취를 포함한 강제 심부름(16.2%), 집단 따돌림(11.4%) 등 언어적·정신적 폭력이 증가하고 있다. 특히 언어적·정신적 폭력의 경우 휴대폰 문자나 SNS(Social Networking Service) 등을 통해 손쉽게 반복적으로 이루어진다. 폭력 피해를 입지 않기 위해 '일진' 등 조직에 가입하고, 학교별 일진이 정보를 공유하여 피해자를 지속적으로 괴롭히는 문제도 발생하고 있다.

그러나 학교폭력 실태를 지도해야 할 교사의 교육활동은 체벌금지 이후 위축된 상황으로, 학생들의 대응은 지도 불응을 넘어서 교사에 대한 욕설과 폭행 등으로까지 이어지고 있다. 학교가 폭력 사건에 어떻게 반응하느냐에 따라 피해학생과 가해학생뿐만 아니라 다른 학생들도 큰 영향을 받는다(Smith, Morita, Junger-Tas, Olweus, Catalano 외, 1999). 최근에는 교사들도 학교폭력에 대한 다양한 연수를 받고 있긴 하나, 지금껏 학교폭력의 유형과 대처방안에 대한 구체적인 인식이나 연수가 부족하여 학교폭력 문제에 아무런 대처를 할 수 없었다. 학생들이 학교폭력에 대해 별반 관심을 두지 않거나 아무런 반응을 하지 않는 교사들의 영향을 받아

거리낌 없이 학교폭력 행위를 확대하는 경향도 무시할 수 없다.

2) 원인

학교현장에 이러한 현상들이 대두한 원인은 무엇일까? 가장 대표적인 원인은 우리 사회 전반에 스며든 학력지상주의 그리고 이러한 풍토에 따른 입시 위주의 학교교육일 것이다. 입시 위주의 교육을 강조하다 보니, 학교 안팎에서 학생이 경험하는 교육과정은 그저 시험준비과정이 되었다. 성적이 좋은 학생을 위한 특별반 편성이나 이들에 대한 관심은 그 외의 학생들에게 불안감·소외감을 안겨 준다. 학교에 교육과정 운영의 자율성을 부여하자, 실제로 많은 중·고등학교에서 음악, 미술, 체육 시간은 줄이고 국어, 수학, 영어 시간을 증배하여 파행적으로 운영하고 있다. 다양한 활동을 포함하는 내용으로 공들여 개발한 교과서는 진도 나가기의 대상이 되거나 문제풀이용 참고서에 밀려 외면받기도 한다. 이처럼 학력을 중시하는 풍토가 자리 잡고 있어서 학교교육은 학생들의 인성보다는 학력에 초점을 두는 경향이 강하다. 대다수 교사, 학부모, 학생들은 공부 잘하는 학생을 성실하고 모범적인 학생으로 인식하며, 인성이 좋은 학생이라도 공부를 잘하지 못하면 주목받기가 쉽지 않다.

시대의 변화에 부합하지 않는 내용과 방법의 인성교육, 실천하지 못하는 인성교육에는 한계가 있다. 그동안의 인성교육은 주로 준법, 예절 등과 같은 기초 인성 덕목에 초점이 맞추어져 왔으며 이러한 덕목들이 선생님의 훈화, 두발 및 복장점검 등의 생활지도 차원에서 다루어짐으로써 시대의 변화와 학생의 흥미에 부응하지 못했다. 또한 인성교육이 도덕이라는 교과목을 통해 실천보다는 지식과 이해 수준에서 제공되어 왔다. 남을 배려하는 행동을 실천하여 익히며 습관화해야 할 학생들에게 남을 배려해야 할 상황인가 아닌가 등과 같이 이른바 비판하고 판단하게 하는 지식교육이 강조되고 있다. 실천이 몸에 배어 습관화되지 않는 지식 중심의 인성교육은 극복해야 한다.

건강하지 못한 학교문화도 그 이유로 들 수 있다. 목적을 위해서는 수단적·절차적 과정의 중요성이 경시되는 문화는 학생들에게 가치에 대한 혼란을 가중시켰고, 결과적으로 폭력이라는 형태로 분출되고 있다. 그리고 민주시민 의식의 핵심 가치인 타인에 대한 배려의 가장 기본인 대화와 토론 등 의사소통 역량이 부족하고 욕설과 비속어가 난무하는 학교문화와 전통적인 위계질서를 강조하는 학교의 보수적 문화에서, 학생의 의견 제시는 교사의 권위에 대한 도전으로 해석되거나 학교운영과 관련된 중요한 의사결정에 학생이 참여한다는 것에 대한 반감을 불러일으킨다.

과도한 경쟁과 이기적인 사회 분위기는 학생들을 신체적·정신적·정서적으로 병들게 한다. 학부모들은 학업에 대한 관심에 비해 자녀의 정신건강에 대한 관심이 떨어지고 인정하려 하지 않는 경우가 많다. 치료에 연계할 필요가 있는 학생의 경우, 학부모에게 상담이나 치료를 권유했을 때 이를 무시하거나 화를 내고 받아들이지 않으면 이 학생은 방치된 채 더 심각한 문제를 야기할 수 있다. 또한 학교에서 정신건강에 문제가 있는 학생에 대한 선별 및 연계가 원활히 이루어지지 못하는 점도 정신건강의 위기에 처한 학생이 늘어 가는 이유 중 하나다.

또한 건전한 또래문화가 사라졌다. 서열화된 학력경쟁 속에서 학생들은 꽉 짜인 학교일과와 학원 공부로 친구들과 마음껏 스트레스를 풀지 못하며, 체육·예술 활동 등의 시간 감소 및 장소의 부족으로 자신의 에너지를 발산하고 인성을 길러 나갈 수 있는 공동체적 삶의 가치를 배울 기회를 놓치고 있다. 그러다 보니 혼자 하는 놀이에 더 관심을 갖게 되고, 우리 생활 속 깊이 침투한 영상매체의 빌달로 책 읽는 습관은 더 줄어들고 학생들은 점점 인터넷과 게임에 빠져들게 된다.

이러한 학교현장의 부작용들은 학교폭력을 양산하였고, 학교현장에서의 인성교육의 중요성을 다시 한 번 절감하게 한다. 그러나 지금까지의 인성교육 관련 정책은 한 개인의 전반적인 발달을 고려해야 함에도 불구하고 장기적 계획보다는 단기적이고 가시적인 효과를 보기 위한 것에 중점을 두었다. 또한 입시 위주의 경쟁적인 학교 분위기로 인해 인성교육 관련 프로그램의 개발 및 보급에도 불구하고 학교현장에서의 적용과 그 효과가 구체적이고 객관적으로 분석되지 못했다. 사실 인성교육은 기본적으로 올바른 가치관과 인성을 갖춘 교사가 본보기가 되어 학생들을 지도할 때 인성교육의 효과성을 배가할 수 있고 그 실천성을 담보할 수 있다. 따라서 인성교육의 현장 실천성 제고를 위해서는 교사의 역할이 무엇보다도 중요하며 교원정책의 종합적이고 장기적인 접근이 필요하다. 교대 및 사대 입학에서부터 올바른 인성과 교직적성을 갖춘 학생들이 선발될 수 있도록 하고, 교사 양성과정에서 올바른 교직 인성이 함양되도록 교육하는 한편, 교사 선발단계에서도 인성과 교직적성이 뛰어난 학생이 임용될 수 있도록 제도를 개선할 필요가 있다.

2. 학교교육의 역할 변화

오늘날 학교는 다양한 위험에 노출되어 있으며 학교폭력의 수준은 가히 심각한 수준이다. 사실 학교가 없다면 학교폭력이라는 말도 사라질 것이다. 그러나 현실적으로 학교를 없애는 것은 불가능하다. 따라서 어떻게 이러한 문제들을 줄이고 예방할 수 있는지 방안을 찾는 것이 중요하고, 이를 위한 가장 근본적인 대책은 학생들의 바른 인성교육이며 학교교육의 변화다.

1) 실천과 체험을 통한 미래 인재 역량 육성

새로운 인성교육을 시작하기 위해서 실천적 인성교육이 반영된 교육과정이 강화되어야 한다. 교육 본연의 모습은 전인교육이다. 지식교육은 인성을 갖춘 사람에게 의미가 있지 인성을 갖추지 못한 사람에게는 무의미하다. 학교폭력의 문제도 결국 인성교육의 부재에서 기인한다고 볼 수 있다. 사회 전반에 스며들어 있는 학력지상주의, 입시 위주 학교교육, 고리타분하고 현실과 괴리된 교육으로 인식되어 머리로는 알지만 실천하지 못하는 인성교육의 내용과 방법을 극복할 필요가 있다.

인성교육은 도덕교육이라는 생각을 탈피하여 유치원에서 고등학교까지 전 교과, 공식적·잠재적 교육과정 전반에 걸쳐 타인에 대한 배려, 소통, 공감, 긍정, 자율, 정직, 책임 등 미래 인재의 핵심역량을 길러 줄 수 있는 교육과정으로 탈바꿈해야 하며, 인성의 실천이 습관화되도록 해야 한다. 학생의 진로와 적성을 고려한 교과수업 선택을 확대하고, 상대평가에서 학생들의 성취수준을 고려한 성취평가제가 정착되어야 한다. 또한 이러한 변화를 위해 학교 여건 개선이 필요하다. 학교 여건에 따라 다양한 학급, 다양한 형태의 교과수업을 편성할 수 있는 자율권이 확대되어야 하고, 학생 간에 그리고 학생과 교사가 다양하게 소통할 수 있도록 IT 환경 기반의 교육환경이 조성되어야 한다.

📕 사례

- (도덕) 토론과 사례 중심의 통합적 교육활동을 통한 수업 개선(전북 화산중학교)
  - 정치, 경제, 사회, 교육 등 다양한 시사 분야의 사례 중심 학습모형 적용
- (사회) 팀 프로젝트, 직소, 모둠별 토론학습 등 다양한 교수–학습 실시(경기도 퇴계원중학교)
  - 교과서의 재구성을 통해 단원 연계·통합 등 효율적인 수업 운영
- 집중 이수에 따른 시험부담을 줄일 수 있는 평가방안 수립(서울 선유중학교)
  - 실험, 실기, 토론, 팀 프로젝트 등 다양한 수업을 통한 수행평가 실시
- 교수–학습방법 변화에 따른 창의적인 평가방법 도입(경기도 수원북중학교)
  - 도덕적 논쟁 보고서(도덕), 수원 화성 홍보물 제작(사회), 감상신문 만들기(미술) 등

예체능 교육의 확대 실시로 교과교육에서의 인성 함양을 강화해야 한다. 사회적 역량 강화, 신체적 건강은 물론 정신적·정서적 건강을 위해 체육활동에 적극적으로 참여할 필요가 있다. 체육활동은 안전하게 인위적으로 만들어 놓은 제한적 경쟁과 협동을 통해 타인과 교류하는 기회를 얻고 자신과 타인에 대해 깊이 이해 할 수 있게 해 준다. 팀 경기를 통해 함께하는 단체생활을 경험하고 사람들과 관계 맺는 법을 터득할 수 있다. 이를 위해 학교 체육활동시간을 정상적으로 운영해야 하며, 모두가 즐길 수 있는 학교 스포츠 클럽 참여를 확대해 나갈 필요가 있

다. 또한 모든 학생의 감성과 사회성을 높일 수 있는 다양한 예술활동과 누구나 참여할 수 있는 보편적 예술교육의 지원을 확대해야 한다.

예술교과군 이수시간의 감소로 예술적 체험 시간이 부족하므로 방과 후 활동, 창의적 체험활동을 통해 다양한 예술활동을 할 계획을 제공하고 학생들의 특기와 적성을 고려한 예술동아리 운영지원을 확대할 필요가 있다. 일반 아동·청소년과 소외계층 아동·청소년의 활동 중 가장 차이가 나는 부분이 문화예술활동이다. 문화예술활동은 모든 학생을 대상으로 다양한 형태로 이루어져야 한다. 이러한 예체능교육을 확대하기 위해서는 학교 내 시설 여건을 개선하고 지역사회의 인적·물적 인프라를 적극 활용하여 학교의 벽을 넘어 예체능교육의 장을 확대할 수 있도록 해야 한다.

📖 **사례**

- 중학교 학교 스포츠 클럽 운영(전남 광양진월중학교)
  - 동아리활동 형태로 스포츠 클럽을 조직하고, 창의적 체험활동 시간 순증, 동아리활동 시간, 행사활동 시간을 활용, 총 68시간은 확보하고 일반교과 교사가 스포츠 클럽 지도 및 학교생활규칙과 연계 운영한 결과 학교폭력 감소 효과
- 지역사회 인프라와 연계한 학교 스포츠 클럽 활성화(울산 화암중학교)
  - 현대미포조선, 현대중공업, 울산과학대학교, 동구청 등과 지역사회 체육시설 활용 협약을 체결하고 다양한 운동 종목에 참여(스포츠 클라이밍, 수영, 볼링, 빙상 등)
- 학교 밖 예술의 장
  - 공연장(백스테이지투어), 박물관(토요예술), 미술관(전시관람), 과학관(예술과학융합체험), 문화예술회관(공간대여), 작가공방(견학), 대학 문화공간(교육봉사), 지역사회센터 등

자기주도 학습력을 향상시키고 바른 인성과 타인과의 소통·공감 능력을 함양시키기 위해 즐겁고 자율적인 독서체험활동 기회를 확대한다. 학교 공부가 우선시되는 분위기에서 어른들은 시험기간을 앞두고 교과서가 아닌 일반 도서를 읽는

학생들을 보면 성적이 떨어질 것을 걱정한다. 독서는 학교 공부, 학원 공부를 다한 후에 하는 취미활동 정도로 여겨진다. 그러나 학생들은 책을 읽고 이야기하는 과정에서 성장하고, 공감하고 소통하는 방법을 배운다. 고전을 통해 선인을 만나고 미래와 대화하고 책 속의 인물과도 소통할 수 있게 된다. 이를 위해 학교는 주지교과 위주의 교육과정에서 벗어나 학생들이 책의 재미에 빠질 수 있도록 학교급별 다양한 독서체험 프로그램을 개발·확대해야 한다. 다양한 형태의 독서동아리를 운영하고, 책 읽는 기쁨과 스스로 배우는 즐거움을 느낄 수 있도록 교과 연계 독서활동을 확대한다.

> ◢ **사례**
>
> - 서울 송곡여자고등학교 교과교사-사서교사 연계 프로젝트 수업
>   - [국사과] 신입 드라마 PD의 미션, 촬영이 임박한 드라마 〈성균관의 비밀〉의 완성도를 높이기 위해 조선시대의 성균관을 표현하기
> - 강원도 미로초등학교
>   - 학교도서관을 돌봄과 나눔의 장소로 특성화, 학생들의 심리·정서 지원을 실천
>   - 1주 1회 저녁, 부모와 아이들이 함께 도서관에서 와서 책을 읽고 놀이를 함. 제천 기적의 도서관: 학교 부적응 학생, 읽기부진아 독서치료 프로그램 집중운영

2) 자율과 참여가 살아 있는 학교문화 형성

스스로 문제를 해결할 수 있는 역량을 신장시키기 위해서는 학생들에게 충분한 자치활동 참여 기회가 필요하다. 학생자치활동은 학생이 학생회, 자치법정, 동아리 등 학생자치기구에 소속되어 교육활동과 의사결정에 주체적으로 참여하는 활동을 의미한다. 학생과 교사의 지지적인 관계는 학교에 대한 학생들의 소외의식을 약화시키고, 학생들의 정서적·행동적 문제를 극복하도록 지원하고 상담하여 긍정적 관계를 형성할 기회를 줄 수 있다. 그리고 학교폭력 예방에 관한 개입 방안을 논의하거나 모색하는 과정에 학생들을 참여시킨다면 매우 효과적일 수 있다

(Dwyer, Osher, & Hoffman, 2000; Flannery, 1997).

그러나 대부분 학교에서 많은 학생은 학급규칙 제정, 학급 부서 조직과 운영 등 초보적인 수준의 자치활동에서도 배제되고 있다. 이처럼 학생자치활동이 제대로 이루어지지 않는 가장 큰 원인은 입시 위주의 문화일 것이다. 학생자치활동은 타율적이고 통제적인 문화와 결합되어 학교의 형식적인 지원하에 유명무실하게 변화해 왔다. 이러한 학생회의 역할과 기능을 강화하기 위해 학생회 운영 예산을 확대하여 학생들이 자율권을 가지고 사용할 수 있도록 하고 학교장과 학생회 간의 간담회를 상설운영하거나 인근 학교 학생회 간의 연계와 협력을 활성화하는 방안도 있을 것이다. 또한 학생들의 참여 속에서 학교규칙을 제·개정하고 운영하고 학교규칙 중심의 생활지도 풍토를 조성해야 하며, 또래상담반, 또래중재 프로그램 운영 등 학생들이 자발적으로 동아리활동과 봉사활동에 참여하고 활동함으로써 건전한 또래문화를 형성하고 성장할 수 있도록 다양한 지원이 필요하다.

학생들이 바르고 아름다운 언어로 자신의 의사를 합리적으로 표현할 수 있어야 한다. 민주시민 의식의 핵심가치 중 하나는 타인에 대한 배려라고 할 수 있다. 타인에 대한 배려 중에서 가장 기본이 되는 것은 대화와 토론 등의 의사소통능력이며, 이를 위해 바른 언어 사용이 중요하다. 학교 공동체의 구성원 간에 욕설과 비

📖 사례

- 핀란드의 '청소년의 목소리(The Voice of the Young meeting)'
  - 헬싱키 모든 학교의 학생 대표들은 헬싱키 시장이 이끄는 '청소년의 목소리'에 참석한다. 학생들이 자기 학교의 프로젝트들을 설명하면, 그 진행을 위해 필요한 예산이 보조금 배분의 형식으로 이 회의에서 승인된다. 보조금은 사용자들이 정한 우선순위에 따라 각 학교에 배분된다.
- 학생자치법정(제주 표선고등학교)
  - 학교생활규정을 지키지 않아 법정에 회부된 학생에 대해 학생 검사와 변호사가 열띤 토론을 벌였고, 바로 학생 판사의 판결이 이어졌다. 학생자치법정에 회부된 학생들은 부모님께 편지 쓰기, 수업 열심히 듣고 선생님께 확인받기 등의 판결(벌칙)을 수용하고 이를 적극적으로 이행하였다.

속어를 사용하는 것은 인성교육을 저해하는 주요 원인이 될 뿐만 아니라 학교폭력의 증가에도 상당한 영향을 미친다. 그러므로 학교에서 학교교육과정과 연계하여 아름다운 노랫말 선정(음악), 선플·악플(정보통신), 말의 사회적 기능(사회) 등 다양한 언어교육 프로그램을 개발·적용하고 토론, 회의, 협상 등 다양한 상황에서 바른 언어를 사용하는 훈련기회를 제공한다.

또한 직접적인 치유 프로그램과 더불어 감정 조절, 스트레스 해소와 같은 간접적 치유 프로그램 등의 언어교정 프로그램을 운영하는 것도 좋을 것이다. 학생들의 언어 사용 습관을 살펴 불량언어 사용 현상을 진단·성찰하고 대신할 바른 말을 제공하고 학생뿐만 아니라 교사들도 학생들에게 모범이 되는 언어문화를 조성해야 한다.

학교교육 기능의 강화와 학교 구성원 간의 협력으로 교육이 중심이 되는 학교 공동체를 이루어야 한다. 교사는 학교폭력을 예방하기 위해 학교에서 학생들에게 다양한 교육 및 상담 활동을 한다. 그러나 교사의 교육적 노력에는 한계가 있고, 학교폭력은 좀처럼 수그러들지 않는다. 사실 학교는 우리 사회에 있는 다양한 삶

📖 사례

- 충북 청운중학교, 청운청언(靑雲淸言) 프로그램
  - 학교장, 부장교사, 국어과 교사 등으로 구성된 학생언어개선사업추진위원회를 조직하여 전 학교 차원의 실천운동를 전개하였다. 학생들에게 언어생활 반성 수첩을 제공하여 작성하게 하고, 담임교사가 매주 2회 지도하였다. 언어문화 동아리 운영, 학급별로 언어 개선 역할극 실시 등 언어문화를 중심으로 한 다양한 활동을 실시 다.
- 교원들의 부적절한 언어 사용예시
  - 무시·경멸: 너는 도대체 잘하는 게 뭐냐?
    니가 하는 일이 다 그렇지.
  - 성역할 차별: 사내자식이 하는 짓이 이게 뭐냐?
    여자가 뭐하는 짓이냐?
  - 보호자 모욕: 너희 부모가 그렇게 하라고 했니?

의 방식이 그대로 존재하는 복합적인 공간이다. 이를 장상호(2006: 134)는 학교에서 일어나는 사태와 교육의 범주를 구분할 것을 제안하여 학교에는 교육만이 아니라 정치, 경제, 사회, 문화 종교 등 다양한 삶의 세계가 함께 있음을, 또한 교육은 학교에서만이 아니라 가정, 학원, 각종 회관, 가상 공간 등 다양한 삶의 공간에서 이루어진다고 주장한다. 따라서 다양한 삶의 방식이 혼재하는 학교에서 학교의 교육기능에 특별히 관심을 기울이지 않으면 학교는 교육 이외의 삶의 방식에 휘둘려 비교육적 또는 반교육적 사태들이 줄을 이을 수 있다. 학교폭력은 폭력과 위험, 권위와 소외, 불신과 반목, 과도한 경쟁, 통제와 규제로 대표되는 현대사회의 문제가 그대로 학교문화에 반영된 것이다. 그러므로 학교는 일률적인 수업시간, 애국조회나 각종 선발제도와 시상제도 같은 기존의 관행적 · 형식적인 교육방식이 아니라 학생들의 교육적 가치를 중심에 두고, 교육 이외의 다양한 삶의 방식이 교육적인 삶의 방식에 순기능을 하도록 다시 설계되어야 한다.

학교폭력은 근본적으로 학교 구성원 간의 상호 이해와 협력을 바탕으로 하는 공동체 의식이 부족해서 생긴 결과라고 할 수 있다. 교육이 중심이 되는 학교 공동체를 형성하려면 구성원들이 서로 교육적 관계를 맺는 데 초점을 둘 필요가 있다. 교장과 교사의 관계에서 직장 상사와 부하 직원의 관계만 내세워지거나, 교사와 학생의 관계가 지식을 팔고 사는 상인과 고객의 관계가 되거나, 교사와 학부모가 상호 이익을 위해 적당히 타협하거나 자신의 가치와 신념만을 내세우며 힘겨루기를 하는 세속적 관계를 유지하는 것은 학교의 교육적 기능을 신장하는 것과 거리가 멀다. '교육적인 삶'에 익숙하지 않은 학부모와 학생은 학교에서 벌어지는 다양한 문제에 대해 교육적인 삶의 방식에 기초하여 해결책을 찾기보다는 정치적 · 행정적 · 법률적 삶의 방식을 이용하여 대처하려고 할 수 있다. 따라서 교사는 교육적인 삶의 방식에 익숙해지고, 학부모나 학생에게 내재하는 교육적인 삶을 일깨우고 교육적인 삶의 방식으로 학교 내의 다양한 문제를 바라보고 대화하도록 안내할 수 있어야 한다.

교육안전망 구축을 통해 학생이 위기를 원만히 해결할 수 있도록 해야 한다. 우리나라는 다른 어떤 나라보다 학부모의 교육열이 뜨거워 자녀의 학업성취에 대한 관심과 기대 수준이 높다. 이로 인해 많은 학생이 성적에 대한 압박감을 느끼고 불안, 우울, 자살 등 부적응적인 양상을 나타내고 있다. 학교폭력 가해학생은 정서적 공감능력 결여와 어린 시절 가정폭력 피해를 입었거나 경제적 또는 사회적인 환경에 의해 정서적 결핍이 생기면서 충동성 조절능력이 결여되어 폭력성이 생기는 경우가 많다.

유성경, 오익수, 안희정, 이소래(1999)는 청소년 비행이 어느 한 개인 또는 한 기관의 독자적인 노력으로 바꾸기 어려울 정도로 심각해졌다고 보고, 청소년 비행을 예방하고 교정하고 재활하도록 돕는 개입활동은 가정, 학교, 지역사회의 유기적인 협력하에 체계적이고 종합적으로 추진해야 한다고 주장한다. 위기학생을 조기에 발견하여 상담과 치료를 할 수 있도록 정기적으로 실태조사를 하고, 일정 규모 학교에는 전문상담교사를 의무적으로 배치하기 위해 노력하고 위기학생 지원 전문기관을 설치·운영해야 한다. 또한 위기학생의 학교복귀 및 치유를 위한 다양한 교육기관(병원학교, 위탁교육기관 등)을 운영한다. 교사는 위기학생을 효과적으로 지도하기 위해 어떤 형태가 필요한지를 판단할 수 있어야 한다. 교사 혼자서 감당할 수 있는지, 다른 교사와 함께 지도해야 하는지, 학교 수준에서 모든 교사가 일관성 있게 지도해야 하는지, 학부모의 협력이 필요한지, 학교에 있는 Wee 클래스, 지역교육청에 있는 Wee센터, 시·도 교육청에 있는 Wee스쿨과 같은 상담전문기관의 도움을 받아야 하는지, 다른 지역사회기관의 협력을 받아야 하는지 등을 평가하여 위기학생을 지원해야 한다.

교사의 인성교육 역량을 강화하고 학생과 교사의 신뢰를 회복하여 의사소통이 원활히 이루어지도록 해야 한다. 인성교육은 기본적으로 올바른 가치관과 인성을 갖춘 교사가 학생들을 지도할 때 그 효과가 배가될 수 있다. 그러므로 학교폭력 예방을 위한 인성교육의 현장 실천성 제고를 위해서는 교사의 역할이 무엇보다 중요하다. 교사의 인성요소를 강화하기 위해서는 교대 및 사대 입학에서부터 올바른 인성과 교직적성을 갖춘 학생을 선발하고 교사 양성과정에서도 인성교육 함양을 위한 교육과정과 학교폭력 관련 교재를 개발하여 학생들의 다양한 문제행동을 이해하고 대처하는 방안을 배우도록 한다.

신규교사 임용 시에도 인성이 우수한 학생을 임용할 수 있도록 심층면접전형을 강화해야 한다. 교사와 학생의 실질적 상담기회를 확대하고 일반 학생에 대한 지도 및 상담, 학급경영 등 학생생활지도 전반에 걸친 교사의 전문성을 신장할 수 있도록 하는 연수도 필요하다. 즉, 학생의 문제행동을 발견하면 학생에 대한 전반적인 이해를 기초로 학생의 입장에서 그 문제행동의 의미나 목적을 이해하는 것이 선행될 때 교사와 학생의 의사소통이 원활히 이루어진다.

📒 사례

- 창의 · 인성교육 선도 교원 양성(성균관대학교–서울교육대학교 컨소시엄)
  - 학교현장의 창의 · 인성교육을 실천할 리더를 양성하기 위해 창의 · 인성교육과정 표준지침 · 교육과정을 개발하여 2013학년도 1학기부터 시범 적용
  - 대학별로 4개 교과목(예: 창의 · 인성교육의 이해, 창의인재와의 대화, 인의예지와 교육, 창의 · 인성 엠베서더 등) 개발
- 사도교육원 운영(한국교원대학교)
  - 학문 중심의 교과영역(일반교양 교육과정)만으로는 부족한 실천적 인성함양의 교육과정(봉사활동 등 포함)을 마련하여 실천적 인성역량이 함양된 교원양성

연 구 과 제

1. 현재 학교폭력으로 얼룩진 우리의 학교 모습은 학교교육이 새롭게 변화해야 할 필요성을 절실히 느끼게 한다. 어떠한 모습들이 학교교육의 변화를 가져오게 하는지 학교현장의 현상을 설명하고, 가장 큰 원인이 무엇인지 논하시오.

2. 학교폭력을 예방하고 줄일 수 있는 방안으로 학교교육이 어떻게 변화해야 하는지 구체적인 사례를 조사하여 제시하고 설명하시오.

참고문헌

교육과학기술부, 한국교육개발원(2011). 교육정책 분야별 통계 자료집.

교육과학기술부(2011a). 학교체육주요업무계획.

교육과학기술부(2011b). 학생건강검사 표본조사.

교육과학기술부(2012a). 언어문화 실태 조사.

교육과학기술부(2012b). 학교폭력 실태 조사.

박효정, 정광희(2000). 한국사회의 도덕성 지표 개발 연구. 한국교육개발원 연구보고 RR
    2000-7.

송재홍, 김광수, 박성희, 안이환(2013). 학교폭력의 예방 및 대책. 학지사.

유성경, 오익수, 안희정, 이소래(1999). 청소년 탈비행화 조력을 위한 효과적인 개입 전략 개발 연
    구. 서울: 한국청소년상담원.

장상호(2006). 학문과 교육(중1). 서울대학교출판부.

천세영, 김왕준, 성기옥, 정일화, 김수아(2012). 인성교육 비전 수립 및 실천 방안 연구. 교
    육과학기술부 정책연구 2012-41.

통계청(2012). 2012 청소년 통계.

통계청(2013). 2013 청소년 통계.

한국보건의료연구원(2011). 청소년건강행태 온라인 조사.

한국청소년정책연구원, 한국교육개발원(2010). 청소년 핵심역량 개발 및 추진방안 연구
    III: 사회적 상호작용 영역. 경제 · 인문사회연구회 협동 연구총서 10-33-03. 연구보고
    10-R17-2.

한국청소년정책연구원(2012). 청소년 정책 기본계획 수립을 위한 토론회 자료집.

Dwyer, K. P., Osher, D., & Hoffman, C. C. (2000). Greating responsive schools:
    Contextualizing early warning, timely reponse. *Exceptional Children, 66,* 347–
    365.

Flannery, D. J. (1997). *School Violence: Risk, Preventive intervention, and Policy,
    ERIC Clearinghouse on Urban Education.* New York: NY.

Smith, P. K., Morita, Y. Junger-Tas, J., Olweus, D., Catalano R. F., Slee, P.(1999). The
    nature of school bullying. *A cross-national perspective.* New York: Routledge.

참고 자료

경향신문(2013.5.2.). 한국 어린이 · 청소년 학년 높을수록 "돈 · 성적 중요".

참고 사이트

국민건강영양조사 http://knhanes.cdc.go.kr/knhanes/index.do

통계청 http://kostat.go.kr/portal/korea/kor_nw/2/1/index.board

여성가족부 http://www.mogef.go.kr/korea/view/policy/policy02_05a.jsp

여성가족부 http://www.mogef.go.kr/korea/view/news/news03_01.jsp?func=
view&currentPage=0&key_type=&key=&search_start_date=&search_end_date=&cl
ass_id=0&idx=642483

통계청 http://kostat.go.kr/portal/korea/kor_nw/2/1/index.board?bmode=read&aSeq
=247163

한국교육과정평가원 http://www.kice.re.kr/siteSearch.do?menuNo=384&search
Value=%ED%95%99%EC%97%85%EC%84%B1%EC%B7%A8%EB%8F%84+%EA%B
5%AD%EC%A0%9C%EB%B9%84%EA%B5%90

OECD http://www.oecd.org

제6장
가정과 사회의 역할

    가정은 개인의 성격과 행동유형을 형성하는 데 매우 중요한 영향을 미친다. 많은 연구가 부적절한 가정환경이 학교폭력을 유발하는 중요한 요인이라고 지적한다. 가족 구성원 간의 갈등, 이혼이나 별거, 경제적 빈곤, 부모의 성향 등이 상호작용하여 자녀의 행동에 부정적 영향을 미친다.

    가정과 부모의 돌봄 기능 약화와 더불어 인터넷, 오락실, 게임, 유흥업소 등 사회의 다양한 유해 환경이 학생들의 건강한 성장을 저해하고 폭력으로라도 금품을 갈취하는 행동을 선택하도록 사회적 분위기를 조성하고 있다.

    이 장에서는 이러한 가정과 사회의 최근 현황을 구체적으로 이해하고 학교폭력을 예방하고 사회적 자본을 회복할 수 있도록 가정과 사회의 역할을 살펴본다. 「인성교육 비전 수립 및 실천 방안 연구」(천세영, 김왕준, 성기옥, 정일화, 김수아, 2012)의 내용을 인용 및 참고하였다.

제6장 ┊ 가정과 사회의 역할

1. 가정의 역할

1) 가정교육의 현황

가정은 우리가 기본적인 요구를 충족시키고 삶을 영위해 가는 장이면서 자발적인 돌봄을 통해 이타성과 협력, 배려 등의 인간다운 삶과 공동체의 문화를 만들어가는 곳이다. 그런데 지금 우리의 가정은 어떠한가?

부모와 자녀들이 함께하는 시간이 적어지고 어린 자녀들은 일찍부터 교육기관에 맡겨져 자라나게 된다. 그러다 보니 가정에서 이루어져야 할 기본 교육도 자연히 교육기관에 의존하게 되고, 잘못된 교육은 교육기관의 탓으로 돌려지곤 한다. 한편으로, 한두 명의 자녀에게 쏟는 부모의 관심은 더욱 커지는데, 그러한 관심과 물질적 지원은 자녀들의 올바른 인성을 함양하는 것보다는 경쟁사회에서 이겨 나가기 위한 지식이나 기술을 습득하는 데 중점을 두게 된다. 단적인 예로 OECD 자료 분석에 따르면, 일주일에 3~4회 이상 부모와 함께 저녁식사를 하는 비율은 한국이 58.76%로 가장 낮다(염유식, 박종일, 박찬웅, 서효정, 2010).

부모들은 자녀들의 전인적인 성장과 발달의 중요성을 몰라서가 아니라 경쟁적인 학교구조 속에서 뒤처지지 않게 하기 위해서 자녀들을 밤늦게까지 학원에서 공부하게 한다. 아이들은 수면시간이 부족하여 아침도 먹지 못하고 학교에 간다.

결과적으로 아동 · 청소년의 학업 스트레스, 불신과 불만, 이기주의 등이 우울, 학교폭력, 욕설, 왕따, 게임중독 등 문제행동으로 표출되고 있다. 더욱 심각한 것은 자녀들이 학업 스트레스나 어려움을 경험할 때 부모들이 적극적인 문제해결자나 지원자로서의 역할을 제대로 하지 못하고 있다는 점이다.

초등학생이 응답한 부모-자녀 간의 긍정적 관계에 대한 점수가 2005년 3.64, 2008년 3.55, 2011년 3.07로 최근 들어 더 낮아지고 있으며 부모-자녀 간 상호작용(함께 식사, 함께 대화) 점수도 2005년 5.54, 2008년 5.50, 2011년 5.34로 점점 낮아지고 있다. 2010년 통계청 사회조사 결과 15~24세 청소년들의 고민상담 대상은 어머니가 17.8%이고, 아버지는 2.9%에 불과하다. 안타깝게도 우리나라 청소년의 절반 이상이 부모님을 자신의 고민을 나누는 대화 상대로 생각하고 있지 않다.

이러한 현상들이 왜 일어나는 것일까? 가족과 함께할 수 있는 시간의 감소와 맞벌이 가정 · 한부모 가정 · 다문화 가정의 증가 등 가족구조의 변화는 대가족 안에서 느꼈던 정서적 안정과 '효'를 비롯한 예절, 관계 속에서의 배려 등을 점점 접하

표 6-1 부모와의 고민상담 정도

(단위: %)

	전체	성별		교급					
		남자	여자	중1	중2	중3	고1	고2	고3
거의 하지 않는다	50.0	56.5	42.6	49.6	56.9	49.5	51.1	50.1	43.8
일주일에 1~2회	32.8	30.9	34.9	30.5	27.1	33.0	32.7	33.7	37.9
일주일에 3~4회	9.2	7.6	11.1	9.9	8.1	9.3	8.9	8.6	10.5
일주일에 5~6회	1.9	1.2	2.7	2.6	1.9	1.6	1.8	2.0	1.4
매일	5.8	3.5	8.4	7.1	5.3	6.2	5.0	5.3	6.3
무응답	0.3	0.4	0.3	0.3	0.7	0.3	0.4	0.3	0.1

출처: 한국청소년정책연구원(2009). 2009년 청소년 핵심역량 진단조사.

기 어렵게 했다. 부모의 사망, 이혼, 별거, 가출 등으로 인한 부모 결손은 자녀의 성격형성 및 사회적응에 공격성, 불안, 과잉행동 등의 문제를 야기한다(이정이, 최명선, 2007). 또한 가정의 위기는 청소년들이 위험에 노출될 가능성을 확대시키는 심각한 원인이 될 수 있다.

가정의 교육적 기능을 회복하기 위해서는 자녀와 함께하는 시간을 확보하는 것뿐만 아니라 자녀의 문화를 이해하고, 자녀의 발달단계에 따라 올바르게 지도하는 방법 등에 대한 학부모교육이 필요하다. 그러나 2011년에는 우리나라 학부모 가운데 27% 정도만이 학교나 시민단체 등에서 제공하는 학부모교육을 받은 경험이 있고, 나머지 73% 정도는 자녀 지도와 관련된 학부모교육을 받은 적이 없는 것으로 조사되었다(한국교육개발원, 2012). 특히 직장인 학부모들은 직장에서의 바쁜 업무로 학부모교육에 참여하는 것이 쉽지 않다.

또한 가정과 학교의 의사소통 정도가 학생의 학업성취를 비롯한 성공적인 학교생활에 긍정적인 영향을 미치는 것으로 보고되고 있지만, 우리나라에서는 가정과 학교 간의 실질적 의사소통이 미흡하다. 한국교육개발원의 「학부모의 자녀교육 및 학교 참여 실태조사 연구」에 따르면, 학부모 10명 중 2명만이 학교운영에 참여하며, 학부모의 절반 이상이 한 학기 동안 한 번도 교사와 면대면 만남을 한 적이 없고, 학부모의 35%만이 상담주간에 참여한 것으로 조사되었다.

2) 가정의 기능 회복

가족 간의 대화를 확대하고 가정친화적인 환경을 조성하여 가정의 교육적 기능을 회복해야 한다. 가정에서의 인성교육이 성공적으로 이루어지기 위해서는 무엇보다 가정이 건강해야 하며, 가정이 건강해지기 위해서는 부모와 자녀가 일상생활과 시간을 공유하는 자연스럽고도 당연한 가족으로서의 권리가 보장되어야 한다.

바쁜 현대사회에서 가족과 공유하는 일상생활의 중심은 가족 식사시간이고, 세상에서 가장 훌륭한 교실은 가족이 함께 둘러앉은 밥상이다. 가족이 한자리에 모여 가족 간의 소통과 대화의 장을 마련하는 밥상머리교육을 확산하기 위해 가족 친화적인 기업문화와 사회 분위기 조성이 필요하다. 기업에서는 정시퇴근 등의 가족친화적인 근무제도를 도입하여 일과 가정생활을 균형 있게 영위할 수 있도록 지원하며 사회적으로도 일과 가정생활의 균형이 중요한 가치로 인식되도록 노력해야 한다.

자녀교육에 대한 부모의 역량강화를 위해 부모교육의 활성화가 필요하다. 현실적으로 가정에서 기본적인 교육이 이루어지기 어려운 것은 사실이다. 그러나 이것이 현대 삶의 보편적인 모습이라고 해서 자녀들의 기본생활습관과 같은 중요한 기초교육을 교육기관에만 맡겨 둔 채 지나쳐서는 안 된다. 버릇이 없거나 성격이 거칠어도 공부만 잘하면 된다는 식의 부모의 편견은 자녀들의 인성 발달을 저해하는 큰 요인이다. 가정에서는 부모의 올바른 가치관과 모범을 통한 교육이 이루어져야 한다. 물론 가정에서 인성교육이 전혀 이루어지지 않는 것은 아니다.

좋은 인성을 기르기 위한 태교부터 종교나 청소년 단체의 인성교육 프로그램 참여, 인터넷이나 모임을 통한 정보교환 등 자녀의 바람직한 인성교육을 위한 노력들을 찾아볼 수 있다. 그러나 전통사회에서 이어지던 가정의 교육적 기능이 많이 약화되어 대부분 부모는 바람직한 부모의 행동이 무엇인지 잘 모르겠다고 털어놓는다. 따라서 부모 역할을 어떻게 해야 하는지에 관해 정보를 얻거나 최소한의 부모교육 이수가 필요하다.

사회의 변화로 아버지의 역할도 바뀌었는데, 아버지의 역할은 자녀의 인성교육에 큰 영향을 미친다. 성인이 되면서부터 올바른 부모가 어떤 것인지에 대해 생각하고, 결혼 후에도 지속적으로 부모의 역할에 관한 교육을 받아 변화하는 사회와 성장하는 자녀들에게 맞추어 바람직한 부모 역할을 수행할 수 있어야 한다.

아이들의 바람직한 인성 함양을 위해 가정과 학교 간에 소통의 기회를 늘려야 한다. 공교육을 내실화하고 신뢰를 회복하는 데 교육의 동반자로서 학부모의 역할은 중요하다. 우리는 학부모의 교육열을 건강한 방향으로 이끌어 학교교육을 살리는 에너지로 전환해야 할 시점에 와 있다. 학교와 학부모는 서로 협력하고 적극적으로 소통해야 한다. 이를 위해 학부모와 교사 간의 상담을 활성화한다. 교육적으로 필요하거나 부모의 학교 방문이 어려운 경우에는 가정으로 찾아가 면담을 실시하거나 학부모에게 자녀교육 정보를 제공하는 서비스를 개선하여 소통의 기반을 마련한다. 자녀와 학부모가 함께하는 교내외 자원봉사 등을 통한 교육기부로 살아 있는 인성교육 실행 및 아이를 함께 키우는 협조체제를 구축할 필요가 있다.

📖 사례

- 가족-인성교육 연계 과제(Family Character Connection Homework)
  - 미국 위스콘신 주 그랜트(Grant) 초등학교는 다섯 가지 인성(존중, 책임, 친절, 자기통제, 정직)을 강화하기 위해 학교에서 학년별 서약(매일)과 전체 학년별 서약 실시
  - 가정에서 가족이 모두 참여하여 학교에서 배운 인성을 보완하는 숙제를 하고 매월 학급 단위로 학급-가족모임을 개최하여 교사 주도하에 인성의 중요성 홍보 및 강화
- 학부모 학교 참여 휴가제 도입(안)
  - 해외 사례: 미국의 경우 4~40시간의 무급휴가 형태의 휴가제 운영
  - 추진 절차: 관계기관 협의를 거쳐 공공기관부터 시범운영 후 민간기업으로 확대

---

2. 사회의 역할

1) 사회교육의 현황

모든 교육이 그렇듯이 사회는 커다란 배움의 터전이다. 의도하든 그렇지 않든 모든 사람은 사회에서 많은 것을 배우기 때문이다. 특히 아이들은 그러한 배움이 어른보다 빠르다. 그런데 안타깝게도 현재 우리 사회는 아이들의 올바른 인성 발달에 적합한 환경을 제공하지 못하고 있다. 아이들이 살아가는 근접 환경인 지역사회 환경은 안전하지 못하고, 아이들에게 큰 영향을 미치는 미디어 환경도 건강하지 못하다.

　공공기관이나 시민단체들이 인성교육이나 수련활동의 기회를 제공해 왔지만, 예산 부족 등의 이유로 범위나 규모 면에서 부족한 점이 많다. 청소년상담복지기 관인 청소년상담지원센터는 전국 166개소에 불과하며, 청소년수련시설도 공공 446개소, 민간 261개소에 불과하다. 최근 전과 21범이 주최한 국토대장정 사건이 나 정부 미인증 해병대캠프 학생 사망 사건에서 가시화되었듯이, 이러한 사각지 대를 틈타 영리단체들이 인증받지 않은 활동들을 양산해 아동·청소년 활동의 질 을 떨어뜨릴 뿐 아니라 아동·청소년을 위험에 빠뜨리는 일도 있다.

　이렇다 보니 우리나라 청소년들의 체험활동이나 활동시설 이용률은 매우 낮은 실정이다. OECD에서 조사한 나라별 청소년의 지역 공동체 활동 참여율 역시 우 리나라는 0.7%에 그쳐 미국 21.4%, 캐나다 17.2% 등에 비해 매우 낮은 편이다(한 국청소년정책연구원, 2010b).

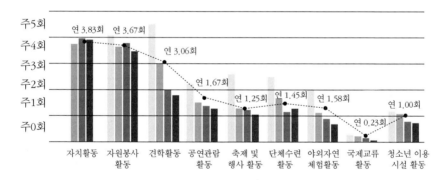

[그림 6-1] 청소년 활동 참여횟수(연간 단위 활동)

출처: 한국청소년정책연구원(2010b). *NYPI Youth Report*(Vol. 09-08/2010).

　지역사회 내에 즐길 만한 놀이나 활동이 부족한 우리의 청소년들은 점점 인터 넷과 각종 유해 매체에 심각하게 빠져들고 있다. 청소년들의 주된 여가활동은 TV 시청이나 컴퓨터게임이다(통계청, 2011). 우리나라 15~24세 청소년들의 컴퓨터 게임 이용시간(비디오게임 포함)은 하루 평균 46분으로 영국의 8배, 핀란드의 5배, 미국의 2배 수준이며 세계 최장시간이다.

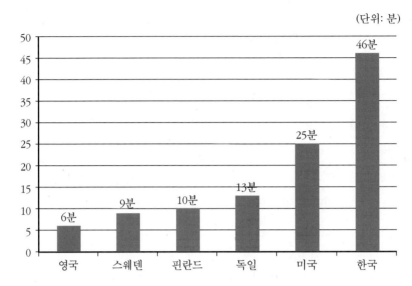

(단위: 분)

[그림 6-2] 청소년들의 하루 평균 컴퓨터게임 이용시간 국제 비교

출처: 한국청소년정책연구원(2011). *NYPI YOUTH REORT*(Vol. 28-12/2011).

이렇듯 인터넷 및 게임 시간이 길다 보니 인터넷 중독 위험도 높다. 한국정보화진흥원이 실시한 2011년 인터넷 중독 실태조사 결과에 따르면, 2011년 만 5~49세 인터넷 이용자 중 인터넷 중독률은 7.7%이고 인터넷 중독자 수는 233만 9천 명이다. 이 중 청소년(만 10~19세)의 인터넷 중독률은 10.4%로 전체 연령대 중 가장 높게 나타났다. 더욱 충격적인 사실은 유아(만 5~9세)의 인터넷 중독률이 7.9%(중독자 수 16만 명)로, 성인 인터넷 중독률 6.8%(중독자 수 150만 1천 명)보다 높다는 것이다.

청소년을 둘러싼 방송매체도 건강하지 않다. 케이블, 위성, IPTV 등 유료 매체는 선정성과 폭력성이 심각하며, 지상파 방송은 부정적인 가치관을 심어 주는 프로그램 운영으로 큰 문제가 나타나고 있다. 방송, 인터넷, 스마트폰 등 미디어환경은 급속하게 변화하는데 이를 활용하는 가정, 학교, 사회의 역량은 미처 성숙하지 못하였다. 건강하게 미디어를 활용할 수 있도록 부모와 교사가 지원해야 하지만, 우리나라의 미디어교육은 일부 시민단체나 공공기관에서 일회적으로 이루어

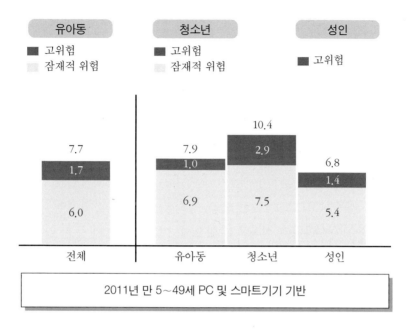

[그림 6-3] 연령별 인터넷 중독 실태

출처: 행정안전부 보도자료(2011). 인터넷 중독 실태조사.

질 뿐이다. 인터넷매체를 통한 유해광고의 영향도 심각하다. 2012년 현재 문화부에 등록되어 사이트를 운영하는 인터넷신문 2,399개 중 청소년에게 유해한 성인광고 등 유해성 광고를 게재하는 사이트는 176개로, 2011년 62개에서 약 2배 가까이 증가하였다.

「청소년 유해환경 접촉 종합실태조사」(여성가족부, 2011)에 따르면, 청소년의 24% 정도가 편의점, 슈퍼마켓 등에서 술을 구매 시 '나이를 물어보지 않는다.'라고 응답하였으며, 청소년의 42%는 호프집, 소주방 등의 술집에서 '신분증을 확인하지 않는다.'라고 응답하였다. 또한 주된 흡연장소에 대해 청소년의 44% 정도는 '동네 골목, 놀이터, 길거리'라고 응답하였는데, 상업주의의 만연과 어른들의 무관심 속에 우리 지역사회 내에서 아동·청소년들의 일탈과 비행이 빈번히 일어나고 있는 것이다.

즉, 어른들의 무관심은 우리의 아동·청소년들이 너무 이른 나이에 보호자 없이 혼자 방치되어 시간을 보내게 한다. 하루에 한 시간 넘게 돌봐 주는 사람 없이 혼자 또는 초등학생 이하 아동·청소년끼리만 시간을 보내는 나홀로아동(자기보호아동)이 전국에 97만 명으로, 우리나라 초등학생의 약 30%에 해당한다. 이 아이들은 주로 집에서 TV 시청을 하거나(43.3%), 인터넷 게임을 하거나(20%), 집에서 그냥 놀거나(15%), 놀이터나 공터에서 놀면서(17%) 시간을 보낸다(여성가족부, 2011).

이런 현실 때문에 학부모들은 아동·청소년을 위한 인성교육이나 활동 프로그램의 확대가 매우 중요(72%)하다고 보고, 청소년에게 유해한 환경에 대한 규제강화가 매우 중요(81%)하다고 인식하고 있으며, 어린아이 혼자 두지 않기 등의 아동·청소년 보호 관련 법령 강화가 매우 중요(58%)하다고 생각한다(천세영 외, 2012).

이러한 현상들이 왜 일어나는 것일까? 현대사회는 많은 사람과 더불어 살아가야 하는 생활 터전이기 때문에 협동과 배려, 봉사와 책임 의식 같은 민주시민 의식이 당연히 필요하지만, 지금까지 우리 사회는 건전한 가치관을 정립한 민주시민을 제대로 길러 내지 못하고 있다. 학생들에게 협동보다는 경쟁을, 봉사보다는 이기주의를, 질서나 책임의식보다는 단편적인 지식교육에만 전념하는 것이 오늘날의 실태이며, 바로 대중매체와 정보통신 기술의 발달, 과열된 입시경쟁, 불건전한 정보와 향락 문화의 범람도 여기에 한몫을 하고 있다. 아이를 돌보고 키우는 것이 전 사회의 책임이 되어야 함에도 시민단체, 기업계 등 사회 각계의 관심과 참여가 부족하다.

2) 사회의 역할 강화

공공기관, 시민단체, 종교계, 기업 등 아동·청소년을 위한 지역사회 내의 다양한 기관이 서로 협력하고 연계하는 노력이 있어야 한다. 지역사회 내 인프라들이 시너지효과를 발휘하기 위해서는 인적자원과 시설 등의 물리적 자원을 공유하고, 서로 정보 교류를 통해 안전한 지역사회가 되도록 네트워킹해야 한다. 시민단체는 우수 인성교육 프로그램을 개발·발굴하고 범사회적 캠페인을 통해 학교 및 가정에 보급·확산해야 한다. 종교계는 각종 교육 인프라(교육실, 강당, 연습실 등)와 교육 프로그램(템플스테이, 여름성경학교 등)을 활용하여 인성교육에 동참하도록 한다. 경제위기 이후 기업의 사회공헌활동이 확대되고 있지만 아동·청소년을 위한 교육기부활동은 초기단계에 불과하므로 기업과 공공기관 등의 교육기부를 확대할 필요가 있다.

또한 아동·청소년의 인성 함양을 위해 미디어 환경을 개선해야 한다. 미디어들이 아동·청소년에게 부정적인 영향을 미치지 못하도록 매체들의 자율적인 규제를 촉구하되 자율적 규제가 이루어지지 않는 분야에는 더 강력한 규제장치가 법제화되거나 도입되어야 한다는 요구가 높다. 하지만 지속적으로 성장하는 게임산업의 시장규모에 비해 아동·청소년을 위한 투자나 보호를 위한 조치는 미미하다. 그러므로 인터넷·게임 사용에 대한 규제와 미디어 중독 예방을 위한 관련 법규도 필요하다. 또한 교원의 미디어 중독 예방 및 교육 연수를 강화하고 지상파 방송에 아동·청소년 프로그램 할당제 재도입이나 아동·청소년 프로그램 제작 지원이 필요하다.

아동과 청소년을 위한 지역사회 지원체계의 협력을 강화한다. 지역사회는 아동·청소년들이 생활하는 근접 환경으로 안전하고 신뢰할 수 있는 곳이어야 하지만 우리나라의 지역사회는 이러한 기능을 충분히 수행하고 있지 못하다. 최근 아동안전지킴이, 배움터지킴이 등 다양한 방식의 지역사회 지킴이 활동이 증가하고

사례: 시민단체의 인성교육 실천

- '가정을 건강하게 하는 시민의 모임'의 좋은 부모 되기 운동(GoodP): 좋은 부모 교육 프로그램 및 좋은 가정 인증제 개발·보급
- 대한어머니회중앙연합회: 감사일기 쓰기, 가훈 및 가정헌법 만들기 운동을 통해 행복한 가정을 위한 인성교육 실천운동 전개
- 패트롤 맘: 학교폭력 가해학생 멘토링, 상담 활동 및 문화체험 기회 제공 등
- 청예단: 비폭력 평화의 집 만들기 운동 전개

있으나, 지역사회의 안전과 돌봄을 위해서는 지역사회 내 어른들의 더욱 활발한 참여가 필요하다. 자기 보호가 가능한 아동·청소년의 연령을 법제화하고, 자기 보호가 불가능한 아동·청소년이 홀로 방치되는 일이 없도록 가정과 지역사회에 의무를 부여할 필요가 있다.

학교폭력의 예방을 위해서는 가정과 학교, 그리고 지역사회가 함께 협력해야 한다. 학생들을 둘러싼 사회 구성원들이 학교폭력의 심각성을 인식할 때 가정과 학교에서 실시하는 여러 가지 폭력 예방 프로그램이 일관성 있게 지속될 수 있기 때문이다. 또한 청소년수련활동을 통해 자연스럽게 인성이 함양될 수 있도록 다양한 프로그램을 개발·보급하고 수련활동 인증 기관을 확대해야 한다.

아동·청소년의 문제는 결국 우리 사회의 문제다. 아동·청소년의 인성 문제는 결국 어른들의 인성 문제다. 우리 사회에 만연한 무관심, 경쟁, 불신, 상업주의 문화가 아동·청소년 문제의 총체적 원인이다. 사회의 각 주체가 스스로 책무성을 깨닫고 이러한 문화를 개선하고 환경을 개선하고자 노력할 때 아동·청소년의 건강한 인성 함양이 가능해질 것이다.

📓 사례: 지역사회 안전 및 돌봄 네트워크 사업(안)

- 지자체별 (가칭)우리마을 아동·청소년 지킴이단을 구성하고 경찰청, 여성가족부, 교육과학기술부, 지자체 등 기존 지킴이 사업과 연계 추진
- 지킴이 사업 관련 부처별로 선발 기준, 활동 매뉴얼 개발·보급, 기초교육 등 제공
- 초등학교 단위로 방과 후 교실, 초등 돌봄 교실, 방과 후 아카데미, 지역아동센터 등을 표시한 지역사회 돌봄 지도 작성 및 돌봄 인프라 정보 제공

연 구 과 제

1. 학교폭력에 영향을 미치는 가정의 위험요인에는 어떤 것이 있는지 현대사회 가정의 모습을 예로 들어 설명하시오.

2. 현대사회의 변화된 모습을 예를 들어 설명하고, 그 원인이 무엇인지 논하시오.

3. 학교폭력을 예방하기 위해 가정과 우리 사회의 역할은 어떻게 변화해야 할지 구체적인 사례를 조사하여 제시하고 설명하시오.

참고문헌

교육과학기술부(2010). 학부모 자녀교육 및 학교참여 실태조사 방안 연구.

송재홍, 김광수, 박성희, 안이환(2013). 학교폭력의 예방 및 대책. 학지사.

여성가족부(2011). 청소년 유해환경 접촉 종합실태조사.

염유식, 박종일, 박찬웅, 서효정(2010). 한국 어린이-청소년 행복지수 연구와 국제비교. 한국사회학, 제44집, 제2호.

이정이, 최명선(2007). 조손가정 아동과 일반가정 아동의 행동문제에 대한 사회적 지지 지각의 조절효과. 아동학회지, 28권, 2호.

전경숙, 박종효, 안효금, 경기도가정여성연구원(2009). 경기도 학교폭력 예방대책 연구. (재)경기도가족여성연구원 정책보고서, 2009-10.

천세영, 김왕준, 성기옥, 정일화, 김수아(2012). 인성교육 비전 수립 및 실천 방안 연구. 교육과학기술부 정책연구 2012-41.

통계청(2010). 2010 사회조사.

통계청(2011). 2011 청소년 통계.

한국교육개발원(2012). 2011 KEDI 연차보고서.

한국청소년정책연구원(2009). 청소년 핵심역량 진단조사.

한국청소년정책연구원(2010a). NYPI 청소년통계브리프.

한국청소년정책연구원(2010b). *NYPI YOUTH REPORT*(Vol. 09-08/2010).

한국청소년정책연구원(2011). *NYPI YOUTH REPORT*(Vol. 28-12/2011).

행정안전부 보도자료(2011). 인터넷 중독 실태조사 .

참고 사이트
통계청 http://kostat.go.kr
한국청소년정책연구원 NYPI: 청소년 통계브리프 Vol. 1 http://www.nypi.re.kr
안전행정부 http://www.mospa.go.kr
교육부 http://www.moe.go.kr

제7장

담임교사의 역할

경기도교육청이 밝힌 2013년 2차 학교폭력 실태조사 결과, 학교폭력 발생 장소는 교실 안(44.3%), 교내 다른 장소(13.0%) 순이고 발생 시간은 쉬는 시간(43.5%), 하교 시간 이후(15.5%) 순이다(해럴드생생뉴스, 2013.12.1.). 학급은 많은 학생이 함께 긴 시간 생활하다 보니 학교폭력이 발생할 가능성이 높은 곳이다. 그러므로 학급 안에서 학생들과 함께 생활하는 담임교사의 역할은 중요하다. 학교폭력이 발생하기 전에 징후를 발견하여 학교폭력이 발생하는 것을 막을 수 있으며, 학교폭력이 발생했을 때에는 가해·피해 학생들과 함께 생활한 경험을 바탕으로 그들을 한층 더 이해하고 문제를 바람직한 방향으로 해결할 수 있다.

이 장에서는 학교폭력이 일어나는 것을 조기에 예방하기 위해 담임교사가 알아야 할 피해·가해 학생의 징후를 살펴보고, 학교폭력이 발생했을 때 담임교사의 처리과정, 사후 학급관리에 대해 알아보고자 한다.

제7장 : 담임교사의 역할

1. 학교폭력 조기 감지

1) 담임교사의 관찰

학교폭력 역시 사전에 예방하는 것이 중요하다. 현재 학교에서는 의무적으로 학교폭력 예방교육을 실시하여 학생들에게 학교폭력의 위험성을 알리고 있다. 하지만 학교폭력이 이미 일어나고 있다면 신속하게 파악하여 더 큰 피해를 막는 것

표 7-1 담임교사의 학생관찰 3단계

1단계	전체 관찰	• 학급 학생들이 쉬는 시간에 누구와 무엇을 하는지 살피기 • 수업 시간이나 모둠활동 중 의견 충돌이나 대립하는 학생 파악하기 • 무리를 짓거나 다른 학생들을 선동하는 학생, 또래보다 어리거나 사회성이 부족한 학생 관찰하기
2단계	다면 관찰	• 1단계 관찰 결과 이상징후를 보이는 학생 상담하기 • 학급 학생을 대상으로 무기명 설문이나 상담을 통해 담임교사가 없을 때의 학생 간 관계 파악하기
3단계	집중 관찰	• 1, 2단계 관찰을 거쳐 관찰이 더 필요한 학생들의 행동을 집중적으로 관찰하기 • 담임교사와의 상담 후 달라지는 점을 수시로 확인하기 • 필요한 경우 학부모와 상담하기

도 중요하다.

학기 초에는 일부 또래집단이 형성되어 있기도 하지만 학생들 대부분이 낯선 상황 속에서 혼자다. 그러다가 시간이 지나면서 다른 학생들과 부딪치며 친구를 사귀기도 하고 자신과 성향이 맞지 않는 친구를 만나기도 한다. 이런 과정에서 선호아, 배척아가 생기게 되고, 많은 아이가 배척하는 학생은 학급에서 학교폭력의 대상이 되기 쉽다. 이때 담임교사가 이러한 학생 간의 관계를 파악하여 적절히 개입할 필요가 있으며 이를 위해서는 담임교사의 세심한 관찰이 요구된다.

담임교사는 〈표 7-1〉과 같이 학생관찰 3단계를 거쳐 가해 · 피해 학생 징후가 나타나는 학생은 가해학생 징후테스트와 피해학생 징후테스트를 거쳐 사건이 발생하지 않도록 적절히 조치하고 예방교육을 실시한다.

가해학생의 징후와 대처방법

• 가해학생의 징후

– 교실에서 큰 소리를 많이 치고 반 분위기를 주도하나요?

– 교사와 눈길을 자주 마주치며 수업 분위기를 독점하려 하나요?

– 교사가 질문할 때 다른 학생의 이름을 대며 그 학생이 대답하게끔 유도하나요?

– 교사의 권위에 도전하는 행동을 종종 하나요?

– 신체적 활동을 좋아하며 힘이 세나요?

– 화를 잘 내고 이유와 핑계가 많나요?

– 친구에게 받았다고 하면서 비싼 물건을 가지고 다니나요?

– 성미가 급하고 화를 잘 내나요?

– 자기 자신에 대해 과도하게 자존심이 강하나요?

– 작은 칼 등 흉기를 소지하고 다니나요?

– 등하교 시 책가방을 들어 주는 친구나 후배가 있나요?

– 손이나 팔 등에 종종 붕대를 감고 다니거나 문신 등이 있나요?

테스트 결과: YES 4개 이상 → 가해 징후가 있음 → 대처방법 제시

• 대처방법

‐ 학생의 성장과정, 가족 구성원과의 관계, 평상시 부모의 양육태도, 대화법, 용돈을 얼마나 받는지 등을 알아보고 문제의 원인을 파악한다.

‐ 교사와 학부모 간의 긴밀한 연계를 바탕으로 학생과 진솔한 대화를 시도한다.

‐ 사소한 행위도 엄연한 폭력행위가 될 수 있고 법적 문제로 비화될 수 있다는 사실을 주지시키고, 상담을 통해 피해학생의 입장에서 생각할 수 있게 유도한다.

‐ 자신의 잘못을 스스로 인정할 수 있도록 지도하며, 무조건적인 처벌보다는 봉사활동 참여 등을 유도한다.

피해학생의 징후와 대처방법

• 피해학생의 징후

‐ 수업시간에 특정 학생에 대한 야유나 험담이 많이 나도나요?

‐ 잘못했을 때 놀리거나 비웃는 학생들이 많은가요?

‐ 체육시간이나 점심시간, 야외활동시간 등에 무리에서 떨어져 혼자 행동하는 학생이 있나요?

‐ 옷이 지저분하거나 구겨져 있거나 단추가 떨어져 있나요?

‐ 안색이 안 좋고 평소보다 기운이 없나요?

‐ 친구가 시키는 대로 따르나요?

‐ 항상 완력 겨루기의 상대가 되나요?

‐ 친구의 심부름을 잘하나요?

‐ 혼자서만 하는 행동이 두드러지나요?

‐ 이름보다는 비하성 별명이나 욕으로 불리나요?

‐ 주변 학생들에게 험담을 들어도 반발하지 않나요?

‐ 성적이 갑자기 떨어졌나요?

‐ 청소당번을 돌아가면서 하지 않고 항상 동일한 학생이 도맡아 하나요?

‐ 특정 학생을 향해 다수가 눈치를 주는 것 같은 낌새가 있나요?

‐ 자주 지각하거나 몸이 아프다는 이유로 결석하는 학생이 있나요?

‐ 평소보다 어두운 얼굴로 수심에 차 있고 수업에 집중하지 못하나요?

‐ 특별한 용건 없이 교무실(상담실, 양호실)이나 교사 주위를 배회하나요?

테스트 결과: YES 4개 이상 → 피해 징후가 있음 → 대처방법 제시

• **대처방법**

- 먼저 피해학생의 상태를 파악하고 신변을 보호한다.
- 학생과 상담하여 학생과 공감대를 형성하고 문제를 해결하겠다는 의지를 보인다.
- 교사가 개입했을 때 일시적으로 폭력행위는 중지되지만 재발하면 더 심해지는 경우가 대부분이므로 정기적으로 상황을 확인한다.

출처: 교육과학기술부, 법무부(2009). 굿바이! 학교폭력.

2) 담임교사의 예방

(1) 예방교육

담임교사는 학기 초에 학교폭력 예방교육을 해야 한다. 담임교사가 학급에서 해야 하는 예방교육은 대상이 학생과 학부모로 나뉠 수 있다.

먼저 학생을 대상으로 하는 학교폭력 예방교육을 살펴보자. 사전에 학교폭력 발생을 예방하는 일은 무척 중요하며 무엇보다 우선시되어야 한다. 학급에서는 창의적 체험활동이나 별도의 시간을 확보하여 학생들의 수준에 맞는 학교폭력 예방교육을 실시한다. 학생들은 '친구가 자신을 때리거나 놀리는 것'이 모두 학교폭력이라고 생각하는 경향이 있다. 그러므로 학교폭력의 개념, 유형을 정확히 지도할 필요가 있다. 학교폭력이 일어나는 상황에서의 대처 자세, 학교폭력을 당한 후해야 할 행동을 자세히 설명해 주고, 모의연습이 필요한 경우 실행하는 것도 좋은 방법이다. 학교폭력 예방교육은 일회성으로 끝나는 것이 아니라 꾸준히 해야 효과를 거둘 수 있다.

이번에는 학부모를 대상으로 하는 학교폭력의 예방교육을 살펴보자. 학부모를 대상으로 하는 예방교육으로는 가정통신문, 상담활동, 학부모 연수 등이 있다. 가정통신문은 다수의 학부모에게 학교폭력의 위험성, 가정에서의 조기 감지 방법, 학교폭력 예방을 위한 가정의 역할 등을 홍보하는 데 좋은 방법이다. 하지만 학부모

가 읽지 않으면 효과가 없으므로 면대면으로 할 수 있는 상담활동이나 학부모 전체
를 대상으로 하는 학부모연수를 활용하면 유용하다. 또한 학부모 방문의 날을 활용
하여 담임교사가 직접 학급 학부모를 대상으로 연수를 하는 것도 좋은 방법이다.

(2) 교육 프로그램

학급에서 실천할 수 있는 교육 프로그램을 계획하여 실시하면 학교폭력을 예방
하는 데 도움이 된다. 교육부는 매년 학교나 학급에서 실시한 학교폭력 예방 및
근절 우수사례를 공모하여 참고 자료로 활용할 수 있도록 한다. 그중 일부 내용을
제시하면 다음과 같다.

바른 말, 바른 사람[1]

- 윗물-아랫물 프로그램: "윗물이 맑아야 아랫물이 맑다."라는 속담의 취지에
  따라 선생님과 학부모가 솔선수범하여 언어를 개선하고 학생들이 그 모습을
  보며 자신들의 언어도 개선하여 언어폭력을 스스로 개선하고 나아가 학교폭
  력을 예방하고자 하는 프로그램이다. 가정통신문을 발송하여 학부모의 동참
  을 얻고, 기회가 된다면 학부모 바른 말 사용 연수도 실시한다.
- 가는 말-오는 말 프로그램: "오는 말이 고와야 가는 말이 곱다."라는 속담이
  있듯이 평소에 학생들이 친구들에게 바르고 고운 말을 사용하여 친구 간의
  언어폭력으로 인한 싸움을 줄이고, 칭찬하는 분위기를 통해 학교폭력을 예방
  하기 위한 프로그램이다. 칭찬 글쓰기, 이 달의 예쁜 말 제시, 바른 언어 사용
  체험일 등을 담임교사가 적절하게 운영한다.
- 고운 말-마중물 프로그램: 학생들이 자신의 욕설 사용에 대해 지각해 욕설
  사용을 줄이고 바른 언어 사용을 생활화하여 언어폭력을 예방하는 프로그램
  이다. 바른 언어 사용 서약식, 나쁜 말 없애기 활동, 친구에게 욕을 했을 경우

---

1) 이 내용은 교육과학기술부(2012a)가 출판한 『학교폭력 예방 및 근절 우수사례집』 내용 중 학급에
   서 실천할 수 있는 내용을 발췌하여 재구성했다.

높임말로 하루 생활하기 등을 실시한다.

러브핸즈데이

- 무겁고 어둡고 삭막한 분위기에서 감정조절이 어려운 학생이 많기 때문에 학교폭력의 살얼음판을 걷는 상황에서 학교폭력 예방을 위해 학생들이 서로 마음을 교류하고 존중하고 배려하는 마음이 생기게 하기 위해 시작하게 되었다.
- 방법: 3의 법칙-언제 어디서나, 매주 금요일 3명 이상에게 사랑을 주기로 한다. 학급 친구들뿐 아니라 전교 학생들에게 작은 도움을 주는 사랑을 실천한다. 남을 배려하는 마음을 기르고 자신의 가치를 높이는 기회가 된다.
- 명상 및 체조 활동: 학생들이 하루 10분 활기찬 몸을 만드는 체조와 집중력 및 학습력 향상을 위한 명상을 자율적으로 하는 문화를 만든다. 학생 강사를 두어 학생들이 돌아가며 강사 활동을 하게 함으로써 책임감과 자율성을 기르고 밝고 활기찬 학급 분위기를 만든다.

3G Circle Meeting

- 5분간 사제 담화: 매 시간 5분씩 일상생활에 필요한 예절을 익혀 올바른 생활습관을 형성시키고, 고운 심성과 바른 가치관을 갖기 위한 인성 훈화 자료로 마음의 정서를 순화시킨다.
- 5분간 또래지간 담화: 점심시간, 쉬는 시간에 교우관계에서 바른 언어 사용을 실천하고 자신들 안의 선을 찾는 또래지간 학급문화를 조성한다. 급우들과 함께 고운 심성과 바른 가치관 형성을 위해 노력하고 고민해 보며 대화를 나누는 풍토를 조성한다.
- 5분 부모와 자녀지간 담화: 일과 후 또는 가정에서 부모와 자녀기 함께하는 인성교육을 실천한다. 가정통신문을 통해 학부모에게 실행 취지를 설명하고 참여를 유도한다. 굿이브닝 활동 보고서를 작성하여 학생의 가정환경을 파악하고 학생을 이해할 수 있는 자료로 활용한다.

학생 체험활동

- 사제동행 어깨동무 걷기: 정보화 사회의 경쟁의식, 자기중심적인 사고, 인터넷 과다 노출로 인한 폭력성 등에서 받게 되는 마음의 상처를 학교 주변 걷기 활동으로 자연과 교감하면서 치유하고 더불어 자연의 소중함에 대한 인식과 생명존중의식과 건강한 생활습관을 함양한다.
- 자연사랑 텃밭 가꾸기: 창의적 체험활동 시간과 토요휴업일을 이용하여 학교 텃밭에 채소와 감자 · 고구마 등을 심고 가꾸어 간식으로 이용함으로써 수확의 의미를 경험하고 좋은 먹거리의 중요성을 인식하여 학교에서의 행복지수를 상승시킨다.

학생자치활동

- 자율과 책임 배우기: 우리 학급에서 학교폭력이 발생하지 않도록 우리가 만드는 학급회의를 통해 우리 학급생활에서의 약속을 정하고 실천한다. 휴대폰 수거, 학급에서 발생하는 크고 작은 문제 등에 관해 학생들의 의견을 수렴하여 규칙을 정한다.
- 멈춰지킴이 활동: 학급에서 학교폭력 발생 여부를 모니터링하고, 발생 시 현장에서 사안이 진척되지 않도록 제지하며, 담임교사에게 폭력발생 사실을 알려 1차적 방어 활동을 전개한다. 학교폭력에 대한 징계보다는 예방적 자세로 급우를 보살피는 공동체 평화의식을 기른다.

2. 학교폭력 발생 시 처리 과정

1) 학교폭력의 기본대응[2]

담임교사는 학교폭력이 발생했을 때 사안을 두 가지로 분류할 수 있다. 첫째는 담임교사가 자체 해결할 수 있는 사안, 둘째는 가해학생을 학교폭력전담기구에 신고하고 가해학생에 대해 즉시 '출석정지'를 해야 하는 사안이다.

(1) 담임교사가 자체 해결할 수 있는 사안

• 판단 기준
  - 가해 행위로 피해학생에게 신체·정신 또는 재산상의 피해가 있었다고 볼 객관적인 증거가 없고, 가해학생이 즉시 잘못을 인정하여 피해학생에게 화해를 요청한 경우 그리고 이에 피해학생이 응하는 경우에 해당하는 사안이다.

• 대처방법
  - 또래상담, 또래중재, 학생자치법정, 학급회의 등 학생들이 스스로 문제를 해결할 수 있는 또래 프로그램을 활용한다.
  - 담임교사가 자체 해결한 사안인 경우에도 사안 발생 사실과 담임교사의 조치사항에 대해 학교폭력전담기구에 알리고 사건을 종료한다.
  - 담임교사가 사안 인지 후 3일 이내에 해결하지 못하는 경우에는 일반적인 절차를 거쳐야 하는 사안으로 처리한다.

(2) 가해학생에 대해 즉시 '출석정지'를 해야 하는 사안

• 적용 대상
  - 2명 이상의 학생이 고의적·지속적 폭력을 행사한 경우
  - 폭력을 행사하여 전치 2주 이상의 상해를 입힌 경우
  - 학교폭력에 대한 신고, 진술, 자료 제공 등에 대한 보복을 목적으로 폭력을

---

2) 이 내용은 교육과학기술부(2012b)가 제시한 학교폭력 사안대응 기본지침 중 일부를 정리한 것이다.

행사한 경우(「학교폭력 예방 및 대책에 관한 법률」 제17조 제4항)

• 대처방법
 -가해학생과 피해학생을 즉시 격리하고, 신고한 학생이 있는 경우 신변 보호
  조치를 신속하게 실시한다. (가해학생, 피해학생, 신고한 학생의 보호자에게 학
  교폭력 발생 사실을 즉시 통보)
 -학교폭력전담기구에 신고하고 학교폭력전담기구 소속 교사와 함께 초기
  사안 조사를 실시하며, 학교장에게 신속하게 보고하여 출석정지를 하도록
  한다.

2) 학교폭력 발생 사안처리

학교폭력이 발생했을 때는 무엇보다도 신속한 사건처리가 중요하다. 학급에서
학교폭력 사안을 처리하는 과정은 크게 3단계로 구분할 수 있다. 첫 번째 단계는 학
교폭력 발생 신고 단계다. 학교폭력 발생 장면을 목격하거나 학생, 학부모에게 신고
를 받은 담임교사는 이 사실을 학교폭력 담당교사와 학교장에 보고하고 가해·피
해 학생의 학부모에게 통지해야 한다. 두 번째 단계는 사건의 경위를 알아보는 단계
다. 사건과 관계된 학생들을 즉시 격리하고, 구체적인 사건의 경위를 조사하여 조
사결과를 바탕으로 가해자와 피해자를 확정 짓는다. 그리고 이 사실을 학교폭력 담
당교사, 학교장, 가해·피해 학생의 학부모에게 알린다. 세 번째 단계는 사건의 결
과를 처리하는 단계로 사건의 경중에 따라 학교폭력대책자치위원회의 회의 여부를
결정해야 한다. 사건이 가벼울 경우에는 가해학생에게 경고를 하고 가해·피해 학
생에게 모두 상담활동을 실시하여 추후 사건이 재발하지 않도록 지도한다. 사건이
심각할 경우에는 학교폭력 담당교사, 학교장과 상의하여 학교폭력대책자치위원회
를 열고 회의 결과에 따라 사건을 처리한다.

표 7-2   학교폭력 사안처리 과정

단계	처리 내용
폭행사건 발생 인지	• 사건현장 목격, 117신고센터 통보, 신고 등을 통해 사건 발생을 인지한 교사, 학생, 학부모 등은 학교폭력대책자치위원회에 신고
신고 접수 및 학교장 보고	• 학교폭력전담기구는 신고된 사안을 신고대장에 반드시 기록하고 학교장, 담임교사에게 보고하고, 가해 · 피해학생 학부모에게 통지
즉시 조치	• 피해학생과 가해학생 즉시 격리 – 피해학생: 피해 학생의 정신적 · 신체적 피해를 치유하기 위한 조치 – 가해학생: 학교장이 출석정지를 해야 하는 경우 출석정지
사안 조사	• 학교폭력전담기구에서 구체적인 사안 조사 실시, 심층상담, 조사 결과를 바탕으로 가해자, 피해자 확정
가해 · 피해 학생 부모 면담	• 조사결과를 부모에게 알리고 향후 처리절차 등을 통보
처리방향 심의	• 학교폭력대책자치위원회 회의 여부 결정
처리방향 결정	• 심의 결과에 따라 학교폭력대책자치위원회 개최 요구
자치위원회 개최 및 조치	• 학교폭력대책자치위원회를 개최하여 가해 · 피해 학생에 대한 조치 결정 • 가해학생 및 보호자에게 의견진술의 기회를 부여하는 등 적절한 절차를 거침
결과통보 및 재심 안내	• 학교폭력대책자치위원회의 결정을 가해자와 피해자 및 보호자에게 통보 • 통보 시 재심을 받을 수 있는 방법 안내

조치실행 및 사후관리	• 학교장은 학교폭력대책자치위원회의 조치요청이 있는 경우, 14일 이내에 해당 조치 필수 • 가해학생과 그 보호자가 조치를 거부하거나 회피하는 경우 관련 법령에 따라 징계 또는 재조치 • 교육감에게 조치 및 그 결과 보고 • 가해 · 피해 학생이 안정적인 학교생활을 할 수 있도록 심리치료, 재활치료, 생활지도 실시 • 가해 · 피해 학생이 소속 학급 필요 시 학생 전체를 대상으로 학교폭력 예방교육 실시

출처: 교육과학기술부(2012b). 학교폭력 사안대응 기본지침.

3. 학교폭력 발생 이후 학급관리

1) 담임교사의 역할

학교폭력이 발생한 후 학급 분위기는 그 이전과 같을 수 없다. 피해학생과 가해학생이 같은 반일 경우 그 피해는 더욱 심각하다. 피해학생, 가해학생이 아니더라도 '나도 언젠가 피해(가해)학생이 될 수 있다.' 라는 생각을 하는 등 학급 학생들이 정신적으로 힘들어한다. 이에 학생 각 개인과의 상담 및 집단상담 프로그램을 통해 학생들의 상처를 치유하고 학급 분위기를 변화시킬 필요가 있다. 대전광역시교육청(2007)이 제시한 담임교사의 역할을 살펴보면 다음과 같다.

• 학생들이 사건의 경험에 대해 자유롭게 의사를 표현하도록 권장하되 이를 강요하지 않는다. 학생들이 불안, 두려움, 분노 등의 심리적 충격을 이야기하는 것은 당연한 일이므로 교사는 학생들의 이러한 감정표현을 자연스러운 현상으로 받아들여야 한다. 그러나 학생들의 질문이나 이야기 또는 특이한 언행에 대해서는 주의 깊게 관찰하고 경청하여 만약 도움이 필요하다고 판단되는

학생을 발견하면 이를 전문가에게 의뢰한다.

- 담임교사는 적절하고 합리적인 태도와 언행으로 학생들에게 모범을 보인다. 교사가 진지하고 차분한 언행을 통해 책임 있는 역할을 수행할 때 학생들은 학교의 적극적이고 관심 있는 노력을 이해할 수 있으며, 자신과 친구들의 안전에 대해 믿음을 얻고 심리적 충격을 최소화할 수 있다. 나아가 교사의 모범적인 언행은 타학교의 교사나 지역사회의 구성원들에게도 긍정적인 파급효과를 준다.
- 담임교사는 학생들의 질문에 대해서 자신이 아는 범위에서만 정확한 정보를 제공한다. 교사가 사건의 모든 것에 대해 완벽한 대답이나 해결책을 알려 줄 수 없음을 인정하고 과장되거나 허위의 정보를 제공하지 않는다.
- 필요한 경우에는 수업의 교과내용을 통해 사건의 대처방안이나 예방책 등을 자연스럽게 교육시켜 사건에 대해 긍정적인 결과를 도출하도록 한다. 예를 들면, 죽음에 대한 관점, 장례절차, 종교적 신념 등에 대해서 학생들과 토론하거나 글짓기 또는 예술 창작활동을 하도록 도와주어 모방사건이나 대상자를 우상화하는 것과 같은 위기 상황이 나타나지 않도록 예방한다.

2) 학생별 생활지도

학교폭력 발생 후에는 학급 학생 개개인의 마음을 읽어 주고 사건발생 이전보다 더욱 세심하게 시노해야 한다. 학생 개인별로 겪은 경험과 상처, 충격이 다르기 때문에 학생의 처지나 상황에 따라 각기 다른 생활지도를 한다.

교육과학기술부(2012b)가 제시한 학생별 생활지도 내용은 다음과 같다.

(1) 피해학생에 대한 생활지도

- 학교폭력전담기구와 합의하여 피해학생의 신체적 · 정신적 피해가 조속히 치유되도록 최우선으로 지원한다.
- 학생이 안정적으로 학교생활을 할 수 있을 때까지 학교 내 전문상담교사 또

는 외부 상담전문가를 통해 정기적으로 상담할 수 있도록 지원한다.

(2) 가해학생에 대한 생활지도

- 학교폭력대책자치위원회의 조치를 이행하고 학교에 복귀한 가해학생에 대해서는 더욱 세심한 생활지도가 필요하다.
- 가해학생이 진심으로 반성하고 새롭게 시작할 수 있도록 정기적으로 상담한다.
- 가해학생에 대한 학교폭력대책자치위원회의 조치사항이 학교생활기록부에 기재되므로, 학생에게 세심히 관심을 기울이며 긍정적인 행동 변화를 관찰해 '봉사 활동' '창의적 체험활동 상황' '행동발달 및 종합의견'란 등에 충분히 기록한다.
- 유의사항
  - 학교폭력 가해 · 피해학생의 학교폭력 관련 사실, 상담, 치료 등에 관한 사항을 개인별로 누적 기록 · 관리하고 생활지도에 활용한다.
  - 학생생활지도 기록관리 카드는 다음 학년 담임교사에게 인계하여 누적으로 기록 · 관리하며 생활지도에 활용하도록 하고, 해당 학생 졸업 시 관련 내용을 삭제한다.

(3) 학급 학생 전체에 대한 생활지도

- 학교폭력 사안이 종결된 후, 학급 구성원 모두 학교폭력 사안에 대해 생각해 보는 시간을 마련하여 운영한다.
- 학교폭력이 가해학생과 피해학생만의 문제가 아니라 학급 구성원 모두의 문제임을 인식시킨다.
- 학교 내 전문상담교사 또는 외부 상담전문가의 도움을 받아 교육 프로그램을 구성한 후 담임교사가 직접 실시한다.

연 구 과 제

1. 학급에서 학교폭력이 일어나지 않도록 하기 위해 담임교사가 해야 할 일을 구체적으로 토론하시오.

2. 학교폭력 가해학생 및 피해학생과 상담할 때 담임교사의 태도에 대해 알아보시오.

참고문헌

교육과학기술부, 법무부(2009). 굿바이! 학교폭력. 교육과학기술부.
교육과학기술부(2012a). 학교폭력 예방 및 근절 우수사례집.
교육과학기술부(2012b). 학교폭력 사안대응 기본지침.
교육과학기술부(2013). 2차 학교폭력 실태조사.
대전광역시교육청(2007). 학교폭력 예방가이드.

참고 자료
해럴드생생뉴스(2013.12.1). 학교폭력 44% 교실 안에서 발생.

제3부

학교폭력 관련 법규 및 예방 프로그램

제8장
학교폭력 관련 법규

시대의 변화와 함께 학교현장의 모습도 빠르게 달라지고 이와 함께 학교폭력의 모습 또한 예상할 수 없을 만큼 다양해지고 있다. 그에 따라 피해도 심각해지고 있어 사회적으로 큰 부담이 되는 실정이다.

이러한 현실을 개선하고자 제정한 「학교폭력 예방 및 대책에 관한 법률」의 전반적인 의미와 적용 방법에 대한 구체적인 이해는 학교폭력 문제에 효과적으로 대처하기 위해 반드시 필요한 과정이다.

이 장에서는 「학교폭력 예방 및 대책에 관한 법률」의 변천과정과 다른 법률과의 관계 및 학교폭력 문제가 발생했을 때 반드시 알아야 할 주요 내용을 중심으로 의미와 적용절차를 살펴본다.

제8장 : 학교폭력 관련 법규

1. 「학교폭력 예방 및 대책에 관한 법률」의 제정과 변천

학교폭력의 심각성을 알리고 사회적 부담을 최소화하고자 우리나라는 2004년 「학교폭력 예방 및 대책에 관한 법률」(이하 「학교폭력 예방법」)을 제정하였다. 이전까지 학교폭력 사건은 사건 관련자들이 알아서 해결하는 방식이었고 은폐·축소·왜곡되는 경우가 많았다. 또 학교폭력 가해학생들이 사법적 조치만을 통해 선도되는 방식을 선택하였기 때문에 결과적으로 학교폭력을 예방하고 감소시키는 기능을 하는 데 부적절하다는 지적이 있었다.

「학교폭력 예방법」은 2008년 전면 개정을 통해 이전의 법률 대부분을 대폭 수정했으며, 이후 조금씩 바뀌다가 2012년 두 차례 개정을 거쳐 매우 구체적인 내용

표 8-1 「학교폭력 예방법」 개정에 따른 학교폭력에 대한 정의 변화

개정 일자	개정 내용	비고
2004.1.29.제정 (법률 제7119호)	제2조(정의) "학교폭력"이라 함은 학교 내외에서 학생 간에 발생한 폭행·협박·따돌림 등에 의하여 신체·정신 또는 재산상의 피해를 수반하는 행위로서 대통령령이 정하는 행위를 말한다.	

2008. 3. 14. 전부개정 (법률 제8887호)	제2조(정의) "학교폭력"이란 학교 내외에서 학생 간에 발생한 상해, 폭행, 감금, 협박, 약취·유인, 명예훼손·모욕, 공갈, 강요 및 성폭력, 따돌림, 정보통신망을 이용한 음란·폭력 정보 등에 의하여 신체·정신 또는 재산상의 피해를 수반하는 행위를 말한다.	• 학교폭력 개념 범위를 확대하여 성폭력을 포함시켜 피해학생에 대한 보호와 치료를 강화
2012. 1. 26. 일부개정 (법률 제11223호)	제2조(정의) 1. "학교폭력"이란 학교 내외에서 학생 간에 발생한 상해, 폭행, 감금, 협박, 약취·유인, 명예훼손·모욕, 공갈, 강요·강제적인 심부름 및 성폭력, 따돌림, 정보통신망을 이용한 음란·폭력 정보 등에 의하여 신체·정신 또는 재산상의 피해를 수반하는 행위를 말한다. 1의2. "따돌림"이란 학교 내외에서 2명 이상의 학생들이 특정인이나 특정 집단의 학생을 대상으로 지속적이거나 반복적으로 신체적 또는 심리적 공격을 가하여 상대방이 고통을 느끼도록 하는 일체의 행위를 말한다.	• '강제적인 심부름'을 학교폭력으로 추가하여 학교폭력을 좀 더 구체화함. 또한 따돌림에 대한 구체적인 정의 규정을 신설
2012. 3. 21. 일부개정 (법률 제11388호)	제2조(정의) 1. "학교폭력"이란 학교 내외에서 학생을 대상으로 발생한 상해, 폭행, 감금, 협박, 약취·유인, 명예훼손·모욕, 공갈, 강요·강제적인 심부름 및 성폭력, 따돌림, 사이버 따돌림, 정보통신망을 이용한 음란·폭력 정보 등에 의하여 신체·정신 또는 재산상의 피해를 수반하는 행위를 말한다. 1의3. "사이버 따돌림"이란 인터넷, 휴대전화 등 정보통신기기를 이용하여 학생들이 특정 학생들을 대상으로 지속적·반복적으로 심리적 공격을 가하거나, 특정 학생과 관련된 개인정보 또는 허위 사실을 유포하여 상대방이 고통을 느끼도록 하는 일체의 행위를 말한다.	• 학교폭력은 '학생 간에' 발생하는 것이 아닌 '학생을 대상으로' 발생한 것임을 명시(학교폭력 사건의 확대) • 사이버 따돌림을 추가하여 학교폭력 개념을 확대 및 구체화

을 포함하는 법률로 변모하였다. 현재 「학교폭력 예방법」은 학교에서 발생한 학교폭력 사안을 처리하고 피해학생에 대한 치유와 보호, 가해학생에 대한 선도와

교육 등을 위해 큰 틀은 변하지 않으면서 점점 세부적이고 구체적인 지침을 주는 법률의 모습으로 변화하고 있다. 「학교폭력 예방법」의 주요 내용은 다음 장에서 살펴보기로 하고 여기서는 가장 핵심적인 변화인 '학교폭력의 정의'에 대해 알아보자.

2. 「학교폭력 예방 및 대책에 관한 법률」과 다른 법률의 관계

「학교폭력 예방 및 대책에 관한 법률」 제5조(다른 법률과의 관계)

① 학교폭력의 규제, 피해학생의 보호 및 가해학생에 대한 조치에 있어서 다른 법률에 특별한 규정이 있는 경우를 제외하고는 이 법을 적용한다.

② 제2조, 제1호 중 성폭력은 다른 법률에 규정이 있는 경우에는 이 법을 적용하지 아니한다.

「학교폭력 예방법」은 학교폭력 사안 발생 시 학교 내 절차를 거쳐 피해학생에게는 적극적인 보호조치를 통한 교육권 보장, 가해학생에게는 교육적 조치를 통한 선도를 목적으로 한다. 즉, 「학교폭력 예방법」은 학교폭력 사안 발생 시 '학교 내'에서 하는 교육적 조치에 관한 사항을 담은 것이기 때문에, 만약 가해학생의 행위가 「형법」상 처벌될 수 있는 범죄행위라면 「형법」 「소년법」 「폭력행위 등 처벌에 관한 법률」 등에 의해 형사절차가 개시되는 것과 동시에 학교에서는 선도조치를 해야 한다. 가해학생에게 「학교폭력 예방법」이 적용되어 학교 내에서 절차에 따른 조치를 받았다고 해서 형사책임이 면제되는 것은 아니다. 마찬가지로 가해학생과 피해학생 사이에 치료 · 요양비 등의 민사적인 손해배상은 「민법」과 「민사소송법」에 의해 적용되며, 가해학생은 피해학생에 대한 민사책임도 동시에 지게 된다.

일선 학교에서 가해학생에 대해 형사절차가 개시된 경우 또는 가해학생과 피해학생이 민사적으로 손해배상금을 합의한 경우, 학교 내에서 가해학생과 피해학생에 대한 조치를 중단하거나 하지 않는 경우가 있다. 하지만「학교폭력 예방법」에 의한 학교 내에서의 조치, 수사기관의 수사 개시, 민사소송은 전혀 다른 목적으로 진행되는 것이므로 학교는 형사절차상의 문제, 민사상의 진행 여부와 상관없이「학교폭력 예방법」에 근거하여 교육적 조치를 취해야 한다. 또한「학교폭력 예방법」의 절차를 통해 가해학생에게 선도조치가 내려졌다고 해서 가해학생의 민사상 손해배상책임이나 형사상의 처벌이 면제되는 것은 아니다.

학교폭력 행위에 대한 형사처분 문제

가해학생	「형법」「소년법」「폭력행위 등 처벌에 관한 법률」「성폭력 특별법」 등

학교폭력 피해에 대한 민사상 손해배상

가해학생	「민법」「민사소송법」	피해학생

학교폭력 가해 · 피해 학생에 대한 학교 내에서의 교육적 조치

가해학생	「학교폭력 예방 및 대책에 관한 법률」	피해학생

학교폭력 사건이 발생하면, 앞의 세 문제가 동시에 발생하게 되고 각기 적용되는 법률이 다르다. 또한 어느 하나의 문제가 해결됐다고 하더라도 다른 책임이 면제되는 것은 아니다.

3. 「학교폭력 예방 및 대책에 관한 법률」에 대한 교사의 인식 준비

학교폭력은 미성숙한 학생들이 직간접적으로 집단생활을 하는 학교의 특성상 전혀 없던 시절은 없었다. 다만 그것을 해결하는 방법이 시대에 따라 조금씩 다를 뿐이다. 학교폭력에 대해 법으로 규율하는 현실에서 교사들은 다음의 내용에 공감할 필요가 있다.

- 현재는 학교현장에서의 학교폭력 사안이 더 이상 학교와 교사가 자의적으로 해결할 수 있는 문제가 아니라는 인식의 전환이 필요한 시점이다. 학교폭력 사안은 「학교폭력 예방법」에 근거하여 대처하고 해결해야 할 사항이며, 학교와 교원은 학교폭력 사안에 대한 '법적' 책임과 의무를 지게 된다는 것을 잊지 말아야 한다.
- 학교폭력 문제는 학교에서 은폐 · 축소 · 왜곡되지 않도록 학교 내 시스템을 통해 해결하고 학교와 지역, 국가가 유기적으로 협조하며 공동으로 해결해야 하는 사안이다.
- 「학교폭력 예방법」은 학교폭력을 해결하는 데 학교와 교사의 적극적인 대처를 요청한다.
- 「학교폭력 예방법」은 학교폭력 피해학생과 가해학생의 교육권 보장과 전인적 성장을 위해 학교 차원의 교육적 대응을 요청하기 위해 존재한다.

4. 「학교폭력 예방 및 대책에 관한 법률」의 이해

이 절은 학교폭력에 대한 법적 조치와 관련된 내용을 이해하는 데 목적이 있다. 학교폭력의 관계 법령을 이해하기 위해 「학교폭력 예방 및 대책에 관한 법률」과

「학교폭력 예방 및 대책에 관한 법률 시행령」 및 「초 · 중등교육법」에 나타난 학교폭력 관련 법률을 중심으로 소개한다.

1) 학교폭력 관계 법령의 기본적 이해

학교폭력의 관계 법령을 이해하기 위해 「학교폭력 예방 및 대책에 관한 법률」에 제시된 법률의 목적, 정의, 적용 대상 및 다른 법률과의 관계를 살펴본다.

(1) 목적

이 법은 학교폭력의 예방과 대책에 필요한 사항을 규정함으로써 피해학생의 보호, 가해학생의 선도 · 교육 및 피해학생과 가해학생 간의 분쟁 조정을 통하여 학생의 인권을 보호하고 학생을 건전한 사회 구성원으로 육성함을 목적으로 한다(「학교폭력 예방법」 제1조). 또한 이 법을 해석 · 적용함에 있어서 국민의 권리가 부당하게 침해되지 아니하도록 주의하여야 한다(「학교폭력 예방법」 제3조).

(2) 정의

「학교폭력 예방 및 대책에 관한 법률」에서 사용하는 용어의 정의는 다음과 같다(「학교폭력 예방법」 제2조).

① 학교폭력

'학교폭력'이란 학교 내외에서 학생을 대상으로 발생한 상해, 폭행, 감금, 협박, 약취 · 유인, 명예훼손 · 모욕, 공갈, 강요 · 강제적인 심부름 및 성폭력, 따돌림, 사이버 따돌림, 정보통신망을 이용한 음란 · 폭력 정보 등에 의하여 신체 · 정신 또는 재산상의 피해를 수반하는 행위를 말한다.

② 따돌림

'따돌림'이란 학교 내외에서 2명 이상의 학생들이 특정인이나 특정 집단의 학생들을 대상으로 지속적이거나 반복적으로 신체적 또는 심리적 공격을 가하여 상대방이 고통을 느끼도록 하는 일체의 행위를 말한다.

③ 사이버 따돌림

'사이버 따돌림'이란 인터넷, 휴대전화 등 정보통신기기를 이용하여 학생들이 특정 학생들을 대상으로 지속적·반복적으로 심리적 공격을 가하거나, 특정 학생과 관련된 개인정보 또는 허위사실을 유포하여 상대방이 고통을 느끼게 하는 일체의 행위를 말한다.

④ 학교의 범위

'학교'란 「학교폭력 예방법」 제2조에 따른 초등학교·중학교·고등학교·특수학교 및 각종 학교와 같은 「초·중등교육법」 제2조에 따라 운영하는 학교를 말한다.

2) 가해학생과 피해학생: 적용 대상

'가해학생'이란 가해자 중에서 학교폭력을 행사하거나 그 행위에 가담한 학생을 말하며, '피해학생'이란 학교폭력으로 피해를 당한 학생을 말한다.

「학교폭력 예방법」의 적용 대상은 학교 내외에서 발생하는 학생 간의 폭력에 국한된다. 즉, 학생이라 함은 초등학교나 중학교 또는 고등학교에서 학생의 신분을 갖고 있는 자를 말하며, 대학생, 퇴학생, 취학의무 유예자, 취학의무 면제자, 정원 외 학적관리 대상자 등은 학생에 포함되지 않는다.

3) 학교폭력 예방법 주요 내용의 이해

학교는 학교폭력 사안 발생 시 「학교폭력 예방법」의 절차대로 처리해야 한다. 이를 위해 「학교폭력 예방법」의 주요 내용과 의미를 이해할 필요가 있다. 구체적인 사례를 통해 사안처리 과정에서 참고할 부분을 살펴보고자 한다.

(1) 학교폭력의 개념과 사례

제20조(학교폭력의 신고의무) ① 학교폭력 현장을 보거나 그 사실을 알게 된 자는 학교 등 관계 기관에 이를 즉시 신고하여야 한다.

② 제1항에 따라 신고를 받은 기관은 이를 가해학생 및 피해학생의 보호자와 소속 학교의 장에게 통보하여야 한다.

③ 제2항에 따라 통보받은 소속 학교의 장은 이를 자치위원회에 지체 없이 통보하여야 한다.

④ 누구라도 학교폭력의 예비·음모 등을 알게 된 자는 이를 학교의 장 또는 자치위원회에 고발할 수 있다. 다만, 교원이 이를 알게 되었을 경우에는 학교의 장에게 보고하고 해당 학부모에게 알려야 한다.

⑤ 누구든지 제1항부터 제4항까지에 따라 학교폭력을 신고한 사람에게 그 신고행위를 이유로 불이익을 주어서는 아니 된다.

Q. 카카오톡 또는 메신저 등으로 욕설이나 비방을 한 경우 학교폭력인가?

- **사이버 폭력**: 사이버 따돌림, 정보통신망을 이용한 음란·폭력 정보 등에 의하여 신체·정신 또는 재산상의 피해를 수반하는 행위

  예시
  - 특정인에 대해 모욕적인 언사나 욕설 등을 인터넷 게시판, 채팅, 카페 등에 올리는 행위
  - 특정인에 대한 허위 글이나 개인의 사생활에 관한 사실을 인터넷, SNS, 카카오톡 등을 통해 불특정 다수에 공개하는 행위
  - 성적 수치심을 주거나 위협하는 내용, 조롱하는 글·그림·동영상 등을 정보통신망을 통해 유포하는 행위
  - 공포심이나 불안감을 유발하는 문자, 음향, 영상 등을 휴대폰 등 정보통신망을 통해 반복적으로 보내는 행위

- **문자메시지, 카카오톡 등을 통한 사이버 폭력**: 문자메시지, 카카오톡, 기록은 모두 저장이 가능한 것이므로 학교폭력의 확실한 증거가 될 수 있음

(2) 학교장의 긴급조치

학교폭력이 신고 또는 고발되면 학교 내에 설치된 학교폭력대책자치위원회(이하 자치위원회)가 소집되어 심의절차를 거친 후 피해학생과 가해학생에 대해 적절한 조치가 이루어져야 한다. 그러나 학교의 장이 피해학생 보호 및 가해학생 선도가 긴급하다고 인정하면 자치위원회가 열리기 전에 다음의 조치를 즉시 실시할 수 있다.

가해학생에 대한 긴급조치 (「학교폭력 예방법」 제17조 제4항)	1. 서면사과 2. 접촉, 협박 및 보복 행위의 금지 3. 학교에서의 봉사 4. 특별교육 이수 또는 심리치료 5. 출석정지
피해학생에 대한 긴급조치 (「학교폭력 예방법」 제16조 제1항 단서)	1. 심리상담 및 조언 2. 일시보호 3. 기타 필요한 조치

4) 학교의 사안처리

(1) 사안 조사 - 전담기구

제14조(전문상담교사 배치 및 전담기구 구성)

③ 학교의 장은 교감, 전문상담교사, 보건교사 및 책임교사(학교폭력 문제를 담당하는 교사를 말한다) 등으로 학교폭력 문제를 담당하는 전담기구(이하 "전담기구"라 한다)를 구성하며, 학교폭력 사태를 인지한 경우 지체 없이 전담기구 또는 소속 교원으로 하여금 가해 및 피해 사실 여부를 확인하도록 한다.

④ 전담기구는 학교폭력에 대한 실태조사(이하 "실태조사"라 한다)와 학교폭력 예방 프로그램을 구성·실시하며, 학교의 장 및 자치위원회의 요구가 있는 때에는 학교폭력에 관련된 실태조사결과 등 활동결과를 보고하여야 한다.

⑤ 피해학생 또는 피해학생의 보호자는 피해 사실 확인을 위하여 전담기구에 실태조사를 요구할 수 있다.

⑦ 전담기구는 성폭력 등 특수한 학교폭력 사건에 대한 실태조사의 전문성을 확보하기 위하여 필요한 경우 전문기관에 그 실태조사를 의뢰할 수 있다. 이 경우 그 의뢰는 자치위원회 위원장의 심의를 거쳐 학교의 장 명의로 하여야 한다.

Q. 전담기구 단계에서 '학교폭력의 혐의 없음'의 판단을 할 수 있는가?

- 전담기구에서 학교폭력 여부 판단: 전담기구에서 학교폭력 여부를 판단한 경우 더 많은 문제를 유발한 사례가 있음. 따라서 전담기구는 판단하지 않고 자치위원회에서 판단해야 함.
  - 사례: 전담기구의 조사를 생략하고 학교장이 가해·피해학생을 불러 직접 면담하고, 어린 학생이라는 이유로 가해자·피해자 녹취기록 또는 진술서, 목격자 진술서도 받아 놓지 않은 경우 → 민원의 소지가 크고, 사안처리의 첫 단계가 잘못된 사례임.

---

(2) 자치위원회의 소집

제13조 ② 자치위원회는 분기별 1회 이상 회의를 개최하고, 자치위원회의 위원장은 다음 각 호의 어느 하나에 해당하는 경우에 회의를 소집하여야 한다.

1. 자치위원회 재적위원 4분의 1 이상이 요청하는 경우
2. 학교의 장이 요청하는 경우
3. 피해학생 또는 그 보호자가 요청하는 경우
4. 학교폭력이 발생한 사실을 신고받거나 보고받은 경우
5. 가해학생이 협박 또는 보복한 사실을 신고받거나 보고받은 경우
6. 그 밖에 위원장이 필요하다고 인정하는 경우

Q. 쌍방이 다툰 경우 한쪽이 원인을 제공하였거나, 한쪽의 피해가 훨씬 중한 경우 처리방안은?

- 서로 싸운 경우: 피해 정도의 차이만 있을 뿐 모두 가해자임.
- 여러 학교 학생이 연루된 사안인 경우: 학교별로 개최해도 되지만 공동개최가 바람직함(권장사항이며, 조치결과는 각 학교장이 통보해야 함). 각각 개최할 경우, 자치위원회 개최 이전에 학교 간 양정을 합의하여 자치위원회를 개최하므로 미리 결정된 조치결과를 놓고 심의하는 꼴이 됨.
  - 사례: 동일 사안에 연루된 A, B 두 학교에서 자치위원회를 각각 개최하여 A학교보다 약한 조치를 내린 B학교는 이후 시비에 휘말림.

(3) 자치위원회의 심의

제16조(피해학생의 보호) ① 자치위원회는 피해학생의 보호를 위하여 필요하다고 인정하는 때에는 피해학생에 대하여 다음 각 호의 어느 하나에 해당하는 조치(수개의 조치를 병과하는 경우를 포함한다)를 할 것을 학교의 장에게 요청할 수 있다. 다만, 학교의 장은 피해학생의 보호를 위하여 긴급하다고 인정하거나 피해학생이 긴급보호의 요청을 하는 경우에는 자치위원회의 요청 전에 제1호, 제2호 및 제6호의 조치를 할 수 있다. 이 경우 자치위원회에 즉시 보고하여야 한다.

1. 심리상담 및 조언
2. 일시보호
3. 치료 및 치료를 위한 요양
4. 학급교체
5. 〈삭제〉
6. 그 밖에 피해학생의 보호를 위하여 필요한 조치

② 자치위원회는 제1항에 따른 조치를 요청하기 전에 피해학생 및 그 보호자에게

의견진술의 기회를 부여하는 등 적정한 절차를 거쳐야 한다.

③ 제1항에 따른 요청이 있는 때에는 학교의 장은 피해학생의 보호자의 동의를 받아 7일 이내에 해당 조치를 하여야 하고 이를 자치위원회에 보고하여야 한다.

④ 제1항의 조치 등 보호가 필요한 학생에 대하여 학교의 장이 인정하는 경우 그 조치에 필요한 결석을 출석일수에 산입할 수 있다.

⑤ 학교의 장은 성적 등을 평가함에 있어서 제3항에 따른 조치로 인하여 학생에게 불이익을 주지 아니하도록 노력하여야 한다.

제17조(가해학생에 대한 조치) ① 자치위원회는 피해학생의 보호와 가해학생의 선도·교육을 위하여 가해학생에 대하여 다음 각 호의 어느 하나에 해당하는 조치(수개의 조치를 병과하는 경우를 포함한다)를 할 것을 학교의 장에게 요청하여야 하며, 조치별 적용 기준은 대통령령으로 정한다. 다만, 퇴학처분은 의무교육과정에 있는 가해학생에 대하여는 적용하지 아니한다.

1. 피해학생에 대한 서면사과
2. 피해학생 및 신고·고발 학생에 대한 접촉, 협박 및 보복 행위의 금지
3. 학교에서의 봉사
4. 사회봉사
5. 학내외 전문가에 의한 특별 교육이수 또는 심리치료
6. 출석정지
7. 학급교체
8. 전학
9. 퇴학처분

② 제1항에 따라 자치위원회가 학교의 장에게 가해학생에 대한 조치를 요청할 때 그 이유가 피해학생이나 신고·고빌 학생에 대한 협박 또는 보복 행위일 경우에는 제1항 각 호의 조치를 병과하거나 조치 내용을 가중할 수 있다.

③ 제1항 제2호부터 제4호까지 및 제6호부터 제8호까지의 처분을 받은 가해학생

은 교육감이 정한 기관에서 특별교육을 이수하거나 심리치료를 받아야 하며, 그 기간은 자치위원회에서 정한다.

④ 학교의 장은 가해학생에 대한 선도가 긴급하다고 인정할 경우 우선 제1항 제1호부터 제3호까지, 제5호 및 제6호의 조치를 할 수 있으며, 제5호와 제6호는 병과조치할 수 있다. 이 경우 자치위원회에 즉시 보고하여 추인을 받아야 한다.

⑤ 자치위원회는 제1항 또는 제2항에 따른 조치를 요청하기 전에 가해학생 및 보호자에게 의견진술의 기회를 부여하는 등 적정한 절차를 거쳐야 한다.

⑥ 제1항에 따른 요청이 있는 때에는 학교의 장은 14일 이내에 해당 조치를 하여야 한다.

⑦ 학교의 장이 제4항에 따른 조치를 한 때에는 가해학생과 그 보호자에게 이를 통지하여야 하며, 가해학생이 이를 거부하거나 회피하는 때에는 「초·중등교육법」 제18조에 따라 징계하여야 한다.

⑨ 자치위원회는 가해학생이 특별교육을 이수할 경우 해당 학생의 보호자도 함께 교육을 받게 하여야 한다.

⑩ 가해학생이 다른 학교로 전학을 간 이후에는 전학 전의 피해학생 소속 학교로 다시 전학 올 수 없도록 하여야 한다.

⑪ 제1항 제2호부터 제9호까지의 처분을 받은 학생이 해당 조치를 거부하거나 기피하는 경우 자치위원회는 제7항의 규정에도 불구하고 대통령령으로 정하는 바에 따라 추가로 다른 조치를 할 것을 학교의 장에게 요청할 수 있다.

- 사례: 충분히 '학교에서의 봉사' 이상의 조치가 필요한 사안임에도 서면사과 수준의 경미한 조치를 내린 경우 → 피해자의 재심 청구를 유발하여 사안을 복잡하게 유도하는 꼴이 됨.
- 전학: 초등은 3km 이상, 중등은 5km 이상 거리를 두어 배정함.
  - 사례: A 중학교의 전학 조치로 전입한 B 중학교에서도 전학 조치를 받은 경우, 5km 이상 떨어진 A학교 근처의 학교로 전입 불가 → A와 B학교에서 모두 5km 이상 떨어진 학교로 배정함.

(4) 전학 조치 관련 법규(학폭법 시행령)

제20조(가해학생에 대한 전학 조치) ① 초등학교·중학교·고등학교의 장은 자치위원회가 「학교폭력 예방법」 제17조 제1항에 따라 가해학생에 대한 전학 조치를 요청하는 경우에는 초등학교·중학교의 장은 교육장에게, 고등학교의 장은 교육감에게 해당 학생이 전학할 학교의 배정을 지체 없이 요청하여야 한다.

② 교육감 또는 교육장은 가해학생이 전학할 학교를 배정할 때 피해학생의 보호에 충분한 거리 등을 고려하여야 하며, 관할구역 외의 학교를 배정하려는 경우에는 해당 교육감 또는 교육장에게 이를 통보하여야 한다.

③ 제2항에 따른 통보를 받은 교육감 또는 교육장은 해당 가해학생이 전학할 학교를 배정하여야 한다.

④ 교육감 또는 교육장은 제2항과 제3항에 따라 전학 조치된 가해학생과 피해학생이 상급학교에 진학할 때에는 각각 다른 학교를 배정하여야 한다. 이 경우 피해학생이 입학할 학교를 우선적으로 배정한다.

시행령 제21조(가해학생에 대한 우선 출석정지 등) ① 법 제17조 제4항에 따라 학교의 장이 출석정지 조치를 할 수 있는 경우는 다음 각 호와 같다.

1. 2명 이상의 학생이 고의적·지속적으로 폭력을 행사한 경우

2. 학교폭력을 행사하여 전치 2주 이상의 상해를 입힌 경우

3. 학교폭력에 대한 신고, 진술, 자료 제공 등에 대한 보복을 목적으로 폭력을 행사한 경우

4. 학교의 장이 피해학생을 가해학생으로부터 긴급하게 보호할 필요가 있다고 판단하는 경우

② 학교의 장은 제1항에 따라 출석정지 조치를 하려는 경우에는 해당 학생 또는 보호자의 의견을 들어야 한다. 다만, 학교의 장이 해당 학생 또는 보호자의 의

견을 들으려 하였으나 이에 따르지 아니한 경우에는 그러하지 아니하다.

제22조(가해학생의 조치 거부·기피에 대한 추가 조치) 자치위원회는 법 제17조 제1항 제2호부터 제9호까지의 조치를 받은 학생이 해당 조치를 거부하거나 기피하는 경우에는 법 제17조 제11항에 따라 학교의 장으로부터 그 사실을 통보받은 날부터 7일 이내에 추가로 다른 조치를 할 것을 학교의 장에게 요청할 수 있다.

Q. 징계조치를 이행하지 아니하는 경우의 처리방안은?
- 자치위원회 결정 불복 방법: 결과통보서에 반드시 명시 의무
- 자자치위원회 조치가 가해자 부모에게 전달이 안 될 경우: 우편이 반송되더라도 내용증명을 통해 발송하여 기록을 남겨야 함.
- 피해학생의 치료를 핑계로 등교 거부가 장기화될 경우: 교내 자문기구 회의 후 학교장 재량으로 기한을 정하여 등교할 것을 통보, 통보한 기한 이후 결석은 무단결석 처리.

(5) 징계의 기준 (자치위원회가 따라야 할 기준)

시행령 제19조(가해학생에 대한 조치별 적용 기준) 법 제17조 제1항의 조치별 적용기준은 다음 각 호의 사항을 고려하여 결정하고, 그 세부적인 기준은 교육부 장관이 정하여 고시한다.

1. 가해학생이 행사한 학교폭력의 심각성·지속성·고의성
2. 가해학생의 반성 정도
3. 해당 조치로 인한 가해학생의 선도 가능성
4. 가해학생 및 보호자와 피해학생 및 보호자 간의 화해의 정도
5. 피해학생이 장애학생인지 여부

(6) 분쟁조정 절차

최근의 학교폭력 사안은 가해·피해학생 보호자 사이의 감정다툼으로 번지는 경우가 많다. 따라서 자치위원회는 분쟁조정을 통해 사안을 신속하게 종결하고, 관련 학생들의 안정된 교육과정 복귀를 꾀할 필요가 있다.

> 제18조(분쟁조정) ① 자치위원회는 학교폭력과 관련하여 분쟁이 있는 경우에는 그 분쟁을 조정할 수 있다.
>
> ② 제1항에 따른 분쟁의 조정기간은 1개월을 넘지 못한다.
>
> ③ 학교폭력과 관련한 분쟁조정에는 다음 각 호의 사항을 포함한다.
>
> 1. 피해학생과 가해학생 간 또는 그 보호자 간의 손해배상에 관련된 합의조정
>
> 2. 그 밖에 자치위원회가 필요하다고 인정하는 사항

피해학생, 가해학생 또는 그 보호자 중 어느 한쪽은 자치위원회 또는 교육감에게 문서로 분쟁조정을 신청할 수 있다(시행령 제25조). 신청을 받은 자치위원회 또는 교육감은 신청받은 날로부터 5일 이내에 분쟁조정을 시작하여야 한다(시행령 제27조 제1항).

> 제28조(분쟁조정의 거부·중지 및 종료) ① 자치위원회 또는 교육감은 다음 각 호의 어느 하나에 해당하는 사유가 발생한 경우에는 분쟁조정의 개시를 거부하거나 분쟁조정을 중지할 수 있다.
>
> 1. 분쟁당사자 중 어느 한 쪽이 분쟁조정을 거부한 경우
>
> 2. 피해학생 등이 관련된 학교폭력에 대하여 가해학생을 고소·고발하거나 민사상 소송을 제기한 경우
>
> 3. 분쟁조정의 신청 내용이 거짓임이 명백하거나 정당한 이유가 없다고 인정되는 경우
>
> ② 자치위원회 또는 교육감은 다음 각 호의 어느 하나에 해당하는 사유가 발생한

> 경우에는 분쟁조정을 끝내야 한다.
> 1. 분쟁당사자 간에 합의가 이루어지거나 자치위원회 또는 교육감이 제시한 조정 안을 분쟁당사자가 수락하는 등 분쟁조정이 성립한 경우
> 2. 분쟁조정 개시일부터 1개월이 지나도록 분쟁조정이 성립하지 아니한 경우

5) 성폭력 사건 처리 절차

(1) 특별규정

> 제5조(다른 법률과의 관계)
> ② 제2조 제1호 중 성폭력은 다른 법률에 규정이 있는 경우에는 이 법을 적용하지 아니한다.

(2) 신고 의무 강화

성폭력 사건이 발생한 사실을 알게 된 사람은 누구든지 수사기관에 신고할 수 있다(「아동·청소년의 성보호에 관한 법률」 제22조 제1항). 성폭력 사건은 학교 또는 성폭력 관련 기관에 신고할 수도 있다. 이 경우 신고를 받거나, 직무상 성폭력 사건 발생을 알게 된 해당 기관의 장과 그 종사자는 이 사실을 즉시 수사기관에 신고해야 한다(「아동·청소년의 성보호에 관한 법률」 제22조 제2항).

6) 불복 절차

(1) 피해자의 재심청구

> 제17조의2(재심청구) ① 자치위원회 또는 학교의 장이 제16조 제1항 및 제17조 제1항에 따라 내린 조치에 대하여 이의가 있는 피해학생 또는 그 보호자는 그

조치를 받은 날로부터 15일 이내, 그 조치가 있음을 안 날로부터 10일 이내에 지역위원회에 재심을 청구할 수 있다.

③ 지역위원회가 제1항에 따른 재심청구를 받은 때에는 30일 이내에 이를 심사·결정하여 청구인에게 통보하여야 한다.

④ 제3항의 심사결정에 이의가 있는 청구인은 그 통보를 받은 날부터 60일 이내에 행정심판을 제기할 수 있다.

⑤ 제1항에 따른 재심청구, 제3항에 따른 심사절차 및 결정통보 등에 필요한 사항은 대통령령으로 정한다.

제9조(학교폭력대책지역위원회의 설치) ① 지역의 학교폭력 문제를 해결하기 위하여 시·도에 학교폭력대책지역위원회(이하 "지역위원회"라 한다)를 둔다.

(2) 가해자의 재심청구

제17조의2(재심청구) ② 자치위원회가 제17조 제1항 제8호와 제9호에 따라 내린 조치에 대하여 이의가 있는 학생 또는 그 보호자는 그 조치를 받은 날부터 15일 이내, 그 조치가 있음을 안 날로부터 10일 이내에 「초·중등교육법」제18조의3에 따른 시·도 학생징계조정위원회에 재심을 청구할 수 있다.

⑥ 제2항 제1항에 따른 재심청구, 심사절차, 결정통보 등은 「초·중등교육법」제18조의2 제2항부터 제4항까지의 규정을 준용한다.

「초·중등교육법」제18조의3(시·도 학생징계조정위원회의 설치) ① 제18조의2제1항에 따른 재심청구를 심사·결정하기 위하여 교육감 소속으로 시·도 학생징계조정위원회(이하 "징계조정위원회"라 한다)를 둔다.

- 불복 수단인 재심과 행정심판의 결정이 다를 경우: 행정심판의 결정에 따름.

(3) 학교생활기록부 입력의 근거

「초·중등교육법」

제25조(학교생활기록) ① 학교의 장은 학생의 학업성취도와 인성(人性) 등을 종합적으로 관찰·평가하여 학생지도 및 상급학교(「고등교육법」 제2조 각 호에 따른 학교를 포함한다. 이하 같다)의 학생 선발에 활용할 수 있는 다음 각 호의 자료를 교육부령으로 정하는 기준에 따라 작성·관리하여야 한다.

1. 인적사항
2. 학적사항
3. 출결상황
4. 자격증 및 인증 취득상황
5. 교과학습 발달상황
6. 행동특성 및 종합의견
7. 그 밖에 교육목적에 필요한 범위에서 교육부령으로 정하는 사항

학교생활기록의 작성 및 관리에 관한 규칙

제1조(목적) 이 규칙은 「초·중등교육법」 제25조의 규정에 의한 학교생활기록의 작성 및 관리에 관하여 동법에서 위임된 사항과 그 시행에 관하여 필요한 사항을 규정함을 목적으로 한다.

제3조(학교생활기록의 작성기준)

② 제1항의 규정에 의한 학교생활기록의 항목별 작성기준 외에 학교생활기록의 작성 등에 관하여 필요한 사항은 교육부 장관이 정한다.

학교생활기록 작성 및 관리지침 [교육부훈령 제239호]

제1조(목적) 이 지침은 학교생활기록의 작성 및 관리에 관한 규칙(교육부령 제82호)에 의한 초등학교·중학교·고등학교·특수학교 등에 적용하는 학교생활기록의 작

성 및 관리 방법에 대하여 필요한 사항을 규정함을 목적으로 한다.

제7조(학적사항) ③ '특기사항' 란에는 학적변동의 사유를 입력한다. 특기사항 중 학교폭력과 관련된 사항은 「학교폭력 예방 및 대책에 관한 법률」 제17조에 규정된 가해학생에 대한 조치사항을 입력한다.

제18조(자료의 보존) ② 학교의 장은 학교생활세부사항기록부(학교생활기록부 Ⅱ)의 전산자료와 종이출력물을 학생 졸업 후 5년 동안 보존하여야 하며, 보존기간 이 종료된 후 폐기 처분하여야 한다.

Q. 조치가 병과된 경우 기록 방법은?
- 학생부 기재: 조치 종료 후 즉시 기재가 원칙임. 조치에 불복하여 재심, 행정심판 등을 청구할 경우 기재를 보류하게 되는 점을 악용할 소지가 있음.
  - 따라서 조치 종료 후 즉시 기재하고, 재심이나 행정심판 등에 의해 조치가 무효화될 경우 기재된 내용을 삭제함(해당 학년도 내 삭제 관련 별도 회의 없이 삭제 가능).
- 학생부 기재 관련(교육부): 자치위원회 조치사항을 학교생활기록부 Ⅱ에 기재, 졸업 후 5년 경과 시 자동 삭제
- ※ 학교생활기록부 Ⅰ(준영구보존), Ⅱ(졸업 5년 후 자동 삭제됨)

표 8-2 가해학생에 대한 조치사항 입력기준

입력 영역	가해학생 조치사항 「학교폭력 예방 및 대책에 관한 법률」 제17조 제1항	
학적사항 특기사항	• 8호(전학)	• 9호(퇴학처분)
출결상황 특기사항	• 4호(사회봉사) • 6호(출석정지)	• 5호(특별교육 이수 또는 심리치료)
행동특성 및 종합의견	• 1호(서면사과) • 3호(학교에서의 봉사)	• 2호(접촉, 협박 및 보복 행위 금지) • 7호(학급교체)

학교생활기록부 입력 시 참고사항

- 학교폭력대책자치위원회가 「학교폭력 예방 및 대책에 관한 법률」 제17조 제2항에 따라 가해학생에게 제17조 제1항 각 호의 조치를 병과한 경우, **그 병과된 조치 사항 모두 학교 생활기록부의 해당 영역에 입력하여야 한다.**
- 「학교폭력 예방 및 대책에 관한 법률」 제17조 제3항에 따라, 제1항 제2호부터 제4호까지 및 제6호부터 제8호까지의 처분을 받은 가해학생이 교육감이 정한 기관에서 특별교육을 이수하거나 심리치료를 받았을 경우, 이를 입력하지 않는다. (※부가조치는 입력하지 않음)
- 학교폭력대책자치위원회의 조치를 받은 이후, 가해학생의 행동이 긍정적인 방향으로 변화되었을 경우, 낙인효과를 최소화하기 위하여 그 변화된 내용을 '봉사활동' '창의적 체험활동 상황' '행동특성 및 종합의견'란 등에 충분히 입력한다.

연 구 과 제

1. 최근 학교폭력 실태 현장조사에 따르면 학교폭력 발생건수가 현저히 감소한 것으로 나타나고 있다. 그 원인이 무엇일지 토론하시오.

2. 인터넷, 휴대전화 등 정보통신기기를 활용하여 특정 학생을 비방하고 허위 사실을 유포하는 '사이버 따돌림' 사례가 줄지 않는 것으로 조사되고 있다. 이러한 유형의 학교폭력에 대한 대책은 무엇이 있을지 생각해 보시오.

3. 최근 학교폭력 처리 과정에서 학교폭력자치위원회의 결정에 불복하여 재심을 청구하는 사례가 늘고 있어 또 다른 어려움이 더해지고 있다. 재심 청구는 피해학생뿐만 아니라 가해학생 측에서도 증가하고 있는데, 이러한 현상이 발생하는 원인과 해결방안에 대해 토의해 보시오.

참고문헌

교육부(2014). 2014 학교생활기록부기재요령.
교육과학기술부(2012). 학교폭력 사안대응 기본지침.
김다현, 임성숙, 정성환(2013). 학교폭력의 예방과 대책. 동문사.
대전광역시교육청(2007). 학교폭력 예방가이드.
초등상담교육학회(2013). 학교폭력의 예방 및 대책. 학지사.

참고 자료
한국교육신문(2012.7.31.). 학교장 통고제도 활성화가 필요하다.
아시아뉴스통신(2012.9.23.). 알기 쉽게 전해 주는 김경진 변호사의 법률상식.
연합뉴스(2013.6.17.). 학교폭력, 폭행 비율 줄고 모욕 늘어.

제9장
학교폭력 법률의 적용 및 기관의 역할

　이 장에서는 「학교폭력 예방 및 대책에 관한 법률」의 적용절차와 법률에 제시된 관계 기관의 책무를 소개한다. 「학교폭력 예방 및 대책에 관한 법률」의 적용절차는 기본계획의 수립 및 시행, 학교폭력 예방교육, 피해학생의 보호조치와 지원 범위, 가해학생에 대한 조치, 재심청구, 분쟁조정, 학교폭력의 신고 의무, 학생보호인력 배치, 학교폭력 비밀누설 금지 및 벌칙규정순으로 제시한다. 학교폭력 예방 및 대책에 관한 기관의 책무에 관해서는 먼저 국가 및 지방자치단체의 책무를 알아보고, 이어서 교육부 장관, 교육감과 학교장의 역할을 살펴본다.

제9장 : 학교폭력 법률의 적용 및 기관의 역할

1. 「학교폭력 예방 및 대책에 관한 법률」의 적용절차

1) 기본계획의 수립 및 시행

교육부 장관은 「학교폭력 예방 및 대책에 관한 법률」(이하 「학교폭력 예방법」) 의 목적을 효율적으로 달성하기 위하여 학교폭력의 예방 및 대책에 관한 정책의 목표·방향을 설정하고, 이에 따른 학교폭력의 예방 및 대책에 관한 기본계획을 학교폭력대책위원회의 심의를 거쳐 수립·시행하여야 한다. 기본계획은 다음 각 호의 사항을 포함하여 5년마다 수립하여야 한다(「학교폭력 예방법」 제6조).

- 학교폭력의 근절을 위한 조사·연구·교육 및 계도
- 피해학생에 대한 치료·재활 등의 지원
- 학교폭력 관련 행정기관 및 교육기관 상호 간의 협조·지원
- 전문상담교사의 배치 및 이에 대한 행정적·재정적 지원
- 학교폭력의 예방과 피해학생 및 가해학생의 치료·교육을 수행하는 청소년 관련 단체 또는 전문가에 대한 행정적·재정적 지원
- 그 밖에 학교폭력의 예방 및 대책을 위하여 필요한 사항

2) 학교폭력 예방교육

각급 학교에서는 학생과 교직원 및 학부모에 대한 학교폭력 예방교육을 다음과 같이 실시하도록 규정하고 있다(「학교폭력 예방법」 제15조, 「학교폭력 예방법 시행령」 제17조).

- 학교의 장은 학생의 육체적 · 정신적 보호와 학교폭력의 예방을 위해 학생들에 대한 교육(학교폭력의 개념 · 실태 및 대처 방안 등 포함)을 학기별로 1회 이상 실시하여야 한다.
- 학교의 장은 학교폭력의 예방 및 대책 등을 위해 교직원 및 학부모에 대한 교육을 학기별로 1회 이상 실시하여야 한다.
- 학교의 장은 학교폭력 예방교육 프로그램의 구성 및 그 운용 등을 전담기구와 협의하여 전문단체 또는 전문가에게 위탁할 수 있다.
- 교육장은 학교폭력 예방교육 프로그램의 구성과 운용계획을 학부모가 쉽게 확인할 수 있도록 인터넷 홈페이지에 게시하고, 그 밖에 다양한 방법으로 학부모에게 알릴 수 있도록 노력하여야 한다.

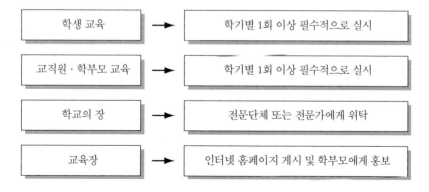

[그림 9-1] 학교폭력 예방교육

> Q. 이번 학기에는 선생님들이 학교폭력 예방교육을 준비하지 못했다. 다음 2학기에 두 번
> 시행한다면 이번 학기는 실시하지 않아도 되는가? 특히 교사 관련 예방교육은 준비가
> 쉽지 않은데 이러한 예방교육은 학교 사정이 있다면 실시하지 않는 경우도 있는가?
>
> A. 한 학기에 1회 이상은 반드시 하여야 한다.
>
> [해설] 교사와 학생 대상 학교폭력 예방교육은 학기별 1회 이상 실시되어야 한다. 학교의
> 사정이 있다고 하여 다음 학기로 연기하거나 하지 않을 수 있는 것이 아니다. 이는 「학
> 교폭력 예방법」에서 규정하는 것으로 학교의 사정, 학교장 결정 등의 이유로 연기하거나
> 실시하지 않을 수 있는 사항이 아니다.

3) 피해학생에 대한 보호조치와 지원범위

(1) 피해학생에 대한 보호조치

자치위원회는 피해학생의 보호를 위하여 필요하다고 인정하는 때에는 피해학생
에 대하여 ① 심리상담 및 조언, ② 일시보호, ③ 치료 및 치료를 위한 요양, ④ 학
급교체, ⑤ 그 밖에 피해학생의 보호를 위하여 필요한 조치 중 어느 하나에 해당

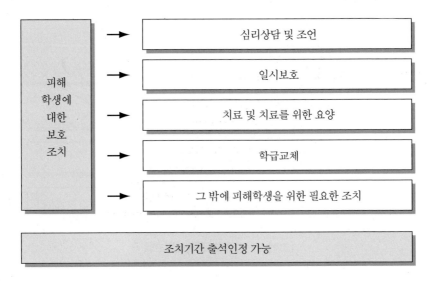

[그림 9-2] 피해학생에 대한 보호조치

하는 조치(수 개의 조치를 병과하는 경우를 포함한다)를 할 것을 학교의 장에게 요청할 수 있다. 다만, 학교의 장은 피해학생의 보호를 위하여 긴급하다고 인정하거나 피해학생이 긴급보호의 요청을 하는 경우에는 자치위원회의 요청 전에 ① 심리상담 및 조언, ② 일시보호, ③ 그 밖에 피해학생의 보호를 위하여 필요한 조치를 할수 있다. 이 경우 자치위원회에 즉시 보고하여야 한다(「학교폭력 예방법」 제16조 제1항).

(2) 피해학생에 대한 지원범위

피해학생이 전문단체나 전문가로부터 심리상담 및 조언, 일시보호, 치료 및 치료를 위한 상담 등을 받는 데 사용되는 비용은 가해학생의 보호자가 부담하여야 한다. 다만, 피해학생의 신속한 치료를 위하여 학교의 장 또는 피해학생의 보호자가 원하는 경우에는 「학교안전사고 예방 및 보상에 관한 법률」 제15조에 따른 학교안전공제회 또는 시·도 교육청이 부담하고 이에 대한 구상권을 행사할 수 있다(「학교폭력 예방법」 제16조 제6항). 학교안전공제회 또는 시·도 교육청이 부담하는 피해학생의 지원 범위는 다음과 같다(「학교폭력 예방법 시행령」 제18조).

- 교육감이 정한 전문심리상담기관에서 심리상담 및 조언을 받는 데 드는 비용
- 교육감이 정한 기관에서 일시보호를 받는 데 드는 비용
- 「의료법」에 따라 개설된 의료기관, 「지역보건법」에 따라 설치된 보건소보건의료원 및 보건지소, 「농어촌 등 보건의료를 위한 특별조치법」에 따라 설치된 보건진료소, 「약사법」에 따라 등록된 약국 및 같은 법 제91조에 따라 설립된 한국희귀의약품센터에서 치료 및 치료를 위한 요양을 받거나 의약품을 공급받는 데 드는 비용

4) 가해학생에 대한 조치

(1) 가해학생에 대한 징계
학교의 장이 「학교폭력 예방법」 제17조 제4항에 따른 조치를 한 때에는 가해학생과 그 보호자에게 이를 통지하여야 하며, 가해학생이 이를 거부하거나 회피하는 때에는 다음의 절차에 따라 징계하여야 한다(「초·중등교육법」 제18조).

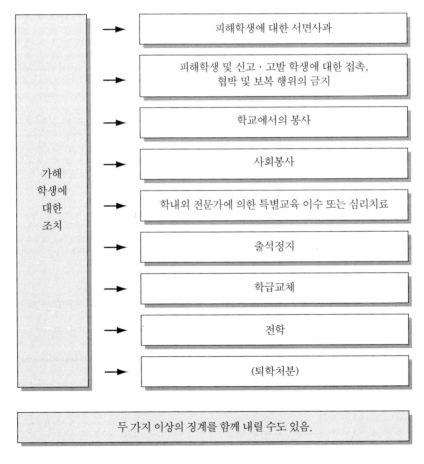

[그림 9-3] 가해학생에 대한 조치

- 학교의 장은 교육상 필요한 경우에는 법령과 학칙으로 정하는 바에 따라 학생을 징계하거나 그 밖의 방법으로 지도할 수 있다. 다만, 의무교육과정에 있는 학생은 퇴학시킬 수 없다.
- 학교의 장은 학생을 징계하려면 그 학생이나 보호자에게 의견진술의 기회를 주는 등 적정한 절차를 거쳐야 한다.

(2) 가해학생에 대한 조치별 적용기준

자치위원회는 피해학생의 보호와 가해학생의 선도 · 교육을 위하여 가해학생에 대해 ① 피해학생에 대한 서면사과, ② 피해학생 및 신고 · 고발 학생에 대한 접촉, 협박 및 보복 행위의 금지, ③ 학교에서의 봉사, ④ 사회봉사, ⑤ 학내외 전문가에 의한 특별교육 이수 또는 심리치료, ⑥ 출석정지, ⑦ 학급교체, ⑧ 전학, ⑨ 퇴학처분 중 어느 하나에 해당하는 조치(수 개의 조치를 병과하는 경우를 포함한다)를 할 것을 학교의 장에게 요청하여야 하며, 조치별 적용기준은 대통령령으로 정한다. 다만, 퇴학처분은 의무교육과정에 있는 가해학생에 대하여는 적용하지 아니한다(「학교폭력 예방법」 제17조 제1항). 「학교폭력 예방법」 제17조 제1항의 가해학생에 대한 조치별 적용기준은 다음 각 호의 사항을 고려하여 결정하고, 그 세부적인 기준은 교육부 장관이 정하여 고시한다(「학교폭력 예방법 시행령」 제19조).

- 가해학생이 행사한 학교폭력의 심각성 · 지속성 · 고의성
- 가해학생의 반성 정도
- 해당 조치로 인한 가해학생의 선도가능성
- 가해학생 및 보호자와 피해학생 및 보호자 간의 화해의 정도
- 피해학생이 장애학생인지 여부

(3) 가해학생에 대한 전학 조치

초등학교 · 중학교 · 고등학교의 장은 자치위원회가 가해학생에 대한 전학 조치를 요청하는 경우에는 초등학교 · 중학교의 장은 교육장에게, 고등학교의 장은

교육감에게 해당 학생이 전학할 학교의 배정을 지체 없이 요청하여야 한다(「학교폭력 예방법 시행령」 제20조 제1항). 교육감 또는 교육장은 가해학생이 전학할 학교를 배정할 때 피해학생의 보호에 충분한 거리 등을 고려하여야 하며, 관할구역 외의 학교를 배정하려는 경우에는 해당 교육감 또는 교육장에게 이를 통보하여야 한다(「학교폭력 예방법 시행령」 제20조 제2항). 시행령 제20조 제2항에 따른 통보를 받은 교육감 또는 교육장은 해당 가해학생이 전학할 학교를 배정하여야 한다(「학교폭력 예방법 시행령」 제20조 제3항). 교육감 또는 교육장은 제2항과 제3항에 따라 전학 조치된 가해학생과 피해학생이 상급학교에 진학할 때에는 각각 다른 학교를 배정하여야 한다. 이 경우 피해학생이 입학할 학교를 우선적으로 배정한다(「학교폭력 예방법 시행령」 제20조 제4항).

(4) 가해학생에 대한 우선 출석정지

학교의 장이 출석정지 조치를 하려는 경우에는 해당 학생 또는 보호자의 의견을 들어야 한다. 다만, 학교의 장이 해당 학생 또는 보호자의 의견을 들으려 하였으나 이에 따르지 아니한 경우에는 그러하지 아니한다. 학교의 장이 출석정지 조치를 할 수 있는 경우는 다음 각 호와 같다(「학교폭력 예방법 시행령」 제21조).

- 2명 이상의 학생이 고의적 · 지속적으로 폭력을 행사한 경우
- 학교폭력을 행사하여 전치 2주 이상의 상해를 입힌 경우
- 학교폭력에 대한 신고, 진술, 자료 제공 등에 대한 보복을 목적으로 폭력을 행사한 경우
- 학교의 장이 피해학생을 가해학생으로부터 긴급하게 보호할 필요가 있다고 판단하는 경우

(5) 가해학생의 조치 거부 · 기피에 대한 추가 조치 및 퇴학학생의 재입학

자치위원회는 「학교폭력 예방법」 제17조 제1항 제2호부터 제9호까지의 조치를 받은 학생이 해당 조치를 거부하거나 기피하는 경우에는 학교의 장으로부터

그 사실을 통보받은 날부터 7일 이내에 추가로 다른 조치를 할 것을 학교의 장에게 요청할 수 있다(「학교폭력 예방법 시행령」 제22조). 퇴학학생의 재입학에 대해 교육감은 「학교폭력 예방법」 제17조 제1항 제9호에 따라 퇴학처분을 받은 학생에 대하여 해당 학생의 선도의 정도, 교육가능성 등을 종합적으로 고려하여 「초·중등교육법」 제60조의3에 따른 대안학교로의 입학 등 해당 학생의 건전한 성장에 적합한 대책을 마련하여야 한다. 앞에서 규정한 사항 외에 가해학생에 대한 조치 및 재입학 등에 필요한 세부사항은 교육감이 정한다(「학교폭력 예방법 시행령」 제23조).

5) 재심청구

(1) 피해학생의 재심청구

자치위원회 또는 학교의 장이 내린 조치에 대하여 이의가 있는 피해학생 또는 그 보호자는 그 조치를 받은 날부터 15일 이내, 그 조치가 있음을 안 날부터 10일 이내에 지역위원회에 재심을 청구할 수 있다(「학교폭력 예방법」 제17조의2 제1항). 지역위원회가 「학교폭력 예방법」 제17조의2 제1항에 따른 재심청구를 받은 때에는 30일 이내에 이를 심사·결정하여 청구인에게 통보하여야 한다(「학교폭력 예방법」 제17조의2 제3항). 「학교폭력 예방법」 제17조의2 제3항의 결정에 이의가 있는 청구인은 그 통보를 받은 날부터 60일 이내에 행정심판을 제기할 수 있다(「학교폭력 예방법」 제17조의2 제4항). 피해학생의 재심청구, 심사절차 및 결정통보 등에 관련된 내용은 다음과 같다(「학교폭력 예방법 시행령」 제24조).

- 「학교폭력 예방법」 제17조의2 제5항에 따라 피해학생 또는 보호자가 지역위원회에 재심을 청구할 때에는 다음 각 호의 사항을 적어 서면으로 하여야 한다.
  - 청구인의 이름, 주소 및 연락처
  - 가해학생

– 청구의 대상이 되는 조치를 받은 날 및 조치가 있음을 안 날

– 청구의 취지 및 이유

• 지역위원회는 청구인, 가해학생 및 보호자 또는 해당 학교에 심사에 필요한 자료 또는 정보의 제출을 요구할 수 있고, 청구인, 가해학생 또는 해당 학교는 특별한 사유가 없으면 이를 즉시 제출하여야 한다.

• 지역위원회는 직권으로 또는 신청에 따라 청구인, 가해학생 및 보호자 또는 관련 교원 등을 지역위원회에 출석하여 진술하게 할 수 있다.

• 지역위원회는 필요하다고 인정할 때에는 전문가 등 참고인을 출석하게 하거나 서면으로 의견을 들을 수 있다.

• 지역위원회의 회의는 비공개를 원칙으로 한다.

• 지역위원회는 재심사 결정 시 「학교폭력 예방법」 제16조 제1항 각 호와 제17조 제1항 각 호의 어느 하나에 해당하는 조치(수 개의 조치를 병과하는 경우를 포함한다)를 할 것을 해당 학교의 장에게 요청할 수 있다.

• 지역위원회의 재심결과는 결정의 취지와 내용을 적어 청구인과 가해학생에게 서면으로 통보한다.

(2) 가해학생의 재심청구

자치위원회가 가해학생에 내린 조치에 대하여 이의가 있는 학생 또는 그 보호자는 그 조치를 받은 날부터 15일 이내, 그 조치가 있음을 안 날부터 10일 이내에 시·도 학생징계조정위원회에 재심을 청구할 수 있다(「학교폭력 예방법」 제17조의2 제2항). 재심청구, 심사절차, 결정통보 등은 「초·중등교육법」 제18조의2 제2항부터 제4항까지의 규정을 준용한다.

재심청구(「초·중등교육법」 제18조의2)

① 제18조 제1항에 따른 징계처분 중 퇴학 조치에 대하여 이의가 있는 학생 또는 그 보호자는 퇴학 조치를 받은 날부터 15일 이내 또는 그 조치가 있음을 알게

된 날부터 10일 이내에 제18조의3에 따른 시·도 학생징계조정위원회에 재심을 청구할 수 있다.

② 제18조의3에 따른 시·도 학생징계조정위원회는 제1항에 따른 재심청구를 받으면 30일 이내에 심사·결정하여 청구인에게 통보하여야 한다.

③ 제2항의 심사결정에 이의가 있는 청구인은 통보를 받은 날부터 60일 이내에 행정심판을 제기할 수 있다.

④ 제1항에 따른 재심청구, 제2항에 따른 심사절차와 결정통보 등에 필요한 사항은 대통령령으로 정한다.

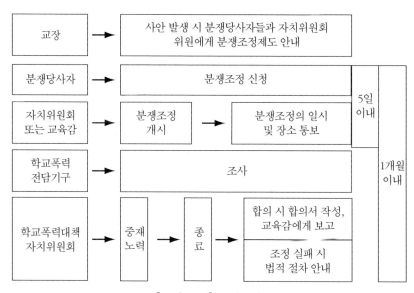

[그림 9-4] 분쟁조정

(3) 분쟁조정의 신청

피해학생, 가해학생 또는 그 보호자(이하 "분쟁당사자"라 한다) 중 어느 한 쪽은 「학교폭력 예방법」 제18조에 따라 해당 분쟁 사건에 대한 조정권한이 있는 자치위원회 또는 교육감에게 다음 각 호의 사항을 적은 문서로 분쟁조정을 신청할 수 있다(「학교폭력 예방법 시행령」 제25조).

- 분쟁조정 신청인의 성명 및 주소
- 보호자의 성명 및 주소
- 분쟁조정 신청의 사유

(4) 자치위원회 위원의 제척 · 기피 및 회피

자치위원회의 위원은 피해학생과 가해학생에 대한 조치를 요청하는 경우와 분쟁을 조정하는 경우 다음 각 호의 어느 하나에 해당하면 해당 사건에서 제척된다(「학교폭력 예방법 시행령」 제26조 제1항).

- 위원이나 그 배우자 또는 그 배우자였던 사람이 해당 사건의 피해학생 또는 가해학생의 보호자인 경우 또는 보호자였던 경우
- 위원이 해당 사건의 피해학생 또는 가해학생과 친족이거나 친족이었던 경우
- 그 밖에 위원이 해당 사건의 피해학생 또는 가해학생과 친분이 있거나 관련이 있다고 인정하는 경우

(5) 분쟁조정의 개시

자치위원회 또는 교육감은 분쟁조정의 신청을 받으면 그 신청을 받은 날부터 5일 이내에 분쟁조정을 시작하여야 한다(「학교폭력 예방법 시행령」 제27조 제1항). 자치위원회 또는 교육감은 분쟁당사자에게 분쟁조정의 일시 및 장소를 통보하여야 한다(「학교폭력 예방법 시행령」 제27조 제2항). 제2항에 따라 통지를 받은 분쟁당사자 중 어느 한쪽이 불가피한 사유로 출석할 수 없는 경우에는 자치위원회 또는 교육감에게 분쟁조정의 연기를 요청할 수 있다. 이 경우 자치위원회 또는 교육감은 분쟁조정의 기일을 다시 정하여야 한다(「학교폭력 예방법 시행령」 제27조 제3항). 자치위원회 또는 교육감은 자치위원회 위원 또는 지역위원회 위원 중에서 분쟁조정 담당자를 지정하거나, 외부 전문기관에 분쟁과 관련한 사항에 대한 자문 등을 할

수 있다(「학교폭력 예방법 시행령」 제27조 제4항).

(6) 분쟁조정의 거부 · 중지

자치위원회 또는 교육감은 다음 각 호의 어느 하나에 해당하는 사유가 발생한 경우에는 분쟁조정의 개시를 거부하거나 분쟁조정을 중지할 수 있다(「학교폭력 예방법 시행령」 제28조 제1항).

- 분쟁당사자 중 어느 한쪽이 분쟁조정을 거부한 경우
- 피해학생 등이 관련된 학교폭력에 대하여 가해학생을 고소 · 고발하거나 민사상 소송을 제기한 경우
- 분쟁조정의 신청 내용이 거짓임이 명백하거나 정당한 이유가 없다고 인정되는 경우

(7) 분쟁조정 종결

자치위원회 또는 교육감은 다음 각 호의 어느 하나에 해당하는 사유가 발생한 경우에는 분쟁조정을 끝내야 한다(「학교폭력 예방법 시행령」 제28조 제2항).

- 분쟁당사자 간에 합의가 이루어지거나 자치위원회 또는 교육감이 제시한 조정안을 분쟁 당사자가 수락하는 등 분쟁조정이 성립한 경우
- 분쟁조정 개시일부터 1개월이 지나도록 분쟁조정이 성립하지 아니한 경우

(8) 분쟁조정의 결과처리

자치위원회 또는 교육감은 분쟁조정이 성립하면 다음 각 호의 사항을 적은 합의서를 작성하여 자치위원회는 분쟁당사자에게, 교육감은 피해학생 및 가해학생 소속 학교 자치위원회와 분쟁당사자에게 각각 통보하여야 한다(「학교폭력 예방법 시행령」 제29조 제1항).

- 분쟁당사자의 주소와 성명
- 조정 대상 분쟁의 내용
  - 분쟁의 경위
  - 조정의 쟁점(분쟁당사자의 의견을 포함한다.)
- 조정의 결과

  시행령 제29조 제1항 따른 합의서에는 자치위원회가 조정한 경우에는 분쟁 당사자와 조정에 참가한 위원이, 교육감이 조정한 경우에는 분쟁당사자와 교육감이 각각 서명날인하여야 함(「학교폭력 예방법 시행령」 제29조 제2항). 자 치위원회의 위원장은 분쟁조정의 결과를 교육감에게 보고하여야 함(「학교폭 력 예방법 시행령」 제29조 제3항).

6) 학교폭력의 신고 의무

학교폭력의 신고 의무는 「학교폭력 예방법」 제20조에 다음과 같이 규정되어 있다. 학교폭력 현장을 보거나 그 사실을 알게 된 자는 학교 등 관계 기관에 이를 즉시 신고하여야 한다(「학교폭력 예방법」 제20조 제1항). 제1항에 따라 신고를 받은 기관은 이를 가해학생 및 피해학생의 보호자와 소속 학교의 장에게 통보하여야 한다(「학교폭력 예방법」 제20조 제2항). 제2항에 따라 통보받은 소속 학교의 장은 이를 자치위원회에 지체 없이 통보하여야 한다(「학교폭력 예방법」 제20조 제3항). 누구라도 학교폭력의 예비 · 음모 등을 알게 된 자는 이를 학교의 장 또는 자치위 원회에 고발할 수 있다. 다만, 교원이 이를 알게 되었을 경우에는 학교의 장에게 보고하고 해당 학부모에게 알려야 한다(「학교폭력 예방법」 제20조 제4항). 누구든지 제1항부터 제4항까지에 따라 학교폭력을 신고한 사람에게 그 신고행위를 이유로 불이익을 주어서는 아니 된다(「학교폭력 예방법」 제20조 제5항).

Q. 교원이 학교폭력의 사실을 알고서도 신고나 고발을 하지 않고 자체적으로 처리할 방법은 없는가?

A. 자체적으로 처리할 수 없다.

[해설] 교원이 학생들을 지도·상담하는 과정에서 학교폭력의 사실을 알게 되었지만 사안이 경미하면 학교장에게 보고하지 않고 교사가 직접 중재에 나서서 가해학생 측으로부터 사과문이나 각서를 받고, 경우에 따라서는 치료비 등을 배상하도록 한 후 사건을 종료시키는 일이 많이 있다. 그러나 이러한 행동은 「공무원법」상 성실 의무 등을 위반한 것이기 때문에 해당 교원은 징계 등의 불이익을 받을 수 있다.

7) 학생보호인력 배치

학생보호인력의 배치 등에 대한 내용은 다음과 같다(「학교폭력 예방법」 제20조의5). 국가·지방자치단체 또는 학교의 장은 학교폭력을 예방하기 위하여 학교 내에 학생보호인력을 배치하여 활용할 수 있으며(「학교폭력 예방법」 제20조의5 제1항), 국가·지방자치단체 또는 학교의 장은 제1항에 따른 학생보호인력의 배치 및 활용 업무를 관련 전문기관 또는 단체에 위탁할 수 있다(「학교폭력 예방법」 제20조의5 제2항). 제2항에 따라 학생보호인력의 배치 및 활용 업무를 위탁받은 관련 전문기관 또는 단체는 그 업무를 수행함에 있어 학교의 장과 충분히 협의하여야 한다(「학교폭력 예방법」 제20조의5 제3항).

8) 학교폭력 비밀누설 금지

학교폭력의 예방 및 대책과 관련된 업무를 수행하거나 수행하였던 자는 그 직무로 인하여 알게 된 비밀 또는 가해학생·피해학생 및 「학교폭력 예방법」 제20조에 따른 신고자·고발자와 관련된 자료를 누설하여서는 아니 된다(「학교폭력 예방법」 제21조 제1항). 비밀의 범위는 다음 각 호와 같다(「학교폭력 예방법 시행령」 제33조).

- 학교폭력 피해학생과 가해학생 개인 및 가족의 성명, 주민등록번호 및 주소 등 개인정보에 관한 사항
- 학교폭력 피해학생과 가해학생에 대한 심의 · 의결과 관련된 개인별 발언 내용
- 그 밖에 외부로 누설될 경우 분쟁당사자 간에 논란을 일으킬 우려가 있음이 명백한 사항

9) 벌칙규정

학교폭력 비밀누설 금지와 자치위원회의 교육 이수 조치를 따르지 아니한 보호자에 대해 다음과 같은 벌칙규정을 두고 있다(「학교폭력 예방법」 제22조).

- 학교폭력의 예방 및 대책과 관련된 업무를 수행하거나 수행하였던 자가 그 직무로 인하여 알게 된 비밀 또는 가해학생 · 피해학생 및 신고자 · 고발자와 관련된 자료를 누설한 경우 300만 원 이하의 벌금에 처함.
- 자치위원회의 교육 이수 조치를 따르지 아니한 보호자에게는 300만 원 이하의 과태료를 부과함.

10) 통고제도

「소년법」 제4조 제3항에 따라 10세 이상 14세 미만 소년이 법령 저촉 행위를 하는 경우, 14세 이상 19세 미만이 죄를 범한 경우, 10세 이상으로 성격이나 환경에 비추어 앞으로 형벌 법령에 저촉되는 행위를 할 우려가 있고 집단적으로 몰려다니며 주위 사람들에게 불안감을 조성하는 성격이 있거나, 정당한 이유 없이 가출하거나, 술을 마시고 소란을 피우거나, 유해환경에 접하는 성벽(性癖)이 있는 경우에는 보호자, 학교장, 사회복리시설장이 수사기관을 거치지 않고 직접 법원에 사건을 접수해, 소년법원의 조사와 심리를 통해 보호처분 등 조치를 취하는 제도

다(교육과학기술부, 2012).

학교폭력이 발생한 경우 피해자 측의 고소나 고발로 수사기관에서 수사를 받게 하는 것은 청소년에게 상처를 주거나 낙인을 찍는 것이 된다. 그러므로 학교장 통고제도란 이를 사전에 파악하여 학부모나 학교장이 법원에 사건을 통고하면 법원이 심층적인 조사를 통하여 전문가에게 상담을 받게 하거나 치료나 예방을 위한 조치를 취하여 청소년의 행동이나 환경을 교정하는 것이다. 이러한 법원의 심리나 보호처분은 수사나 처벌이 아니라 청소년의 미래를 위한 교육적 측면이 강조된 제도다(한국교육신문, 2012.7.31.).

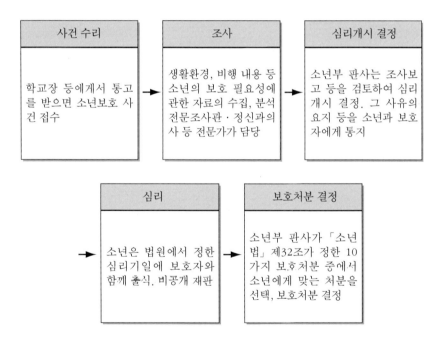

[그림 9-5] 통고 사건의 법원 처리절차

출처: 교육과학기술부, 이화여자대학교 학교폭력예방연구소, 청소년폭력예방재단, 법무부, 한국법교육센터 (2012). 학교폭력 사안처리 가이드북, p. 196 수정.

2. 학교폭력 예방 및 대책에 관한 각 기관의 역할

「학교폭력 예방법」의 존재로 학교는 학교폭력 사안 발생 시 법을 준수하며 처리하게 된다. 하지만 학교폭력 발생요인이 학교 내에서의 문제뿐만 아니라 매우 다양한 요소로 결합되어 있다는 점으로 미루어 학교폭력을 근원적으로 근절하려면 학교 단위의 노력만으로는 한계가 있다. 또한 학교폭력 사건이 한 학교에서만 발생하는 것이 아니라 여러 학교에 걸쳐 발생하거나 여러 지역에 걸쳐 발생하는 경우도 있기 때문에 현실적으로 이를 해결하기 위해서는 관련 기관들의 유기적인 지원이 필요하다. 그래서 「학교폭력 예방법」은 학교폭력 예방과 근절을 위해 국가와 지역사회가 해야 하는 여러 책무를 규정하고 있다. 전국적인 학교폭력 예방과 대처를 위해 상호 긴밀한 협조체제를 구축하고 있는 국가적 노력을 살펴볼 필요가 있다.

1) 국가 및 지방자치단체

국가 및 지방자치단체는 다음과 같은 책무가 있다. 첫째, 국가 및 지방자치단체는 학교폭력을 예방하고 근절하기 위하여 조사 · 연구 · 교육 · 계도 등 필요한 법적 · 제도적 장치를 마련하여야 한다(「학교폭력 예방법」 제4조 제1항). 둘째, 국가 및 지방자치단체는 청소년 관련 단체 등 민간의 자율적인 학교폭력 예방활동과 피해학생의 보호 및 가해학생의 선도 · 교육활동을 장려하여야 한다(「학교폭력 예방법」 제4조 제2항). 셋째, 국가 및 지방자치단체는 제2항에 따른 청소년 관련 단체 등 민간이 건의한 사항에 대하여는 관련 시책에 반영하도록 노력하여야 한다(「학교폭력 예방법」 제4조 제3항). 넷째, 국가 및 지방자치단체는 제1항부터 제3항까지의 규정에 따른 책무를 다하기 위하여 필요한 행정적 · 재정적 지원을 하여야 한다(「학교폭력 예방법」 제4조 제4항).

2) 교육부 장관

교육부 장관은 「학교폭력 예방법」의 목적을 효율적으로 달성하기 위하여 학교폭력의 예방 및 대책에 관한 정책 목표·방향을 설정해야 한다. 이에 따른 학교폭력의 예방 및 대책에 관한 기본계획을 수립·시행할 때에는 학교폭력대책위원회의 심의를 거쳐야 한다. 학교폭력에 대한 기본계획은 5년마다 수립하여야 하는데, 이때 관련 중앙행정기관 등의 의견을 수렴한다. 또한 시·도 교육청의 학교폭력 예방 및 대책과 그에 대한 성과를 평가하고 공표해야 하는 의무가 있다.

3) 교육감

(1) 전담부서의 구성

교육감은 시·도 교육청에 학교폭력의 예방과 대책을 담당하는 전담부서를 설치·운영하는 데 있어(「학교폭력 예방법」 제11조 제1항) 다음 각 호의 업무를 수행하기 위하여 시·도 교육청 및 지역교육청에 과·담당관 또는 팀을 둔다(「학교폭력 예방법 시행령」 제8조).

- 학교폭력 예방과 근절을 위한 대책의 수립과 추진에 관한 사항
- 학교폭력 피해학생의 치료 및 가해학생에 대한 조치에 관한 사항
- 그 밖에 학교폭력의 예방 및 대책과 관련하여 교육감이 정하는 사항

(2) 실태조사

교육감은 학교폭력의 실태를 파악하고 학교폭력에 대한 효율적인 예방대책을 수립하기 위하여 학교폭력 실태조사를 연 2회 이상 실시하여야 한다(「학교폭력 예방법」 제11조 제8항). 교육감이 실시하는 학교폭력 실태조사는 교육부 장관과 협의하여 다른 교육감과 공동으로 실시할 수 있으며, 학교폭력 실태조사를 교육 관련 연구·조사 기관에 위탁할 수 있다(「학교폭력 예방법 시행령」 제9조).

(3) 전문기관의 설치

교육감은 조사 · 상담, 학교폭력 피해학생 · 가해학생에 대한 치유 프로그램 운영업무를 수행하기 위해 전문기관을 설치 · 운영할 수 있다. 전문기관의 설치 · 운영에 관한 세부사항은 교육감이 정한다. 교육감은 치유 프로그램 운영업무를 다음 각 호의 어느 하나에 해당하는 기관 · 단체 · 시설에 위탁하여 수행하게 할 수 있다(「학교폭력 예방법 시행령」 제10조).

- 「청소년복지지원법」 제14조에 따른 청소년쉼터, 「청소년보호법」 제33조의 2에 따른 청소년보호센터 등 청소년을 보호하기 위하여 국가 · 지방자치단체가 운영하는 시설
- 「청소년활동진흥법」 제10조에 따른 청소년활동시설
- 학교폭력의 예방과 피해학생 및 가해학생의 치료 · 교육을 수행하는 청소년 관련 단체
- 청소년 정신치료 전문인력이 배치된 병원
- 학교폭력 피해학생 · 가해학생 및 학부모를 위한 프로그램을 운영하는 종교기관 등의 기관
- 그 밖에 교육감이 치유 프로그램의 운영에 적합하다고 인정하는 국방부 직할 부대 및 기관

(4) 학교폭력 조사 · 상담

교육감은 학교폭력 예방과 사후조치 등을 위하여 다음 각 호의 조사 · 상담 등을 수행할 수 있다(「학교폭력 예방법」 제11조의2).

- 학교폭력 피해학생 상담 및 가해학생 조사
- 필요한 경우 가해학생 학부모 조사
- 학교폭력 예방 및 대책에 관한 계획의 이행 지도
- 관할 구역 학교 폭력서클 단속

- 학교폭력 예방을 위하여 민간기관 및 업소 출입·검사
- 그 밖에 학교폭력 등과 관련하여 필요한 사항
  - 학교폭력 관련 사안의 축소·은폐를 시도한 교원에 대한 징계의결 요구
  - 학교폭력의 예방 및 대책에 기여한 교원의 근무성적 평정에 가산점 부여

4) 학교장

학교장의 의무에 관한 사항은 「학교폭력 예방법」 제19조에 규정되어 있다. 학교의 장은 교육감에게 학교폭력이 발생한 사실 및 제16조, 제16조의2, 제17조, 제17조의2 및 제18조에 따른 조치와 그 결과를 보고하고, 관계 기관과 협력하여 교내 학교폭력 단체의 결성예방 및 해체에 노력하여야 한다.

연 구 과 제

1. 「학교폭력 예방법」은 현재 내용 면에서 사안의 구체적인 처리지침을 충실히 제시하려고 노력한 흔적을 엿볼 수 있으나, 아직도 「학교폭력 예방법」을 준수하여 사안을 처리할 경우 불필요한 논란과 갈등을 초래할 수 있다는 지적도 있다. 어떤 점을 보완하면 이러한 어려움을 최소화할 수 있을지 토론하시오.

2. 장애학생을 대상으로 하는 일반학생의 학교폭력은 징계의 양형을 고려할 때 더 엄한 기준을 적용할 수 있다. 그런데 장애 학생 간에 학교폭력이 발생했을 때는 어떠한 법률과 지침을 따라야 하는지 알아보시오.

3. 학교폭력이 발생하면 「학교폭력 예방법」에 따라 신속하게 처리해야 하기 때문에 교사는 「학교폭력 예방법」을 충분히 이해하고 있어야 한다. 하지만 종종 법보다 중요한 것이 관계라고 한다. 평소에 교사가 학생, 학부모들과 어떤 관계를 유지하는 것이 학교폭력 사안이 발생했을 때 도움이 될지 생각해 보시오.

참고문헌

교육과학기술부(2012). 학교폭력 사안대응 기본지침.

교육과학기술부, 이화여자대학교 학교폭력예방연구소, 청소년폭력예방재단, 법무부, 한국법교육센터(2012). 학교폭력 사안처리 가이드북.

김다현, 임성숙, 정성환(2013). 학교폭력의 예방과 대책. 동문사.

대전광역시교육청(2007). 학교폭력 예방가이드.

초등상담교육학회(2013). 학교폭력의 예방 및 대책. 학지사.

참고 자료

한국교육신문(2012.7.31.). 학교장 통고제도 활성화가 필요하다.

아시아뉴스통신(2012.9.23.). 알기 쉽게 전해 주는 김경진 변호사의 법률상식.

연합뉴스(2013.6.17.). 학교폭력, 폭행 비율 줄고 모욕 늘어.

제10장
우리나라의 학교폭력 예방 프로그램

　학교폭력을 예방하기 위하여 여러 프로그램이 개발 · 활용되고 있다. 이 중 가장 활발하게 적용되는 프로그램 중 하나인 어울림 프로그램과 그 밖의 학교폭력 예방교육 프로그램들을 알아보고, 학교폭력 예방 및 대처 관련 기관들을 살펴보고자 한다.

　이러한 프로그램과 관련 기관들에 대한 정보를 이해하는 일은 단위학교에서 학교폭력을 효과적으로 예방하는 첫걸음이라 할 수 있다. 특히 학교폭력이 발생하였을 때 효과적으로 대처하기 위해 일원화된 학교폭력신고센터의 체계를 잘 아는 일에서부터 피해자의 상담, 보호와 치유 및 가해자 상담과 치유를 위한 유관기관 및 지원체제를 알고 사안에 따라 적절하게 활용할 수 있는 것은 2차 피해를 막을 수 있는 일이기도 하다. 학교는 학교폭력대책자치위원회에 경찰관, 변호사 등을 위원으로 위촉하여 학교폭력 예방과 사안 발생 시 대처하고 있다. 이와 더불어 지역기관, 즉 전문상담기관, 보호기관, 병원, 경찰서, 법률기관 등과 업무협약을 맺어 협조체제를 구축하는 것이 바람직하다.

　이 장에서는 '학교폭력근절 종합대책(교육과학기술부, 2012)' '학교폭력 사안처리 가이드북(교육과학기술부, 이화여자대학교 학교폭력예방연구소, 청소년폭력예방재단, 법무부, 한국법교육센터, 2012; 교육과학기술부, 청소년폭력예방재단, 서울대학교 교육연구소, 2009)' 등의 자료를 참고하여 학교폭력 예방 및 대처를 위한 유관기관을 소개하고 해당 기관의 역할을 소개한다.

218

제10장 ┆ 우리나라의 학교폭력 예방 프로그램

1. 학교폭력 예방교육 프로그램

학교폭력근절 종합대책(교육과학기술부, 2012)에 따르면, 학교폭력의 최초 발생 연령이 낮아지는 추세로, 피해학생 중 53.6%가 초등학교 때 최초로 학교폭력 피해를 경험하였으며 가해학생은 58.0%가 초등학교 때 최초로 학교폭력 가해 경험을 한 것으로 나타났다. 또한 중학생의 학교폭력 발생비율이 가장 높은 상황으로, 학교폭력대책자치위원회 총 심의건수 중 중학교가 차지하는 비율이 전체의 69% 수준에 이른다. 이러한 학교폭력의 원인으로 학생의 인성 함양을 위한 교육 미흡, 교사가 생활지도를 하기 어려운 교육 여건, 학부모의 자녀교육에 대한 관여 부족, 인터넷·게임·영상매체의 부정적 영향력 증가를 꼽고 있다.

이러한 원인 외에도 여러 요인이 학교폭력에 영향을 미치지만, 학교폭력 발생 장소가 주로 학교 안(69.3%)이므로 문제해결의 근원적 해법은 현장에 있다는 판단 하에 현장 중심의 맞춤형 대책이 필요하다는 결론이 내려졌다. 이에 따라 2013년 7월 현장 중심 학교폭력 대책(안)이 발표되었다(교육부, 2013). 2012년 학교폭력근절 종합대책이 수립·추진된 이후 학교폭력에 대해 높아진 사회적 관심과 학교폭력 개념에 대한 재인식이 이루어지면서 학교폭력이 감소하고 있다. 그러나 여전히 근절되지 않고 심각한 피해와 학교 구성원의 불안감이 지속되어 기존 대책의 평가가 이루어졌다. 그 결과 학교장과 교사의 역할 및 책임 강화, 신고-조사체계 개선 및 가해 · 피해 학생에 대한 조치 강화, 또래활동 등 예방교육 확대, 학부모 교육 확대 및 학부모의 책무성 강화, 교육 전반에 걸친 인성교육 실천, 가정과 사회의 역할 강화, 게임 · 인터넷 중독 등 유해요인에 대한 대책이 필요한 것으로 나타났다.

앞서 학교의 역할, 인성교육의 방향, 가정과 사회의 역할, 담임교사의 역할, 대처 관련 기관의 역할 등을 살펴보았고, 무엇보다 학교폭력 예방교육과 이에 대한 대처 교육이 학교현장 중심에서 학교폭력 근절을 위해 이루어질 수 있는 대안이므로 이 장에서는 학교폭력 예방교육 프로그램을 중점적으로 살펴보기로 한다.

학교폭력 예방교육은 「학교폭력 예방 및 대책에 관한 법률」이 제정된 이후 2012년 1월 26일, 2012년 3월 21일 각각 개정되었으며, 「학교폭력 예방 및 대책에 관한 법률」 제15조 및 같은 법 시행령 제17조에 따라 학교의 장은 학기별로 1회 이

표 10-1 학교폭력 예방교육 실시방안

구분	내용
학생	• 학생에 대한 학교폭력 예방교육은 학급 단위로 실시하는 것이 원칙 – 다만, 학교 여건에 따라 전체 학생을 대상으로 동시에 실시 가능 – 강의, 토론 및 역할연기 등 다양한 방법으로 하고, 다양한 자료나 프로그램 등을 활용(학교폭력 예방 포털-stopbullying-탑재자료 활용) – 초등학교 4학년 및 중학교 2학년은 경찰청 '범죄예방교실' 을 반드시 1시간 이상 교육 – 초등학교 학교폭력 예방교육 시 아동안전지도 적극 활용(여성가족부 주관, 지자체 및 경찰청 협조를 통한 범죄예방교육)
교직원	• 교원뿐 아니라 행정직원, 영양사나 배움터지킴이 같은 학생보호인력 등 학교에 근무하는 모든 인력을 대상으로 교육 실시 – 학교폭력 관련 법령, 학교폭력 발생 시 대응 요령, 학생 대상 학교폭력 예방 프로그램 운영방법, 학생안전강화대책 등 포함
학부모	• 학교설명회, 일과 후 교육 등을 활용하여 학부모교육 참여율 제고 노력 – 학교폭력 징후 판별, 학교폭력 발생 시 대응방법, 자녀와의 대화 기술, 가정에서의 인성교육에 관한 사항, 학생안전강화대책 등 포함

출처: 학교폭력 예방 종합 포털사이트(http://www.stopbullying.or.kr).

상 학생·교직원·학부모를 대상으로 학교폭력 예방교육을 실시해야 한다. 교육 횟수·시간 및 강사 등 세부적인 사항은 학교 여건에 따라 학교의 장이 정할 수 있으며, 세부적인 실시방안은 〈표 10-1〉과 같다.

학교폭력 예방교육이 의무화(연 2회)되어 교육 시간이 확대되었으나, 일부 학교에서는 단순 전달식의 형식적인 교육이 운영되고 있다(교육과학기술부, 2013). 이를 개선하기 위해 현재 이용가능한 프로그램 및 자료들을 살펴보자. 이를 토대로 다양한 방법을 활용한 학교폭력 예방교육이 이루어지고 더 좋은 프로그램을 개발·실천할 방안을 모색해 볼 수 있을 것이다. 구체적으로 학교폭력 예방교육 프로그램을 살펴보면, 먼저 교육부 중심의 프로그램들이 개발·보급되고 있다. 2013년 현장 중심 학교폭력 대책(안)의 추진 방향에서 학교현장의 다양한 자율적 예방활동 지원을 강화하기로 했으며, 이 영역에서의 네 가지 중점 과제가 프로그램화되어 운영되고 있다. 중점 과제 첫 번째는 '어울림 프로그램' 개발·보급 등 예방교육 내실화, 두 번째는 학교의 자율적인 예방활동 활성화, 세 번째는 학교의 자율적인 예방활동 적극 지원 및 유도, 마지막으로 네 번째는 꿈과 끼를 살리는 교육과정 운영 및 대안교육 활성화다. 교육부를 중심으로 개발·보급되고 있는 어울림 프로그램을 살펴보자.

어울림 프로그램

공감과 소통을 통해 행복한 학교를 만들기 위한 어울림 프로그램은 학생의 자기이해, 자존감 향상 등 내적 성장을 지원하는 맞춤형 학교폭력 예방교육 프로그램이다. 학생 대상 프로그램, 교사 대상 프로그램, 학부모 대상 프로그램으로 나뉘어 구성되어 있다. 교육과학기술부가 위촉한 전문위원이 학교별 특성에 맞는 맞춤형 프로그램을 제공하고, 석·박사급 카운슬러의 재능기부와 자원봉사를 통한 집단상담을 실시하여 학생·교사·학부모의 공감능력과 소통능력 향상을 도모하게 된다. 학생 대상, 교사 대상, 학부모 대상 프로그램 내용은 〈표 10-2〉와 같다.

프로그램 내용에서 알 수 있듯이 어울림 프로그램은 체험형 예방교육이다. 이

표 10-2 어울림 프로그램 구성

구분	내용
학생 대상 프로그램	미술활동, 놀이치료 등 다양한 프로그램을 적용함으로써 학생들의 자기이해 및 타인이해, 분노조절, 학교폭력 대응 기술 습득 등 내적 성장을 지원하기 위한 집단상담 프로그램
교사 대상 프로그램	학생 이해하기, 학생 및 학부모와의 대화법, 감성코칭 등을 통해 교사의 공감능력 및 의사소통능력을 향상시키기 위한 프로그램
학부모 대상 프로그램	자녀 이해하기, 대화의 기술, 학교폭력 대응방안 등을 통해 학부모의 공감능력 및 의사소통능력을 향상시키기 위한 프로그램

출처: 학교폭력 예방 종합 포털사이트(http://www.stopbullying.or.kr)

는 핀란드의 키바 코울루(Kiva Koulu, 핀란드 학교의 대표적인 학교폭력 예방 프로그램,이 책 제11장 외국의 학교폭력 예방 프로그램 참고)를 한국의 상황에 적합하도록 하여 집단상담, 미술·음악치료, 역할극과 같은 체험을 중심으로 구성한 프로그램이다. 교육부는 공감, 의사소통, 갈등해결, 자기존중, 감정조절, 학교폭력 인식·대처의 6개 분야로 학생용 48종, 교원용 24종, 학부모용 24종을 개발하고, 교원 연수 및 프로그램을 보완하여 2015년까지 모든 학교에 어울림 프로그램을 적용할 수 있는 기반을 구축하고 시행하고자 하는 계획이다.

　어울림 프로그램은 2012년 학교현장에 적용된 바 있으며, 2012년도 하반기 어울림 프로그램 운영학교 결과보고서를 통해 어울림 프로그램 운영의 과정 및 결과를 살펴볼 수 있다. 2012년 하반기에 운영된 어울림 프로그램 운영학교는 총 28개교이며, 학교급별로는 초등학교 9개교, 중학교 12개교, 고등학교 7개교다. 먼저 2012년 상반기에 시·도 교육청별로 선정된 어울림 프로그램 적용 학교 15개교 중 하반기 운영을 희망하는 14개교에서 우선적으로 운영할 수 있도록 지원하였다. 또한 추가 신청을 통해 하반기 운영을 희망하는 학교를 모집하여 어울림 추가 운영 학교를 선정한 결과, 초등학교 6개교, 중학교 5개교, 고등학교 3개교로 총 14개 학교가 선정되었다. 최종적으로 선정된 28개교를 대상으로 10월 22일부터 12월 27일까지 어울림 프로그램을 실시하였으며, 학교별 일정에 따라 학기 중반부터 기말고사 이후 연말까지 집중적으로 실시하였다. 학교별 어울림 프로그램은 시·도별로 위촉된 전문위원의 주관하에 학교별 특성을 반영한 프로그램을 적용하였으며, 운영 학교 1개교에 최소 8명에서 최대 약 60명 내외의 카운슬러를 투입하여 학생·교사·학부모 대상의 프로그램을 실시하였다(교육과학기술부, 한국교육개발원, 2013).

보고서에 따르면 2012년에 시범 운영한 학교 중 10개교(초등학교 3개교, 중학교 5개교, 고등학교 2개교)를 대상으로 어울림 프로그램의 효과 및 만족도를 사전검사와 사후검사로 나누어 조사한 결과, 학생들의 공감능력 향상에 영향을 미쳤으며, 소통능력은 중학교 1개교, 고등학교 1개교를 제외한 학교에서 사후검사의 점수

표 10-3   우리나라의 학교폭력 예방교육 프로그램

프로그램 명	핵심 구성 요소	대상	회기	개발기관
학교폭력 예방 프로그램	공감, 관점채택, 친사회적 문제해결 및 의사소통 기술, 또래중재 기술과 행동, 학교폭력 예방을 돕는 학교환경 구성	초등학교 4~6학년	4차시	한국교육 개발원 (2007)
시우보우 프로그램	이타행동, 대인관계, 의사소통, 인권과 평화의식, 폭력문화, 집단 따돌림 등 학교폭력	초, 중, 고	학교급별 10편, 편당 7~10분	서울대 발달심리 연구실 (2006)
무지개 프로그램	마음의 힘, 관심과 사랑, 친구상담, 학교갈등 통찰, 희망 가꾸기	초, 중, 고	10회기	청소년보호 위원회 (2002)
내가 바로 지킴이	학교폭력 인식, 예방나무, 무비오케, 예방교육 강의 등	초, 중, 고	60분	청소년폭력 예방재단
헬핑 프로그램	학교폭력 인식, 방관자와 중재자 역할, 학교폭력 법률과 대처방법	초, 중	8회기	서울대학교 발달심리 연구실 (2005)
작은 힘으로 시작해 봐!	폭력개념, 폭력트라이앵글, 대처행동 이해	초	40분	사회정신건강 연구소 (2005)

출처: 교육부 보도자료(2013.8.5.). 학교폭력 예방프로그램 교원 연수.

가 높은 것으로 나타났다. 또한 학생들의 어울림 프로그램에 대한 만족도 평균이 3.24~4.41까지로 나타나 전반적으로 어울림 프로그램 운영에 대해 만족해하는 것으로 분석되었다.

그 외에 학교폭력 예방교육 프로그램들은 2000년대 초반부터 각 기관별로 개발되었으며, 각 프로그램을 간략히 살펴보면 〈표 10-3〉과 같다.

마지막으로 2013년 학교폭력 예방교육 실시방안 안내에서 제시된 학교폭력 예방교육을 위한 다양한 자료가 학교폭력 예방 포털사이트(http://www.stopbullying. or.kr)에 탑재되어 있다. 이 중 학교폭력 예방교육용 영상물로 에듀테인먼트 영상물, 다큐멘터리, 드라마 총 3편이 있으며, 영상물 내용은 다음과 같다.

이러한 영상물 자료는 최근 유행하였던 프로그램이나 인지도가 높은 배우를 통하여 딱딱하고 지루한 이미지를 벗어난 자료로서 활용도를 높이고자 한 것으로 볼 수 있다.

표 10-4　학교폭력 예방교육용 영상물

제목	〈학교폭력 예방교육 해피 콘서트〉	다큐멘터리 〈이제 네가 말할 차례〉	드라마 〈미안해〉
주 대상	초등학생	중·고등학생	학부모 및 교사
장르	개그콘서트 에듀테인먼트 구성물	다큐멘터리	드라마
분량	40분	42분	60분
주요 내용	개그콘서트 인기코너를 활용하여 사례를 중심으로 학교폭력 예방 메시지를 전달(아빠와 아들, 감사합니다, 불편한 진실, 정여사, 멘붕스쿨, 용감한 녀석들)	대구 중학생 자살사건과 실제 학교폭력 사례를 바탕으로 학교폭력의 실태를 조명	가해·피해 학생 학부모를 주인공으로 학교폭력 사건을 극화, 학교폭력 예방 및 합리적 사안 해결을 위한 학부모의 역할 제시
출연	개그콘서트 출연진	대구 故 권승민 군의 母 배우 박보영	이일화, 노영학 등

출처: 학교폭력 예방 포털사이트(http://www.stopbullying.or.kr)

2. 학교폭력 예방 및 대처 관련 기관

1) 학교폭력신고센터 117

학교폭력신고센터는 그동안 여러 곳으로 분산되어 관리되었다. 그러다가 최근에 국번 없이 전화 '117'로 학교폭력 신고를 통합하여 처리하고자 학교폭력신고센터를 24시간 운영하고 있다. 「학교폭력 예방 및 대책에 관한 법률」 제20조에

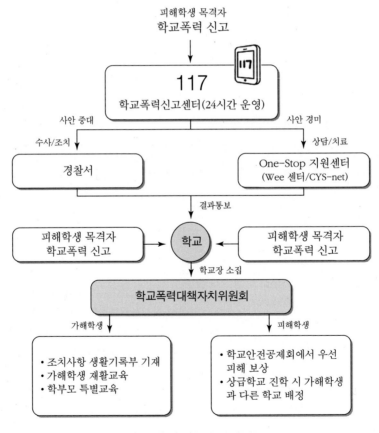

[그림 10-1] 학교폭력 신고 처리 절차

출처: 학교폭력 예방 종합포털사이트(http://stopbullying.or.kr)

"학교폭력 현장을 보거나 그 사실을 알게 된 자는 학교 등 관계 기관에 이를 즉시 신고해야 한다."라고 규정되어 있다. 학교폭력신고센터 117에 신고하면 [그림 10-1]처럼 사안처리가 이루어진다.

　학교폭력신고센터에 접수된 학교폭력 사건은 사안의 심각성에 따라 경찰청 또는 학교폭력원스톱지원센터인 Wee 센터 및 CYS-Net으로 사건을 통보한다. 경찰청은 수사결과를, 학교폭력원스톱지원센터인 Wee 센터 및 CYS-Net은 상담결과를 해당 학교 및 학교폭력신고센터에 통보한다. 통보를 받은 학교의 장은 학교폭력대책자치위원회를 소집하여 심의를 거쳐 사건을 종결한다.

2) 학교안전공제회

　학교폭력 발생으로 인한 피해자의 비용청구는 법적 절차 또는 피해자와 가해자 간의 합의에 의해 이루어질 수 있으나, 법적 처리가 늦춰지거나 피해자와 가해자 간에 합의가 원활하게 이루어지지 않을 경우에는 피해학생이 제때 정신적 · 신체적 피해를 회복할 수 있도록 지원하기 위해 [그림 10-2]와 같은 절차에 따라 학교안전공제회에서 피해자에게 먼저 비용을 지급하고 후에 가해학생 측에 구상권을 청구할 수 있다.

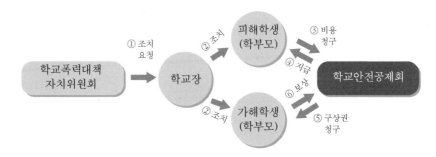

※ 학교안전공제회가 학교폭력 피해비용을 우선 부담하는 경우

[그림 10-2] 학교안전공제회 피해학생 보상절차 개선(안)

출처: 청와대 정책소식 통권 110호(2012). 학교폭력 반드시 해결하겠습니다.

3) Wee 프로젝트

Wee 프로젝트는 2008년부터 학교 → 교육청 → 지역사회의 긴밀한 협력으로 위기학생 예방 및 종합적인 지원체제를 갖춘 학교 안전망 구축 사업으로, 학생들의 적응력 향상을 위한 다양하고 전문적인 상담 서비스를 제공한다(교육과학기술부, 한국교육개발원, 2013).

'Wee'는 'We(우리)+education(교육)'과 'We(우리)+emotion(감성)'의 첫 글자를 따서 합성한 말이다. Wee 프로젝트는 학교폭력의 피해뿐만 아니라 가해학생의 치유, 또한 신체·정신·심리적으로 위기에 처한 학생들, 그리고 학교생활에 적응하지 못하는 학생들, 더 나아가 모든 학생에게 건강한 학교생활을 위해 전문적인 상담을 해 주기 위한 사업이다. 학교, 교육청, 지역사회를 연계하여 학생 등 청소년을 위한 안전망을 촘촘하게 구축하고자 한다. 단위학교에는 Wee 클래스, 교육지원청에는 Wee 센터, 시·도 교육청에는 Wee 스쿨이 설치되어 있다.

Wee 프로젝트 운영 사례를 통하여 학교현장에서 이루어지고 있는 Wee 프로젝트의 실제와 적용의 시사점을 살펴보면 다음과 같다. 살펴볼 사례는 단위학교

표 10-5 Wee 프로젝트 추진체계

• 단위학교에 설치 • 학교부적응학생 조기발견·예방 및 학교 적응력 향상 지도	**1차 안전망**	Wee 클래스
		학습부진, 따돌림, 대인관계 미숙, 학교폭력, 미디어 중독, 비행 등으로 인한 학교부적응학생 및 징계대상자
• 지역교육청 차원에서 설치 • 전문가의 지속적인 관리가 필요한 학생을 위한 진단-상담 치유 원스톱 서비스	**2차 안전망**	Wee 센터
		단위학교에서 선도 및 치유가 어려워 학교에서 의뢰한 위기학생 및 상담 확인 학생
• 시·도 교육청 차원에서 설치 • 장기적으로 치유가 필요한 고위기군 학생을 위한 기숙형 장기위탁교육	**3차 안전망**	Wee 스쿨
		기숙시설에서 전문적 응용 개입과 학업을 동시에 진행하는 개입이 요구되는 학생 또는 학업중단자

출처: 한국교육개발원(2011). 교육개발, 통권 176호.

에 설치된 Wee 클래스이며, 2012년 제2회 Wee 희망대상 우수사례집의 지도교사 부문 대상을 받은 사례에 해당한다. 경기도 한 중학교에서 학교 여건을 파악하고 Wee 클래스의 운영 방향을 설정하여 프로그램을 계획, 지역사회의 유관기관과 협력체제를 마련했으며 더 나아가 전교생을 대상으로 프로그램을 운영한 것이 특징이다. 해당 사례의 실제 프로그램을 간략히 살펴보면 다음과 같다.

▎표 10-6   학교부적응학생을 위한 맞춤형 적응 프로그램

운영 기간	프로그램 영역	프로그램 내용	비고
2011년 9~12월	집단-진로 체험활동	• 학생회 임원(모범생)과 부적응학생의 매칭을 통한 미니체육회, 집단상담활동 • 리더십 특강, 직업흥미검사, 직업체험 등 각 1회	
2011년 9월	해양 체험	• 한강 해양 레저 스포츠 (요트, 카약, 카누) 무료체험 • 추억을 비비며~비빔밥 만들어 먹기	
2012년 3월, 12월	사전 · 사후 학부모 집단상담	• 사전 · 사후 학부모 집단상담 • 수시 참가 학생에 대한 학부모 상담 연계	
2012년 4~7월	미술치료	• 감정그림, 사포협동화, 만다라, 둥지화, 콜라주 외	9회기
2012년 5~6월	마술, 도예, 요리, 보드게임 체험	• 도움반 친구들과의 연합활동 • 도움반 연합활동 시 1:1 마니또 매칭 후 도움 제공	4회기
2012년 4~7월	집단상담	• 나의 과거, 현재, 미래, 진로탐색활동 외	6회기

학교생활에서 어려움을 겪는 학생들이 학교생활의 즐거움을 찾는 데 목적을 두고, 프로그램에 참가 중인 학생이 자발적으로 기획 · 운영할 수 있는 활동으로 구성되어 있다. 지역사회의 유관기관과의 협력을 통하여 Wee클래스통합운영지원체제(Wee-Net)를 구축하고 운영하였는데, 운영내용의 일부를 살펴보면 〈표 10-7〉과 같다.

위기학생을 조기에 발견하여 지역 내 유관기관과의 네트워크를 통해 학생 중심의 원스톱 지원서비스체제를 운영한 것이 Wee클래스통합운영지원체제의 특징

표 10-7   Wee클래스통합운영지원체제(Wee-Net) 프로그램 내용

기간	프로그램 영역	프로그램 내용	비고
9월 (10월)	Wee-Net MOU(협약) 체결	• 협약기관: 관내 청소년 유관기관 7곳 [화성시건강가정지원센터, 화성시자원봉사센터, 메타메디 병원(소아청소년정신의학과), 화성시다문화가족지원센터, 화성시정신보건센터, 화성가족과성상담소, 나래울복합문 화지원센터]	
9월	Wee-Net 위원 위촉	• Wee-Net 위원: 총 45명 [협약기관별 담당자, 화성오산 Wee 센터 전문상담교사 및 사회복지사, 화성시청소년상담복지센터 상담팀장, 관내 학 생상담자원봉사자, 상담자격을 소지한 외부 상담자원봉사 자, 본교 또래상담자 · 자기주도학습 · 상담과정을 이수한 학부모, 아주대학교 대학생 5명의 멘토링 활동자]	
10월 ~12월	상담사례 지원협의회	• 2주 1회 담임교사, 상담자, 전문상담교사 사례협의 5회 • 월1회 상담사례지원협의회: 위기사례 발굴, 유관기관 연계, 담당자 참석 연계지원협의 4회	

이라고 할 수 있다. 또 공감과 소통을 위한 Wee Process를 운영했다. 이는 전교생
을 대상으로 학년별 프로그램을 운영하고 여기에 더하여 교사와 학부모를 위한
프로그램, 지역기관과의 협력을 이끌어 냈다. 그 결과 해당 학교에서는 2011년 학
교폭력 발생건수 11건에서 2012년 1건으로 줄어들고, 상담활동이 증가하였으며,
학부모와 교사, 지역기관이 연계한 실질적인 통합지원사례가 증가하는 등의 운영
성과를 나타냈다.

4) 지역사회 청소년통합지원체계

여성가족부에서는 청소년 관련 지역단체들의 협력체제를 구축하여 이 단체들
의 위기청소년 문제해결 역량을 제고하기 위한 지역사회 청소년통합지원체계
(Community Youth Safety-Net: CYS-Net)를 운영하고 있다. CYS-Net는 위기청소년

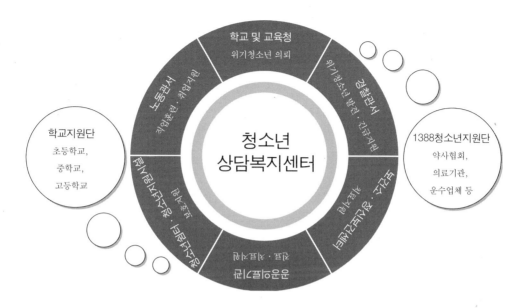

[그림 10-3] CYS-Net 운영조직

출처: 여성가족부(http://www.moget.go.kr).

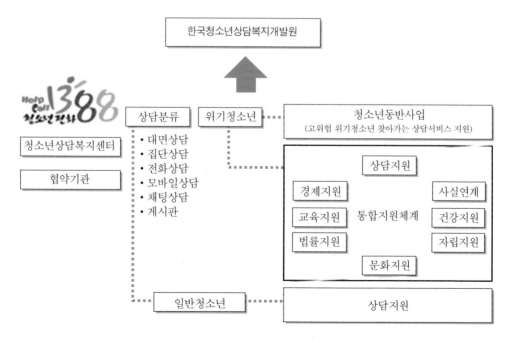

[그림 10-4] CYS-Net 사례지원과정

출처 : 한국청소년상담복지개발원(http://www.kyci.or.kr)

들의 학업은 물론이고 친구와 가족 등 대인관계, 그리고 신체문제, 심리문제, 정
신문제, 경제문제 등으로 고민하는 청소년들에게 적합한 서비스를 원스톱으로 지
원하여 어려움을 해결하는 데 도움을 주고자 하는 지역사회네트워크다. 위기청소
년들은 청소년전화 1388 상담서비스를 이용하거나 청소년사이버상담센터(http://
www.cyber1388.kr)에 접속한 후 공개상담실, 비밀상담실, 1:1 채팅상담실에서 상
담을 신청할 수 있다. CYS-Net에서는 사이트(http://counselingsystem.or.kr)를 이
용해 종합상담시스템을 운영한다. 사이트에 접속하여 아이디와 패스워드를 입력

표 10-8 CYS-Net 서비스의 종류

상담 및 정서적 지원	• 위기상황을 효과적으로 극복하도록 도우며, 청소년 내면의 잠재력을 개발할 수 있도록 상담 및 심리적 안정과 정서적 지지를 제공한다.
정서적 지지 제공	• 청소년상담지원센터, 청소년동반자, 한국청소년상담원이 서비스를 제공한다.
사회적 보호 지원	• 가출하여 귀가하지 않고 있거나 위험 상황에 노출된 청소년에게 보호, 휴식을 제공한다. • 연계 기관: 청소년쉼터, 보건복지부 산하의 그룹홈 등
교육 및 학원 지원	• 학업을 중단하였거나, 정규교육과정을 이수하지 못한 청소년에게 기본적인 교육 및 학업능력을 갖출 수 있도록 지원한다. • 연계 기관: 학교, 대안학교, 검정고시학원 등
진로 및 취업 지원	• 가출, 학업 중단 등 어려움에 처한 청소년의 진로설정을 도와주고, 취업할 수 있도록 직업훈련, 인턴십 기회 등을 제공한다. • 연계 기관: 직업전문학교, 고용안정센터, 자활후견기관(자활지원관) 등
의료 및 건강 지원	• 가출, 학교/가정폭력 등으로 심리 및 신체적 문제가 발생해 일상생활에 어려움이 있는 청소년에게 치료 지원을 제공한다. • 연계 기관: 국립의료원, 지역 보건소, 병원 등
여가 및 문화활동 지원	• 위기청소년들이 건강한 일상생활을 영위할 수 있도록 다양한 여가 및 문화활동 체험을 제공한다. • 연계 기관: 청소년수련시설, 청소년 문화의 집 등
법률자문 및 권리구제	• 학교폭력, 성폭력 피해/가해, 불법고용주로부터 착취를 당하는 등 법률 관련 도움이 필요한 청소년에게 법률 자문과 지원을 제공한다. • 연계 기관: 대한법률구조공단, 지역 변호사

출처: 한국청소년상담복지개발원(http://www.kyci.or.kr).

하면 비밀이 완벽하게 보장된 상태에서 개인의 고민을 상담할 수 있다.

CYS-Net의 서비스는 위기청소년들의 심리적·경제적·학업적·대인관계적 어려움들을 해결하는 데 도움을 주기 위해 해당 위기청소년에게 적합한 맞춤형 서비스를 원스톱으로 지원한다. CYS-Net 서비스의 종류에는 상담 및 정서적 지원, 정서적 지지 제공, 사회적 보호 지원, 교육 및 학원 지원, 진로 및 취업 지원, 의료 및 건강 지원, 여가 및 문화활동 지원, 법률자문 및 권리구제 등 다양하다.

5) 청소년폭력예방재단

청소년폭력예방재단(청예단)은 유엔경제사회이사회에서 특별협의지위를 인정받은 청소년 비영리공익법인이다. 학교폭력의 심각성을 사회에 알리고, 학교폭력예방과 치료를 위한 활동을 목적으로 한다. '학교폭력SOS지원단'을 통한 학교폭력 분쟁조정 지원, 학교폭력대책자치위원회 자문 및 컨설팅, 그리고 학교폭력 상담전화 '1588-9128' 등을 통한 학교폭력의 피해 예방 및 구제를 위한 활동을 하고 있다. 홈페이지(http://www.jikim.net)에 접속하여 학교폭력과 관련한 사이버 상담을 신청할 수도 있다.

6) 대한법률구조공단

사회, 경제적 어려움으로 법의 보호와 지원을 받지 못하는 소외계층에게 무료 법률상담 및 소송대리, 형사변호, 법문화교육 등의 서비스를 제공한다. 법률복지서비스를 제공하기 위해 국번 없이 132 전화를 운영한다.

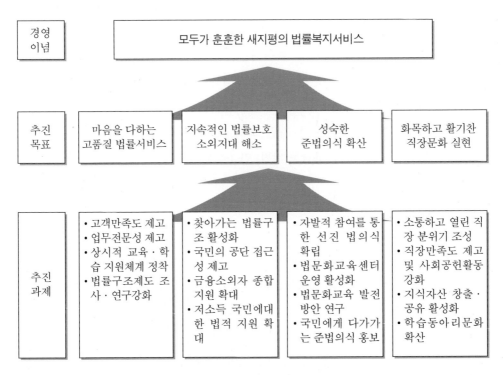

[그림 10-5] 대한법률구조공단 경영 이념

출처: 대한법률구조공단(http://www.klac.or.kr)

7) 청소년비행예방센터

법무부에서 위기 및 비행 초기단계에 있는 청소년들을 대상으로 비행 예방과 재발방지 교육을 통해 건전한 청소년으로 육성하기 위해 대안교육을 실시하고자 설치했다. 비행유형별로 비행청소년 지도경험이 있는 전문가를 위촉하여 생활예절 지도 및 체험적 인성교육을 함께 실시하고 있다.

◢ **표 10-9**   청소년비행예방센터

구분 (설치일)	기관 명칭 (대외명칭)	주요 기능	관할 지역
기설치 기관 (2007. 7.23.) 6개 기관	부산청소년비행예방센터 (부산대안교육센터)	• 상담조사, 검사결정전조사 • 대안교육, 보호자교육, 청소년심리상담 • 가족솔루션캠프	부산, 울산
	창원청소년비행예방센터 (창원대안교육센터)	• 상담조사, 검사결정전조사 • 대안교육, 보호자교육, 청소년심리상담	경남
	광주청소년비행예방센터 (광주대안교육센터)	• 상담조사, 검사결정전조사 • 대안교육, 보호자교육, 청소년심리상담	광주, 전남
	대전청소년비행예방센터 (솔로몬로파크)	• 법교육(전국민 대상)	전국
	청주청소년비행예방센터 (청주대안교육센터)	• 상담조사, 검사결정전조사 • 대안교육, 보호자교육, 청소년심리상담 • 가족솔루션캠프	충북
	안산청소년비행예방센터 (안산대안교육센터)	• 대안교육, 보호자교육, 청소년심리상담 • 가족솔루션캠프	경기 전역
신설 기관 (2012.6.) 4개 기관	서울남부청소년비행예방센터 (서울남부대안교육센터)	• 상담조사, 검사결정전조사 • 대안교육, 보호자교육, 청소년심리상담 • 가족솔루션캠프	서울 남부, 동부, 서부
	서울북부청소년비행예방센터 (서울북부대안교육센터)	• 상담조사, 검사결정전조사 • 대안교육, 보호자교육, 청수년심리상담 • 가족솔루션캠프	서울 북부, 의정부, 고양
	인천청소년비행예방센터 (인천대안교육센터)	• 상담조사, 검사결정전조사 • 대안교육, 보호자교육, 청소년심리상담 • 가족솔루션캠프	인천, 부천, 김포, 강화
	대구청소년비행예방센터 (대구내안교육센터)	• 상담조사, 검사결정전조사 • 대안교육, 보호자교육, 청소년심리상담 • 가족솔루션캠프	대구, 경북

출처: 교육과학기술부 외(2012). 학교폭력 사안처리 가이드북.

표 10-10   성폭력 전문상담기관

기관명	전화번호	상담 내용
여성긴급상담전화	1366	가정폭력, 성폭력, 성매매 등과 관련된 긴급 상담 및 긴급보호
117 학교 여성폭력피해자 등 긴급지원센터	117	성폭력, 성매매, 학교/가정폭력의 법률 정보 및 상담 안내
원스톱 지원센터	1899-3075 (11월 통합)	24시간 성폭력 피해자에 대한 증거채취, 응급의료 지원 및 상주 여성 경찰관의 수사지원, 무료법률자문 제공
해바라기 아동센터		만 13세 미만의 성폭력 피해아동을 대상으로 신체적·정신적 피해에 대한 원스톱 서비스 실시
한국여성상담센터	02-953-2017	가정폭력, 성폭력 등의 상담

출처: 교육과학기술부 외(2012). 학교폭력 사안처리 가이드북.

8) 기타 기관

표 10-11   기타 기관

주요 기관	관계 부처	지원 내용
학교폭력 분쟁조정 지원센터	교육부	• 화해, 분쟁조정 지원
범죄피해자지원센터	법무부	• 구조금, 부대비용(이전비, 치료비 등) 지원
학교폭력 전문심리치료센터 (5개 국립정신병원)	복지부	• PTSD, 우울증 등 피해학생의 심리적 충격 전문치료서비스 지원
국립중앙청소년디딤센터	여성가족부	• 피해학생에게 정서적 장애가 있는 경우 단기(5~10일), 장기(3개월) 상담·교육 지원

출처: 교육부 보도자료(2013.7.23.). 학교폭력, 현장에서 해결한다.

1. 학교폭력 예방 프로그램을 참고하여 학생, 교직원, 학부모를 대상으로 할 수 있는 예방 프로그램 주제에 대해 토의하시오.

2. Wee 프로젝트를 참고하여 학교부적응 학생을 위한 맞춤형 적응 프로그램을 계획하여 보시오.

3. 학교폭력 예방을 위해 학교와 가정, 지역, 관계 기관이 연대하여 운영한 프로그램 사례를 조사하여 제시하고, 효과적인 연대 방안에 대해 토의하시오

4. 학교폭력 예방교육용 영상물을 참고하여 학교폭력 예방 메시지를 효과적으로 전달할 수 있는 방안에 대해 토의하시오.

참고문헌

교육과학기술부(2012). 학교폭력근절 종합대책.

교육부(2013). 현장 중심 학교폭력 대책(안).

교육부 보도자료(2013.8.5). 학교폭력 예방프로그램 교원 연수.

교육부 보도자료(2013.7.23.). 학교폭력, 현장에서 해결한다.

교육과학기술부, 이화여자대학교 학교폭력예빙 연구소, 청소년폭력예방재단, 법무부, 한국법교육센터(2012). 학교폭력 사안처리 가이드북.

교육과학기술부, 청소년폭력예방재단, 서울대학교 교육연구소(2009). 학교폭력 사안처리 가이드북.

교육과학기술부, 한국교육개발원(2013). 2012년도 하반기 어울림 프로그램 운영학교 결과보고서.

청와대 정책소식 통권 110호(2012). 학교폭력 만드시 해결하겠습니다.

한국교육개발원(2011). 교육개발, 통권 176호.

한국교육개발원(2013). 제2회 Wee 희망 대상 우수사례집. 연구자료 CRM 2013-08.

참고 사이트

대한법률구조공단 http://www.klac.or.kr

학교폭력 예방 종합 포털사이트 http://www.stopbullying.or.kr

한국청소년상담복지개발원 http://www.kyci.or.kr

한국교육신문 http://www.hangyo.com

제11장
외국의 학교폭력 예방 프로그램

　세계 각국의 많은 나라에서 학교폭력의 심각성을 인식하고 학교폭력 예방을 위해 최선의 노력을 기울이고 있다. 노르웨이에서는 올베우스 학교폭력 예방 프로그램과 제로 프로그램을 통해 학교폭력 행동과 괴롭힘 행동을 감소시키고 대인관계능력을 향상시키는 데 큰 효과를 보고 있다.

　미국에서는 법과 정책을 통해 학교폭력으로부터 학생을 보호하며 약물남용 저항교육 프로그램, 또래중재 프로그램, 창의적 갈등해결 프로그램, 세컨드 스텝 등 다방면으로 학교폭력 예방을 위한 프로그램을 실시하고 있다. 핀란드에서는 키바 코울루 프로그램이 대표적인 학교폭력 예방 프로그램인데, 이 프로그램에서는 학교폭력 피해에 대해 공감하며 피해 학생들을 이해하고 도와주는 것을 강조한다. 일본에서는 이지메 문제에 대한 대응을 강화하고 있으며 학교와 관계 기관이 협력체제를 구축하여 학교폭력에 적극적으로 대처하고 있다.

　학교폭력 예방에 대한 노르웨이, 미국, 핀란드, 일본 4개국의 사례를 살펴봄으로써 효과적인 학교폭력 예방교육에 대한 시사점을 얻는 것은 큰 의의가 있다고 할 수 있다.

제11장 | 외국의 학교폭력 예방 프로그램

1. 노르웨이의 학교폭력 예방

노르웨이에서는 1982년 10~14세 청소년 3명이 집단 괴롭힘으로 잇달아 자살한 사건이 일어난 것을 계기로 학교폭력을 없애기 위한 국가적 캠페인이 일어났다. 그리고 이때 학교 중심의 체계적인 괴롭힘 예방 프로그램을 연구하기 시작했다. 노르웨이의 학교폭력 예방 프로그램은 올베우스(Olweus)의 괴롭힘 예방 프로그램과 제로 프로그램이 대표적이다. 노르웨이의 많은 학교에서는 올베우스 프로그램이나 제로 프로그램을 통해 학교폭력 예방교육을 하며, 둘 다 학교폭력 및 괴롭힘 행동을 감소시키는 데 효과적인 프로그램으로 인정받고 있다(박효정, 정미경, 박종효, 2006).

올베우스의 괴롭힘 예방 프로그램(Olweus Bullying Prevention Program: OBPP)은 세계적으로 가장 널리 알려진 프로그램으로 현재 전 세계 16개국 이상에서 실시되고 있다. 이 프로그램은 또래 괴롭힘(bullying)이라는 용어를 처음 사용한 노르웨이의 베르겐 대학교 심리학자 Olweus가 개발하였다. 올베우스의 학교폭력 예방 프로그램은 초등학교와 중학교에서 사용할 수 있는 학교 기반 프로그램으로 고안되었다. 괴롭힘 현상에 대한 이해를 향상시키고, 교사와 학부모들이 프로젝트에 능동적으로 참여하도록 유도하고, 괴롭힘을 금지하는 명확한 규칙을 개발하여 피해자들에게 보호와 지원을 제공하는 것을 주요 목적으로 한다(Olweus, 1993).

학교폭력이 발생하면 주변 학생들과 피해학생이 가해학생을 향해 "괴롭힘 멈춰(Stop Bullying)!"를 단호하게 소리치는 동시에 교사에게 이를 알려 문제를 해결하는 방식이 특징인 프로그램이다. 학생 2,500여 명을 대상으로 실시한 결과 2년 사이 학교폭력 사건이 50% 이상 감소하는 매우 긍정적인 성과를 보였다. 이후 영국, 독일, 미국 등으로 프로그램 사용이 확산하면서 노르웨이에서와 같이 효과적인 예방 효과를 보이는 프로그램으로 인정받고 있다.

올베우스 프로그램의 내용

- 괴롭힘에 대한 문제 인식
- 괴롭힘 실태조사 실시
- 학생 지도감독의 강화
- 조정 집단의 운영
- 괴롭힘에 대한 지속적인 토의

출처: 청소년보호위원회(2001). 청소년 폭력실태조사.

올베우스의 학교폭력 예방 프로그램은 집단 따돌림에 의한 가해·피해의 발생을 줄이고 새로운 문제의 발생을 사전예방하기 위해 학교, 학급, 개인 수준에서 실시해야 하는 주요 활동들을 매우 구체적으로 제시한다. 학교 수준에서는 학교회의, 교사·학부모 모임, 안전한 학교환경 조성, 학교폭력 예방에 대한 대책 마련 등이 있고, 학급 수준에서는 학급회의를 통해 학교폭력 예방 토론을 실시하고 역할극을 해 보는 것, 학급의 협력적 구조를 형성하는 것 등이 있다. 개인 수준에서는 학교폭력 관련 학생들 및 학부모와의 회의, 방관자의 도움에 대한 토론 등을 제시하고 있다. 또한 이 프로그램은 어른들이 하나가 되어 학생들에게 메시지를 분명하게 전달하는 것이 특징적이며, 학생행동규칙을 실천하여 유치원에서부터 친구를 괴롭히는 행동을 하지 못하도록 교육한다.

올베우스 프로그램의 학생행동규칙

• 우리는 다른 친구들을 괴롭히지 않을 것이다.
• 우리는 괴롭힘당하는 친구를 도울 것이다.
• 우리는 혼자 있는 친구들과 함께할 것이다.
• 누군가가 괴롭힘당하는 것을 알게 된다면, 우리는 선생님이나 어른들에게 이야기할 것이다.

출처: 배진형, 김상곤, 윤철수, 정연정, 이종익 외(2013). 학교폭력 예방 및 해결을 위한 다차원적 접근 매뉴얼.

이 프로그램은 기존의 학교환경을 재구성하고 바람직하지 않은 행동과 태도를 감소시킴으로써 사회적 관계와 친사회적 행동을 향상시키는 것을 목적으로 한다. 그리고 프로그램의 성공을 위해 학교 구성원인 교장, 교사, 교직원, 학부모의 절대적인 협조와 역할을 요구한다.

제로 프로그램(Zero Program)은 학교폭력 방지를 위해 스타방게르 대학교의 인간행동연구소에서 중앙정부의 경제적 지원을 받아 2003년부터 2006년까지 수행한 프로그램이다. 학교폭력과 따돌림에 관한 연구로 유명한 노르웨이 스타방게르 대학교의 인간행동연구소는 1983년부터 꾸준히 학교폭력 방지에 대해 연구해 왔으며, 교사들의 연수도 맡아 매년 교사들에게 따돌림의 정의 · 원인 · 영향 · 예방책 등을 꾸준히 교육하고 있다.

제로 프로그램은 학교폭력 절대불가라는 원칙하에 학교폭력 감소와 장기적으로는 학교폭력에 대처하고 예방하는 학교의 능력 강화를 목적으로 전개하고 있다(박효정, 2005). 제로는 3~5개 학교로 구성되며, 제로 내 각 학교에 교장, 담임, 부모, 학생이 집단을 구성하여 외부 전문가가 참여하는 세미나를 개최한다. 또한 학교폭력을 예방할 수 있는 지식과 기술을 제공함으로써 학교폭력 없는 학교풍토를 조성하고, 학교폭력에 대한 대응 역량을 키우도록 한다.

제로 프로그램의 3대 원칙

- 집단 따돌림에 대한 무관용 원칙
- 프로그램에 대한 적극적인 참여와 헌신
- 학교폭력 예방에 대한 지속적인 대처와 노력

출처: 박효정(2012). 노르웨이의 학교폭력 실태와 대책, 그리고 한국교육에의 시사점.

노르웨이의 사례에서 배울 점은 정부와 학교, 미디어 등이 모두 함께 학교폭력 예방을 위해 노력한다는 것이다. 2002년 학교폭력 반대 첫 헌장이 공표됨으로써 법적으로 따돌림을 규제할 수 있게 되었고, 2003년에는 법령 개정으로 각 학교가 학교폭력, 따돌림, 괴롭힘 등을 해결하기 위한 능력과 환경을 갖추도록 했다. 이와 관련해 각 지역에서는 학교폭력 예방 행동지침을 마련하고 이와 관련된 활동을 미디어에 적절하게 소개하는 등 학교폭력 예방활동을 활성화하려는 노력을 계속하고 있다.

특히 2003년 국왕이 새해 연설에서 따돌림 문제를 처음 언급하면서 학교폭력의 심각성에 대한 전 국민적 공감대가 형성되었으며, 학교폭력 근절 실천운동(Manifesto Against Bullying) 선언을 통해 더욱 적극적인 학교폭력 예방운동을 펼치기 시작했다. 학교폭력 근절 실천운동의 핵심원칙은 학교폭력 무관용(zero tolerance)으로, 어떠한 형태의 학교폭력도 결코 허용해서는 안 된다는 강한 의지와 책임을 강조한다(박종효, 2007). 이후 2005년에 새롭게 학교폭력 근절 실천운동 선언을 발표하여 시행하고 있으며, 영국, 미국, 독일 등의 많은 나라에서도 이러한 학교폭력 근절 실천운동이 전개되고 있다. 노르웨이에서는 이러한 국가적 · 지역적 차원의 다양한 노력으로 학생들의 학교폭력 및 괴롭힘 행동이 전반적으로 감소하는 효과를 거두고 있다.

2. 미국의 학교폭력 예방

미국에서는 학교폭력이 학생끼리 괴롭히거나 물건을 빼앗는 수준을 넘어서서 총기나 마약을 사용한 폭력, 무장강도나 살인 등의 심각한 수준으로 나타나고 있어 사회적으로 큰 문제가 되고 있다. 이에 미국 정부는 학교와 지역사회에서 발생하는 청소년 폭력 및 약물의 불법 사용을 예방하기 위하여 1994년 「안전하고 약물 없는 학교와 지역사회법(The safe and drug-free schools and communities act of 1994)」을 제정하였다. 이 법에는 교사, 학부모들에게 학교폭력 방지와 마약남용 예방 프로그램에 관한 교육을 받게 하고 학생들에게는 유해물질을 살 수 없도록 하며, 학생들이 집과 학교를 안전하게 오갈 수 있도록 하는 등의 내용이 담겨 있다. 또한 학생들에게는 학교폭력 예방 프로그램을 실시하고, 교사들에게도 학교폭력 방지와 마약남용 예방 프로그램을 실시하도록 규정한다.

이후 미국 콜로라도 주 덴버 근교의 리틀턴 시에 위치한 콜럼바인 고등학교에서 1999년 발생한 총기난사사건을 계기로 미국 전역에서는 더욱 강력한 학교폭력 예방대책이 필요하다는 데 동의하게 되었다. 이 사건은 1999년 4월 20일 콜럼바인 고등학교에서 학생 2명이 자동소총과 사제폭탄으로 중무장한 채 학교에서 총알 900여 발을 무차별 난사해 학생 12명과 교사 1명을 살해하고 자신들도 자살하여 모두 15명이 사망한 사건으로 미국 전역에 커다란 파장을 일으켰다.

이를 계기로 주 차원에서 학교현장에서의 따돌림 예방을 위한 특성 교육 프로그램의 시행 의무를 학교에 부여하고, 학교에서의 따돌림 행위를 방지하는 정책들을 제정하여 입법하는 등의 활동이 급증했다. 1999년부터 지금까지 전국적으로 학교나 지역에서의 따돌림 행위를 방지하는 정책을 도입하고 사이버 따돌림(cyber bullying)에 관한 새로운 법을 제정하는 등 미국 내 따돌림 관련 법제는 급격한 성장을 보이고 있다(장준오, 이승현, 김대근, 오정한, 고성혜 외, 2012).

미국의 모든 주에서는 학교폭력으로부터 학생을 보호하기 위해 법(주의 교육법규)과 정책(학구와 학교에 제공되는 지침)을 시행하고 있다. 지역별로 따돌림 예방을 위한 법과 정책을 시행하는 현황을 살펴보면 몬타나 주는 정책으로만, 텍사스 주 등 8개 주는 법을 통해 시행하고 있으며 그 외 대부분 주에서는 법과 정책을 동시에 시행하고 있다. 각 주에서는 학교 폭력과 사이버 폭력에 대한 내용을 중심으로 법과 정책을 규정하고 있고, 학교는 이러한 폭력에 대해 법적인 절차에 따라 해결해야 할 의무를 지닌다.

미국의 학교폭력 예방 프로그램으로는 국가사법기구(NIJ)에서 실시한 약물 예방 프로그램인 약물남용 저항교육 프로그램(D.A.R.E.), 스스로 학교폭력을 해결하는 능력을 향상시키도록 도와주는 또래중재 프로그램(Peer Mediation Program), 간 문화적 이해를 촉진하기 위해 고안된 창의적 갈등해결 프로그램(RCCP), 학교폭력 예방을 위한 사회성 발달 프로그램인 세컨드 스텝(Second Step)이 있다. 이에 대하여 살펴보자.

미국의 체계적인 약물 예방교육 중 하나인 약물남용 저항교육 프로그램(Drug Abuse Resistance Education: D.A.R.E.)은 17회에 걸쳐 약물사용에 저항하는 사회기술과 주장기술 등의 다양한 기술을 교육하는 프로그램으로 그 효과가 보고되고

[그림 11-1] 미국의 집단 따돌림 예방을 위한 법과 정책 시행 현황

출처: http://www.stopbullying.gov

있다(김소야자, 서미아, 남경아, 박정화, 2001). 1983년 L.A.에서 처음 시작된 D.A.R.E. 프로그램은 경찰관들이 학교를 방문하여 학생들을 대상으로 약물남용 예방교육을 실시하며, 유치원에서 고등학교까지 연령대의 학생들에게 약물, 알코올, 담배 등의 유혹에서부터 또래집단의 압력을 극복할 수 있도록 필요한 기술과 동기를 준비시킨다.

프로그램의 주된 목적은 학생들이 스스로 약물남용을 예방하여 폭력집단이나 폭력에 효과적으로 저항하는 기술을 개발하도록 하는 데 있다. D.A.R.E. 프로그램에서 추구하는 목표는 다음과 같다.

D.A.R.E. 프로그램의 공통 목표

- 담배, 주류, 약물에 대한 또래의 압력에 저항할 지식과 기술 습득
- 고양 및 의사소통 기술의 구축
- 약물사용에 대한 긍정적인 대안의 학습
- 분노조절과 갈등해결 기술의 학습
- 위험평가와 의사결정 기술의 개발
- 폭력의 감소와 폭력조직의 간섭에 대한 저항

출처: 강은영(2004). 약물남용 예방교육의 실태와 효율화 방안.

D.A.R.E.의 교과과정은 초등·중등학생들에게 약물남용, 폭력, 폭력집단에 저항할 적절한 기술과 동기를 부여하도록 고안되었다. 이 프로그램은 미국 내 지역사회 7천여 곳에서 학교 방문 수업, 학부모 프로그램, 방과 후 프로그램인 D.A.R.E. 플러스(Play and Learn Under Supervision)를 통해 이루어지며, 전 세계적으로 전파되고 있다(강은영, 2004).

또래중재 프로그램(Peer Mediation Program)은 학생들이 스스로 갈등을 해결할 수 있는 역량을 기르도록 도와주는 프로그램으로 1983년 롱아일랜드 브라이언트 고등학교에서 처음 도입되었다. 이 학교는 학교폭력 사건이 많은 문제를 해결하기

위해 학교에 사회적 중재시스템을 적용하여 중재교육을 했는데, 프로그램 시행 이후 학교폭력 사건이 크게 줄어들고 학생들의 인간관계도 향상되는 결과가 나타났다. 또래중재 프로그램은 각 학급에서 친구들의 추천을 받은 소수 인원이 일정 교육과정을 이수한 후 학생중재자(student mediators)로 활동 하며, 이들에 대해서는 별도의 갈등조정전문가(adult coordinators)가 학생중재자에 대한 교육과 갈등조정을 지원한다. 일리노이 주의 갈등해결연구소(Illinois Institute for Dispute Resolution)에서는 청소년 갈등해결중재자 교육과정을 운영하며, 교육과정 내용을 살펴보면 다음과 같다(최창욱, 권일남, 문선량, 2004).

일리노이 갈등해결연구소 중재자 교육의 단계별 주요 내용

- 1단계: 프로그램 팀 구성 및 프로그램 조정자 선정
- 2단계: 스케줄 개발과 프로그램 계획, 정책과 사업 개발
- 3단계: 또래 중에 중재인 선택, 중재인 훈련
- 4단계: 연수훈련 지도, 학생 및 부모 워크숍
- 5단계: 계속적인 캠페인 증진을 위한 개발과 시행
- 6단계: 프로그램 운영과 유지, 평가 프로그램

출처: 최창욱 외(2004). 청소년 갈등해결을 위한 정책방안.

미국에서 또래중재에 대한 연구를 통해 긍정적인 효과들이 보고되면서 뉴욕 시 교육청은 또래중재 프로그램을 실시할 교사들을 위한 연수를 제공하고 각 공립학교에서 이 프로그램을 실시할 것을 권장하고 있다. 또래중재는 학생 간에 일어나는 갈등이나 분쟁을 또래 학생 스스로 중재하여 갈등 당사자들이 서로 유익한 방향으로 문제를 해결하도록 도우며, 또래조정 과정에서 갈등을 대화로 해결히는 경험을 하며 의사소통이나 문제해결능력을 키울 수 있어 평화적인 갈등해결능력 향상에 도움이 된다. 현재 미국의 약 5천여 개 학교에서 학교폭력 예방의 일환으로 또래중재 프로그램을 운영하고 있다.

창의적 갈등해결 프로그램(Resolving Conflict Creatively Program: RCCP)은 미국의 대표적인 유치원부터 고등학교까지의 학교 중심 청소년폭력 예방 프로그램으로 뉴욕 시 교육위원회와 '공립학교들과 사회적 책임을 위한 교사모임(Educators for Social Responsibility: ESR)'이 공동으로 개발하여 운영 · 지원하는 갈등해소 및 중재 프로그램이다(박효정, 정미경, 박종효, 2007). 이 프로그램은 학교 중심 청소년 폭력 예방 프로그램으로 1985년에 설립되며 시작해 현재 뉴욕의 교사 6천여 명과 학생 20만 명이 참여하고 있으며 뉴욕 시뿐만 아니라 RCCP National Center를 중심으로 미국 15개 학구로 확대 실시되고 있다.

RCCP는 교사와 학생들이 비폭력적인 방법으로 갈등을 해결하고 폭력적인 상황이 발생하지 않도록 예방하며 다른 문화에 대한 이해를 촉진하기 위해 고안되었다. 또한 갈등 상황이 발생하였을 때 합리적인 방식으로 갈등을 해결하도록 가르치고 긍정적인 집단관계를 향상시킴으로써 공격이나 폭력행동을 야기하는 정신과 대인관계 행동전략을 변화시킨다. 이 프로그램은 학생들 사이에서의 중재반, 학교 운영위원회, 학부모 자원봉사단의 교육도 포함되며, 학생교육과 학급코치교육을 이수한 교사가 지도에 참여한다.

이 프로그램은 갈등을 해결하기 위해 갈등 상황에서 수동성이나 공격성 이외의 다른 반응을 선택할 수 있음을 알려 주고, 이러한 반응의 선택이 일상생활에서도

RCCP 프로그램에서 개발시키고자 하는 기술

- 경청하기
- 감정표현과 분노 다스리기
- 단호한 태도
- 협동적인 문제해결(협상과 중재를 포함)
- 다양성 수용
- 차별 방지

출처: http://esrnational.org/professional-services/additional-middle-school-and-high-school-services/

자주 나타나도록 도와주는 훈련을 한다. 또한 다른 사람의 문화를 존중하도록 돕고, 편견이나 선입견을 배제하도록 가르치기도 한다.

이 프로그램의 궁극적인 목표는 청소년들이 갈등을 처리하는 비폭력적 대안을 사용할 수 있게 하고 타협이나 기타 갈등해소기술을 가르치며 아울러 더 평화로운 학교 세계를 창출해 내는 데 학생들 스스로 커다란 역할을 할 수 있다는 것을 보여 주는 것이다. RCCP가 전문가들 사이에서 가장 훌륭한 프로그램으로 평가받고 있는 이유는 접근 방식이 매우 포괄적이라는 점이다. 프로그램에는 초등학교, 중등학교 및 특별교육 교과과정이 포함되어 있으며, 학생들 스스로 중재에 참여하는 프로그램, 학부모 프로그램, 교사 프로그램 등을 포함한다(이동원, 1999).

세컨드 스텝(Second Step)은 미국 일리노이 대학교에서 개발한 학교폭력 예방 프로그램으로 학교폭력 근절과 예방을 위한 사회성·정서 능력 발달의 필요성이 높아짐에 따라 개발된 프로그램이다. 개발을 담당한 비영리단체 '아동을 위한 위원회(Committee for Children)'가 아동 성폭력 방지 프로그램 '퍼스트 스텝(First Step)'을 만든 이후에 만들어서 세컨드 스텝이라는 이름이 붙었다.

4세에서 14세까지의 학생들을 대상으로 하는 교실 기반 사회성 발달 프로그램으로 학생들의 충동적이고 공격적인 행동과 약물남용 등의 감소, 사회-정서적 능력의 발달을 목적으로 한다. 세컨드 스텝은 구체적으로 설정된 여러 학교폭력 상

세컨드 스텝의 프로그램 구성

• 조기교육: 조기교육을 위한 사회-정서적 기술
  - 감정조절, 교우관계, 문제해결력
• 유·초등학교: 초등학교에서의 사회적·학문적 성공을 위한 기술
  - 감정이입, 감정조절, 문제해결력, 자기조절, 실행기능기술
• 중학교: 학교폭력 예방활동을 통한 성공적인 학교생활
  - 감정이입, 소통, 감정조절, 상황대처, 의사결정력

출처: http://www.cfchildren.org/second-step.aspx

황에서 피해학생들이 겪는 감정을 다른 학생들이 직접 체험해 보도록 한다. 이를 통해 학교폭력을 줄이는 것이 핵심이며, 공감능력, 충동조절 및 문제 해결능력, 분노조절능력의 향상을 목표로 한다.

이 프로그램은 '공감과 의사소통' '감정조절' '문제해결능력' '약물남용 예방' 등 각 연령대에 따라 다르게 구성된 교육과정으로 학생들의 학교적응력 향상을 도우며, 다양한 놀이활동과 역할극 등을 통해 사회성과 공감능력을 키운다. 이 프로그램은 세계 각국의 약 2만 5천여 개 학교에서 실행하고 있으며, 미국에서는 이 프로그램을 적용한 학생들의 학교폭력이 30% 정도 감소했다는 결과도 나왔다.

세컨드 스텝 프로그램의 주제

- 공감과 의사소통
  - 학교폭력에 대해 이해하기, 방관자 반응
- 감정조절
  - 스트레스 다스리기, 통제력 잃지 않기, 긴장상태 완화시키기
- 문제해결능력
  - 행동단계, 의사결정능력, 목표설정능력
- 약물남용 예방
  - 음주나 약물남용에 따르는 결과, 올바른 결정하기, 저항기술

출처: 한국교육개발원(2013a). 학교폭력 예방 프로그램 국제 세미나 안내서.

최근 미국의 학교폭력 예방교육은 세컨드 스텝 프로그램에서와 같이 자신과 타인에 대한 이해, 자아존중감, 이타심, 존중과 배려, 갈등해결방법, 긍정적 문제해결방법 등을 가르치는 것까지를 포함하는 더 포괄적인 사회성-감성 발달교육 프로그램으로 확장되어 가는 추세다.

3. 핀란드의 학교폭력 예방

1990년대 이래 학교폭력이 심각한 사회문제로 떠오른 핀란드에서는 1999년에 '안전한 학교환경에 대한 권리'라는 학교 안전 법령을 제정하고 집단 따돌림 방지 정책을 펼치는 등 다양한 학교폭력 대책을 내놓았다. 그러나 이러한 대책이 큰 효과를 거두지 못하자, 국가적 차원에서 학교폭력은 예방이 최우선임을 발표하고 2005년 출범한 학교복지위원회에서 학교폭력 예방 프로그램을 만들 것을 제안하였다.

2006년에 핀란드 정부는 약 70억 원이라는 연구자금을 들여 투르쿠 대학교와 공동으로 학교폭력 문제를 해결하기 위한 키바 코울루(Kiva Koulu) 프로그램을 만들었다. 그리고 2007~2008년에 시범학교에서 시범운영을 거쳐 최종 개발되었다. 2009년에 교육부는 키바 프로그램을 도입하는 학교에 첫 3년 동안 무상으로 활용하고 연수를 제공하며 폭넓게 시행할 수 있도록 자금을 지원하였다. 이후 키바 코울루 프로그램은 핀란드 학교의 대표적인 학교폭력 예방 프로그램으로 자리매김하였다. 키바 코울루 프로그램에서 키바(Kiva)는 '왕따에 맞서다(kiusaamista vastaan).'라는 의미이고 코울루(Koulu)는 '학교'를 뜻하는데, '키바'라는 말 자체가 핀란드어로 '좋은'이라는 의미도 있으므로 키바 코울루는 '좋은 학교'라는 의미로도 해석할 수 있다(김병찬, 2012).

키바 코울루 프로그램은 초등학교 1학년부터 중학교 3학년까지의 학생들을 대상으로 일주일에 1번씩, 1년에 총 20시간(2시간씩 10회) 교육받는 것으로 구성된다. 이 프로그램의 가장 큰 특징은 학교폭력 가해학생과 피해학생에 대한 교육뿐만 아니라 방관자가 피해자를 돕도록 교육하여 학교폭력은 개인 문제이기도 하지만 학교 전체의 문제임을 강조한다는 점이다. 즉, 학교폭력에 가담하지는 않았지만 방관자로서 간접적인 가해자가 되고 있는 학생들이 어려움에 처한 학교폭력 피해학생들을 이해하고 도와주는 역할을 잘 수행하는 것이 이 프로그램의 가장 큰 특징이다.

키바 코울루 프로그램의 내용

• 왕따 피해 공감하기
  – 왕따에 관한 단편영화 감상, 역할극, 학생 토론 및 발표, 왕따 대처 컴퓨터게임 등
• 다 함께 참여하기
  – '키바 규정' 스스로 만들기, '학교 키바 조약' 서명, 학부모 매뉴얼 개발 등
• 왕따 현상 대처하기
  – 왕따 목격 또는 신고 시 학교 키바팀 출동, 학생들과 공동으로 개인 및 그룹 토론 등

출처: 이보영(2012). 핀란드 끼바코울루(Kiva Koulu) 프로젝트.

2011년 현재 핀란드 전체 학교의 90% 이상이 키바 학교로 등록하였으며 프로그램을 시행 중이다. 각 학교에서는 최소 3명의 교사가 학교 키바팀이 되어 2일 동안 사전연수를 받고, 2년에 1회 키바공식협의회를 연다. 키바 프로그램은 교사들에게 '학교폭력을 절대 허용하지 않는다.'라는 공통의 인식을 공유하도록 사전교육을 실시하며, 폭력상황 발생 시 단계별 프로세스를 상세히 안내하는 '교사 지침 매뉴얼'도 제공해 어떤 상황에서도 동일한 관점으로 접근할 수 있다는 장점이 있다. 프로그램을 운영하는 동안 교사는 키바 유니폼인 학교폭력 예방 조끼를 착용하고 순찰을 돌며 사전예방활동을 하고, 학생들은 토의와 집단활동, 역할극 시연 등의 프로젝트를 수행한다.

또한 학급당 규칙을 만들고, 학년 말에 규칙을 전부 모아 자치조약에 서명한 후 이를 지켜 나간다. 그리고 학생들이 학교폭력을 방관하지 않고 적극적으로 대응하도록 하기 위해 모든 학생에게 학교폭력 예방 토의수업, 역할극, 소규모 그룹 활동, 비디오 영상 수업, 컴퓨터게임 등을 통해 교육시킨다. 키바 코울루 프로그램은 학부모 매뉴얼도 만들어 학부모들도 학교폭력을 예방하는 데 동참하도록 유도하며, 만일 학교에서 학교폭력이 목격되거나 신고가 들어오면 각 학교의 키바팀이 출동하여 학생들과 공동으로 다양한 집단활동을 통해 문제를 해결하려고

노력한다.

2009년 키바 코울루 프로그램이 본격적으로 각 학교에 도입되기 시작한 후, 핀란드의 학교에서는 학생들의 스트레스와 우울증도 함께 줄어든 것으로 보도되었으며 학생들의 사회성과 학습동기도 제고되었다고 한다. 또한 이 프로그램에 참여한 학교에서는 비참여 학교에 비해 학교폭력이 약 30% 정도 감소하는 높은 효과성이 입증되었다.

4. 일본의 학교폭력 예방

일본의 학교폭력 변화과정을 살펴보면, 1980년대 초에는 교내폭력이나 가정폭력 사건들이 주로 발생하였고, 1980년대 중반부터 1990년 초반까지는 자살이나 교실붕괴 등이 증가하였으며, 이지메가 심각한 사회문제로 대두되었다(김두현, 2002). 일본에서는 학교폭력과 이지메를 구분하여 조사하는데, 이지메란 '해당 학생이 일정한 인간관계에 있는 사람으로부터 심리적·물리적 공격을 받은 것에 의해 정신적인 고통을 받는 것'을 뜻한다(김지영, 2012). 즉, 이지메는 장소에서 학교 내외를 막론하지 않고, 고통을 느끼는 약한 자에 대한 입장에서 이해하며, 심리적 공격을 포함한다.

이러한 학교폭력에 대응하기 위해 일본에서는 정부 차원에서 오랫동안 많은 노력을 기울였으며, 지금까지 30여 년의 장기 프로젝트로 학교폭력의 방지대책을 수정·보완해 왔다(정재준, 2012). 1996년 7월 '학교폭력 문제에 대한 종합적 대책' 보고서에서는 학교폭력은 모든 학생에게 일어날 수 있다는 것에 유념하여 가정, 학교, 지역사회 등 모든 관계자가 협력하여 대처할 필요가 있음을 제시하였다. 2006년 10월에 이지메에 의한 학생 자살 사건이 발생한 이후, 학교와 교육위원회에 학교폭력 총 점검과 철저한 대처를 요청하였으며, 2010년 11월에는 설문조사를 실시하여 이지메의 실태를 파악하고 대처상황을 점검하도록 하였다. 최근 2012년 9월 5일에는 문부과학성 차원에서 아이들의 생명을 지키기 위하여 '이지메, 학교 안전 등에 관한 종합적인 대처 방침'을 발표하였다. 이 방침에서는 학교 · 가정 · 지역이 하나가 되어 아이들의 생명 지키기, 국가 · 학교 · 교육청의 협력 강화, 이지메의 조기 발견과 적절한 대응의 촉진, 학교와 관계 기관의 연대 촉진을 기본 개념으로 한다.

이지메, 학교 안전 등에 관한 종합적인 대처방침
- 이지메 문제에 대한 대응 강화 -

1. 학교 · 가정 · 지역이 하나가 되어 아이들의 생명 지키기
   - 이지메를 미연에 방지하기 위한 끊임없는 대처 추진
   - 학교 · 가정 · 지역의 연대를 통한 왕따문제의 대처 추진
2. 국가 · 학교 · 교육위원회의 협력강화
   - 국가의 이지메 문제 대응체제 강화, 이지메 문제 어드바이저 배치
   - 중대 사안의 신속한 대응, 자살 사안에 관한 배경조사의 개선
3. 이지메의 조기발견과 적절한 대응의 촉진
   - 교직원의 체제 강화, 교직원 연수 및 사이버 이지메 대책의 충실화
   - 이지메 문제의 대응에 관한 학교와 교원에 대한 평가실시
4. 학교와 관계 기관의 연대 촉진
   - 학교와 경찰의 협력 강화
   - 관계 기관이 연대한 지원팀의 활용

출처: 이이자와 다카오(2012). 2012 국제 교과서 심포지엄 주요국 인성교육 동향-일본의 학교폭력 문제에 대한 대응.

일본의 학교폭력 대책으로 계속 강조되고 있는 것은 학교폭력 문제는 학교 자체적으로 해결하기 어렵다는 데 공감하면서 학교와 가정, 지역, 관계 기관과 활발히 연대한다는 점이다. 각 학교에서는 경찰과 협력체제를 구축하여 학교폭력 문제에 적극 대처하며, 문제행동을 일으키는 학생에 대해서는 관계 기관의 전문가와 자원봉사자들로 구성된 소년 서포터팀이 대응하여 상담 및 지도활동, 피해학생에 대한 지원활동을 하고 있다.

　지역별로 관련 내용을 살펴보면, 아오모리 현에서는 경찰과 학교가 함께 소년 비행방지 점프(JUMP)팀을 구성하여 거리 선도활동 및 캠페인을 정기적으로 하고 있으며, 오사카에서는 담당경찰관이 중학교에 직접 방문해서 범죄방지교실을 개최하고 있다. 후쿠오카 현 경찰은 폭주족 가입 저지 교실을 개최하여 중학교 때부터 폭주족의 실태를 이해하고 폭주족 거부 의지를 형성시키도록 하고 있으며, 나라 현에서는 초등학교 고학년을 대상으로 흡연·약물남용 방지 교실을 개최하고 있다. 히로시마 현 경찰은 폭주족 등 비행소년 집단의 탈퇴지원활동을 전개하고, 후쿠시마 현 고리야마 시에서는 소년 서포트팀을 구축하여 비행에 대응하며, 오키나와 현 경찰은 관계 기관이 협력하여 아버지의회를 결성해 야간 순찰을 실시하고 있다. 또한 학생지도 담당교원은 매년 경찰 청소년과 담당관으로부터 학교와 경찰의 연대방법에 대한 교육을 받는다.

학교와 경찰, 관계 기관의 협력 사례

- 아오모리 현의 소년 비행방지 'JUMP팀'에 의한 거리 선도활동
  - 아오모리 현 경찰과 학교의 협력 활동으로 중·고교생의 규범의식 고양을 위해 결성
  - 학생, 교사, 경찰이 합동으로 이지메 추방 캠페인 및 약물남용 방지 캠페인 등 전개
- 오사카 부 경찰의 범죄방지 교실 개최
  - 오사카 부 경찰관이 중학교에 방문하여 범죄방지 교실을 개최
  - 중학생의 규범의식 양성과 자립심 함양을 목적으로 함.
- 후쿠오카 현 경찰의 폭주족 가입 저지 교실 개최
  - 폭주족 근절을 목적으로 교통 교실, 중학생들을 대상으로 한 심포지엄 개최
  - 중학교 때부터 폭주족의 실태를 이해하고 폭주족 거부 의지를 형성시키는 것을 목적으로 함.
- 나라 현 경찰의 초등학생 흡연·약물남용 방지 교실 개최
  - 흡연이나 약물남용에 흥미를 느끼기 시작하는 초등학교 고학년을 대상으로 함.
  - 소년 서포트센터가 중심이 되어 흡연·약물남용 방지 교실 개최
- 히로시마 현 경찰의 폭주족 등 비행소년 집단의 탈퇴지원활동

- 학교 및 관계 기관, 자원봉사자 등과 연대하여 비행집단 가입자의 탈퇴활동 전개
- 폭주족의 공원 · 화장실 청소 등 사회참가활동, 양로원 위문 등 회복지원활동 추진
- 후쿠시마 현 고리야마 시의 '소년 서포트팀' 구축
  - 학교 자체 해결이 어려운 광역적 흉악비행의 경우 소년 서포트팀과 협력하여 대응
  - 소년 서포트팀은 경찰서, 아동상담소, 소년보도센터, 보건소, 의사회 등으로 구성
- 오키나와 현 경찰의 '아버지의회' 결성
  - 경찰이 중심이 되어 학교, 시 · 읍 · 면, PTA(Parent-Teacher Association), 소년보도원 협의회 등 관계 기관 · 단체 등과의 합동 보도 적극 실시
  - 초 · 중등학생의 아버지를 중심으로 아버지의회 결성, 학교구마다 야간 순찰을 실시
- 경찰 청소년과 담당관에 의한 학생지도 종합연수 강좌 강화
  - 매년 학생지도 담당교원 약 140명을 대상으로 경찰청 소년과 담당관이 연수 실시
  - 소년비행현상, 방지대책 및 소년 서포트센터 등 학교와 경찰의 연대방법 강의

출처: 조병인(2012). 지역공동체내 범죄예방시스템 구축방안 연구.

또한 일본에서는 사이버 학교폭력의 급증과 관련하여 온라인에서의 학교폭력 예방을 위해 학교인터넷패트롤을 운영하고 있다. 학교인터넷패트롤은 온라인으로 따돌림, 자살, 가출, 성매매 등을 사전에 발견하여 피해가 확대되기 전에 학생을 지도함으로써 학교폭력을 예방하는 것을 목적으로 하는 교육용 SNS 사회정보망 분석시스템이다. 이 제도는 2005년 요코하마 시교육청에서 시작되어 2010년 기준으로 일본의 약 10% 정도의 시에서 추진하고 있다. 학교인터넷패트롤을 운영하는 방법은 민간기업이나 비영리조직에 위탁하거나 전담직원 배치, 신고창구 설치 등 다양한데, 50% 이상의 도도부현(우리나라의 시 · 도 교육청에 해당)에서 민간기업이나 비영리조직에 위탁하는 방법을 택하고 있다. 인터넷패트롤을 통해 학교의 비공식 사이트, 블로그, SNS 등을 검색하여 학교와 교육청에 정보를 제공하며, 청소년 범죄와 관련된 내용은 각 경찰서에서 대응하고 학생과 관련된 정보는 학교에서 활용하여 문제에 대응한다.

학교인터넷패트롤 운영방법

- 민간기업이나 비영리조직에 위탁
- 교육청에서 학교인터넷패트롤 전담 직원 배치
- 봉사 형식으로 외부 전문가 활용
- 교육청에 부적절한 웹사이트와 게시물에 관한 신고창구 설치
- 학교 또는 교육청 직원이 정기(임시)적으로 학교패트롤 실시

출처: 박진수, 조규복, 이다연(2012). 정보통신기술을 이용한 학교폭력 예방 및 해소 방안.

연 구 과 제

1. 노르웨이의 사례를 참고하여 학급에서 활용할 수 있는 학교폭력 예방을 위한 학생행동규칙을 정해 보시오.

2. 미국의 사례를 참고하여 학교폭력 예방교육에서 다루어야 할 주제에 대하여 토의하시오.

3. 핀란드의 사례를 참고하여 담임교사로서 학교에서의 학교폭력이나 괴롭힘 행동을 예방하고 효과적으로 대처하기 위한 학교폭력 예방 프로그램을 계획하여 보시오.

4. 일본의 사례를 참고하여 학교폭력 예방을 위한 학교와 가정, 지역, 관계 기관의 연대방안에 대하여 토의하시오.

참고문헌

강은영(2004). 약물남용 예방교육의 실태와 효율화 방안. 한국형사정책연구원.

김두현(2002). 일본의 학교폭력 실태와 그 예방대책. 청소년지도학연구, 2(2), 한국청소년지도학회.

김미란(2005). 일본-학교폭력 현황과 대응시책. 교육정책포럼, 99. 한국교육개발원.

김병찬(2012). 핀란드 키바 코울루(Kiva Koulu) 프로그램 및 한국교육에 주는 시사점. 세계 교육정책 인포메이션, 8. 한국교육개발원.

김소야자, 서미아, 남경아, 박정화(2001). 청소년 약물남용 예방교육 모델 개발 및 효과. 정신간호학회지, 10(1).

김지영(2012). 일본의 학교폭력 현황과 대처 및 예방을 위한 정책. 교육정책포럼, 225. 한국 교육개발원.

노혜련, 김형태, 유서구(2006). 학교폭력 예방프로그램 효과성 평가연구. 삼성생명공익재단 사회정신건강연구소.

박종효(2007). 노르웨이-학교폭력 근절을 위한 매니페스토(Manifesto against Bullying). 교육정책포럼, 149. 한국교육개발원.

박진수, 조규복, 이다연(2012). 정보통신기술을 이용한 학교폭력 예방 및 해소 방안. 한국교육학술정보원.

박효정(2005). 노르웨이-학교폭력 절대불가 선언, 성인 책임 강조. 교육개발, 153. 한국교육개발원.

박효정(2012). 노르웨이의 학교폭력 실태와 대책, 그리고 한국 교육에의 시사점. 세계 교육정책 인포메이션, 1. 한국교육개발원.

박효정, 정미경, 박종효(2006). 학교폭력 대처를 위한 지원체제 구축 연구. 한국교육개발원.

박효정, 정미경, 박종효(2007). 학교폭력 예방 프로그램 개발 연구. 한국교육개발원.

배진형, 김상곤, 윤철수, 정연정, 이종익, 최세나, 이예니, 남경현, 박윤정(2013). 학교폭력 예방 및 해결을 위한 다차원적 접근 매뉴얼. KGC인삼공사, 한국학교사회복지사협회.

서정화, 전제상, 황준성, 황영남, 이상성, 안병천(2012). 초 · 중등학생의 인성 · 사회성 함양을 위한 생활지도 · 상담교육의 효과 제고 방안. 국가교육과학기술자문회의.

이동원(1999). 미국의 청소년 폭력예방프로그램의 고찰: 뉴욕의 RCCP를 중심으로. 한국형사정책연구, 39. 한국형사정책연구원.

이보영(2012). 핀란드 끼바코울루(Kiva Koulu) 프로젝트. 교육정책포럼, 225. 한국교육개발원.

이이자와 다카오(2012). 2012 국제 교과서 심포지엄: 주요국 인성교육 동향-일본의 학교폭력 문제에 대한 대응. 교과서연구(70), 한국교과서연구재단.

장준오, 이승현, 김대근, 오정한, 고성혜, 이수정, 이웅혁(2012). 청소년폭력 위기에 대한 단기적 대응방안. 한국형사정책연구원.

정재준(2012). 학교폭력 방지를 위한 한국 · 일본의 비교법적 연구. 법학연구, 53(2). 부산대학교 법학연구소.

조병인(2012). 지역공동체내 범죄예방시스템 구축방안 연구. 한국형사정책연구원.

청소년보호위원회(2001). 청소년 폭력실태조사.

최창욱, 권일남, 문선량(2004). 청소년 갈등해결을 위한 정책방안. 한국청소년정책연구원.

홍후조, 김만곤, 민부자, 변자정, 임유나, 조호제, 하화주(2012). 학교폭력 예방을 위한 교과서 보완 지도자료 개발 연구. 한국교과서연구재단.

한국교육개발원(2013a). 학교폭력 예방프로그램 국제 세미나 안내서.

한국교육개발원(2013b). 학교폭력 예방프로그램 개발과 적용.

Frey, K. S., Hirschstein, M. K., & Guzzo, B. A. (2000). Second step: Preventing aggression by promoting social competence. *Journal of Emotional & Behavioral Disorders, 8*(2), 102–112.

Olweus, D. (1993). *Bullying at school: What we know and what we can do.* Oxford: Blackwell Publishers.

Salmivalli, C., & Poskiparta, E. (2012). Kiva antibullying program: overview of evaluation studies based on a randomized controlled trial and national rollout in Finland. *International Journal of Conflict and Violence, 6*(2), 294–302.

University of Turku (2011). There is no bullying in KiVa school.

참고 자료

한국교육신문 (2013.1.14.). 처벌 · 억압보다 정서 · 인성 등 근본부터 건드려라 – KEDI '학교폭력 예방프로그램' 국제세미나 개최.

매일경제신문(2011.12.28.). 학교폭력 이것이 문제다(下)/핀란드 학교엔 '왕따'가 없다.

참고 사이트

Educators for Social Responsibility(ESR)
http://esrnational.org/professional-services/additional-middle-school-and-high-school-services/

Committee for Children http://www.cfchildren.org/second-step.aspx

KiVa Anti-Bullying Program http://www.kivaprogram.net

KiVa Koulu http://www.kivakoulu.fi/there-is-no-bullying-in-kiva-school

Promising Practices Network (PPN)
http://www.promisingpractices.net/program.asp?programid=119#implementation

National School Climate Center http://schoolclimate.org/programs/

Stopbullying http://www.stopbullying.gov/laws/index.html#listing

제4부

학교폭력 유형별 사례 연구

제12장

집단 따돌림 및 괴롭힘

학교폭력의 유형이 다양해지고 있다. 과거 단순 폭행이나 갈취에서 더 나아가 성폭력, 사이버 폭력 등 대상과 범위가 확대되고 있다. 학교폭력의 대상도 학급 친구나 학교 선·후배를 넘어 얼굴을 모르는 불특정 다수에게로 넓어지고 있다. 2013년 2차 학교폭력 실태조사(전국 17개 시·도 초등학교 4학년부터 고등학교 2학년 학생 약 454만 명과 초·중·고등학생 학부모 89만 8천 명을 대상으로 실시) 결과에 따르면, 학교폭력 피해를 당한 적이 있다고 응답한 학생(피해응답률)은 7만 7천 명(1.9%)으로 1차 학교폭력 실태조사에서 응답한 학생 9만 1천 명(2.2%) 대비 0.3% 감소한 것으로 나타났다. 피해 유형 가운데 금품갈취, 강제 심부름 등 쉽게 드러나는 학교폭력은 꾸준히 감소하고 있으나 언어폭력, 집단 따돌림, 사이버 폭력의 비중은 여전히 높게 나타나고 있다. 특히 피해학생들의 정서적 고통이 가장 큰 학교폭력 유형은 집단 따돌림(83.8%), 사이버 폭력(82.3%), 스토킹(79.7%)으로 조사되었다. 이에 집단 따돌림 및 괴롭힘의 정의를 알아보고, 학교폭력이 발생했을 때 어떻게 대처해야 하는지 알아볼 필요가 있다.

이 장에서는 집단 따돌림 및 괴롭힘의 정의와 대처 방안을 알아보고, 실제 시례와 유형, 판례를 바탕으로 집단 따돌림 및 괴롭힘의 실태를 살펴보도록 한다.

제12장 ¦ 집단 따돌림 및 괴롭힘

1. 집단 따돌림 및 괴롭힘이란

집단 따돌림 및 괴롭힘은 학교폭력의 유형 중 가장 일반적인 형태로 학교폭력을 경험한 대부분 학생이 집단 따돌림이나 괴롭힘을 경험한 적이 있다고 한다. 학생들은 장난과 폭력을 구분하지 못하고 재미 삼아 따돌리거나 괴롭히는 경우가 많다. 따돌림이란, 두 사람 이상이 집단을 이루어 특정인이나 특정 집단을 대상으로 지속적이거나 반복적으로 인격적인 무시 또는 음해하는 등 신체적 또는 심리적 공격을 가하여 상대방이 고통을 느끼도록 하는 일체의 행위를 말한다(『학교폭력 예방 및 대책에 관한 법률』 제2조 제2항). 괴롭힘을 연구하는 학자들은 괴롭힘의 유형을 신체적 괴롭힘, 언어적 괴롭힘, 간접적 괴롭힘으로 구분한다.

집단 따돌림은 다른 유형의 학교사고나 학교폭력에 비해 다음과 같은 특징이 있다(이우석, 2008). 첫째, 집단 따돌림의 가해자들과 피해자가 동일한 학교와 같이 동일한 집단에 속하는 자들이라는 점이다. 둘째, 싸움과 같은 학교사고는 우연히 발생하고 대부분 1회로 끝나는 일이 많다. 그러나 집단 따돌림은 수개월 혹은 수년에 걸쳐 계획적, 지속적으로 이루어지는 경우가 많다. 셋째, 집단 따돌림은 음습성이 있다. 집단 따돌림의 피해학생은 부모에게 걱정을 끼치지 않겠다는 생각이나 자존심 때문에 이를 적극적으로 숨기는 경향이 있다.

이렇듯 집단 따돌림은 주로 학급이나 집단 내에서 지속적으로 일어나기 때문에 가해자, 피해자뿐만 아니라 방관자인 학생들에 대한 대처가 필요하다.

2. 대처방안

집단 따돌림 및 괴롭힘에 대한 대처방안은 두 가지로 제시한다. 하나는 사건이 발생했을 때 해결하는 과정과 관련된 일반적 사건 대처방안이고, 또 다른 하나는 사건의 실제 당사자인 피해학생과 가해학생의 사후 지도와 관련된 구체적 사건 대처방안이다.

1) 일반적 사건 대처방안

집단 따돌림 및 괴롭힘의 문제를 해결할 때 가장 큰 걸림돌은 가해학생들이 가해를 인정하지 않는 데 있다. "같이 놀다가 그런 건데요." "○○이는/는 그렇게 했지만, 저는 그냥 같이 있었는데요." 등과 같이 가해학생들은 집단인 경우가 많아 잘못을 쉽게 인정하지 않거나 같이 놀다가 발생한 사고라고 주장한다. 따라서 학급 내에서 집단 따돌림 및 괴롭힘이 발생했을 때에는 우선 사건의 진상을 파악하는 것이 무엇보다도 중요하다. 섣불리 학생들을 가해자와 피해자로 구분하여 꾸중하고 처벌한다면 가해자와 피해자에게 더 심각한 갈등을 유발하고, 교사에 대한 적대감과 불신감만 키운다. 따라서 교사는 학생들에 대한 선입견을 버리고 객관적인 입장에서 학생들의 이야기를 듣고 기록해야 한다. 사건의 진상을 파악한 후 사건의 경중에 따라 학교폭력대책자치위원회 회부 여부, 경찰 신고 여부를 결정해야 한다.

표 12-1   집단 따돌림 및 괴롭힘의 사건 처리 과정

8단계	사후 지도하기
↑	
7단계	처리 방향 협의하기
↑	
6단계	피해학생 부모 면담하기
↑	
5단계	가해학생 부모 면담하기
↑	
4단계	가해학생 면담하기
↑	
3단계	주변 학생 조사하기
↑	
2단계	피해학생 면담하기
↑	
1단계	피해학생의 고통에 공감하기, 문제해결 의지 보여 주기

2) 구체적 사건 대처방안

집단 따돌림 및 괴롭힘의 피해학생과 가해학생에 대한 사후 지도방안은 여러 가지가 있겠으나, 주로 심리적인 상처가 크므로 여기에서는 피해학생과 가해학생 의 마음을 치유하는 방안을 소개하도록 한다.

(1) 피해학생

자아존중감 높이기
• 집단 따돌림 및 괴롭힘의 피해학생들은 사건이 발생한 이후 자존감이 많이

낮아져 있는 상태다. 자아존중감 검사지 등을 통해 피해학생의 자아존중감 정도를 파악하고 회복시키는 것이 무엇보다도 중요하다.

- 사건 후 피해학생은 학급에서 생활하는 데 어려움을 겪는다. 담임교사는 피해학생이 학급에 적응할 수 있도록 세심히 배려하고 지속적으로 관찰해야 한다. 학생들과의 거리감을 줄이기 위해 학급 친구들과의 관계 개선에 도움을 준다.

- 피해학생에 대한 과도한 관심과 반응은 오히려 불안감을 증가시킬 수 있고, 학급 학생들의 반감을 살 수 있다. 피해학생의 행동을 그대로 인정해 주고, 피해학생의 장점을 살려 주는 한편, 자신에 대한 긍정적인 면을 인식할 수 있도록 지속적인 칭찬과 격려를 해 준다.

또래 압력 거절기술 배우기(고정자, 김영조, 김은향, 송석원, 오민수, 2004)

- 피해학생이 또래들의 압력을 거절하는 기술을 배우고 대처할 수 있도록 한다. 친구의 압력은 대개의 사람이 다루기 힘들어한다는 점과 특히 가까운 친구가 압력을 줄 때 더욱 그렇다는 것을 강조한다.

- 친구의 압력에 대처하는 방법을 알려 준다. 첫째, 실제 상황을 어떻게 느끼는지 확인하고 자신의 의견을 세운다. 둘째, "아니, 싫어."라고 말한다. 필요하다면 반복하고 또 반복해서 말한다. 셋째, 변명하지 말고 단지 자신의 의견임을 강조한다.

- 수동적일 때, 주장할 때, 공격적일 때 서로의 차이에 대해 논의하고, 주장을 통해 성공적으로 문제에 대처하는 장면을 훈련한다. 주장을 통해 친구의 압력에 대처할 때 지나치게 공격적이면 친구와의 관계를 해칠 수 있으므로, 단호하지만 감정이 상하지 않는 범위에서 대처하는 데 강조점을 둔다.

(2) 가해학생

자아존중감 높이기

- 피해학생이 사건발생 후 자기존중감이 낮아지는 것과 달리, 가해학생은 자기 존중감이 낮기 때문에 무리를 지어 친구들을 따돌리거나 괴롭히는 경우가 많다. 사건의 재발을 방지하고 가해학생이 원활히 학교생활을 할 수 있도록 돕기 위해 자아존중감을 높여야 한다.
- 담임교사는 가해학생의 자기존중감이 낮은 원인을 규명할 필요가 있다. 이를 위해서는 학부모와의 상담이 필수적이며, 부모와 함께 가해학생의 자기존중감이 낮은 원인을 파악하고 이를 개선시키기 위한 협력 관계를 구축해야 한다.
- 사건발생 후 가해학생이 학급에 적응할 수 있도록 담임교사가 지속적으로 관심을 기울여야 하며, 사건의 재발을 방지하기 위해 학급 친구들과의 관계개선을 위한 활동을 하도록 돕는다. 또한 가해학생 스스로 본인의 성향을 파악하고 장점을 부각시킬 수 있는 방법을 모색하도록 돕는다.

3. 집단 따돌림 및 괴롭힘의 사례와 판례

집단 따돌림 및 괴롭힘에 관한 실제 사례와 유형별 사례를 살펴보는 일은 집단 따돌림 및 괴롭힘에 대한 이해와 더불어 대처능력을 기르는 데 큰 도움이 될 것이다.

1) 실제 사례[1]

Case 1. 어느 여고생의 이야기

고등학교에 다니는 2학년 A양은 친구들에게 집단 따돌림을 당하다가 이를 견디지 못하고 자살을 기도했다. A양은 평소 급우들에게서 성적과 외모로 놀림을 당해 왔다. 1학년 때부터 반 친구들에게 욕을 듣거나 놀림을 당해 담임교사에게 이야기했으나, 상황이 나아지지 않았다. 이듬해 A양은 가해학생과 또다시 같은 반이 되면서 계속 따돌림을 당했다. 이를 견디지 못한 A양은 자신의 집에서 스스로 목숨을 끊는 극단적인 선택을 하였다. 다행히 이웃 주민이 발견하여 구조되었으나, 학생의 어머니는 A양의 심리적 안정을 위해 할 수 없이 자퇴를 선택하였다.

A양이 담임교사에게 도움을 청했을 당시 학교에서는 가해학생들을 대상으로 사실 여부를 조사했다. 그러나 당사자들이 부인하여 사건이 마무리되지 못한 채 1년이라는 시간이 흐른 뒤, A양이 자살을 기도하면서 비로소 이 사건이 알려졌다. 당시 가해학생들이 가해사실을 부인하자, 학교에서는 부모님께 경찰에 사건을 의뢰할 것을 권고했고 A양의 부모님은 경찰에 신고했다. 당시 경찰은 A양과 가해학생들을 한데 불러 모아 놓고 서로 화해시키는 선에서 사건을 마무리했다. 하지만 집단 따돌림은 계속되었다. 결국, A양이 자살을 기도하자 학교와 시교육청은 경찰에 재조사를 요청했다.

Case 2. 집단 따돌림과 급식문제

대구의 한 중학생이 집단 따돌림으로 2년간 학교 급식을 거의 먹지 못했다는 주장이 제기되었다. 하지만 학교 측은 해당 학생이 따돌림당한 일이 없으며 평소 속이 좋지 않다거나 입맛이 까다로워 급식을 먹지 않는 일이 많았다고 반박해 논란이 되고 있다. 27일 대구 모 중학교의 학부모 J(51 · 여) 씨에 따르면, 이 학교 2학년생인 아들 K(15)군은 중학생이 된 2012년 4월부터 친구들에게 따돌림을 당했다. K군이 학교 방송부에 들어가자 방송부에 지원했다가 탈락한 학생들이 중심이 돼 K군을 따돌렸고, 결국 반 전체 학생의 따돌림으로 번져 K군이 친구들과 함께 식사를 하지 못했다는 것이 J 씨의 주장이다.

J 씨는 "아이가 어느 날 도시락을 싸 달라고 해서 급식을 먹는 데 문제가 있다는

---

1) 이 장에서 예시로 사용된 사례는 여러 언론 매체를 통해 보도된 실제 사건을 인용하여 작성한 것이다.

것을 알게 됐다."라며 "담임교사에게도 이를 수차례 알렸으나 2년을 연달아 담임을 맡은 교사는 아이의 점심을 몇 차례 챙겨 줬을 뿐, '교사는 중립적'이라며 근본적인 문제를 해결하려 하지 않았다."라고 말했다. J 씨는 "급우들이 아이의 책상 위에 쓰레기를 올려 놓거나 가방 속 내용을 쏟기도 하고, 방송부 일을 마치고 늦게 입실하는 K군이 교실에 들어가지 못하도록 뒷문을 잠그는 식의 따돌림이 지속돼 병원에서 불안·우울증 진단을 받기도 했다."라고 덧붙였다.

그러다 지난해 11월 K군이 수업시간에 앞쪽 자리에 앉은 친구에게 머리를 치우라고 말했다가 그에게 멱살을 잡혀 맞는 일이 생기자 학교폭력대책자치위원회가 소집되었다. 이때 K군이 따돌림을 당해 왔으며 그 때문에 급식을 잘 먹지 못했다는 주장이 J 씨에게서 나왔다. 두 차례의 학교폭력대책자치위원회 개최 결과 K군을 때린 학생은 5일간, 1학년 때부터 K군을 괴롭힌 것으로 지목된 학생은 3일간 봉사활동을 하도록 각각 조치되었다.

하지만 학교폭력대책자치위원회에서 K군이 집단 따돌림을 당하거나 그 때문에 급식을 먹지 못했다는 점이 확인되지는 않았다고 학교 측은 밝혔다. 이 중학교 교장은 "주변 학생들과 상담해 봐도 K군이 왕따를 당했다는 정황이 없다."라며 "K군이 음식을 가린다며 학기 초 어머니가 당부한 일이 있어 담임교사가 K군이 교실에 남아 있으면 식사하러 가라고 이르고 친구를 통해 급식실로 부르기도 했다."라고 말했다.

이에 대해 K군의 어머니는 "교사와 학교 측이 아이가 따돌림을 당해 학교생활을 힘들어한다는 것을 밝혀내지 못하고 아이에게 문제가 있다는 식으로 무책임한 태도를 취하고 있다."라며 대구시교육청에 교장과 교감, 교사에 대한 인사조치를 요구했다.

대구시교육청 측은 "왕따와 급식 문제를 놓고 학교와 학부모가 상반된 입장을 보이고 있다."라며 "학부모가 재심을 요청하면 대구시교육청에서는 징계조정위원회를, 대구시는 학교폭력지역위원회를 열어 이 문제를 다시 검토할 수 있다."라고 말했다(경북일보, 2014. 3. 1.).

Case 3. 집단 따돌림을 비관한 자살시도

인천에서 한 여고생이 급우들의 집단 따돌림을 비관해 자살을 기도한 것으로 밝혀졌다. 15일 인천시교육청에 따르면 인천 모 여고 2학년 A양이 지난 1일 자신의 집에서 목을 매 스스로 목숨을 끊으려다 이웃 주민에게 발견돼 구조되었다. A양은 시교육청 학생 전문상담기구인 Wee 센터에서 상담을 받은 뒤 현재 집에서 요양하며 병원 심리치료를 함께 받고 있다. A양은 상담과정에서 "반 학생 6명이 성격과 외모를 이유로 나를 놀렸다."라고 진술한 것으로 전해졌다. 학생의 어머니는 "딸아이가 몹시 불안해한다."라며 학교 측에 자퇴의사를 밝혔다. A양은 지난해 학기 초와 지난 3월 급우들에게 왕따를 당하고 있다고 담임교사에게 밝혔으나 학교 측이 적절한 조치를 취하지 않은 것으로 드러났다.

당시 학교에서 가해학생들을 대상으로 사실인지 조사했으나 당사자들이 강력히 부인한 것으로 알려졌다. 경찰에도 조사를 의뢰했으나 가해학생들의 부인으로 가해사실 여부를 밝히지 못했다고 시교육청은 설명했다. 시교육청의 한 관계자는 "사건 진상을 다시 조사해 (집단 따돌림) 재발을 막겠다."라고 밝혔다(연합뉴스, 2013.4.15.).

2) 유형별 사례

Case 1. 피해학생의 고민 1

"저는 학교폭력을 낭하고 있습니다. 저를 괴롭히는 애들은 저에게 언어폭력과 신체폭력을 가합니다. 그리고 저를 볼 때마다 혐오스럽다는 식으로 바라보며 교실이 떠내려갈 듯이 소리를 지릅니다. 그리고 이동수업시간에 자리에 앉으면 옆자리 아이가 다른 친구들한테 위로를 받습니다. '쟤가 네 옆자리에 앉다니, 불쌍하다.'라는 식으로요. 심지어는 제가 앉았던 자리를 제 눈앞에서 차 버리기도 합니다. 또는 일부러 저에게 아이들을 밀쳐서 부딪치게 하기도 하고요. 수업시간과 쉬는 시간에 제 이름보다 별명을 불러요. 그래서 저는 친구가 한 명도 없습니다. 예전의 친구들은 저를 모른 척하기에 바쁘고요. 이젠 밥도 혼자서 먹어요. 성적이

좋으면 그 아이들이 저를 더 이상 괴롭히지 않을까 하는 생각에 죽을 힘을 다해 공부해서 반에서 3등 안에 들었어요. 하지만 그래도 여전해요. 선생님과 부모님한테 말하면 더 괴롭힐 텐데……. 정말 힘들어요. 아무도 없는 곳에서 나 혼자 있었으면 좋겠어요."(김가녕, 2013: 71)

Case 2. 피해학생의 고민 2

"중3 남학생입니다. 저는 중2 때부터 학교에서 괴롭힘을 당해 왔습니다. 중1 때까지는 괜찮았습니다. 그런데 중2 때부터 한 아이가 저를 만만하게 보더니 시비를 걸기 시작하더군요. 저를 막 때리고 애들 있는 데서 망신을 주더군요. 그러다가 그 애랑 같이 노는 아이들이 저를 집단으로 때리기 시작했습니다. 중3이 되었는데 나를 괴롭히는 아이 중에 한 아이와 같은 반이 되었습니다. 또 저를 때리고, 가만히 있는데 시비를 걸더군요. 지금 저는 완전 동네북 같습니다. 그 아이들이 매점 갔다 오라고 하면 매점 갔다 오고, 심부름도 하고요. 너무 피곤하고 괴롭습니다. 오늘도 너무 힘들더군요. 제가 잘못한 게 있을까요? 제가 말하는 것이 싸가지가 없다면서 사사건건 트집을 잡습니다. 진짜 어떻게 하면 좋을지 걱정입니다. 너무 힘들어요."(김가녕, 2013: 48)

Case 3. 집단 괴롭힘과 담배 셔틀

180센티가 훌쩍 넘는 키에 듬직한 체구. 외모로만 본다면 승철이는 절대 누군가의 심부름을 할 만한 아이가 아니었다. 하지만 외모와 달리 너무 착하고 소심한 성격이 문제였다. 초등학교 때는 뚱뚱하다고 놀림을 받는 정도였지만, 중학교에 들어가자 본격적인 괴롭힘이 시작됐다. 중학교 졸업앨범을 꺼내 온 승철이는 앨범을 한 장 넘길 때마다 꼭 한두 명씩을 학교폭력 가해자로 지목했다. 학년이 올라가고 반이 바뀔 때마다 매번 다른 가해자가 나타났다고 한다. 경찰 조사도 여러 차례 이뤄져 인근 경찰서 여성 청소년계 형사들은 모두 승철이를 알고 있을 정도였다. 학교폭력은 중학교 때 특히 기승을 부린다고 하니, 고등학교에 가면 좀 괜찮아질 거라는 엄마의 예상은 완전히 빗나갔다. 고등학교 1학년 첫 학기 동안 한

학생이 승철이를 때려서 세 번이나 학교폭력대책자치위원회가 열렸고 결국 강제
전학을 보냈다는 것이다. 반복되는 학교폭력 피해를 처리하는 것만으로도 지칠
대로 지친 엄마. 그런데 엄마를 더 힘들게 하는 것은 따로 있었다.

승철이와 따로 얘기를 나누고 싶어 공부방으로 들어갔을 때, 의외의 광경이 우
리의 눈길을 잡아끌었다. 침대 옆 벽지가 엉망으로 찢겨져 있고 속살을 드러낸 시
멘트는 움푹 패어 있었던 것이다. 학교에서 아이들에게 맞고 오던 날, 승철이가
맨손으로 때려 부순 것이라 했다.

"왜 그런 거야?"

"아, 이거요. 부쉈어요. 너무 화가 나서."

"저렇게 하면 좀 시원해?"

"아니요."

"그런데 왜 그래?"

"부술 게 없어서……."

자살도 여러 번 생각해 봤지만 무서워서 실행에 옮기지는 못했다는 승철이. 그
럴 때마다 죽어 버리겠다고 엄마를 협박하거나 물건을 부수고 칼을 든 적도 있었
다. 친구들에게 표현하지 못했던 분노를 가까운 가족에게 폭발시키는 것은 학교
폭력 피해자들의 전형적인 후유증 중 하나다. 어릴 땐 투정에 불과했지만, 부모보
나 몸이 커지고 힘도 세지면서 승철이는 가족들에게 점점 두려운 존재가 되어 가
고 있었다. (중략)

일주일 뒤, 관찰카메라에 포착된 승철이의 모습은 충격적이었다. 쉬는 시간, 몇
몇 아이가 승철이를 교실 뒤편으로 데려갔다. 승철이를 구석에 몰아넣은 채 아이
들은 빗자루로 쿡쿡 찌르고 마치 샌드백처럼 주먹을 날리기도 했다. 별다른 이유
는 없어 보였다. 가해학생들은 수업시간에 선생님이 필기 하려고 돌아선 사이에
도 승철이를 툭툭 건드리며 귀찮게 했다. 그뿐만이 아니다. 승철이가 자리를 비우
면 의자와 가방에 먹던 아이스크림을 묻혀 끈적거리게 하거나 새로 산 옷에 일부

러 본드를 묻혀 구멍을 내기도 했다. 이럴 때마다 승철이는 화를 내는 대신 아무런 대꾸 없이 자리로 돌아오거나, 조용히 의자를 닦고 앉아 수업을 들을 뿐이었다. 게다가 방과 후에는 자신을 괴롭히던 아이들과 함께 교문을 나섰다. 조용히 따라가 보니 한 아파트 놀이터에서 그들과 함께 담배를 피우는 것이 아닌가.

"저 담배 셔틀이에요. 중3 때 애들이 담배를 사 오라고 시키더라구요. 제가 그 애들보다 키도 크고 덩치도 크니까 민증 검사 안 하고도 뚫릴 거라고요. 맞기 싫어서 할 수 없이 담배를 사러 갔는데 정말 별 의심 없이 담배를 주더라구요. 시킨 애한테 갖다 주니까 고맙다면서 담배를 하나 줘요. 그래서 그때부터 담배를 피우기 시작했죠."

승철이에게 담배 심부름을 시키는 아이들은 한둘이 아니었다. 같은 반 아이부터 옆 학교 아이까지, 문자메시지로 승철이를 불러내 담배 심부름을 시키고 말을 듣지 않으면 온갖 욕설을 보내오기도 했다. 쉬는 시간, 매점에서 빵을 대신 사다 주는 빵 셔틀은 그나마 애교에 속한다. 불법행위인 담배를 대신 사다가 바치는 담배 셔틀, 숙제를 대신해 주는 숙제 셔틀, 가방 들어 주는 가방 셔틀, 휴대전화 요금을 아끼기 위한 와이파이 셔틀, 돈을 상납하는 돈 셔틀, 인터넷 게임의 캐릭터를 대신 키워 주는 게임 셔틀, 여학생들 사이에는 친구의 스타킹에 구멍이 났을 때 자신의 스타킹을 벗어 줘야 하는 스타킹 셔틀까지 있다고 한다. 10대 아이들은 귀찮지만 꼭 해야 하는 일이나 어른들이 금지한 모든 욕구를 셔틀이라는 간편한 도구를 통해 대신 충족하고 있는 것이다. 그렇다면 맨주먹으로 시멘트벽을 부술 정도로 힘이 센 승철이가 왜 담배 셔틀을 벗어나지 못하고 있는 것일까? 우리는 얼마 지나지 않아 그 이유를 이해할 수 있었다.

처음 찾아간 날부터 승철이는 유난히 우리를 잘 따랐다. 헤어질 땐 서로가 보이지 않을 때까지 손을 흔들어 주었고, 만날 약속이 없는 날에도 수시로 문자메시지를 보내기도 하며, 연락이 뜸하면 왜 안 놀러 오냐며 전화를 하기도 했다. 어느 날 방과 후, 승철이를 불러내 담배 셔틀을 시키던 아이들을 발견하고 우리가 훈계하러 하자, "저도 피우고 싶어서 샀어요."라며 오히려 아이들 편을 들기도 했다. 그도 그럴 것이 담배를 사다 주면 승철이는 자연스럽게 아이들과 어울려 PC방에 갈 수 있었다. 하지만 아이들은 담배가 충분할 땐 굳이 승철이를 불러내지 않았다. 담배 심부름을 시키는 아이들만이 승철이의 유일한 놀이상대였던 것이다(sbs스페셜 제작팀, 2013: 74-77).

Case 4. 피해학생 부모의 고민

"제 딸은 중학교 2학년입니다. 우리 애가 학교에서 친구 두 명이 담배를 피운다고 선생님께 신고를 했나 봐요. 그 아이들이 신고자로 우리 아이를 지목했고 그래서 친구들에게 따돌림을 당하나 봅니다. 지금 학교 가기 싫다고 하면서 괴로워하고 있어요. 어쩌면 좋을까요?"(김가녕, 2013: 22)

Case 5. 중학생을 둔 엄마의 하소연

어느 중학생을 둔 엄마의 하소연이다. "우리 아이를 괴롭히는 아이가 있어서 그 아이를 직접 만났습니다. 만나서 왜 그러느냐며 타이르면 그 아이는 안 했다고 하다가 계속 추궁하면 했다고 실토하고 다음에는 안 그러겠다고 말하더군요. 그래서 약속을 다짐받고 보내면, 그다음 날 쉬는 시간 또는 종례시간 때 혼란한 틈을 타 다른 아이들 몰래 우리 아이 코를 연필 또는 볼펜으로 순식간에 긋고 도망간다고 합니다. 근 1년 동안 계속된 괴롭힘에 담임선생님한테 도움을 요청했지만 담임선생님은 우리 아이가 코를 손으로 만지다가 손톱으로 긁지 않았느냐, 그래서 상처가 생기지 않았느냐는 어이없는 말만 하는 겁니다. 그래서 가해학생 부모를 저녁에 학교로 불러내서 사과를 받고 다음부터는 못하게 하도록 하려고 담임선생님 입회하에 방과 후 저녁에 만났습니다. 그런데 그 아이의 부모는 증거를 대라는 말만 되풀이하고 오히려 목을 뻣뻣하게 세우더라고요. 그러면서 우리 아이의 말만 그대로 믿지 말라며 정신적 상담을 받아보는 게 어떻겠느냐고 어이없는 말만 하는 것이었습니다. 담임선생님한테 말해도 안 되고 가해학생 부모는 더 큰 소리를 치고, 가해학생은 얼굴을 뻣뻣이 쳐들고 안 했다고 오리발 내밀고, 매일

이렇게 당하고 있으려니 정말 분통이 터질 지경입니다."(김가녕, 2013: 55)

3) 판례 검토

다음 내용은 실제로 발생한 사건에 대한 대법원 및 지방법원의 판례다. 집단 따돌림 및 괴롭힘에 대한 사법부의 판단을 이해하는 데 도움이 될 것이다. 판례는 발생가능한 유사한 사안에 대한 법적인 판단기준이 된다. 실제 사건에 대한 법원의 판례를 통해 집단 따돌림 및 괴롭힘에 대한 법적 판단기준을 올바르게 이해할 수 있기를 바란다.

판례 1 대법원 2007. 11. 15. 선고 2005다16034 판결 손해배상(기)

〈집단 따돌림 자살 사건〉
2심 – 서울고등법원 2005. 1. 26. 선고 2004나46689 판결 손해배상(기)
1심 – 춘천지방법원 원주지원 2004. 6. 3. 선고 2002가합157 판결

가. 사건의 개요

K도가 설치 · 운영하는 W 여자중학교 3학년에 재학 중이던 A(망인)는 소외 1, 2, 3과 같은 반 친구들로, 2001. 3.경부터 배타적으로 어울리는 작은 집단을 형성하여 지내다가 소외 1이 위 집단을 주도하면서 망인을 집단에서 배척하였다가 다시 끼워 주는 것을 되풀이하였다. 여름방학 이후부터는 망인이 말을 걸어도 아무런 대답을 하지 않는 등 망인을 의도적으로 배제하고, 망인이 교복을 줄여 입은 모습을 보면서 놀리거나 점심시간에 학교 급식소에서 망인이 같은 식탁에 앉아 식사하려고 할 때 다른 식탁으로 옮겨 피하기도 하였다. 이런 상황에서 2001. 9. 24. 망인의 필통이 없어지자 망인은 소외 1과 소외 2가 이를 숨긴 것으로 알고 다른 학생들 앞에서 이들에게 따졌다가 자신의 오해로 밝혀져 이들에게 사과했다. 그러나 이들이 망인의 사과를 받아 주지 않고 오히려 망인을 몰아세움으로써 소외 1 등과의 관계가 더욱 악

화되었다. 위와 같은 일이 발생한 후 망인은 2001. 9. 26.경에는 교복 대신 검은 스웨터를 입고 오고 자율학습시간에 자주 교실을 드나드는 등 상당히 불안한 모습을 보였으며, 소외 3에게 자신과 함께 놀아 줄 것을 요청하였는데, 이를 알게 된 소외 1, 2로부터 소외 3이 "니, 좋이냐?"라는 말과 함께 면박을 당하였다.

망인은 2001.9.27. 등굣길에서 다른 반 친구에게 전날 소외 1 등으로부터 면박당한 일을 이야기하면서 "왕따당하니까 괴롭고 힘들다. 소외 2가 니 좋이냐고 말해 상처받았다."라고 말하였다. 같은 날 점심시간에 소외 1과 소외 2가 다른 학생들에게 "망인의 성격이 이상하다. 같이 놀지 마라."라며 학교급식소로 몰려가 자신만이 남게 되자, 어머니인 원고에게 전화하여 "엄마, 나 사실은 왕따야. 전학시켜 줘. 죽을 것 같아."라고 울면서 이야기하였다. 같은 날 하굣길에 소외 1과 소외 2가 망인에게 약을 올리며 몰아세우기도 했는데, 망인은 귀가한 직후인 같은 날 17:00경 자신이 살던 아파트에서 투신하여 자살하였다.

망인의 어머니인 원고는 망인이 3학년에 들어와 1학기부터 소외 1 등과의 교우관계로 문제가 있는 것으로 생각하여 망인에게 필요하면 학교에 도움을 요청하겠다고 하였으나, 망인이 스스로 해결하겠다고 하여 달리 담임교사 등과 상담하지 않았고, 망인이 자살 당일 전화할 때까지 망인이 집단 따돌림을 당하고 있고 이로 인하여 심한 고통을 받고 있음을 알지 못하였다.

망인의 담임교사는 2001.3.경 다른 중학교에서 폭행사건으로 문제를 일으키고 전학 온 소외 1에 대하여 1교사 1학생 결연 상담제도에 따라 소외 1의 학교생활 전반에 관하여 상담지도를 하였는데, 망인이 학기 초에 소외 1과 급속히 가까워지자 이를 염려하여 망인에게 시간을 두면서 천천히 사귈 것을 권유하기도 하였다. 담임교사는 소외 1 등이 망인과 집단을 형성하여 친밀하게 지내면서 망인을 집단에서 배척하였다가 다시 끼워 주는 등의 갈등이 있음을 알았으나 학창 시절 교우관계에서 겪는 과정의 일부라고 생각하여 별다른 조치를 취하지는 않았고, 필통분실사건에 대하여도 알지 못했다. 그러나 2001.9.26. 망인이 상당히 불안한 상태에 있다고 느껴 망인에 대한 상담이 필요하다고 판단했다. 2001.9.27. 임원회의에 참석한 원고로부터 망인이 그날 점심 때 울면서 전화한 사정을 듣게 되자, 소외 1 등이 봄부터 망인을 집단에 끼워 주었다 빼났다 하는 것을 알고 있었는데 그러면서도 "잘 지낼 테니 걱정하지 말아라, 자신이 잘 이야기해 보겠다."라고 하였다. 망인은 담임교사와 자주 상담을 하였으나 주로 공부문제에 관하여만 상담하였을 뿐 교우관계에 관한 어려움을 이야기한 일은 없다.

나. 사건의 경과

원고는 자살한 학생(당시 중3이며, 만 14세 정도)의 어머니이며, 피고는 W 여중을 설치·운영한 K도였다. 망인이 집단 따돌림으로 인하여 자살에 이르게 된 데 담임교사의 책임이 있다고 주장하며, 담임교사와 K도를 피고로 하여 손해배상 청구소송을 제기하였다.

제1심은 "피고 K도는 원고에게 5천만 원을 지급하고, 원고의 담임선생님에 대한 항소를 취하한다."라는 내용의 화해권고결정을 하였고, 피고 담임선생님에 대한 부분은 양 당사자가 이의를 하지 않아 확정되었고, 피고 K도에 대한 청구에 대해서만 제1심은 판결을 선고하게 되었는데 제1심판결은 원고의 청구를 기각하였다. 이에 원고가 항소를 하였고, 항소심에서는 제1심판결 중 원고의 패소부분을 취소하고 피고 K도에게 금 55,809,675원 및 지연이자를 지급하라고 판결을 선고하였으나 피고가 상고하였다.

상고심인 대법원에서는 항소심이 집단 따돌림으로 인한 피해를 넘어서서 자살의 결과에 대하여까지도 피고에게 손해배상책임을 인정한 것은 교사의 보호·감독의무 위반 책임에 관한 법리를 오해한 위법이 있고, 이는 판결에 영향을 미쳤음이 분명하다고 판시하면서 사건을 항소심으로 파기환송하였다.

다. 사건의 결말

망인의 자살에 직접적인 계기가 된 필통분실사건 이후 소외 1 등의 망인에 대한 행동은 망인이 필통을 감춘 것으로 오해한 데 대한 사과를 받아 주지 않고 망인을 계속 비난한 것으로, 이를 사회통념상 허용될 수 없는 악질, 중대한 따돌림에 이를 정도라고는 보기 어렵고 그 이전에 망인을 집단에서 배제한 행위도 빈번하지는 않았던 것으로 보이며 행위의 태양도 폭력적인 방법에 의하지 않고 무관심으로 소외시키는 것이 주된 것이었던 점, 망인의 행동을 보면 자살 전날 교복 대신 검정 스웨터를 입고 등교하여 불안한 모습을 보인 점이 평소와 다른 행동으로 보이지만 결석이나 지각을 하지도 않고 가정에서도 특별히 우울한 모습을 엿볼 수 없었던 점 등에 비추어, 당시 사회적으로 학생들의 집단 따돌림으로 인한 피해사례들이 보고되고 있었다고 하더라도 이 사건 사고 발생 당시 담임교사가 망인의 자살에 대한 예견가 능성이 있었다고 인정하기는 어렵다고 할 것이다.

담임교사로서는 망인이 소외 1 등과 친밀한 관계를 맺고 싶어 함에도 이러한 관계를 맺지 못하고 집단에서 배척되었다가 끼워졌다 하는 등의 갈등이 있음을 알고 있었음에도 이러한 일들이 학창 시절 교우관계에서 발생할 수 있는 일상적인 문제로 생각하고 이에 대한 대처를 소홀히 한 과실을 인정할 수 있으므로, 그의 직무상 불법행위로 발생한 집단 따돌림의 피해에 대하여는 그가 소속한 지방자치단체인 피고가 손해배상책임을 부담한다고 할 것이다. 그러나 집단 따돌림으로 인한 피해를 넘어서서 자살의 결과에 대하여까지도 피고에게 손해배상책임을 인정한 것은 교사의 보호·감독의무 위반 책임에 관한 법리를 오해한 위법이 있고, 이는 판결에 영향을 미쳤음이 분명하므로 원심(항소심)을 파기하고 사건을 서울고등법원으로 파기환송하였다.

라. 판결의 의의

집단 따돌림이란 "학교 또는 학급 등 집단에서 복수의 학생들이 한 명 또는 소수의 학생들을 대상으로 의도와 적극성을 가지고 지속적이면서도 반복적으로 관계에서 소외시키거나 괴롭히는 현상을 의미한다."라고 판시하여 집단 따돌림의 정의를 규정하였다.

집단 따돌림으로 인하여 피해학생이 자살한 경우, 자살의 결과에 대하여 교장이나 교사에게 보호감독의무 위반 책임을 묻기 위한 요건 및 그 판단기준을 제시하였다.

즉, 집단 따돌림으로 인하여 피해학생이 자살한 경우, 자살의 결과에 대하여 학교의 교장이나 교사의 보호·감독의무 위반의 책임을 묻기 위해서는 피해학생이 자살에 이른 상황을 객관적으로 보아 교사 등이 예견하였거나 예견할 수 있었음이 인정되어야 한다. 다만, 사회통념상 허용될 수 없는 악질, 중대한 집단 따돌림이 계속되고 그 결과 피해학생이 육체적 또는 정신적으로 궁지에 몰린 상황에 있었음을 예견하였거나 예견할 수 있었던 경우에는 피해학생이 자살에 이른 상황에 대한 예견 가능성도 있는 것으로 볼 수 있을 것이나, 집단 따돌림의 내용이 이와 같은 정도에까지 이르지 않은 경우에는 교사 등이 집단 따돌림을 예견하였거나 예견할 수 있었다고 하더라도 이것만으로 피해학생의 자살에 대한 예견이 가능하였던 것으로 볼 수는 없으므로, 교사 등이 집단 따돌림 자체에 대한 보호·감독의무 위반의 책임을 부담하는 것은 별론으로 하고 자살의 결과에 대한 보호·감독의무 위반의 책임을 부담한다고 할 수는 없다.

따돌림의 정도와 행위의 태양, 피해학생의 평소 행동 등에 비추어 담임교사에게 피해학생의 자살에 대한 예견가능성이 있었다고 인정하지 아니하여 자살의 결과에 대한 손해배상책임은 부정하였으나, 다만 학생들 사이의 갈등에 대한 대처를 소홀히 한 과실을 인정하여 교사의 직무상 불법행위로 발생한 집단 따돌림의 피해에 대하여 지방자치단체의 손해배상책임을 긍정한 사례다.

출처: 김용수(2012). 학교폭력, 집단 괴롭힘 등으로 인한 손해배상청구 및 위자료 산정 시 참작할 요소.

판례 2 수원지방법원 2008.7.24. 선고 2007가합21149판결【구상금】

가. 사건의 개요

망 A는(이하 '망인'이라 한다) K도가 설치·운영하는 과천시에 있는 M 초등학교 6학년 1반에 재학하던 중, M 초등학교 학생인 B, C, D(이하 '가해학생들'이라 한다)에 의하여 아래와 같은 집단 괴롭힘을 당하고, 2001.11.15. 망인의 집인 과천시 소재 아파트에서 창문을 통하여 12m 아래 아파트 화단으로 추락하여 같은 달 30일 사망하였는데, 망인 A의 부모 및 동생은 가해학생들의 부모 및 K도(대표자 교육감)를 상대로 손해배상청구 소송을 제기하여 손해배상을 받았으며, 이에 대해서 K도(대표자 교육감)가 가해학생 부모들을 상대로 구상권을 행사하여 구상금 청구소송을 제기하였다.

나. 사건의 경과

1) A에 대한 집단 괴롭힘
- 가해학생들은 아래에서 보는 바와 같이 특별한 이유 없이 수회에 걸쳐 망인을 폭행하였고, 그 밖에도 2001.3.경부터 2001.10.경까지 사이에 망인이 숙제를 해

오지 않았다는 이유로 욕설을 하고, 망인에게 땅바닥에 떨어져 있는 것을 주워 먹도록 시키면서 먹지 않으면 죽인다고 협박하였으며, 플라스틱 막대기로 망인을 때리는 등 망인을 괴롭혔다.

- 가해학생 B, C는 2001.8. 하순 일자불상 10:30경 M 초등학교 화장실 안에서 망인이 평소 자습시간에 떠드는 등 학교생활이 마음에 들지 않는다는 이유로 주먹과 발로 망인의 온몸을 수회 때렸다.

- 가해학생 B, C는 2001.9. 초순 일자불상 12:30경 과천시 소재 아파트 3단지 놀이터에서 같은 반 친구들이 싸움을 하고 있는 것을 보고 말리지 않고 웃었다는 이유로 주먹으로 망인의 얼굴을 수회 때렸다.

- 가해학생 B, C는 2001.9. 초순 일자불상 10:40경 이유 없이 교실 안에 있던 망인을 학교 화장실 안에 가두고 주먹으로 얼굴을 수회 때렸다.

- 가해학생 B, D는 2001.9. 초순 일자불상 12:50경 교실 안에서 이유 없이 망인에게 "너는 축구도 할 줄 모르느냐."라며 손바닥으로 망인의 머리를 수회 때렸다.

- 가해학생 B, C는 2001.10. 초순 일자 불상 10:40경 이유 없이 교실 안에 있던 망인을 학교 화장실 안에 가두고 주먹으로 얼굴을 수회 때렸다.

- 가해학생 B는 2001.10.17. 2교시 수업을 마치고 쉬는 시간인 10:30경 친구들에게 카드마술을 보여 주는데 F가 "그게 무슨 마술이냐."라며 놀리자 F와 말다툼을 하다가 화가 난다는 이유로 갑자기 아무 관련도 없는 망인에게 달려들어 주먹으로 망인의 얼굴을 때렸고, C도 합세하여 주먹과 발로 망인을 때렸으며, D도 망인이 쓰고 있던 안경을 벗겨 놓고 주먹으로 망인의 얼굴을 때렸다.

- 망인은 가해학생들로부터 위와 같이 지속적으로 폭행 등을 당하면서도 폭행사실을 어른들에게 알리면 죽여 버리겠다는 가해학생들의 협박 때문에 부모나 담임교사에게 그 사실을 말하지 않았고(망인이 2001.5.경부터 밤에 식은땀을 흘리고 헛소리를 하며 자주 짜증을 부리는 등 정서불안 증세가 있자 망인의 모는 2001.9.25. 망인의 담임교사인 T와 상담을 하였고, 이에 따라 담임교사인 T는 2001.9.27. 망인을 면담하면서 건강, 급우들과의 관계에 대하여 물어보았으나 망인은 이미 위와 같이 지속적으로 폭행 등을 당하였음에도 불구하고 별 문제가 없다고 대답하였다), 담임교사인 T는 2001.10.17. 같은 반 학생으로부터 망인과 가해학생들이 싸운다는 말을 전해 듣고 망인과 가해학생들을 추궁한 후에야 비로소 망인이 가해학생들로부터 지속적으로 폭행을 당해 온 사실을

알게 되었으며, 망인의 부 및 모 역시 담임교사인 T로부터 전화연락을 받고서야 이러한 사실을 알게 되었다. 한편 망인은 위와 같은 폭행 등으로 집중력 장애, 불안, 우울증상에 시달렸고, 2001.10.17. 폭행 직후 정신과 의사로부터 진찰을 받은 결과 '충격 후 스트레스 장애'로 약물치료와 상담치료가 필요하다는 진단을 받았다.

2) 집단 괴롭힘 발각 후 학교 측의 조치와 망인의 사망경위 등

담임교사인 T는 위와 같이 망인에 대한 폭행사실이 드러나자 가해학생들에게 반성문을 쓰도록 하고 망인과 가해학생들의 부모에게 그 사실을 알린 다음 2001. 10. 18. 망인의 부 및 망인의 모와 가해학생들의 어머니들이 함께 모인 자리에서 망인에 대한 폭행문제에 관하여 협의를 하였다. 위 협의과정에서 망인의 부와 모는 망인과 가해학생들의 격리가 필요하다는 정신과 의사의 견해에 따라 담임교사 T와 교장인 P에게 가해학생들을 전학시키거나 다른 반으로 보내는 등 망인과 가해학생들을 격리하여 줄 것을 요구하였으나 담임교사인 T, 학교장 P는 문제 있는 아이라고 해서 임의로 전학을 가도록 할 수는 없고 또한 전학이 근본적인 해결책은 아니라고 하면서 전학과 분반 문제는 더 지켜보도록 하되, 망인과 가깝게 지내던 같은 반 친구인 K로 하여금 망인을 보살피도록 할 것이며, 가해학생들을 철저히 학교를 믿고 맡기라고 하였다. 그리고 가해학생들의 어머니들도 망인의 부모에게 사죄를 하면서 망인에 대한 정신과 진료비 부담과 차후에 같은 일이 발생할 경우 가해학생들의 전학을 약속하는 내용의 각서를 작성해 주었다.

한편 M 초등학교 6학년생들은 2001.10.29.부터 2001.10.31.까지 2박 3일간 수학여행을 가기로 예정되어 있었는데, 망인의 모는 망인이 수학여행을 갈 경우 문제가 생길 것을 우려하여 망인을 보내지 않으려고 하였으나, 수학여행 중 망인을 가해학생들과 격리해 놓고 특별히 감독하겠다는 담임교사 T의 권유에 따라 망인을 수학여행에 보냈다.

그런데 망인은 수학여행 기간 중 가해학생 중의 한 명인 D와 같은 방을 쓰게 되었고, 친하게 지내던 K로부터도 "저리 꺼져. 재수 없어."라는 말을 들었으며, 망인과 같은 방에 배정된 학생들이 망인을 밖에 둔 채 방문을 잠그고 자기들끼리 귓속말을 하는 등 따돌림을 당하였다.

망인은 수학여행을 다녀온 후 우울증세가 더욱 심해져 망인의 부모가 학교에서

있었던 일을 물으면 화를 내고 손톱을 물어뜯거나 다리를 떨면서 불안해하기도 하였으며, 어린애처럼 행동하다가 갑자기 화를 내고 우는 등 자신의 감정을 통제하지 못하였고, 정신과 치료를 받는 것도 거부하였다. 그러던 중 망인은 2001.11.15. 학교에서 돌아와 저녁식사를 마치고 자기 방에 들어가 창문을 열고 의자 위에 올라서서 창문 밖을 쳐다보다 갑자기 창문 밖으로 투신하였고, 이로 인하여 급성 경막하혈종, 중증 뇌부종 등의 상해를 입고 병원에서 치료를 받다가 2001.11.30. 사망하였다.

3) 손해배상소송의 진행

망인 A의 부모 및 망인의 동생은 위와 같은 집단 괴롭힘에 의한 망인의 사망에 대하여 K도와 피고들을 상대로 수원지방법원 2002가합1935호(서울고등법원 2004 나52844호, 대법원 2005다24318호)로 손해배상청구를 하였고, 위 소송에서 다음과 같은 이유로 K도와 가해학생들은 각자 망인 A의 부에게 금 64,152,975원, 망인의 모에게 금 62,752,975원, 망인 A의 동생에게 금 5천만 원 및 위 각 금원에 대하여 2001. 11. 30.부터 2004. 6. 17.까지 연 5%의, 그다음 날부터 다 갚는 날까지 연 20%의 비율에 의한 금원을 지급하라는 내용의 판결을 선고받아 그대로 확정되었다.

또한 국민건강보험공단은 국민건강보험공단이 지급한 망인의 치료비와 장제비에 대하여 K도와 가해학생들을 상대로 서울서부지방법원 2004가소149989호로 구상금 청구를 하였고, 위 소송에서 K도와 가해학생들은 각자 국민건강보험공단에 치료비와 장제비에 대한 구상금으로 금 6,653,964원 및 그 지연손해금 지급하라는 내용의 판결을 선고받아 그대로 확정되었다.

4) 손해배상금의 지급

K도는 위 각 판결에 따라, 2007.5 28.경 망인의 부, 망인의 모, 망인의 동생에게 합계 금 225,920,556원을 지급하고, 2007.7.11.경 국민건강보험공단에 금 8,523,240원, 2007.8.31.경 금 18,230원 합계 금 8,541,470원을 지급하였다.

다. 구상금의 발생 및 범위

1) 구상금 채무의 발생

공동불법행위자는 채권자에 대한 관계에서는 부진정연대채무를 지되, 공동불법행위자들의 내부관계에서는 일정한 부담 부분이 있고, 공동불법행위자 중 1인이 자기의 부담 부분 이상을 변제하여 공동의 면책을 얻게 하였을 때에는 다른 공동불법

행위자에게 그 부담 부분의 비율에 따라 구상권을 행사할 수 있는 바, K도는 공동불법행위자 중의 1인으로서, 망인의 부, 모, 동생에게 손해배상을 지급함으로써 다른 공동불법행위자인 가해학생들의 부모들을 공동 면책하게 하였으므로, 가해학생의 부모들은 K도에게 구상금으로 위 지급 손해배상금 및 구상금 중 각자의 과실비율에 해당하는 부분과 각 면책된 날로부터의 지연손해금을 지급할 의무가 있다.

2) 구상금의 범위

• K도와 가해학생 및 부모들의 과실비율

가해학생들의 집단 괴롭힘과 K도의 법정감독의무자에 대신하여 학생들을 보호·감독을 할 의무를 게을리하여 발생한 사고인 점, K도는 학생들의 동향 등을 더 면밀히 파악하였더라면 망인에 대한 폭행 등을 적발하여 망인의 자살이라는 결과를 사전에 예방할 수 있었던 것으로 보이는 점, 망인에 대한 폭행사실이 적발된 후에도 담임교사인 T, 교장인 P는 망인의 정신적 피해상태를 과소평가한 나머지 망인의 부모로부터 가해학생들과 망인을 격리해 줄 것을 요청받고도 이를 거절하면서 가해학생들로부터 반성문을 제출받고 가해학생들의 부모들로부터 치료비에 대한 부담과 재발방지 약속을 받는 데 그치는 등 미온적으로 대처하여 결국 이 사건 사고에 이르게 된 점, 그 이후의 수학여행 중에도 망인에 대하여 보다 특별한 주의를 기울였어야 함에도 불구하고, 특별교우관계에 있는 학생을 붙여 주는 이외에 별다른 조치를 취하지 아니함으로써 결과적으로 망인이 자살에 이르게 한 원인을 제공한 과실이 있는 점, 또한 가해학생들의 부모인 피고들은 가해학생들이 집단 괴롭힘 등의 행동을 하지 않도록 사전에 지도·감독을 하였어야 하고, 그러한 망인에 대한 집단 괴롭힘의 사실을 안 이후 가해학생들이 망인을 더 이상 괴롭히지 못하도록 주의를 주는 등 지도·감독하였어야 함에도 그러한 지도·감독 의무를 게을리한 점 등 망인이 사망에 이르게 된 원인 및 과정과 그 결과, K도와 가해학생 부모들의 지위와 망인과의 관계 등을 고려하면, 결국 K도와 가해학생 부모들의 과실비율은 K도 35%, 피고들 65%로 봄이 상당하다. 또한 가해학생 부모들 내부적 부담비율은 B, C가 주도적으로 망인을 괴롭혔고, D는 이에 가담한 정도가 약한 점 등 이 사건에 나타난 가해 정도 및 빈도, 망인의 사망에 미친 영향 등에 비추어 보면, 가해학생 부모들 65%의 부담비율 중, B의 부모 및 C의 부모 각 25%의 비율로, D의 부모는 15%의 비율로 책임을 부담함이 상당하다.

라. 판결의 의의

가해학생 측의 과실비율과 가해학생(부모)들 간의 책임비율을 과실의 정도 및 가해행위에 가담 정도에 따라서 판단하였다.

출처: 김용수(2012). 학교폭력, 집단 괴롭힘 등으로 인한 손해배상청구 및 위자료 산정시 참작할 요소.

연 구 과 제

1. 다섯 가지 사례를 통해서 집단 따돌림의 특징을 찾아 나열해 보시오.

2. 집단 따돌림의 특징이 교사로서의 당신에게 주는 시사점은 무엇입니까? 집단 따돌림의 특징이 학급경영에 주는 의미를 토론하고 그 예방책에 대해 토론하시오.

참고문헌

sbs스페셜 제작팀(2013). 학교의 눈물. 프롬북스.

고정자, 김영조, 김은향, 송석원, 오민수(2004). 상담으로 풀어가는 초등교실이야기. 티처빌 원격교육연수원.

김가녕(2013). 굿바이, 학교폭력. 경향BP.

김용수(2012). 학교폭력, 집단 괴롭힘 등으로 인한 손해배상청구 및 위자료 산정 시 참작할 요소. 2012년 판례연구, 26(1). 서울지방변호사회.

이우석(2008). 집단따돌림과 학교의 정보제공 의무, 17(1). 경성법학.

참고 자료

경북일보(2014.3.1.). 대구 학부모 "왕따로 2년간 급식 못먹어" 논란.

연합뉴스(2013.4.15.) 인천서 여고생 집단 따돌림에 자살 기도.

제13장
협박과 폭행 및 갈취

광주지방경찰청 117 학교폭력신고센터에 따르면, 2012년에 센터가 개소한 6월 18일 이후 신고접수 결과, 폭행 39.1%, 모욕 15.1%, 공갈 6.8%, 협박 4.4% 등 비율을 보인 반면, 2013년 신고접수 현황을 분석한 결과 유형별로 폭행(34.7%), 모욕(18.6%), 공갈(5.3%), 협박(5.1%) 등의 순으로 많았다고 한다. 폭행 · 공갈의 비중은 다소 줄었지만 모욕 · 협박은 늘었다(연합뉴스, 2014.1.8.). 과거의 학교폭력은 단순폭행이나 갈취 등으로 물리적이고 가시적이었다면 최근의 학교폭력은 눈에 보이지 않은 언어적 폭력이나 모욕, 협박 등 비가시적 유형으로 점차 세분화되고 있음을 보여 준다. 이에 대처방안도 학교폭력의 유형이 변화함에 따라 좀 더 세분화되고 다양하게 접근해야 할 필요가 있다.

이 장에서는 협박과 폭행 및 갈취에 대해 알아보고, 사례 및 판례를 통해 이를 이해하고 대처능력을 기르고자 한다.

제13장 : **협박과 폭행 및 갈취**

1. 협박과 폭행 및 갈취란

협박이란, 상대에게 공포심을 일으키기 위해서 생명, 신체, 자유, 명예, 재산 따위에 해를 가할 것을 통고하는 일이다. 협박은 남에게 어떤 일을 하도록 위협하는 것이기 때문에 주로 폭행과 갈취를 할 때 같이 나타난다. 최근에는 스마트폰을 이용한 문자협박이나 피해자의 행동이 담긴 동영상을 찍어 이를 유포하겠다는 동영상 협박 등으로 갈수록 협박의 종류가 다양해지고 있다.

폭행은 조직화되어 집단폭행으로 발생하는 경우가 많다. 집단폭행은 두 명 이상이 함께 특정인을 때리는 행위로 또래집단이 형성되면서 특정 학생을 따돌리거나 폭행하는 경우이다. 학년이 올라갈수록 일진이나 폭력서클 등으로 조직화된 집단이 학교폭력을 일으키고 있다. 금품갈취의 대표적인 경우는 공갈을 들 수 있는데, 사람을 공갈하여 재물의 교부를 받거나, 재산상의 이익을 얻거나, 또는 제3자로 하여금 재물의 교부를 받게 하거나 재산상의 이익을 얻게 하는 범죄다(「형법」제350조). 최근 들어 학생들이 조직을 결성하고 이를 이용하여 협박하거나 겁을 주는 방법 등으로 급우나 후배들의 금품을 갈취하고 있다(전병일, 2009). 예전에는 그 액수가 작거나 학용품 등이었으나 갈수록 값비싼 브랜드의 옷이나 가방, 고액을 요구하는 경우가 늘고 있다. 금품갈취 사건은 주로 중학생에게서 많이 발생하며 학생들이 주로 빈번하게 이동하는 곳에서 이루어진다. 범행과정을 살펴보면,

표적이 되는 학생을 골목이나 동행이 있는 으슥한 곳으로 유인하여 돈, MP3나 휴대전화 등 귀중품을 갈취하는 수법 등이 있다.

2. 대처방안

협박과 폭행 및 갈취에 대한 대처방안은 두 가지로 제시한다. 하나는 사건이 발생했을 때 해결하는 과정과 관련된 일반적 사건 대처방안이고, 또 다른 하나는 사건의 실제 당사자인 피해학생과 가해학생의 사후 지도와 관련된 구체적 사건 대처방안이다.

1) 일반적 사건 대처방안

협박과 폭행 및 갈취는 대부분 함께 이루어진다. 협박을 하면서 폭행을 하거나, 갈취를 하는 과정에서 협박이나 폭행이 이루어진다. 더구나 협박이나 폭행은 집단으로 사건이 발생하는 경우가 많다. 그렇기 때문에 이 경우에도 집단 따돌림처럼 시시비비를 가리는 것이 쉽지 않다. 학교에서 발생한 협박과 폭행 및 갈취에 관한 사건은 학교폭력대책자치위원회가 문제를 해결한다. 학교폭력대책자치위원회는 학교폭력 예방 및 대책에 관련된 사항을 심의하기 위해 학교마다 설치된 자치기구로 학교폭력의 예방 및 대책을 위한 학교의 체제 구축, 피해학생의 보호, 가해학생에 대한 선도 및 징계, 피해학생과 가해학생 간의 분쟁조정, 그 밖에 대통령령으로 정하는 사항을 심의한다. 반면, 경찰에 신고가 된 사건은 가해학생과 피해학생 간의 합의가 이루어져야 문제가 해결될 수 있다. 폭행이나 갈취는 명백히 증거가 있기 때문에 경중에 따라 처벌받을 수도 있다. 신고의 주체는 교직원, 학생, 학부모, 기타 누구든 학교폭력을 알게 되었을 경우에는 신고할 수 있고, 117 학교폭력신고센터나 교육청 혹은 관계 기관에 신고할 수도 있다. 신고를 받았을 경우에는 사안파악, 협력관계 구축, 비밀보장, 피해학생과 신고자 신변보호, 적극적인 사안조사 처리 등을 통해 사건을 해결해야 한다.

2) 구체적 사건 대처방안

협박과 폭행 및 갈취의 피해학생과 가해학생에 대한 사후 지도방안은 여러 가지가 있겠으나, 여기에서는 피해학생과 가해학생의 마음을 치유하는 방안을 소개하도록 한다.

(1) 피해학생

자기 감정 표현하기: 나-전달법

피해학생은 학교폭력이 일어났을 당시 자신의 감정을 제대로 표현하지 못해 고통을 더 받는 경우가 많다. 나-전달법은 상대방을 비난하거나 성급한 해결책을 제시하지 않으면서 상대방의 행동이 나에게 어떤 영향을 미쳤는지 솔직하게 자신의 감정을 표현하는 방법이다. 너에게 문제가 있다고 표현하여 상호관계를 파괴하는 너-전달법과 달리, 나-전달법은 상대방에게 나의 입장과 감정을 솔직하게 전달함으로써 상호이해 관계를 높일 수 있는 것이 장점이다. 나-전달법의 대화를 할 때 상대방의 행동(상황), 그 행동의 결과(영향), 결과에 대한 나의 느낌을 드러나게 말하면 된다. 즉, "네가 ～하면(행동), 나는 ～하다(감정). 그 이유는 ～이다(이유)."로 표현하면 된다.

(2) 가해학생

협박과 폭행 및 갈취를 행하는 가해학생들은 내재해 있는 화를 참지 못하고 분출하는 경우가 많기 때문에 다음과 같은 대처방안을 안내한다.

분노조절 훈련하기(KBS 스펀지 2.0 제작팀, 신민섭, 2008)
• 분노조절이란 정서적으로 안정되고 좌절 상황을 잘 견디며 분노를 조절하는

능력을 말한다. 가해학생이 폭행 등의 학교폭력이 일어났을 때를 상상하며 분노를 조절하는 자신의 모습을 상상하는 훈련은 자신의 감정을 잘 다스리게 하는 데 도움이 된다.

• 명상을 통해 자기 마음속의 부정적인 감정을 알아차리고 분노의 감정이 들 때 자신이 선택할 수 있는 행동이 무엇인지 적어 본다. 그 행동 중에서 비폭력적이며 관습적으로 받아들여질 수 있는 행동을 체크하고 분노를 조절하는 자기 모습 상상하기를 반복적으로 훈련한다.

• 분노조절 훈련방법

-셀프토크: 화가 나는 상황을 스스로 연출한다. 예를 들어, 넘어질 수밖에 없는 동전 비스듬히 쌓기를 한다. 화가 나면 미리 준비해 두었던 자신에게 격려의 말을 전하는 카드를 읽는다.

-문자 일기: 화를 참을 수 없을 때 자신에게 격려의 문자를 보낸다.

-화 일기: 하루 동안 자신이 화를 냈었던 일들을 일기형식으로 적는다. 화를 냈던 상황과 그때 했던 말과 행동 등을 구체적으로 적고 다시 그 상황에 처한다면 어떻게 대처할 수 있는지 긍정적인 행동을 적는다.

-근육이완: 화가 밀려오면 몸의 긴장을 풀어 주고 마음을 편안하게 하기 위해 명상을 한다.

3. 협박과 폭행 및 갈취의 사례와 판례

협박과 폭행 및 갈취에 관한 실제와 사례와 유형별 사례를 살펴보는 일은 협박과 폭행 및 갈취에 대한 이해와 더불어 대처능력을 기르는 데 큰 도움이 될 것이다.

1) 실제 사례

Case 1. 폭행

중학교 2학년에 다니는 A양은 골목길에서 이른바 '일진 여학생' 10여 명으로부터 얼굴과 다리 등을 집단 폭행당했다. A양이 폭행당한 이유는 가해 여학생의 남자 친구와 30여 분 동안 통화를 했다는 것이었다. 일진 여학생들은 "왜 우리 남자 친구와 사귀느냐?"라며 30분 동안 손과 발로 A양을 온몸에 피멍이 들도록 폭행했다. 주변에는 남학생을 포함한 20여 명의 학생들이 쳐다보고 있었지만 말리는 사람은 아무도 없었다고 한다. 경찰은 피해자 부모의 신고를 받고 현장으로 나가 가해학생으로 추정된 학생들을 상대로 면담조사를 하는 등 자세한 경위를 조사하였다(경기일보, 2012.11.27.).

Case 2. 금품갈취

B시 일대에서 일명 '짱'으로 불리며 10개월에 걸쳐 중학교 후배들을 상대로 300여만 원을 빼앗은 A군 등 모 중학교 졸업생 4명을 포함한 3학년생 1명, 2학년생 2명 등 모두 7명이 상습공갈 혐의로 불구속 입건되었다. 경찰 조사결과 중학교를 졸업한 전직 '짱'이었던 4명은 작년 3월부터 12월까지 같은 학교 3학년 및 2학년 후배 '짱'에게 자신들의 오토바이를 60만 원에 사라고 강요하며 돈을 받은 다음 물건을 주지 않거나, 정기적으로 돈을 상납케 하고 지정일까지 상납하지 않으면 20~30%의 이자를 붙이는 수법 등으로 12회에 걸쳐 150만 원 상당의 금품을 빼앗은 혐의다. 또한 선배로부터 강요받은 후배 B군 등 현직 '짱'들인 재학생 3명은 1학년생 5명을 상대로 노스페이스 점퍼를 사라고 강요하며 돈을 받은 다음 점퍼를 주지 않거나 정기적으로 돈을 상납케 하는 방법으로 21회에 걸쳐 100여만 원의 금품을 빼앗았다. 이 과정에서 반발하는 1학년생들을 교내 탈의실 등으로 불러내 폭행, 협박을 한 것으로 드러났다(부천데일리뉴스, 2012.2.10.).

Case 3. 집단폭행

A양과 친구들은 신학기 개학을 앞둔 지난 1일 오후 6시 30분경 모 도시 한 공원에서 인근 중학교에 다니는 B양을 2시간가량 집단으로 구타했다고 한다. 이번 집단구타의 발단은 단돈 3천 원 때문이었다. A양에게 몇 달 전 3천 원을 빌려 준 B양이 그 돈을 돌려 달라고 요구하는 과정에서 A양이 B양에게 앙심을 품게 되었다. 사건 당일 오후 B양에게 전화를 건 A양 일행은 인근 공원으로 나올 것을 요구했고, B양은 함께 집으로 가고 있던 친구에게 자신의 지갑 등을 맡기고 공원으로 나갔다. A양 일행은 B양이 오자 땅바닥에 눕혀 놓고 집단으로 때리기 시작하면서, 집단으로 구타하는 장면을 A양 일행은 화상통화로 친구들에게 생중계를 하였다. 어두워진 공원에서 집단구타를 하던 A양 일행은 주변 사람들의 관심을 돌리기 위해 노래를 틀어 놓고 주변에 사람이 다가오면 같이 노는 척했다. 협박과 폭행을 2시간가량 계속하던 A양 일행은 현금 5만 원을 뺏은 뒤 공원을 떠났다. 경찰수사가 시작된 이 사건에 대해, 해당 학교는 학교폭력대책자치위원회를 열지 않았으며 가해학생들에 대한 진상파악에도 미온적이었다. 경찰 관계자는 가해자로 지목된 학생을 상대로 수사를 진행하고 있으며 가해자로 지목된 학생들의 혐의가 입증되면 입건 여부를 결정할 방침이라고 말했다(시사포커스, 2014.3.7.).

Case 4. 보복폭행

고등학교에 1학년에 다니는 A군은 학교폭력을 신고했다가 가해학생인 B군과 그의 친구들로부터 보복폭행을 당했다. A군은 밤 11시경 동네의 한 모텔로 끌려가 친구들과 함께 감금 · 폭행당한 뒤 금목걸이 1점을 빼앗기는 등 모두 7회에 걸쳐 700만 원 상당의 귀금속과 오토바이 등을 빼앗겼다. 경찰 조사결과, B군 등은 A군 등이 자신들의 가해사실을 경찰에 신고하자 밤 10시경 모 초등학교 주차장에서 A군 등을 불러낸 뒤 보복폭행을 한 것으로 드러났다(뉴시스, 2012.7.11.).

Case 5. 공갈협박

S 시 고등학교에 다니는 학생 2명은 과거 자신들의 후배를 괴롭혔던 B군 등 3명

을 상대로 후배를 대신해 합의금을 받아 내겠다며 공갈협박해 경찰조사를 받고 있다. A(17) 군 등 2명은 두 달 동안 B(17) 군 등 3명을 협박해 총 120만 원을 상습적으로 갈취한 혐의를 받고 있다. 이들은 B군 등 3명이 과거 자신들의 후배를 괴롭힌 것을 빌미로 경찰에 신고해 처벌받게 하겠다며 협박했다. B군 등과 A군의 후배는 이미 화해한 상태였다. A군 등은 "내가 후배에게 이미 합의금 250만 원을 주었으니 너희가 그걸 몇 달에 걸쳐 갚아라."라며 B군 등을 협박했다. 이들은 또 피해자들에게 "신고당할래, 합의할래, 맞을래?"라며 세 가지 선택사항 중 한 가지를 고르게 해 합의금 지급을 선택하게 했다. 이들은 B군 등으로부터 수회에 걸쳐 계좌이체로 120만 원을 상습적으로 갈취했다.

한편 「청소년보호법」을 악용해 보상을 요구한 사례도 있다. 지난 5월 인천에서는 자신들에게 담배를 판 업주를 협박해 돈을 뜯어내려 한 혐의(공갈)로 C(17)군 등 3명이 경찰에 불구속 입건되기도 했다. 이들은 2월 24일 한 편의점에 들어가 담배를 산 뒤 다시 편의점을 찾아 "미성년자에게 담배를 판매해도 되느냐, 보상을 하지 않으면 경찰에 신고하겠다."라며 주인에게 돈을 요구했다. 주인이 응하지 않자 이들은 곧바로 경찰에 신고했으며, 경찰조사를 하던 중 이들의 범행이 드러나 입건되었다. 청소년폭력예방재단 관계자는 "귀엣말로 욕을 하거나 흔적이 남지 않게 폭행 하는 등 아이들의 폭력이 갈수록 교묘해지고 있다"라면서 "공갈협박을 통한 합의금 요구도 지능화의 한 일면"이라고 말했다(헤럴드경제, 2013.7.30.).

2) 가상 사례

나하얀 교사는 처음으로 학년부장을 맡은 15년 경력의 여교사다. 중학교 2학년 학년부장은 교사들이 학생부장만큼이나 기피하는 보직이다. 하지만 나하얀 교사는 3월 한 달 동안 무난하게 학년업무를 하며 2학년 학생지도를 잘 해냈다. 대도시의 변두리지역에 위치한 학교이기는 하지만 생활수준이 높고 학교교육에 대해 학부모들의 관심이 많은 지역이어서 아이들이 유순한 편이었다. 지난해 1학년 담임을 하며 아이들과 좋은 관계를 유지했던 것도 2학년 부장을 수월하게 할 수 있었던 이유이기도 했다.

4월 1일, 나하얀 교사가 출근을 하니 교복도 입지 않은 한마디로 '양아치' 같은 복장의 남학생과 그 아이의 어머니로 보이는 사람이 교무실에 서 있었다. A중학교에서 강제 전학을 온 아이었다. 양아치 학생 동해는 그야말로 된장남이었다. 책가방이라고 들고 온 것이 새로 나온 구찌 상품, 손목엔 롤렉스 시계가 번쩍이고 있었다. 안경은 프라다, 바지주머니로 비쭉 나온 지갑은 루이비통, 깃을 세운 남방엔 빅폴로가 새겨져 있다. 남방 안에 받쳐 입은 티셔츠는 요즘 잘 나가는 아이들이 선호한다는 아베크롬비로 속칭 깔맞춤을 해 주셨다. 그리고 보니 손가락에는 폭력조직의 조직원들이나 할만 한 알반지까지 끼고 있었다. 그에 비하면 동해의 엄마는 수수한 편이었다.

"못생긴 계집애가 까불어서 싸대기 한 대 날렸는데 재수 없게 걸려서……." 강제 전학까지 왔다고 반성의 기색 없이 말다. 학생 한 명이 2학년 전체 분위기를 흐리는 데는 며칠 걸리지 않았다. 우선 반반한 얼굴에 온갖 명품을 걸쳤으니 끼를 감추고 있던 여자애들이 들러붙기 시작했다. 순진한 2학년 남자아이들은 별로였는지 동해는 논다는 3학년 학생들과 급속도로 친하게 지내며 세력을 만들기 시작했다. 적응기간은 딱 하루. 그 후부터는 쉬는 시간마다 약한 애들을 보초로 세워 놓고 담배를 피워 대기 시작했다. 그 모습이 멋있다며 여자아이 몇몇이 따라 하기 시작했다. 수업시간에는 선생님들에게 무조건, 정말 무조건 대들었다. 무엇인가 교육적 지도를 하려는 교사가 있으면 무조건 턱을 45도 각도로 쳐들고 교사를 내려다보며, '칠 테면 쳐 봐~.'라는 식의 태도를 보였다. 아이들 앞에서 교사의 권위를 잃는 험한 꼴을 보일까 염려한 교사들은 동해를 없는 아이 치고 수업을 하려 했으나, 동해가 컨디션이 좋은 날이면 말똥말똥한 정신으로 시비를 거는 통에 수업을 접어야 했다.

나하얀 교사는 동해를 어떻게 지도해야 할지 난감했다. 동해를 교무실에 불러 상담을 하려고 하면, 동해는 인상을 쓰며 주머니에 두 손을 찔러 넣고 들어와서는 의자에서 금방이라도 미끄러져 내릴 것 같은 늘어지는 자세로 앉아 "할 말 있으면 해 보셔."라고 말하는데, 나하얀 교사가 뒷목 잡고 쓰러지지 않은 게 다행이라고 할 수 있을까. 15년 경력, 그래도 열심히 교직생활하며 별별 아이 다 만나 봤고, 최선을 다해 지도해서 사람 만들어 주어 고맙다는 인사도 제법 받으며 교직생활을 했는데, 이것은 쓰나미를 만난 것 같은 느낌이었다. 제도적으로 학교 밖으로 내보낼 방법도 없고, 그렇다고 학교에서 끌어안고 지도할 수 있는 학생도 아니었다. 어쩌면 좋을까…….

이동수업을 위해 바쁘게 움직이던 쉬는 시간에, 3반인 동해가 5반 학생인 성실이와 복도에서 부딪혔다. 부딪히면서 동해의 손목에 있던 롤렉스 시계가 바닥에 떨어져 시계의 손목이음새가 떨어져 나갔다. 동해는 성실이를 끌고 화장실로 갔다. 그러고는 손목줄이 떨어진 롤렉스의 가격이 천만 원이라며 멱살을 잡았다. 하지만 평소 성실이의 행실이 동해의 비위에 거슬리지 않았던 덕에 가격을 깎아 단돈 백만 원만 받겠다며 동해는 성실이를 협박했다. 성실이는 겁에 질려 용돈이 생길 때마다 갚겠다는 약속을 하고서야 화장실에서 풀려났다. 얼마의 시간이 지난 후에 이런 사건의 내용을 알게 된 동해의 담임교사가 동해를 데리고 백화점 롤렉스 매장에 수리를 받으러 갔다가 동해의 시계가 가짜 제품이라는 판정을 받았다. 이렇게 담임교사가 나설 때까지 성실이는 동해에게 날이면 날마다 용돈을 바쳐야만 했다.

3학년 남학생인 김조용 학생. 전교 학생들에게 왕따라고 알려진 학생이다. 조용이가 쉬는 시간이면 동해의 교실인 2학년 3반 교실에 나타나기 시작했다. 동해의 체육시간에 체육복을 가져다 놓고, 수학시간이면 2학년 수학책을 빌려다 놓았다. 미술시간이면 준비물도 챙겨다 놓았다. 조용이는 3학년 일진을 등에 업은 동해의 셔틀이 된 것이었다. 아이들의 신고로 조용이의 준비물 셔틀은 중단되었다. 조용이는 그렇게 동해의 비행 대상에서 빠져나온 듯싶었다.

어느 월요일에 나하얀 교사가 출근을 하니 경찰서에서 전화가 왔다. 동해가 오토바이를 훔쳐서 타고 다니다가 잡혔는데, 3학년 아이 몇 명이 연루되어 있다는 내용이었다. 그렇다면 오늘 동해는 학교에 오지 못하리라 생각했는데, 동해가 당당히 학교에 와서 자리에 앉아 있는 것이었다. 나하얀 교사가 자신의 시간표를 확인해 보니 1, 2, 3교시가 모두 수업이었다. 3교시는 끝이 나야 동해를 데려다 지도를 하고 조치를 취할 수 있을 듯했다. 그런데 1교시 후 쉬는 시간에 일이 터졌다.

2학년 학생인 동해가 3학년 교실로 조용이를 찾아가 "내가 오토바이 훔쳐서 놀다가 경찰에 붙잡히게 된 건 다 너 때문이다."라며 3학년 학생들이 다 보는 앞에서 3학년인 조용이의 멱살을 잡은 것이었다.

사건의 전말은 이렇다. 조용이는 우울감을 이기지 못하고 가출을 했고, 조용이의 부모님은 바로 경찰에 아들의 가출신고를 했다. 바로 그 시간에 동해는 다른 동네에서 오토바이를 훔쳐 학교 근처로 타고 와서는 3학년 형들을 불러내 자랑을 하고 있었다. 경찰은 조용이를 찾기 위해 학교 주변 동네에 순찰을 나섰고, 동해와 3학년 일진들은 갑자기 나타난 경찰차를 보고는 자신들을 잡으러 온 줄 알고 오토바이를 내버려 둔 채 도망치기 시작했다. 이 모습을 수상히 여긴 경찰은 당연히 동해와 3학년 일진들을 잡았다. 물론 조용이는 바로 귀가했지만, 경찰의 난데없는 순찰 이유가 조용이의 가출 때문이었던 것을 전해 들은 동해가 조용이를 찾아 3학년 교실에 나타난 것이었다.

3) 판례 검토

다음은 실제로 발생한 사건에 대한 울산지방법원의 판례다. 협박과 폭행 및 갈취에 대한 사법부의 판단을 이해하는 데 도움이 될 것이다. 판례는 발생가능한 유사한 사안에 대한 법적인 판단기준이 된다. 실제 사건에 대한 법원의 판례를 통해 협박과 폭행 및 갈취에 대한 법적 판단기준을 올바르게 이해할 수 있기를 바란다.

판 례 울산지방법원 2006. 12. 21. 선고 2005가단35270 판결 손해배상(기)

가. 사건의 개요

M 중학교 학생인 L은 2005년 6월 20일 09:05경 동 중학교 교실 안에서 원고 P가 자율학습시간임에도 책상에 엎드려 있다는 이유만으로 동인의 등을 2회 주먹으로 때렸고, 옆에 있던 K는 주먹으로 원고의 얼굴과 팔을 때렸으며, C는 옆에서 원고의

먹살을 잡았다. L은 같은 날 16:15경 학교수업이 끝난 후 청소시간에 장난 삼아 주먹으로 원고 P의 등을 수회 때렸고, 이를 보고 있던 K, C를 포함한 같은 반 학생 8명은 특별한 이유 없이 집단적으로 원고의 머리와 등과 팔 등의 신체부위를 수회씩 주먹으로 때리거나 발로 걸어찼다. P는 평소에도 수업시간에 이따금 엎드려 잠을 자고, 친구들과 말을 거의 하지 않으며, 친구들이 장난을 걸어도 대꾸도 하지 않는다는 등의 이유로 같은 반 친구들로부터 놀림을 당하거나 따돌림을 당하는 일이 가끔 있었다. 원고 P는 가해학생들의 폭행으로 인하여 안면부 좌상, 구내 열상 등 약 3주간의 치료를 요하는 상해를 입게 되었고, 위와 같이 폭행을 당한 이후 사고 상황에 대한 반복적 회상, 대인관계 기피, 가해자에 대한 적개심, 우울증 등의 증상으로 2005년 7월 12일 H 병원에서 외상 후 스트레스 장애의 진단을 받고 그 무렵부터 2005년 9월 8일까지 병원에서 신경정신과적 치료를 받았다. 피고 소속 교육공무원이자 담임교사인 T는 이 집단폭행사건이 있기 전에 가해학생 중 한 명이 원고 P를 괴롭히고 있다는 사실을 듣고 그 가해학생과 상담을 한 적이 있고, 2005년 6월 11일경 가해학생들이 같은 반의 여학생을 집단적으로 괴롭힌다는 이야기를 듣고 동인을 불러 질타하기도 하였다.

나. 사건의 쟁점

공립중학교 내에서 다수의 중학생이 급우를 집단폭행한 경우 가해학생들의 학부모들과 지방자치단체의 손해배상책임의 인정 여부

다. 사건의 결말

1) 가해학생들의 학부모들의 손해배상책임 인정
가해학생들은 모두 위 집단폭행 당시 13세 전후의 학생들로 경제적인 면에서 전적으로 각자의 부모에게 의존하면서 그 부모의 보호·감독을 받고 있었는데, 당시 우리 사회에서는 학교 내 폭력과 집단 따돌림 등이 이미 사회문제화되어 있었으므로 가해학생들의 부모들로서는 나이가 어려서 변별력이 부족한 가해학생들이 다른 학생을 폭행하거나 집단적으로 괴롭히는 등의 행위를 하지 않도록 교육하고 보호·감독하여야 할 주의 의무가 있음에도 이를 게을리한 과실로 가해학생들이 원고 P에게

집단폭행을 가하는 것을 방치하였다고 할 것이므로, 가해학생들의 부모들은 「민법」 제750조에 따라 이 집단폭행 사건으로 원고가 입은 손해를 배상할 의무가 있다.

2) M 중학교를 설치, 운영한 지방자치단체의 손해배상책임

이 집단폭행 사건의 쟁점은 (1) 두 차례 모두 교실 내에서 수업이 시작되기 전의 자율학습시간과 수업이 끝난 후 청소시간에 같은 반 급우들인 가해학생들에 의하여 이루어진 점, (2) 집단폭행이 이루어질 당시 우리 사회에서는 학교폭력과 집단 따돌림 등이 심각한 사회문제로 대두해 있었던 점, (3) 가해학생들은 모두 한창 장난기가 많을 뿐 아니라 성숙하지 못한 사고로 인하여 때로는 동료 학생들에게 거친 행동을 할 수 있는 중학생들인 점, (4) 당시 담임교사인 T도 이 폭행 사건이 발생하기 이전에 가해학생 중 1명이 원고 P를 가끔 괴롭히고 있다는 것을 들었고, 같은 반 여학생 중 1명이 가해학생들로부터 집단 괴롭힘을 당하기도 했다는 이야기를 듣고 가해학생들을 불러서 질타하기도 한 점에 비추어 보면, 담임교사인 T로서는 당시의 사회 분위기나 자신이 맡고 있는 학급 내 상황에 비추어 원고 P가 가해학생들로부터 집단 괴롭힘이나 집단폭행을 당할 수도 있다는 것을 어느 정도 예상할 수 있었다 할 것이다.

이러한 경우 T는 담임교사로서 수업시간 전후로 수시로 돌아보고, 학급의 반장을 통하여 학급 내에서의 집단 괴롭힘이나 폭행사건이 발생할 경우 즉각적으로 보고 하도록 하며, 학급 내에서 종종 다른 학생들을 괴롭히는 가해학생들에 대하여는 더욱 적극적인 자세로 훈육하고 위와 같은 집단 괴롭힘 등이 발생하지 않도록 필요한 예방조치를 취해야 할 주의 의무가 있음에도 불구하고 이를 소홀히 함으로써 결과적으로 원고 P로 하여금 위와 같이 집단폭행을 당하는 상황에 이르도록 하였다고 할 것이므로, 피고 U 시는 「국가배상법」 제2조에 따라 그 소속 공무원인 T의 위와 같은 위법한 공무수행으로 인하여 원고가 입은 손해를 배상할 책임이 있다.

라. 판결의 의의

학교 내에서 급우에 대한 가해학생들의 집단폭행에 대하여 가해학생들의 학부모들이 피해학생 및 그 부모들에 대하여 손해배상책임을 부담하게 되는 근거 및 인정 기준을 명확히 하고, 공립학교의 설치, 운영자인 지방자치단체의 소속 공무원인 담임교사의 학생들에 대한 감독의무 위반으로 발생한 다수의 중학생이 급우를 집단폭행한 경우 가해학생들의 학부모와 지방자치단체의 손해배상책임을 인정하였다.

출처: 김용수(2012). 학교폭력, 집단 괴롭힘 등으로 인한 손해배상청구 및 위자료 산정 시 참작할 요소.

연 구 과 제

1. 금품갈취나 협박은 가해자 개인의 폭력 성향이나 성격 등에 좌우되는 경향이 강하다. 하지만 이러한 성향은 성장해 온 가정환경이나 지역적 사회문화환경의 영향을 받았을 가능성 또한 크다. 어떤 성장 배경이 청소년의 폭력 성향에 영향을 줄 수 있는지 생각해 보시오.

2. 청소년기의 신체적·정서적 특징들을 나열해 보고, 그 특징들이 청소년들의 폭력, 협박 행동을 강화시키는지 토론해 보시오.

참고문헌

김용수(2012). 학교폭력, 집단 괴롭힘 등으로 인한 손해배상청구 및 위자료 산정 시 참작할 요소. 2012년 판례연구, 26(1), 79-138. 서울지방변호사회.
전병일(2009). 학교폭력 실태 및 대책에 대한 학생들의 인식 분석: 광주광역시 고등학생을 중심으로. 한국교원대학교 교육정책대학원 석사학위논문.
KBS 스펀지2.0 제작팀, 신민섭(2008). 스펀지 공부 잘하는 법. 주니어김영사.

참고 자료
경기일보(2012.11.27.). 여중생이 또래 여중생들로부터 집단폭행 당해 경찰조사.
뉴시스(2012.7.11.). "왜 신고해" 후배 금품갈취·보복폭행 10대 일당 덜미.
부천데일리뉴스(2012.2.10.). 학교폭력 심각, '피라미드식 금품갈취'로까지.
시사포커스(2014.3.7.). 여중생 집단구타 장면, 화상통화로 생중계.
연합뉴스(2014.1.8.). 광주학교폭력, 폭행 줄고 모욕·협박 늘어.
해럴드경제(2013.7.30.). "합의해 줄게"…협박·공갈 금품갈취…청소년 범죄 갈수록 지능화.

제14장
사이버 폭력

2013년 11월 2차 학교폭력 실태조사결과가 발표되었다. 2012년 1, 2차 조사와 2013년 1, 2차 조사를 통해 학교폭력 피해응답률은 지속적으로 감소하고 있는 것으로 나타났다. 피해 유형별로는 언어폭력 > 집단 따돌림 > 폭행 · 감금 > 사이버 폭력순으로 많이 발생하는 것으로 나타났다. 특히 사이버 공간에서 피해를 당했다는 응답은 2012년 2차 학교폭력 실태조사에서 5.7%이었던 것이 2013년 1차 학교폭력 실태조사에서는 7.2%, 2차 실태조사에서는 7.9%로 나타나 사이버 폭력이 지속적으로 증가하고 있음을 알 수 있다. 사이버 폭력 외에 언어폭력의 비중 역시 2013년 1차 조사결과보다 증기하여, 눈에 보이지 않는 유형의 폭력피해의 비중이 커지는 것을 알 수 있다. 이에 사이버 폭력의 정의와 특징을 알아보고, 학교폭력이 발생했을 때 어떻게 대처해야 하는지 알아볼 필요가 있다.

이 장에서는 실제 사례와 유형, 판례를 바탕으로 사이버 폭력의 실태를 알아보고, 그에 대한 대처방안을 살펴보도록 한다.

제14장 : 사이버 폭력

1. 사이버 폭력이란

사이버 폭력은 신체폭력 이외의 학교폭력 유형들이 사이버상에서 일어나는 것으로, 익명성 때문에 그 피해가 더 심각하다. 사이버 따돌림은 인터넷, 휴대전화 등 정보통신기기를 이용하여 학생들이 특정 학생들을 대상으로 지속적, 반복적으로 심리적 공격을 가하거나, 특정 학생과 관련된 개인정보 또는 허위 사실을 유포하여 상대방이 고통을 느끼도록 하는 일체의 행위를 말한다(「학교폭력 예방 및 대책에 관한 법률」 제2조 제2항). 최근 학생들의 스마트기기 이용률이 높아지면서 카카오톡, 페이스북, 트위터, 클래스팅처럼 온라인상으로 관계를 구축한 뒤 그 안에서 따돌림, 악플 달기, 욕하기 등의 문제가 발생하고 있다. 또한 사진이나 동영상 유포 등은 일정 지역을 벗어나 전 세계적으로 퍼질 수 있는 위험을 안고 있어 그 문제가 심각하다. 사이버 폭력은 주로 오프라인상에서 관계가 있는 사람들 간에 이루어지기는 하지만, 불특정 다수가 대상이 되는 경우도 있다.

2013년 실시된 사이버 폭력 실태조사(방송통신위원회, 한국인터넷진흥원, 2013)에서 분류한 사이버 폭력의 유형은 인터넷, 휴대전화 문자 메시지 등을 통해 욕설, 거친 언어, 인신공격적 발언 등을 하는 '사이버 언어폭력', 사실 여부에 상관없이 다른 사람 또는 기관의 명예를 훼손하는 글을 인터넷, SNS 등에 올려 아무나(불특정 다수) 볼 수 있게 하는 '사이버 명예훼손', 특정인이 원치 않음에도 반복적으로 공포감, 불안감을 유발하는 이메일이나 쪽지를 보내거나, 블로그 또는 미니홈피, SNS 등에 방문하여 댓글 등의 흔적을 남기는 '사이버 스토킹', 특정인을 대상으로 성적인 묘사 혹은 성적 비하 발언, 성차별적 욕설 등 성적 불쾌감을 느낄 수 있는 내용을 인터넷이나 휴대전화를 통해 게시하거나 음란한 동영상, 사진을 퍼트리는 '사이버 성폭력', 개인의 프라이버시에 해당하는 내용을 언급 또는 게재하거나 신상정보(이름, 거주지, 재학 중인 학교 등)를 유포시키는 '신상정보 유출', 인터넷상의 소셜미디어 사이트, 휴대전화 문자 메시지, 채팅 사이트 등의 전자통신 수단을 이용한 왕따를 지칭하는 신종 따돌림인 '사이버 왕따' 등으로 살펴볼 수 있다.

　사이버 폭력의 특징으로는 먼저 사이버 공간의 접근이 용이하여 손쉽게 게시 · 전달이 가능하므로 짧은 시간에 피해의 확산이 매우 빠르다는 것이다. 둘째, 댓글과 퍼 나르기로 집단적이고 무수히 많은 간접적인 가해자가 존재할 수 있다. 셋째, 사이버 공간의 익명성으로 가해자가 누구인지 알기가 어렵다. 넷째, 정확한 유통 경로를 모르거나 자신도 모르게 피해가 발생할 수 있다. 다섯째, 사이버 폭력의 피해는 손해배상이나 가해자 처벌 등은 가능하나 원상회복이 어렵다. 여섯째, 사이버 폭력의 유형이 다양하고 사이버 공간에는 국경이 존재하지 않기 때문에 일일이 법률을 적용하여 처벌하고 규율하기 어렵다. 마지막으로 많은 사람들에게 신상정보가 노출되어 피해자가 정상적인 사회생활을 하는 것이 어렵고 가족이나 친구에게까지 피해가 갈 수 있다(방송통신위원회, 2005).

　사이버 공간의 특성과 스마트기기의 이용률이 높아 사이버 폭력이 빈번하게 일어나며 피해의 확산도 빠르기 때문에 사이버 폭력에 대한 이해와 신속한 대처가 필요하다.

2. 대처방안

　사이버 폭력에 대한 대처방안은 두 가지로 제시한다. 하나는 사건이 발생했을 때 해결하는 과정과 관련된 일반적 사건 대처방안이고, 또 다른 하나는 사건의 실제

당사자인 피해학생과 가해학생의 사후 지도와 관련된 구체적 사건 대처방안이다.

1) 일반적 사건 대처방안

사이버 폭력이 발생했을 때에는 사건이 학급 단위인지 학년 단위인지, 그 외에 불특정 다수가 포함되어 있는지 확인할 필요가 있다. 가해자가 파악될 경우에는 휴대전화나 컴퓨터상에서 증거자료를 확보하고, 가해학생을 모를 경우에는 가해자를 찾는 것이 급선무다. 이 경우에는 사이버테러대응센터에 신고하여 가해자를 찾을 수 있다. 사이버테러대응센터는 경찰청과 연결되어 있어 사건해결 시 도움이 된다. 또한 정보통신망을 통한 사생활 침해 또는 명예훼손 등 권리침해 상황발생 시 피해구제 및 대응방법을 안내하여 사이버권리침해 상담을 제공하는 방송통신심의위원회를 이용할 수 있다.

2) 구체적 사건 대처방안

정부는 사이버 폭력을 예방하기 위한 대책 마련에 고심하고 있다. 학교폭력에서 사이버 공간으로 옮겨 가 이루어지는 폭력이 증가하고 있고, 사이버상의 폭력은 다시 심각한 오프라인에서의 폭력으로 이어져 그 폐해가 크기 때문이다. 사이버 폭력은 어른들의 눈에 띄지 않는 은밀한 사이버 공간에서 발생하여 학교를 비롯한 당국과 보호자의 각별한 관심과 주의가 요망된다.

최근 정부에서는 사이버 폭력을 예방하고자 청소년 간 또는 청소년 대상으로 발송되는 SNS 문자 등의 내용에 폭력 관련 용어가 포함된 경우 학부모 등 보호자에게 알려 주는 서비스를 시작할 예정이라고 발표하였다. 학생 개인의 사생활 보호문제가 제기되기도 하나, 사이버 공간에서 은밀하게 이루어지는 폭력에 대처하고자 하는 정부의 고민을 엿볼 수 있다.

스마트폰 등의 기기와 이를 이용한 사이버 공간의 활동은 중독성이 강하여, 인터넷과 스마트폰의 절제된 사용, 사이버 공간에서의 예절 등 예방교육이 필요하다. 더불어 사이버 공간에서 이루어진 폭력 관련 피해자와 가해자에 대한 사후 지도는 갈수록 심해지는 사이버 폭력의 중독성을 고려할 때, 그 중요성을 아무리 강조해도 부족하지 않다.

사이버 폭력의 피해학생과 가해학생에 대한 사후 지도 방안은 여러 가지가 있겠으나, 사이버 폭력은 따돌림, 언어폭력, 성폭력 등 신체폭력 이외의 많은 학교폭력 유형이 사이버상에서 일어나는 것이 가장 큰 특징이라고 할 수 있다. 이로 인해 피해학생들이 겪는 후유증 역시 유형에 따라 다양하게 나타나지만, 여기서는 학교폭력 피해학생들의 공통적인 후유증 중 하나인 부정적 자기인식을 치유하는 방안을 소개하도록 한다.

(1) 피해학생

◉ 자기효능감 증진: 나 세우기

• 나 세우기 방법은 긍정적인 자아상을 확립하고 피해경험으로 발생할 수 있는 부정적인 자기비난을 인식하고 수정할 수 있는 방법이다. 먼저 학생이 지금까지 성장하면서 가장 기뻤던 일이나 자신이 성취했던 일들을 기억하고 발표하도록 한다. 그러고 나서 자신의 특성 중에서 장점을 찾고, 다른 사람들의 장점을 비교하는 과정을 통해서 자신에게 필요한 특성을 생각해 보게 한다. 이 두 가지 활동을 통해 학생 개인의 긍정적인 경험을 회상하고 자신의 소중한 장점을 알게 지도할 수 있다.

• 그런 다음, 마음속의 자기비난, 즉 부정적인 자기비난에 관한 혼잣말을 찾아서 이를 변화시키는 연습을 한다. 이러한 연습은 스스로 변화를 결심하도록 하는 데 초점을 두는 지도방법이다. 마지막으로, 예상되는 학교폭력 상황에 어떻게 대처할 것인가를 연습하여 학교폭력 상황에서의 대처효능감을 높일 수 있도록 한다.

(2) 가해학생

다음에 인용한 박성희 등(2012)의 '관리능력 기르기'와 '입장 바꿔 생각하기'는 학교폭력 사후 지도에 꼭 필요한 핵심을 짚고 있다. 이러한 관리 능력 기르기 외에도 신체활동 기회를 늘리거나 에너지를 긍정적으로 발휘할 프로그램을 학생들에게 제공하여 자연과 친구와 더불어 '호연지기'를 기를 수 있게 해 주는 것이 바람직하다.

◉ 관리능력 기르기(박성희, 장희화, 최선미, 황인경, 2012)
- 사이버 폭력 가행학생은 게임 중독, 인터넷 중독, 스마트폰 중독에 대해 자가 진단을 하여 자신의 중독 정도를 인지해야 한다. 진단결과에 따라 학부모와 협력하여 가해학생이 계획을 세우고 조금씩 줄여 가며 중독에서 빠져나올 수 있도록 한다.
- 건전한 방법으로 여가시간을 보내도록 지도한다. 상담을 통해 아이가 컴퓨터 게임이나 채팅을 대신하여 즐겁게 할 수 있는 일들을 찾아내게 하고, 스스로 할 일을 계획하고 수행해 나가도록 지도한다. 친구들과 바깥놀이하기, 취미나 공부 관련 학원 다니기, 책 읽기, 집안일 하기 등을 실천하도록 한다.

◉ 입장 바꿔 생각하기: 역할극
- 온라인상에서 집단 따돌림, 모욕 등은 쉽게 일어나는 반면, 가해학생들의 죄책감이나 반성하는 태도는 부족하다. 이로 인해 피해학생들과의 관계회복이 쉽지 않고 피해학생의 마음의 상처는 더욱 커진다.
- 역할극을 통해 가해학생이 피해학생의 입장이 되어 봄으로써 사이버 폭력을 당했을 때의 기분이나 심정을 느껴 보게 한다. 가해학생은 단순히 장난이나 재미를 위해서 한 행동이 피해학생에게는 장난으로 던진 돌멩이에 개구리는 맞아 죽을 수도 있듯이 큰 상처가 된다는 것을 느끼게 한다.
- 가해학생에게 올바른 인터넷 사용 교육을 실시한다. 온라인상에서도 오프라인에서와 같이 예절을 지켜야 한다는 점을 인식시키고, 이를 실천하도록 지

도한다.

마지막으로 사이버 폭력을 예방하고 대응할 수 있는 가정에서의 대처방안을 살펴보면 다음과 같다.

● **부모를 위한 사이버 폭력 예방 및 대응책**(Montgomery County Cyberbullying and Bullying Task Force Manual, 2013)
- 자녀들이 사용하는 컴퓨터 및 스마트기기의 비밀번호를 인지하고, 그 기기들을 잘 사용하고 관리할 수 있는 관리자가 되어야 한다.
- 자녀들이 컴퓨터 및 스마트기기를 통해 해야 할 사항과 하지 말아야 할 사항들에 대해 정리한 컴퓨터기기 사용 서약서를 컴퓨터 앞에 붙여 놓는다.
- 인터넷서비스업체를 통해서 자녀의 컴퓨터활동을 통제할 수 있는 프로그램을 설치하되 자녀가 직접 프로그램을 설치하게 해서는 안 된다.
- 페이스북, 트위터 등과 같은 인기 있는 소셜네트워크 사이트에 친숙해진다.
- 자녀에게 학교 이외의 외부 커뮤니티 활동을 통해 또 다른 친구들을 사귀도록 돕는 것은 학교만이 자녀의 유일한 세계가 아니라는 점을 깨닫게 도와준다.
- 사건과 관련된 사실 및 이름 등에 대하여 기록하고 모든 사건의 기록을 보관한다.
- 사녀가 위협을 받거나 괴롭힘을 당하고 있다고 여겨지면 해당 지역의 법 집행기관(관련 기관)에 연락해야 한다.
- 사이버 폭력이 의심되는 징후에 대해 인지하고 있어야 한다.

3. 사이버 폭력의 사례와 판례

사이버 폭력에 관한 실제 사례와 유형별 사례를 살펴보는 일은 사이버 폭력에 대한 이해와 더불어 대처능력을 기르는 데 큰 도움이 될 것이다.

1) 실제 사례

어린 청소년이 아니라면 용어조차 생소할 수 있는 사이버 불링, 사이버 왕따, 사이버 스토킹, 그리고 학생들 사이에 드물지 않게 발생하는 와이파이 셔틀, SNS 혐짤따, 떼카 등의 사이버 폭력 유형을 소개하여 사이버 폭력에 대한 이해를 돕고자 한다.

Case 1. 사이버 불링[1]

초등학교에 다니는 A양은 10명이 넘는 친구들에게서 사이버 불링을 당하다가 고통을 견디지 못하고 결국 자살을 선택했다. 사이버 불링은 사이버상에서 특정인을 집단으로 따돌리거나 집요하게 괴롭히는 사이버 폭력 행위다. A양은 남자 친구 문제로 친구들과 갈등을 빚었고, "넌 죽어야 해." "왜 살아 있니?" 등과 같은 온라인 메시지를 1년 동안 받으며 괴로워했다. 사이버 불링의 피해가 심해지면서 학교를 그만두고 엄마와 홈스쿨링을 하기도 하고, 전학을 가기도 하고, 휴대전화를 사용하지 않기도 했으나, 휴대전화를 다시 사용하면서 사이버 불링도 다시 시작되었다. 결국 A양은 고통을 이기지 못하고 자살을 결심하게 되었고 "뛰어내리겠다."라는 메시지를 남긴 뒤 그녀의 생을 마쳤다.

---

1) case 1의 사례는 여러 언론 매체를 통해 보도된 실제 사건을 인용하여 작성한 것이다.

Case 2. 사이버 왕따

K 지역에 사는 B양(14)은 소셜네트워크서비스(SNS) 중 하나인 스마트폰 앱에서 댓글 알람이 울릴 때마다 가슴이 철렁 내려앉는다. 댓글로 공개적인 따돌림을 당하고 있기 때문이다. 3년 전부터 B양이 사진을 올리거나 글을 남기면 같은 반 친구들이 "찌질한 X." "저 X 왕따라며." 등의 악의적인 댓글을 달기 시작했다. 항의하고 지워도 봤지만 소용이 없었다. 댓글을 다는 친구들은 몇 명에 불과하지만, 그 내용이 대화방의 모든 친구에게 공개된다는 생각에 수치심은 더 커졌다. 따돌림이 계속되자 친구들은 B양의 친구신청도 거부하기 시작했다. 은밀한 따돌림은 올해 중학교에 진학한 뒤에도 계속되었다. B양은 결국 우울증과 대인기피증까지 앓게 되었고, 참다못한 B양의 부모는 학교에 가해학생들을 신고했다. 그러나 해결책은 되지 못했다. 가해학생들이 학교폭력대책자치위원회에서 받은 징계는 '반성문'과 '교내봉사'로, 학교에서 내릴 수 있는 처벌 중 가장 낮은 수준이었다. B양과 부모가 거세게 항의했지만 이보다 무거운 징계는 어렵다는 답변만 돌아왔다. 징계를 받은 가해학생들은 여전히 반성의 기미가 없다. 이제는 B양의 실명 대신 별명이나 이니셜을 쓰면서 따돌림이 더욱 교묘한 방식으로 이어지고 있다(한국일보, 2013.11.21.).

Case 3. 사이버 스토킹

중학교 2학년이던 C군(15세)은 잘난 척을 한다는 이유로 같은 반의 대부분 아이들에게 왕따를 당했다. 어느 순간부터 '장난'을 빙자한 아이들의 폭력도 수시로 가해졌다. 그 중심에는 D군(15세)이 있었다. 견디지 못한 C군은 학교와 경찰에 이를 알렸다. 학교폭력대책자치위원회가 열리고, 따돌림을 주도하던 D군에게 강제 전학 조치가 내려졌다. 악몽은 끝난 듯했지만 아니었다. 전학을 간 D군은 끊임없이 C군에게 소셜네트워크서비스인 카카오톡을 통해 메시지를 보내왔다. 욕설과 함께 "나만 너를 따돌렸냐?" "내가 여기 전학 와서 왕따당하면 니가 책임질 거냐?" 등의 메시지가 수백 통씩 쏟아졌다. 대답을 하지 않으면 "왜 대답을 안 하냐?" "내가 전학 왔다고 우리가 만나지 않을 것 같냐?" 등의 협박이 이어졌다. 친구 차단을 해도 소용이 없었다. D군은 친구의 이름으로, 부모님의 이름으로, 혹은 탈퇴 후 아이디를 바꾼 뒤 메시지를 보냈다. 카카오톡을 스마트폰에서 지울까도 생각했지만, 그 아이 하나 때문에 다른 친구들과의 소통 자체를 포기할 순 없었다. 수백 통씩 쏟아지는 D군의 문자는 두 달 동안 이어지다가, C군이 경찰에 다시 신고 한 뒤에야 비로소 끝이 났다. C군은 경찰에 신고하고 두 달 뒤 스스로 학교를 그만두었다(헤럴드경제, 2013.12.24.).

2) 유형별 사례

다음은 '엄마들은 모르는 신종 학교폭력 세태(레이디경향, 2013.9.16.)'에 나오는 일곱 가지 유형 중에서 사이버 폭력과 관련된 내용을 발췌한 것이다.

Case 1. 너는 내 공짜 데이터, 와이파이존! 와이파이 셔틀

부모 세대는 물론 늘 스마트폰을 갖고 다니는 20대에게도 생소한 신종 유형이다. 스마트폰으로 인터넷을 하려면 데이터가 필요하고, 데이터는 요금에 비례해 주어진다. 즉, 비싼 요금제를 쓸수록 인터넷을 오래 할 수 있다. 단, 가장 비싼 요금을 내는 데이터 무제한 요금제에 가입했을 때와 데이터를 무료로 사용할 수 있도록 와이파이(Wifi) 서비스를 제공하는 곳에서는 무제한으로 사용할 수 있다. 어린 청소년들은 바로 이 두 가지 기능을 악용하고 있다.

피해학생에게 강제로 스마트폰 데이터 무제한 요금제에 가입하게 한 뒤 스마트폰의 테더링 혹은 핫스팟 기능을 통해 와이파이 서비스를 이용하는 것이다. 가해학생은 자신의 요금제와 상관없이 3G 통신 데이터를 무제한으로 쓸 수 있는 것이다. 최근 학교에서 스마트폰 사용을 엄격히 제한하는 터라 수업시간이나 쉬는 시간 대신 주로 등하교 시에 와이파이 셔틀을 강요한다. 속도가 느리면 피해학생을 때리는 경우도 있다고 한다. 단지 인터넷을 하는 데 불편하다는 이유에서다. 성인들은 대부분 "그런 셔틀은 처음 들어 본다."라는 반응이지만 아이들 사이에서는 제법 흔한 일이 됐다. 청소년 대상 고민 사이트에도 심심찮게 올라오며 10대끼리는 '와이파이 셔틀 당하지 않는 법'을 공유하기도 한다.

Case 2. 찰칵! 이상하게 나온 사진만 올리는 SNS 혐짤따

'혐오스러운 사진(짤방)의 왕따'라는 뜻의 혐짤따는 피해학생의 모습을 이상하게 찍은 뒤 인터넷에 공개적으로 올리는 것이다. 특히 페이스북, 트위터 등 전 세계적으로 연결돼 있는 소셜네트워크서비스에 올려 의도적으로 사진을 퍼뜨린다. 때론 거짓 정보를 함께 올려 명예훼손까지 한다.

남학생의 경우 일부러 여자 화장실에 밀어 넣은 후 사진을 찍어 변태라고 올리거나 여성스러운 포즈를 취하게 한 뒤 성 정체성에 대한 유언비어와 함께 인터넷에 유포한다. 여학생의 경우는 성인사이트에 사진과 이름, 나이, 휴대전화번호, 학교 등 개인정보를 함께 올려 2차 피해까지 입게 한다.

모두 장난으로 올렸다고 하지만, 빠르게 퍼지는 인터넷의 특성상 피해는 걷잡을 수 없다. 사진을 올린 가해학생뿐 아니라 불특정 다수에게 비웃음을 당하고 욕을 먹는 등 정신적 피해가 크기 때문이다. 게다가 이런 사진을 찍겠다고 피해학생에게 억지로 수치심이 드는 포즈나 표정을 강요하기도 하며, 인터넷에 올리기 전반 친구들끼리 돌려 보며 비웃는 등 도가 지나친 행동들이 이어진다.

Case 3. 떼 지어 수시로 욕설을 보내는 카톡 감옥, 떼카

'떼카'란 스마트폰 모바일 메신저 서비스인 카카오톡을 이용해 집단으로 언어폭력을 사하는 것을 말한다. 피해학생을 그룹 채팅방으로 초대해 여러 명이 한꺼번에 욕설을 하고 나가 버린다. 만약 떼카 도중에 피해학생이 방을 나간다면 들어올 때까지 초대 메시지를 보내거나 일대일 채팅으로 욕설 메시지를 보낸다. 다시 채팅방에 들어오면 피해학생이 하는 말을 무시한 채 욕설이 시작된다. 이렇게 카카오톡을 빠져나올 수 없다고 하여 아이들 사이에서는 이것을 '카톡 감옥'이라고 부른다고 한다.

물론 특별한 이유는 없다. 대부분 아무 이유 없이 피해학생을 괴롭히고 욕설을 하는 데 재미를 느끼는 것이다. 심할 경우 며칠 동안 떼카를 지속적으로 보내 괴롭히기도 한다. 지난해 5월 서울의 한 여고생이 떼카로 인한 집단 따돌림을 견디다 못해 자신이 살던 아파트에서 투신자살한 사건이 일어났다. 이 여학생은 6개월 동안 남학생 10명에게서 욕설과 성적 수치심을 불러일으키는 말도 들었다고 한다. 또 다른 여고생은 떼카를 당한 뒤 자해를 해 피해의 심각성이 나타났다.

잇따른 떼카 피해로 카카오톡 측은 그룹 채팅방 내에서도 신고가 가능하도록 했고, 대화 상대를 차단하는 등의 대책을 마련했다. 신고가 접수되면 기간이나 횟수에 따라 제재 등의 조치가 취해진다고 한다.

Case 4. 교실에선 왕따, 모바일에선 카따

카따는 카카오톡 왕따의 줄임말이다. 일부러 그룹 채팅에 초대하지 않는 것이다. 주로 반 학생들이 단체로 초대된 그룹 채팅방 '반톡'에서 소외된다. 반톡은 단순한 친목 도모가 아니다. 이곳에서 숙제를 공유하고 조별 모임을 하며 반 행사에 대한 정보를 알 수 있기 때문에 아이들 사이에서는 꼭 필요하다.

몇 년 전 종영한 드라마 〈여왕의 교실〉에서도 초등학교 6학년생들의 카카오톡 사용 장면이 자주 등장한 바 있다. 이렇듯 피해학생은 아이들에게는 생활화된 반톡 초대 메시지를 받지 못했다는 사실에 깊은 절망감을 느끼게 된다. 처음부터 초대 메시지를 받지 못하는 경우도 있지만 반톡을 하던 도중에 갑자기 카따를 당하기도 한다. 피해학생이 메시지를 보내도 같은 방에 있는 아이들이 무시한다. 심해지면 아예 채팅방을 옮기기도 한다. 이렇게 갑자기 카따를 당하는 이유는 "셀카를 예쁜 척하면서 찍었다." "소위 일진이라는 무리에서 안 좋게 보았다." 등 주관적이다. 결국 누군가가 주도해서 왕따를 시키면 속수무책으로 당하게 된다.

3) 판례 검토

다음 내용은 실제로 발생한 사건에 대한 대법원의 판례다. 사이버 폭력에 대한 사법부의 판단을 이해하는 데 도움이 될 것이다. 판례는 발생가능한 유사한 사안에 대한 법적인 판단기준이 된다. 실제 사건에 대한 법원의 판례를 통해 사이버 폭력에 대한 법적 판단기준을 올바르게 이해할 수 있기를 바란다.

판 례 서울중앙지방법원 2014. 2. 17. 선고 2013가단5051301판결 손해배상(기)

가. 사건의 개요

피해자는 2009년 당시 S 시 소재 A 초등학교 6학년에 재학 중인 학생으로, 같은 학교 교우 15명(이 중에는 다른 학교 학생도 있다)에게 집단적으로 정보통신망에서의 명예훼손, 모욕, 협박 등 이른바 "사이버 폭력" 피해를 당하였다.

피해학생은 같은 학교 교우인 C와 인근 놀이터에서 놀이 중 C와 L과 사소한 말다툼을 하게 되었다. C는 피해학생과 다툰 사실을 자신의 친구 J와 K에게 알렸고, 이후 피해학생에게 욕설 및 조롱의 내용을 담은 문자 메시지를 발송하기 시작했다. 피해 학생은 C와 친구들의 휴대전화 번호에 대하여 문자 메시지 스팸차단 설정을 하였다. 그러자 C와 그 친구들은 또 다른 친구 12명에게 피해자의 개인 홈페이지에 욕설 및 협박을 게시하도록 하였고 이에 홈페이지 방명록에 성적인 모욕을 동반한 욕설 및 비속어, 협박성 발언이 게시되었다. 피해학생은 자신의 홈페이지에서 게시물 내용을 확인하게 되었고, 그다음 날부터 약 한 달간 등교를 하지 못하게 되었다.

그러던 중 피해 학생의 친척이 피해학생의 홈페이지에 접속 중 위와 같은 게시물을 확인하고 이를 캡처한 후, 같은 날 및 같은 달 2회에 걸쳐 가해학생들에게 위와 같은 행위에 대한 책임을 경고하는 글을 해당 홈페이지 방명록에 게시하였다. 이를 알게 된 가해학생 1명이 다른 가해학생들에게 각 게시물을 삭제하여 달라고 부탁하였다. 피해학생의 어머니는 학교폭력대책자치위원회(이하 "폭대위"라고 한다)에 분쟁조정을 신청하였고, 1달 동안 3회에 걸쳐 개최된 폭대위 회의에서는 피해학생인 원고에게는 심리상담과 학습보충, 가해학생들에게는 서면사과, 피해학생에 대한 접촉 및 협박 금지, 교내봉사활동, 심리상담의 조치를 취할 것을 결정하였다.

피해학생의 부모는 가해학생들을 정보통신망에서의 명예훼손, 모욕, 협박 등으로 고소하였고, 가해학생들은 서울가정법원으로부터 각 소년보호처분을 받았다. 피해학생의 부모는 각 가해학생의 소년보호처분이 확정된 후 각 가해학생의 부모에 대하여 그 감독의무자로서의 임무해태에 따른 손해배상청구 소송을 제기하였고, 전원에 대하여 승소판결 또는 이행권고결정의 확정, 조정 등이 이루어졌다. 하지만 1차 사이버 폭력 이후 피해학생이 결석하는 동안 피해학생의 절친한 친구 K에게 가해학생 J가 접근하여 원고에 대한 험담을 하면서 원고와 놀지 말 것을 종용하였다.

이로 인해 피해학생의 부모는 위와 같은 2차적인 따돌림 행위에 대하여 폭대위에 분쟁조정 신청을 하였으나, 이후 개최된 폭대위 회의에서는 원고에 대한 학급에서의 따돌림 여부에 대해서는 부결되었고, 따돌림 방지에 대한 특강 1시간 지도를 명하는 결정을 하였다.

이에 A 초등학교를 설립, 운영하고 감독하는 지방자치단체인 S 시의 교육책임자인 교육감을 상대로 손해배상청구 소송을 제기한 사건이다.

나. 사건의 경과

피고의 분반 거부 조치로 인한 가해학생과의 마찰, 2차 따돌림 피해로 피해학생이 심각한 정신적 고통을 입었을 것임은 경험칙상 명백한 바, 피고는 원고의 이러한 정신적 손해에 대하여 이를 금전적으로나 위자할 의무가 있다고 할 것인데, 피해자의 연령, 2차적인 따돌림 피해를 입게 된 경위, 피해의 정도 등 변론에 나타난 제반 사정을 종합할 때 위자료 액수는 5백만 원으로 정함이 타당하다.

따라서 피고는 원고에게 5백만 원 및 이에 대하여 원고가 구하는 바에 따라 이 사건 청구취지 변경신청서 부본 송달일인 2013.4.11.부터 피고가 이행의무의 존재 여부나 범위에 관하여 항쟁함이 타당하다고 인정되는 이 판결 선고일까지는 민법이 정한 연 5%, 그다음 날부터 다 갚는 날까지는 소송촉진 등에 관한 특례법이 정한 연 20%의 각 비율로 계산한 지연손해금을 지급할 의무가 있다.

다. 사건의 결말

지방자치단체가 설치 · 경영하는 학교의 교장이나 교사는 학생을 보호 · 감독할 의무를 지는데, 이러한 보호 · 감독의무는 교육법에 따라 학생들을 친권자 등 법정 감독의무자를 대신하여 감독 하여야 하는 의무로, 학교 내에서의 학생의 모든 생활관계에 미치는 것은 아니지만 학교에서의 교육활동 및 이와 밀접 불가분의 관계에 있는 생활관계에 속하고, 교육활동의 때와 장소, 가해자의 분별능력, 가해자의 성행, 가해자와 피해자의 관계, 기타 여러 사정을 고려하여 통상 학교생활에서 사고가 발생할 수 있다는 것이 예측되거나 또는 예측가능성(사고발생의 구체적 위험성)이 있는 경우에는 교장이나 교사는 보호·감독의무 위반에 대한 책임을 진다고 할 것이다(대법원1994.8.23. 선고 93다60588 판결, 대법원 2001.4.24. 선고 2001다5760 판결 등 참조).

라. 판결의 의의(손해배상의 범위)

1) 1차 사이버 폭력에 대한 피고의 손해배상책임의 발생 여부

앞서 본 바와 같이 1차적인 사이버 폭력 행위는 인터넷을 통해 방과 후 가해학생들의 집에서 이루어진 사실이 인정되고, 각 증거자료의 기재에 의하면, A 초등학교에서는 전교생을 대상으로 한 학교폭력 및 사이버 폭력 예방교육과 바른 우리말 사용 지도 등의 교육을 실시하고, 인터넷 사용 예절 지도에 관한 가정통신문을 발송하는 등 사이버 폭력 예방을 위한 사전적 조치를 취한 사실은 우선 인정된다.

그런데 위 인정 사실에다가 앞서 든 각 증거 및 변론 전체의 취지를 종합하여 인정할 수 있는 다음과 같은 사정, 즉 ① 사이버 폭력을 포함한 학교폭력은 개인적 요인, 가정환경적 요인, 학교환경적 요인, 사회환경적 요인 등이 복합적으로 작용하여 발생하는 것으로 학교환경적 요인의 제거만으로 이를 완벽하게 예방할 수 없는 점, ② 사전적 예방과 관련된 주의 의무를 높게 요구할 경우 주의의 정도가 강화된다는 긍정적 측면도 있지만, 사후적 대처와 관련하여 소극적이고 방어적인 태도를 조장해 오히려 피해학생의 보호에 미흡할 수도 있는 점 등을 고려하면, 학교폭력과 관련하여 교장이나 교사의 주의 의무 위반이 인정되는 경우는 학교폭력의 일반적 예방을 위하여 통상적으로 이용되거나 알려져 있는 조치를 전혀 취하지 않았거나 불충분함이 명백한 조치만을 취한 경우 또는 구체적으로 어떠한 학교폭력이 발생할 수 있다는 점이 예측되거나 예측가능한 경우에 이를 방지하기 위하여 구체적인 상황에 따라 교장이나 교사로서 취하여야 할 상당한 조치를 취하지 않은 경우에 한정되어야 할 것이다.

따라서 이와 같은 기준에 따라 이 사건에서 A 초등학교 교장이나 교사들의 주의 의무 위반이 있었는지 여부를 보건대, 위 인정사실에 나타난 것처럼 A 초등학교에서는 학생을 대상으로 한 학교폭력(사이버 폭력) 예방교육 , 인터넷 예절 교육, 가정통신문 발송 등의 조치가 취해진 점, 사이버 폭력 행위는 학교를 벗어난 가정에서 인터넷이라는 가상공간을 통해 은밀하게 이루어진 점 등에 비추어 원고가 제출한

증거만으로는 A 초등학교의 교장이나 교사들이 사이버 폭력을 예방하기 위하여 통상적으로 이용되거나 알려져 있는 조치를 전혀 취하지 않았거나 불충분함이 명백한 조치만을 취하였다거나 이 사건 가해 행위의 발생가능성을 예측하거나 예측할 수 있었다는 점을 인정하기에 부족하고, 달리 이를 인정할 만한 증거가 없으므로 원고의 주장은 이유 없다.

2) 2차적 따돌림 피해에 대한 손해배상책임의 발생 여부

A 초등학교의 교장이 원고의 모로부터 계속해서 피해학생을 가해학생인 J와 격리되도록 분반조치를 취해 줄 것을 요청받고도 이를 계속해서 거절한 사실은 당사자 사이에 다툼이 없고, 갑 제13호 증의 기재에 의하면 J가 피해학생이 1차 사이버 폭력 피해로 학교에 결석하는 동안 피해학생과 친한 친구 K에게 피해학생과 놀지 말라고 말한 사실, 이에 따라 K는 피해학생이 다시 등교한 이후에도 한동안 피해학생과 말을 하지 않은 사실은 각 인정된다.

한편, 학교폭력이 이미 발생한 뒤에는 피해학생의 심리적 안정과 자존감 회복, 정확한 사실관계의 파악 및 자료 수집, 가해학생에 대한 계도 및 필요한 경우 피해학생과의 격리 등 보복이나 재발방지를 위한 조치, 학급 내 다른 학생들에 대한 지도 및 교우관계의 복구 등 여러 방법으로 학교폭력의 피해를 최소화하고 재발을 방지하기 위한 사후적 조치가 요구된다고 할 것인데, A 초등학교의 교장은 사이버 폭력의 심각성을 제대로 인식하지 못하고 위와 같이 원고의 모로부터 계속해서 가해학생과 피해학생을 격리해 줄 것을 요청받고도 이를 거절하면서 가해학생들의 서면사과, 피해학생에 대한 접촉 및 협박 금지, 교내봉사활동 등의 미온적인 조치만을 취한 채 피해학생에 대하여는 별다른 조치를 취하지 않았는 바(가해학생에 대한 분반조치는 폭대위의 결정이 없이는 불가능하나, 피해학생에 대한 분반조치는 학교장의 재량인 것으로 보이고, 실제로도 이에 관하여 긍정적으로 검토되기도 하였다), 이로써 피해학생으로서는 학급에서 매 순간 J학생 등 가해학생과 부딪힐 수밖에 없었고, 담임교사로서 할 수 있는 것도 J학생에게 주의를 주는 정도에 불과하여 문제의 해결에 거의 도움이 되지 않았다고 할 것이다. A 초등학교 교장이 위와 같이 분반을 거부한 과실이 결과적으로 2차 따돌림 피해가 발생한 원인을 제공하였다고 할 것이므로 A 초등학교를 관리·감독할 의무가 있는 피고로서는 이로 인해 원고가 입은 손해를 배상할 책임이 있다.

출처: 서울중앙지방법원(2014.2.17.). 선고 2013가단5051301판결 손해배상(기).

연구과제

1. 사이버 폭력은 부모님이나 선생님의 눈에 뜨이지 않는다는 특징 때문에 더 잔인하게, 더 지속적으로 행해질 수 있다. SNS의 특징과 그 장·단점에 대해 생각해 보고, 그 특징이 학교폭력과 어떤 관련이 있지를 이야기해 보자.

2. 앞서 살펴본 사이버 폭력 사례와 신종 학교폭력 세태 중 사이버 폭력 유형들의 특징을 생각해 보고 사이버 폭력을 예방할 수 있는 구체적인 방안들을 이야기해 보자.

참고문헌

교육과학기술부(2012). 학교폭력 실태조사.

교육과학기술부(2013). 2차 학교폭력 실태조사.

구본용, 박제일, 이은경, 김홍준, 이기숙, 권현용(2008). 학교폭력 피해학생 치유프로그램 지도자용 지침서. 교육과학기술부.

박성희, 장희화, 최선미, 황인경(2012). 학교폭력 상담 01. 학지사.

방송통신위원회, 한국인터넷진흥원(2013). 사이버 폭력 실태조사.

방송통신위원회(2005). 사이버폭력 피해사례 및 예방안내서.

Ferman, B. V. (2013). *Montgomery County Cyberbullying and Bullying Task Force Manual.* Montgomery County District Attorney.

참고 자료

레이디경향(2013.09.16.). 카따, 와이파이 셔틀.. 엄마들은 모르는 신종 학교폭력 세태.

한국일보(2013.11.21.). 은밀한 학교폭력 '사이버 왕따' 기승.

해럴드경제(2013.12.24). 신고하면 문자스토킹…못견뎌 결국 자퇴.

서울중앙지방법원(2014.2.17.). 선고 2013가단5051301판결 손해배상(기)

제15장
성폭력

　학교폭력은 그것이 어떤 유형이든 개인의 삶과 사회에 남기는 부작용과 후유증이 심각하다 할 것이다. 하지만 성폭력은 개인의 삶을 파괴시키며 돌이킬 수 없는 상처를 남긴다는 점에서 다른 어떤 유형의 폭력과도 비교할 수 없는 파괴력이 있다. 이러한 성폭력에 대한 예방법과 적절한 대처방안을 알아보고 익히는 것은 무엇보다 중요할 것이다.

　이 장에서는 실제 사례와 유형, 판례를 바탕으로 성폭력의 실태를 알아보고, 그에 대한 대처방안을 살펴보도록 한다.

제15장 : 성폭력

1. 성폭력이란

성폭력이란 성인 및 청소년이 자신의 성적 욕구를 충족시키기 위해 힘의 차이 (물리적인 힘뿐만 아니라 역할관계·연령·지적 수준·사회적 지위 등)를 이용하여 청소년에게 가하는 모든 성적 행위를 의미한다. 성폭력은 접촉행위(만지는 행위)와 비접촉행위(만지지 않는 행위)로 나누어서 볼 수 있다. 그러나 성폭력으로 인한 영향은 접촉이 있었는지, 없었는지보다는 청소년이 어떻게 받아들이느냐가 중요하다. 또한 성폭력을 한 가해자가 청소년과 어떤 관계에 있는 사람인지, 청소년에게 얼마나 위협적으로 대했는지, 얼마나 더 자극적이었는지 등에 따라 피해 청소년이 느끼는 심각성은 달라진다(교육과학기술부, 2012a). 최근에는 성폭력이 일어난 후 사건을 사진이나 동영상으로 찍어 온라인에 유포하는 등 2차 피해까지 이루어지고 있다. 성폭력 가해자가 예전에는 어른으로 한정된 반면 최근에는 또래, 동성 등 그 범위가 확대되고 있다.

다음은 「아동·청소년의 성보호에 관한 법률」 제2조 제2호에 의해 규정된 아동·청소년 대상 성범죄 유형이다.

• 아동·청소년에 대한 강간 및 강제추행

- 특수강도 강간, 특수강간, 친족관계에 의한 강간
- 아동 · 청소년 중 장애인에 대한 강간 및 강제추행
- 아동 · 청소년 중 13세 미만의 미성년자에 대한 강간 및 강제추행
- 강간 등 상해 · 치상, 강간 등 살인 · 치사
- 공중 밀집 장소에서의 추행, 통신매체를 이용한 음란행위
- 카메라 등을 이용한 촬영
- 아동에게 음행을 시키거나 음행을 매개하는 행위
- 아동의 신체에 손상을 주는 학대행위
- 아동에게 성적 수치심을 주는 성희롱 · 성폭력 등의 학대행위

성폭력의 개념에 해당하는 행위들은 위 법률에 의해 규정된다 하겠고, 가해학생 및 피해형태를 기준으로 유형을 나누면 또래 성폭력, 사이버 성폭력, 낯선 사람에 의한 성폭력, 지인에 의한 성폭력, 친족에 의한 성폭력으로 구분할 수 있다(교육과학기술부, 2012a: 33).

최근 성폭력 범죄에 대한 처벌이 강화되었다. 성범죄 친고죄가 폐지되어 피해자의 고소 없이 공소 제기가 가능하고, 피해자와 합의하더라도 가해자는 처벌된다. 13세 미만 아동에 대한 성 접촉은 무조건 처벌받고, 아동 · 청소년 대상 성폭력 범죄에 대해서는 무기징역형까지 선고할 수 있다.

성폭력 범죄에 노출된 이후 아동이나 청소년이 보이는 징후(김다현, 임성숙, 정석환, 2013: 109-110)를 재빨리 감지하는 것이 중요하다. 성폭력 범죄에 노출된 아동(주로 초등학생)의 이상 징후로는 조숙한 성지식을 나타내는 말들을 무심코 내뱉는 경우, 명백하게 성적 묘사를 한 그림들을 그리는 경우, 자신보다 어린 아동을 대상으로 성적인 공격행위 및 또래를 대상으로 성행위를 하는 몸짓을 보이는 경우, 동물이나 장난감을 대상으로 성적인 상호관계를 표현하는 경우 등이 있다.

성폭력 피해학생(주로 청소년)의 이상 징후 중 신체적 징후로는 앉거나 걸어 다니는 것에 어려움을 보이는 경우, 성병에 감염되었거나 임신의 징후가 나타나는 경우, 질이 긁혀 있거나 상처가 있는 경우, 처녀막이 손상된 경우, 정액이 남아 있

는 경우, 항문 주변에 멍이나 찰과상 등이 관찰되는 경우 등이다. 행동적 징후로는 수면장애나 퇴행행동을 보이는 경우, 자기파괴적이거나 위험을 무릅쓴 행동을 하는 경우, 충동성·산만함·주의집중장애를 보이는 경우, 혼자 있기 싫어하는 동시에 특정한 사람이나 성에 대한 두려움을 보이는 경우, 방화를 저지르거나 동물에게 잔혹한 행동을 하는 경우, 섭식장애가 있거나 비행·가출·범죄행위에 가담하는 경우, 우울증을 앓거나 사회와 단절되는 경우가 있다.

징후를 발견하였지만 성폭력 사실에 대해 확신이 없을 경우 성폭력 상담 전문기관에 연락하여 도움을 받는다. 성폭력 사실을 인지하게 되면, 지체하지 않고 응급조치와 함께 학교폭력이 발생했음을 전담기구와 학교장에게 통보하고 원스톱 지원센터의 도움을 받도록 한다.

2. 대처방안

성폭력에 대한 대처방안은 두 가지로 제시한다. 하나는 사건이 발생했을 때 해결하는 과정과 관련된 일반적 사건 대처방안이고, 또 다른 하나는 사건의 실제 당사자인 피해학생과 가해학생의 사후 지도와 관련된 구체적 사건 대처방안이다.

1) 일반적 사건 대처방안

성폭력이 발생했을 때에는 다른 어떤 학교폭력보다 피해학생이 더 이상 상처를 받지 않도록 각별히 주의해야 한다. 가해학생과 분리조치해 심신을 안정시키고, 신상정보가 누출되지 않도록 비밀을 유지시켜 피해학생을 보호해야 한다. 또한 성행위 강압 외에 어떤 폭력들이 가해졌는지 점검해 볼 필요가 있다. 학교는 피해 사실의 경중에 따라 피해학생에 대한 의료시설 안내, 전문가에 의한 상담조치 조력, 관련 전문기관의 도움을 요청하는 등 피해학생의 보호를 위해 적극적이고 실질적인 조치 등을 취해야 한다(대한변호사협회, 2011). 아동 및 청소년에 대한 성폭력 사안은 법적으로 신고하도록 의무화되어 있다. 이러한 신고 의무를 위반할 경우 300만 원 이하의 과태료가 부과된다(「청소년성보호법」 제22조 제2항, 제49조). 학교에서 성폭력이 발생했을 경우에는 가해자의 진술서, 반성문, 피해자의 진술서, 피해자의 상담록, 진단서, 목격자 진술서, 사진(피해자의 피해부위), 교사의견서, 사건 조사서 등의 관련 서류를 갖추어 추후 절차에 대비해야 한다.

2) 구체적 사건 대처방안

성폭력의 피해학생과 가해학생에 대한 사후 지도방안은 여러 가지가 있겠으나, 주로 심리적인 상처가 크므로 여기에서는 피해학생과 가해학생의 마음을 치유하는 방안을 소개하도록 한다.

(1) 피해학생

자신감 회복하기(참여보건건강연구회, 2007)
- 성폭력 피해는 일반인들이 생각하는 것보다 훨씬 광범위하고 그 정도가 심각하며, 후유증도 오래간다. 임신이나 성병 감염, 신체 상해부위 자해 등 신체적 피해뿐만 아니라 불안, 불면증, 두려움과 공포, 우울과 좌절, 분노와 배신감, 손상감과 무기력, 대인관계 및 사회활동에 지장을 초래하는 등 정신적 피해도 심각하다.
- 성폭력 피해자는 동일한 후유증을 앓지는 않지만 충격·혼란 단계, 부정 단계, 우울·죄책감 단계(수치심, 자기비난, 잘못된 분노 표출, 절망), 공포·불안감 단계(불안, 악몽, 자존감 저하), 분노의 단계(자신, 전문가, 가해자, 남성, 사회에 대한 분노), 재수용의 단계를 거쳐 차츰 정상적인 생활을 하게 된다. 따라서 상담을 통해 피해학생의 후유증 단계를 파악한 뒤 그 단계를 극복하고 다음 단계로 나아갈 수 있도록 하며, 또한 자신감을 회복하도록 도와야 한다.

(2) 가해학생

올바른 성교육

- 가해학생에게는 올바른 성교육이 필요하다. 성에 대한 잘못된 인식과 오개념
  이 성폭력을 야기한다. 성교육 내용에는 성에 대한 기본개념 및 남성과 여성
  의 생리적 변화, 이성친구 간의 사랑과 예절, 올바른 의사결정, 성폭력의 개
  념 및 피해, 음란물에 대한 적절한 태도, 양성평등 등이 포함되어야 한다.

3. 성폭력의 사례와 판례

성폭력에 관한 실제 사례와 더불어 가상적 사례를 살펴보는 일은 성폭력에 대
한 이해와 더불어 대처능력을 기르는 데 큰 도움이 될 것이다.

1) 실제 사례

CASE 1. 교내 집단 성폭행

중학교에 다니는 A군은 얼마 전 같은 반 친구들로부터 성폭행을 당했다. 평소
귀여운 외모에 키도 작고 왜소한 A군을 친구들은 장난으로 놀리는 경우가 종종
있었다. 사건이 일어난 날, 친구들 5명이 A군을 학교 옥상으로 끌고 올라가 집단
으로 성폭행했다. 사건 후 A군은 입원치료를 받고 자퇴한 상태이고, 가해학생들
은 경찰의 조사를 받고 처벌을 기다리는 중이다.

CASE 2. 유인 및 강간

2010년 2월경 서울시 구로구에서 정○○(14세, 남) 등 4명은 ○○중학교에 재학
중인 임○○(14세, 여)를 구로구 ○○동 ○○모텔 203호실로 유인, 미리 준비한 소
주와 맥주를 마시게 하여 술에 취한 피해자의 반항을 억압하고 강간한 다음, 모텔

내 앞 방인 208호실에 미리 들어와 있던 같은 학교 동급생에게 전달하여 순서대로 윤간했다. 이것이 경찰에 신고되어 검거되었다.(김규태, 방경곤, 이병환, 윤혜영, 우원재 외, 2013: 24 재인용)

CASE 3. 여자 친구 대상 성폭행

○○시에 있는 A 중학교 학생 P와 B 중학교 학생 K는 다른 중학교에 다니지만 친구관계로, 주로 밤에 만나서 술을 마시거나 노래방에 가는 등의 성인문화를 즐기는 생활을 하고 있었다. 어느 날 K의 여자 친구인 H를 데리고 K와 P는 부모님이 출타 중인 K의 집에 가서 술을 마시다가 셋이 함께 침대에 누워 이야기를 나누었다. 그러던 중 K와 P는 H의 몸을 만지기 시작했고, H가 반항하자 폭력을 행사하며 성행위를 시도하였다. H는 경찰에 이 일을 신고하였다. 이 일로 각 학교에서는 학교폭력대책자치위원회가 열렸고, P와 K는 강제 전학 및 특별교육 10일에 처해졌다.

2) 가상 사례

3월, 이제 갓 중학교 1학년에 입학한 남학생 호남은 또래 학생들에 비해 덩치가 크고 신체발달이 빠른 편이었다. 사람 좋아 보이는 인상에 성격이 활달하고 유머감각이 있어 남자아이들 사이에 인기가 있었다. 공부에 관심이 없고 부모님의 이혼으로 어머니와 단 둘이 살고 있다는 점을 빼고는 평범한 남학생이었다. 호남이의 어머니는 동네 마트의 계산원으로 밤 10시가 넘어야 퇴근하였기 때문에 호남이는 하교 후 집에 혼자 있어야 하는 시간이 많았다. 그래서 방과 후엔 집에 일찍 들어가기보다는 친구들과 시간을 보내며 돌아다니거나 돈이 있는 날이면 PC방에서 시간을 보냈다.

여학생 호기심은 호남이와 같은 반이었다. 중학교 1학년이었지만 호기심은 여성으로서 성장을 다 한 것 같았다. 키가 큰 것은 물론, TV에 나오는 아이돌처럼 늘씬했다. 이런 신체조건 때문이었을까, 호기심은 여학생들을 휘어잡는 아이였다. 힘없는 학생 한 명을 찍어 놓고 심부름도 시키고, 버스카드도 빼앗고, "쟤, 냄새나지 않냐?"하며 공공연하게 험담을 하기도 했다. 호기심이 중학교에 입학 한 때는 기심이의 아버지가 이혼 후 재혼 한 지 얼마 되지 않아 새어머니가 임신하여 곧 동생을 낳을 무렵이었다. 또 호기심의 언니는 근처 다른 중학교의 3학년 일진 학생으로 이름을 날리고 있었다.

4월이 되던 어느 날, 호남이는 호기심이 다르게 보이기 시작했다. 며칠 전 PC방에서 보았던 동영상의 여자와 호기심이 겹쳐 보이면서 호기심에 대해 궁금해지기 시작했다. 호남이는 호기심에게 친절하게 대하면서 툭툭 건드리며 장난을 쳤다. 기심이도 싫지 않은 눈치였다.

5월, 호남이와 호기심은 공식적으로 사귀는 사이가 되었다. 그 사이 둘은 서로에게 더 나쁜 영향을 주어, 평범하던 호남이는 호기심의 일진 지위에 붙어서 같이 일진이 되어 가고 있었다. 특히 호남이는 성인물 동영상에 더욱 빠져들어 가고 있었고, 자신의 힘을 이용해 힘이 약한 남자아이들을 성적으로 괴롭히며 즐거워했다. 특히 같은 반 친구인 남학생 나약이의 성기를 툭툭 치며 "기분 나쁘냐?"라고 물었다. 나약이가 싫다고 표현하면 "좋게 해 줄까?"라며 더 심하게 장난을 쳤다. 몇몇 아이의 신고로 선생님이 이 사실을 알게 되었고, 호남이는 담임교사의 지도와 상담교사의 상담을 받은 후 그런 행동을 하지 않겠다는 반성문을 썼다. 그리고 학부모 상담이 이루어졌다. 하지만 호남이의 행동은 변하지 않았다.

6월 어느 날, 교실에서 호남이는 다른 남학생들더러 나약이를 둘러싸게 했다. 그리고 나약이에게 자위행위를 하라고 시켰다. 나약이는 이를 거부했고, 아이들이 보는 앞에서 호남이는 나약이를 구타했다. 그다음 날 호남이는 다시 같은 상황을 만들고 나약이에게 같은 행동을 할 것을 요구했다. 나약이가 거부하자 이번엔 호남이가 시범을 보이겠다며 아이들이 보는 앞에서 바지에 손을 넣어 자위행위를 했다. 그러고는 자신의 체액을 나약이의 손에 묻히며, 호기심의 교복치마에 바르고 오라고 시켰다. 나약이는 어쩔 수 없이 호기심의 교복에 호남이의 체액을 묻혔고, 전후 사정을 알 리 없는 호기심은 나약이를 성폭력으로 학생생활지도부 교사에게 신고했다. 이렇게 해서 결국 호남이의 행위가 학교에 알려지게 되었다. 호남이는 학교폭력대책자치위원회의 결정에 의해 다른 학교로 강제 전학을 가게 되었다. 이것으로 사건은 일단락 지어졌다. 하지만 나약이는 정신과 치료를 받아야 했고, 나약이의 부모님은 아들을 위해 다른 도시로 이사하기도 했다.

3) 판례 검토

다음 내용은 실제로 발생한 사건에 대한 서울중앙지법의 판례다. 성폭력에 대한 사법부의 판단을 이해하는 데 도움이 될 것이다. 판례는 발생가능한 유사한 사안에 대한 법적인 판단기준이 된다. 실제 사건에 대한 법원의 판례를 통해 성폭력에 대한 법적 판단기준을 올바르게 이해할 수 있기를 바란다.

판 례 서울중앙지법 2010.10.15. 선고 2010고합815,1303 판결

가. 사건의 개요

1) 공갈

피고인은 2010.5.5. 18:00경 서울 관악구 봉천동 1712 관악드림타운(이하 생략)에 있는 자신의 집에서, 가출해 이틀 전부터 자신의 집에 함께 머무르던 공소외 2와 인적이 드문 골목길을 지나가는 어린 학생들을 상대로 금품을 빼앗을 것을 공모한 다음, 서울 동작구 사당4동 317-5에 있는 지하철 7호선 남성역 근처 골목길에서 그 대상을 물색하였다.

2010.5.5. 21:00경 마침 그곳을 지나가던 피해자 공소외 1(여, 14세)을 발견하고, 공소외 2는 피해자에게 "야, 너 이리 와 봐."라고 말하여 불러 세우고, 피고인은 그곳에서 약 30m 떨어진 골목길로 피해자를 데리고 간 다음, 피해자에게 "우리 오토바이가 없어졌거든. 그 오토바이를 훔친 애들이 달아날 때 사진을 찍었는데, 그 오토바이 뒤쪽에 앉아 있던 여자애가 너랑 똑같이 생겼다. 내 친구가 사진을 가지고 있으니 따라와라."라고 말하여, 그 말을 믿은 피해자를 데리고 가면서 피해자가 신고할 수 없도록 휴대전화를 빌려 달라는 명목으로 피해자로부터 휴대전화를 건네

받아 이를 소지한 채로 그곳에서 약 1.5㎞ 떨어진 서울 관악구 봉천3동 1717 대우푸르지오아파트 111동 앞까지 약 20분간 함께 걸어갔다.

피고인은 같은 날 21:37경 위 아파트 111동 앞길에 도착한 다음 공소외 2에게 아파트 1층 밖에서 기다리라고 말을 하여 공소외 2로 하여금 111동 앞에서 기다리게 한 후, 친구로부터 이미 들어 알고 있던 아파트 비밀번호를 누르고 피해자와 함께 아파트 안으로 들어가 엘리베이터를 타고 20층에서 내린 다음 비상계단을 이용하여 23층에 있는 엘리베이터 기계실 앞으로 데리고 갔다. 기계실은 아파트 주민들이 이용하지 않고 아파트 관리실 관계자들만이 출입하는 곳이고, 21층 방화문을 열고 들어가도록 되어 있는 곳으로, 피고인의 말처럼 사진을 가지고 있는 친구가 없다는 사실을 알게 된 피해자가 그곳을 나가려고 하자 피고인은 이를 제지하면서 피해자에게 "너 돈 있지, 돈 좀 빌려 줘라."라고 말하여 야간에 인적이 없는 어둡고 낯선 장소에서 겁을 먹은 피해자로부터 5,600원이 들어 있는 지갑을 빼앗아 이를 갈취하였다.

2) 「아동·청소년의 성보호에 관한 법률」 위반(강간 등)

피고인은 제1항 기재와 같이 남성역 부근에서 대우푸르지오아파트 111동으로 피해자 공소외 1(여, 14세)을 유인해 오면서부터 피해자를 추행할 마음을 먹고 있던 중, 111동 23층 엘리베이터 기계실 앞에서 제1항 기재와 같이 피해자로부터 지갑을 빼앗은 이후에, 손으로 피해자의 목 부위를 잡아당기고 오른팔로 피해자의 팔을 잡아당긴 후 강제로 수회 키스하고, 피해자가 아프다고 하면서 몸을 비틀어 빠져나가려고 하자 도망가지 못하게 피해자를 붙잡은 후 피해자가 입고 있던 상의 브래지어 안에 손을 집어넣어 피해자의 가슴을 잡아 주무르고, 손으로는 피해자가 입고 있던 청반바지 단추를 풀고 바지 지퍼를 강제로 내린 후 팬티 속에 손을 넣었고, 피해자의 성기 안에 손가락을 집어넣자 피해자가 아프다고 하며 계속 반항하는데도 계속하여 피해자의 성기에 손가락을 집어넣었다.

3) 특수절도

피고인은 친구인 공소외 3, 4와 합동하여, 2009.11.17. 03:00경부터 03:30경 사이에 광명시 철산동(이하 생략)에 있는 피해자 공소외 5가 운영하는 ○○양곱창 식당에 이르러, 그곳 출입문을 손괴한 후 식당 내로 침입하여 그곳 계산대 위에 있는 간이철제금고와 그 안에 들어 있는 현금 2만 원 상당 및 냉장고 안에 들어 있는 맥주

약 10병을 절취하였다.

나. 사건의 경과

피고인은 15세 소년으로 2009.12.경 특수절도죄로 소년보호처분을 받은 적이 있으나 형벌을 받은 전력은 없고, 이 사건 각 범행을 모두 인정하며 그 잘못을 뉘우치고 있는 점, 이 사건 공갈 및 특수절도 범행의 각 피해액이 비교적 경미한 점, 피고인이 특수절도 범행의 피해자 공소외 5와는 원만히 합의한 점 등 피고인에게 참작할 만한 사정도 있다.

그러나 이 사건은 「아동·청소년의 성보호에 관한 법률」을 위반(강간 등)한 범행의 죄책이 가볍지 않은 점, 비록 아래 무죄 부분에서 설시하는 바와 같이 피고인에게 강간의 고의 및 피해자의 사망에 대한 예견가능성이 없어 강간치사죄가 성립하지는 아니하나, 피고인이 저지른 이 사건, 즉 「아동·청소년의 성보호에 관한 법률」 위반(강간 등) 범행으로 크나큰 정신적 충격을 받은 피해자 공소외 1이 범행 직후 아파트 23층에서 뛰어내려 사망한 점, 피고인 측과 피해자 공소외 1의 유족들 사이에 합의가 이루어지지도 않은 점 등 피고인에게 불리한 사정을 아울러 고려하고, 그 밖에 이 사건의 공판과정에서 나타난 피고인의 성행, 가정환경, 이 사건 각 범행의 경위, 수단과 방법, 범행 후의 정황 등 모든 양형의 조건을 참작하여, 주문과 같이 형을 정한다.

피고인을 징역 장기 2년, 단기 1년 6월에 처한다.
피고인에게 120시간의 성폭력 치료 프로그램 이수를 명한다.
압수된 한국은행 발행 5천 원 권 지폐 1매(증 제2호)를 피해자 공소외 1의 상속인들에게 환부한다.

다. 사건의 결말

1) 특수강도죄의 성립 여부
(1) 강도죄에서 폭행과 협박의 정도는 사회통념상 객관적으로 상대방의 반항을 억압하거나 항거 불능케 할 정도의 것이라야 한다(대법원 2001.3.23. 선고 2001도359 판결 등 참조). 또, 「형법」 제334조 제2항에 규정된 합동범은 주관적 요건으로

서 공모가 있어야 하고, 객관적 요건으로서 현장에서의 실행행위 분담이라는 협동 관계가 있어야 한다(대법원 1985. 3. 26. 선고 84도2956 판결 등 참조).

(2) 먼저 피고인이나 공소외 2가 피해자에게 그 반항을 억압하거나 항거를 불가능하게 할 만한 폭행 또는 협박을 하였는지에 관하여 살피건대, 검사가 제출한 모든 증거를 살펴보아도 피고인이나 공소외 2가 남성역 근처 골목길에서 아파트 111동 앞까지 피해자를 데리고 가는 동안 피해자에게 그 반항을 억압하거나 항거를 불가능하게 할 정도의 폭행 또는 협박을 하였다는 점을 인정할 만한 증거는 없다. 오히려 피해자가 남성역 근처 골목길에서 아파트 111동 앞까지 가는 동안 공소외 2에게 이 사건 당일 남자 친구 등과 함께 롯데월드에 다녀온 것을 이야기한 점(서울중앙지방법원 2010고합815 사건 수사기록 455쪽, 이하 사건번호를 특정하지 않은 '수사기록' 은 위 사건 수사기록을 뜻한다), 남성역 근처 골목길에서 아파트 111동 앞까지 가는 도중에 피고인은 비비큐치킨집에 들러 약 3~4분간 그곳 주인과 이야기를 나누었고 공소외 2도 피고인을 따라 치킨집 안으로 들어갔는데, 그동안 피해자는 치킨집 밖에서 기다리고 있었던 점[피고인의 일부 법정진술, 증인 공소외 2 증인신문조서(제3회 공판조서의 일부) 6쪽, 수사기록 389쪽], 피해자가 피고인과 함께 아파트 111동에서 엘리베이터를 타고 20층으로 올라갈 때 1층에서 20층까지 동승한 남자 어른(공소외 7)이 있었음에도 피해자가 위 공소외 7에게 별다른 도움을 요청하지 않았던 점(수사기록 76쪽) 등에 비추어 보면, 피고인이 아파트 111동 23층 엘리베이터 기계실 앞으로 피해자를 유인하기 전까지는 피고인이나 공소외 2가 피해자에게 별다른 폭행이나 협박을 하지 않았던 것으로 보인다.

그렇다면 피고인이 피해자를 아파트 111동 23층 엘리베이터 기계실 앞으로 데리고 가서, 집으로 가겠다고 하는 피해자를 제지하며 "너 돈 있지, 돈 좀 빌려 줘라." 라고 말한 후 피해자가 "저 돈 별로 없어요."라고 하면서 보여 주는 지갑을 빼앗고는 지갑을 돌려 달라는 피해자에게 "알았으니까 기다려 봐. 얘기하고 갈 때 줄게." 라고 말한 것(피고인의 법정진술, 수사기록 408쪽)이 피고인이 피해자로부터 금품을 빼앗기 위하여 행한 폭행이나 협박의 전부라고 할 것인데, 거기에 피해자가 피고인에게 건네 준 지갑에 들어 있던 돈이 5,600원에 불과한 점 등을 더하여 보면 비록 당시는 바람이 세게 불고 비도 약간 오는 흐린 날씨의 야간이었고(수사기록 47쪽, 54쪽) 피고인이 피해자를 유인하여 간 엘리베이터 기계실 앞이 아파트 관리실 관계자들이 용무가 있을 때만 출입하는 인적이 드문 곳이었으며 계단 전등도 켜져 있지 않아 그곳이 상당히 어두웠다는 점(수사기록 55쪽, 409쪽)을 감안하더라도 위와 같은 사정만으로는 피고인이 피해자에게 한 위와 같은 폭행이나 협박이 피해자를 외포하게 하는 정도에 그치지 않고 그 반항을 억압하거나 항거를 불능하게 할 정도였다고 보기는 어렵다.

(3) 다음으로 피고인과 공소외 2의 범행이 합동범의 요건을 갖추고 있는지 여부에 관하여 살피건대, 피고인의 법정진술 및 증인 공소외 2의 법정진술에 의하면 피고인과 공소외 2가 피해자로부터 금품을 빼앗을 것을 공모한 사실을 인정할 수 있으나 각 증거에 의하더라도 공소외 2는 피고인과 함께 남성역 부근에서 아파트 111동 앞으로 피해자를 데리고 간 다음 잠깐만 기다리고 있으라는 피고인의 말에 111동 앞 정자에 앉아 피고인이 나오기를 기다리고 있었을 뿐인 바, 그렇다면 위에서 본 바와 같이 피고인이나 공소외 2가 아파트 111동 앞까지 피해자를 데리고 가는 동안 피해자에게 그 반항을 억압하거나 항거를 불가능하게 할 만한 폭행 또는 협박을 하였다는 점을 인정할 만한 증거가 없고, 피고인이 공소외 2를 아파트 111동 앞에 두고 혼자서 111동 23층 엘리베이터 기계실 앞으로 피해자를 데리고 간 후 그곳에서 피해자를 집에 가지 못하게 제지하며 돈을 내놓으라고 하여 금품탈취를 위한 폭행 또는 협박을 개시한 것인 이상, 공소외 2가 이 사건 범행현장에서 실행행위를 분담하여 피고인이 피해자로부터 지갑을 빼앗는 행위에 시간적으로나 장소적으로 협동하였다고 볼 수는 없다.

(4) 그렇다면 피고인에 대하여는 판시 범죄사실 제1항 기재와 같이 공갈죄의 공동정범이 성립할 뿐, 특수강도죄는 성립할 수 없다고 할 것이다.

2) 강간미수죄의 성립 여부

(1) 피고인은 피해자를 강제로 추행할 의사로 피해자의 가슴을 만지고 피해자의 성기 안에 자신의 손가락을 집어넣었다가 빼었을 뿐 피해자를 강간할 고의는 없었다는 취지로 변소하고 있다.

(2) 살피건대, ① 피해자의 항문액과 질액의 정액반응이 음성일 뿐만 아니라 질 외부에서도 피고인의 유전자형이 검출되지 않은 점(수사기록 596쪽, 서울중앙지방법원 2010고합1303 사건 수사기록 10쪽), ② 피고인은 인적이 드문 위 아파트 111동 23층 엘리베이터 기계실 앞에서 피해자와 단 둘이 있었고 이미 피해자의 성기에 손가락을 집어넣는 등으로 피해자를 추행하기까지 하였으며 피고인의 몸에 아무런 상

처가 없는 것(수사기록 232쪽)으로 미루어 볼 때 당시 피해자의 물리적인 반항의 정도도 그리 강하지 않았던 것으로 보이므로, 피고인에게 강간의 의사가 있었다면 어렵지 않게 강간의 기수까지도 이를 수 있었을 것임에도 피고인은 피해자의 성기에 자신의 손가락을 집어넣었다가 뺀 후 자신의 성기가 발기되자 간음행위로 나아가지 않고 오히려 피해자에게 "오줌 쌀 테니 돌아보지 말라."라고 말한 다음 피해자를 등진 채 벽을 향해 자위행위를 한 점(피고인의 법정진술, 수사기록 338쪽, 416쪽), ③ 피고인은 이 사건 범행 당시 성경험이 없는 15세 소년이었으므로 성적 호기심으로 피해자에 대한 추행까지는 시도하였다고 하더라도 강간까지 하려고 마음먹기는 쉽지 않았을 것으로 보이는 점 등을 종합하여 보면, 비록 피고인이 피해자의 가슴을 만지고 피해자의 성기 안에 자신의 손가락을 집어넣었다가 빼는 행위를 하였더라도 피고인에게 위 범행 당시 강간의 고의가 있었다고 쉽사리 추단하기 어렵다.

(3) 그렇다면 피고인에 대하여는 판시 범죄사실 제2항 기재와 같이 「아동·청소년의 성보호에 관한 법률」위반(강간 등)죄가 성립할 뿐 강간미수죄는 성립할 수 없다고 할 것이다.

3) 강간치사죄의 성립 여부

(1) 피고인은 앞과 같이 피해자를 추행한 후 그곳에서 자위행위를 하였을 뿐이고, 자위행위 이후 피고인이 엘리베이터 기계실 앞을 떠날 때 피해자는 화가 난 듯 고개를 숙이고는 있었지만 울고 있지도 않았으므로, 피고인은 자신이 기계실 앞을 떠난 후 피해자가 23층에서 창문을 넘어 뛰어내려 사망할 것을 전혀 예견할 수 없었다는 취지로 변소하고 있다.

(2) 「형법」제15조 제2항이 규정하는 이른바 결과적 가중범은 행위자가 행위 시에 그 결과의 발생을 예견할 수 없을 때는 비록 그 행위와 결과 사이에 인과관계가 있다 하더라도 중한 죄로 벌할 수 없다는 것이다(대법원 1988. 4. 12. 선고 88도178 판결 등 참조).

(3) 살피건대, 피고인이 아파트 111동 앞에서 공소외 2에게 잠깐 기다리라고 한 다음 피해자를 23층 엘리베이터 기계실 앞으로 데리고 가 판시 범죄사실 제1항, 제2항 기재와 같이 피해자로부터 지갑을 갈취한 후 피해자의 가슴을 만지고 피해자의 성기에 손가락을 집어넣는 등으로 피해자를 추행한 사실, 피고인이 위와 같이 피해자를 추행하면서 자신의 성기가 발기되자 피해자에게 "오줌 쌀 테니 돌아보지 말라."라고

말하고 그곳 벽을 향해 자위행위를 한 사실은 위에서 인정한 바와 같고, 피고인의 법
정진술, 증인 공소외 2의 법정진술, 피고인에 대한 검찰 제3회, 제4회 각 피의자신
문조서의 각 진술기재, 수사보고(피의자를 대동하고 처음 피해자를 만난 장소, 데리
고 간 이동경로 및 성폭행 장면을 재연하여 사진촬영), 수사보고(푸르지오아파트 경
비실에 촬영된 CCTV 시간과 실제 시간에 대한)의 각 기재 및 영상, 서울종합방재센
터로부터 제출받은 119 변사(추락)사건 신고접수내역, 푸르지오아파트 111동 경비
근무일지 사본의 각 기재, 피의자 혼자 엘리베이터를 타고 내려와 1층에서 내려가
는 모습이 촬영된 CCTV 장면의 영상에 의하면, 피고인이 피해자의 성기에서 손가
락을 빼자 피해자는 즉시 일어나서 옷을 추슬러 입었고, 피고인이 자위행위를 할 동
안 피해자는 23층 엘리베이터 기계실 앞 계단에 앉아 있었던 사실, 피고인은 자위행
위 이후 서둘러 옷을 입고 피해자에게 "나 간다."라고 말하며 엘리베이터 기계실 앞
을 떠났는데 당시에도 피해자는 고개를 숙인 채 기계실 앞 계단에 앉아 있었던 사
실, 피고인은 21층으로 내려와 엘리베이터를 타기 위해 버튼을 누르고 기다리고 있
던 중 피해자의 추락으로 인한 '쾅' 소리를 들은 사실, 피고인은 피해자가 추락한
직후에 111동 밖으로 나와서 "왜 이렇게 늦게 나왔냐."라고 하는 공소외 2에게 "친
구 집에 가서 라면 먹고 놀다가 왔다."라고 말한 사실, 공소외 2가 화단을 가리키며
사람이 떨어졌다고 하는데도 피고인은 "진짜야? 어디 있어?"라고만 묻고는 좀 더
보고 가자고 하는 공소외 2에게 "좀 있으면 엄마한테서 전화 올 시간이다. 비도 오
고 하니 빨리 가자."라는 취지로 말한 사실을 인정할 수 있다.

  (4) 앞의 인정 사실을 종합하여 보건대, 다음과 같은 각 사정, 즉 ① 피고인이 아
파트 23층 엘리베이터 기계실 앞에서 강제추행을 하면서 피해자에게 한 폭행 또는
협박의 정도가 성폭력범죄의 수단으로서는 그다지 중하지 않았던 것으로 보이는
점, ② 피고인은 강제추행 이후 피해자에게 돌아보지 말라고 한 다음 벽을 향하여
자위행위를 하였고, 자위행위를 종료한 직후 23층 엘리베이터 기계실 앞 계단에 고
개를 숙이고 앉아 있던 피해자에게 "나 간다."라고 말하며 서둘러 그곳을 떠났으므
로 피해자가 23층 창문을 통하여 아래로 뛰어내릴 당시 피해자는 이미 급박한 위해
상태에서 벗어나 있었던 점, ③ 공소외 2는 애초부터 아파트 111동 앞에서 기다리고
있었을 뿐 23층 엘리베이터 기계실 근처로는 온 적이 없는 데다가 피해자도 공소외
2가 위 아파트 111동 앞에 있는 사실을 알고 있었으므로, 피해자가 공소외 2에 의한
추가 범행을 우려한 나머지 이를 피하기 위해 23층 창문을 통하여 도망하려 하였다

고 보기도 어려운 점, ④ 2, 3층 정도의 저층도 아닌 아파트 23층에서 창문을 통하여 밖으로 뛰어내릴 경우 대부분 다치는 정도에 그치지 않고 생명을 잃게 될 것인 점, ⑤ 피해자의 사망은 성경험이 없던 14세의 어린 소녀인 피해자가 위와 같이 피고인으로부터 강제추행을 당한 후 그로 인한 극도의 수치심과 절망감을 이기지 못하고 투신자살한 결과일 가능성을 배제할 수 없는 점 등에 비추어 보면, 비록 나이 어린 피해자가 낯선 장소에서 갑작스럽게 피고인으로부터 강제추행을 당한 직후에 범행현장인 아파트 23층에서 창문을 넘어 뛰어내린 것이라 하더라도, 피고인으로서는 피해자가 피고인이나 공소외 2로부터 추가로 당할 수도 있는 강간을 모면하기 위하여 23층에서 창문을 넘어 뛰어내려 사망에 이르리라고는 예견할 수 없었다고 보는 것이 경험칙에 부합한다 할 것이다.

라. 판결의 의의

1) 피고인(15세)이 공범 갑과 어린 학생들을 상대로 금품을 빼앗을 것을 공모한 후, 길에서 만난 을(여, 14세)을 인근 아파트로 유인한 다음 갑으로 하여금 밖에서 기다리게 한 후 을을 아파트 23층에 있는 엘리베이터 기계실 앞으로 데리고 가 지갑을 강취하였고, 곧이어 을을 강간하려 하였으나 을이 반항하여 미수에 그쳤다는 「성폭력범죄의 처벌 등에 관한 특례법」위반(특수강도강간 등)의 공소사실에 대하여, 공소사실 중 '특수강도'(합동강도) 부분에 대하여는 형법상 공갈죄의 공동정범을 인정하고, 한편 '강간미수' 부분에 대하여는 「아동 · 청소년의 성보호에 관한 법률」위반(강간 등)죄를 인정하였다.

2) 피고인(15세)이 인근 아파트 23층에 있는 엘리베이터 기계실 앞에서 을(여, 14세)을 강간하려다 미수에 그친 후 계단을 내려가면서 자리를 비우자, 강간미수 범행으로 공포에 휩싸인 을이 피고인이나 공범 갑에 의한 추가 강간피해를 모면하기 위하여 23층 창문을 열고 뛰어내림으로써 을을 사망에 이르게 하였다는 강간치사의 공소사실에 대하여, 피고인으로서는 을이 피고인이나 갑으로부터 추가로 당할 수도 있는 강간을 모면하기 위하여 23층에서 뛰어내려 사망에 이르리라고는 예견할 수 없었다고 보는 것이 경험칙에 부합한다는 이유로 강간치사죄의 성립은 부정하였다.

연 구 과 제

1. 성폭력 가상 사례에서 호남이가 성폭력 사건까지 저지르게 된 원인에 대해 생각해 보자. 가정환경, 친구관계, 여자 친구 등 호남이의 행동에 영향을 준 다양한 원인을 열거해 보고 어떤 배경이 어떤 영향을 끼쳤는지에 대해 토론해 보자.

2. 다른 유형의 학교폭력과 비교해 보았을 때, 성폭력 사건은 그 처리과정과 사후 지도가 그 어느 때보다도 민감하고 체계적으로 이루어져야 한다. 이 경우 호남이에게 어떤 사전지도가 필요했으며, 어떤 사후 지도가 필요한지 토론해 보자.

3. 현재 학교현장에서 이루어지고 있는 성폭력 예방교육에 대해 알아보고, 실효성 있는 성폭력 예방교육이 이루어지기 위한 구체적인 방안과 사례를 이야기해 보자.

참고문헌

교육과학기술부(2012a). 중고등학생을 위한 성폭력 예방교육 지도서.

교육과학기술부(2012b). 학교폭력 실태조사.

교육과학기술부(2012c). 학교폭력근절 종합대책.

교육과학기술부(2013). 2차 학교폭력 실태조사.

김가녕(2013). 굿바이, 학교폭력. 경향BP.

김규태, 방경곤, 이병환, 윤혜영, 우원재, 김태연, 이용진(2013). 학교폭력의 예방 및 대책. 양서원.

김기헌, 장근영, 조광수, 박현준(2010). 청소년생애핵심역량 개발 및 추진방안 연구 III '2010 한국청소년 핵심역량진단조사'. 한국청소년정책 연구보고 10-R17. 한국청소년정책연구원.

김다현, 임성숙, 정석환(2013). 학교폭력의 예방과 대책. 동문사.

대한변호사협회(2011). 성폭력 피해자 법적 지원을 위한 실무지침서. 월커뮤니케이션즈.

문화체육부(1997). 청소년백서.

여성가족부(2012). 2011 청소년 유해환경 접촉 종합실태조사.

임희진, 김지연, 이경상(2009). 청소년 가치관 국제비교 조사. 한국청소년정책연구원.

장경희, 이삼형, 이필영, 김명희, 김태경, 김정선, 송수민(2011). 청소년 언어실태 언어의식 전
    국 조사. 국립국어원 2011-01-38.
참여보건건강연구회(2007). 소중한 너와 나(성폭력예방-교사용 지도서). 바자몰.

참고 자료
헬스코리아뉴스(2012.5.9.). 소아 · 청소년 ADHD 10명 중 8명 남자.
이투데이(2012.5.10.) 모두가 행복한 '가정의 달' 그래서 더 '잔인한 5월'.
전북매일신문(2010.10.17.). [질병본부 국감현장] 초중고생 38% 우울감.
경기매거진(2011.3.4.). 정부 2010년도 인터넷중독 실태조사 결과 발표.

서울중앙지법(2010.10.15.). 선고2010고합815, 1303판결.

참고 사이트
학교알리미 http://www.schoolinfo.go.kr.
학교폭력 예방 종합포털사이트 http://www. stopbullying.or.kr

제16장
장애학생에 대한 폭력

장애학생의 일반학교 통합교육이 꾸준히 확대됨에 따라 장애학생의 학교폭력에 대한 피해도 점차 증가하고 있다. 교육과학기술부의 2012년 전국 학교폭력 실태조사 결과에 따르면 중학교의 학교폭력 사안 심의가 전체 학교급의 69%를 차지하며 특히 장애학생에 대한 괴롭힘 및 집단 따돌림이 심각한 것으로 나타났다. 2011년 한국청소년정책연구원에서 초·중등학교 학생을 대상으로 장애학생에 대한 비장애학생의 인식을 조사한 결과, '장애아동을 친구로 사귈 의향이 있는가'라는 질문에 비장애학생의 62.5%가 '없다.'라고 응답하여 비장애학생 절반 이상이 장애학생을 친구나 동료로 생각하지 않거나 함께 어울리는 것을 꺼린다는 것을 알 수 있다.

장애학생에 대한 학교폭력은 겉으로 잘 드러나지 않을 뿐 아니라 지속적으로 이루어지기 때문에 비장애학생에 대한 학교폭력보다 피해의 정도가 훨씬 크다. 이에 장애학생에 대한 폭력의 정의와 특징을 알아보고, 학교폭력이 발생했을 때 어떻게 대처해야 하는지 알아볼 필요가 있다.

이 장에서는 실제 사례와 유형, 판례를 바탕으로 장애학생에 대한 폭력의 실태를 알아보고, 그에 대한 대처방안을 살펴보도록 한다.

제16장 | **장애학생에 대한 폭력**

1. 장애학생에 대한 폭력이란

장애학생에 대한 폭력은 말 그대로 장애학생에게 행해지는 모든 학교폭력을 말한다. 일반학교에 특수학급이 따로 지정되어 있긴 하지만 통합교육이 실시되면서 장애학생은 학교에서의 대부분 시간을 일반학급에서 생활한다. 말도 어눌하게 하고 행동도 다른 학생들과 다르게 눈에 띄기 때문에 고학년이 될수록 비장애학생보다 학교폭력을 당하기 쉽다. 또한 다른 학생들에 비해 가장 먼저 학교폭력의 대상이 된다. 유형별로 보자면 폭행 등과 같은 신체적 폭력보다는 학급이나 학교에서 놀림을 당하거나 집단 따돌림을 당하는 경우가 많다.

함께가는마포장애인부모회와 장애인차별금지추진연대는 2012년에 진행한 마포구 장애학생 실태조사 결과 응답자의 58.3%가 신체적 폭력, 88.3%가 언어적 폭력을 경험했다고 응답했다. 특히 동일 가해자로부터 10회 이상 신체적 폭력을 경험한 비율은 21.1%, 10회 이상 언어적 폭력을 경험한 비율은 35.1%에 이르렀다. 이에 장애학생을 대상으로 한 학교폭력에 대해 학교나 사회적 관심이 필요하다.

장애학생들은 의사표현이 정확하지 않고 사회성도 떨어지기 때문에 학교폭력을 당하더라도 피해사실이 외부로 드러나지 않는 경우가 많아 지속적으로 학교폭력의 피해자가 될 수 있다. 학교폭력으로 장애학생이 겪는 고통은 더욱 심해지므로 비장애학생이 당하는 학교폭력보다 더 큰 위험이 따른다고 할 수 있다.

「장애인 등에 대한 특수교육법」상의 특수교육대상자 선정 기준
① 시각장애를 지닌 특수교육대상자: 시각계의 손상이 심하여 시각기능을 전혀 이용하지 못하거나 보조공학기기의 지원을 받아야 시각적 과제를 수행할 수 있는 사람으로서 시각에 의한 학습이 곤란하여 특정의 광학기구·학습매체 등을 통하여 학습하거나 촉각 또는 청각을 학습의 주요 수단으로 사용하는 사람

② 청각장애를 지닌 특수교육대상자: 청력 손실이 심하여 보청기를 착용해도 청각을 통한 의사소통이 불가능 또는 곤란한 상태이거나, 청력이 남아 있어도 보청기를 착용해야 청각을 통한 의사소통이 가능하여 청각에 의한 교육적 성취가 어려운 사람

③ 지적장애를 지닌 특수교육대상자: 지적 기능과 적응행동상의 어려움이 함께 존재하여 교육적 성취에 어려움이 있는 사람

④ 지체장애를 지닌 특수교육대상자: 기능·형태상 장애가 있거나 몸통을 지탱하거나 팔다리의 움직임 등에 어려움을 겪는 신체적 조건이나 상태로 교육적 성취에 어려움이 있는 사람

⑤ 정서·행동장애를 지닌 특수교육대상자: 장기간에 걸쳐 다음 각 목의 어느 하나에 해당하여 특별한 교육적 조치가 필요한 사람
　가. 지적·감각적·건강상의 이유로 설명할 수 없는 학습상의 어려움을 지닌 사람
　나. 또래나 교사와의 대인관계에 어려움이 있어 학습에 어려움을 겪는 사람
　다. 일반적인 상황에서 부적절한 행동이나 감정을 나타내어 학습에 어려움이 있는 사람
　라. 전반적인 불행감이나 우울증을 나타내어 학습에 어려움이 있는 사람
　마. 학교나 개인 문제에 관련된 신체적인 통증이나 공포를 나타내어 학습에 어려움이 있는 사람

⑥ 자폐성장애를 지닌 특수교육대상자: 사회적 상호작용과 의사소통에 결함이 있고, 제한적이고 반복적인 관심과 활동을 보임으로써 교육적 성취 및 일상 생활 적응에 도움이 필요한 사람

⑦ 의사소통장애를 지닌 특수교육대상자: 다음 각 목의 어느 하나에 해당하여 특별한 교육적 조치가 필요한 사람

　가. 언어의 수용 및 표현 능력이 인지능력에 비하여 현저하게 부족한 사람

　나. 조음능력이 현저히 부족하여 의사소통이 어려운 사람

　다. 말 유창성이 현저히 부족하여 의사소통이 어려운 사람

　라. 기능적 음성장애가 있어 의사소통이 어려운 사람

⑧ 학습장애를 지닌 특수교육대상자: 개인의 내적 요인으로 듣기, 말하기, 주의집중, 지각(知覺), 기억, 문제해결 등의 학습기능이나 읽기, 쓰기, 수학 등 학업성취 영역에서 현저하게 어려움이 있는 사람

⑨ 건강장애를 지닌 특수교육대상자: 만성질환으로 3개월 이상의 장기입원 또는 통원치료 등 계속적인 의료적 지원이 필요하여 학교생활 및 학업 수행에 어려움이 있는 사람

⑩ 발달지체를 보이는 특수교육대상자: 신체, 인지, 의사소통, 사회 · 정서, 적응행동 중 하나 이상의 발달이 또래에 비하여 현저하게 지체되어 특별한 교육적 조치가 필요한 영아 및 9세 미만의 아동

2. 대처방안

장애학생에 대한 대처방안은 두 가지로 제시한다. 하나는 사건이 발생했을 때 해결하는 과정과 관련된 일반적 사건 대처방안이고, 또 다른 하나는 사건의 실제 당사자인 피해학생과 가해학생의 사후 지도와 관련된 구체적 사건 대처방안이다.

1) 일반적 사건 대처방안

장애학생을 대상으로 학교폭력이 발생할 경우, 반드시 학교폭력 전담기구에 신고해야 하며 매우 심각한 학교폭력 사안으로 간주된다. 특히 장애학생에 대한 성폭행, 성추행, 집단폭행과 같은 사안은 반드시 114나 원스톱 지원센터에 우선 신고해야 한다. 가해자에 대한 처벌 또한 비장애학생을 대상으로 학교폭력을 행사한 경우보다 더 엄격해지고 강화되었다. 「장애인 차별금지 및 권리구제 등에 관한 법률」 제32조(괴롭힘 등의 금지), 「성폭력범죄의 처벌 등에 관한 특례법」 제6조(장애인에 대한 강간·강제추행 등), 「학교폭력 예방 및 대책에 관한 법률」 제16조의2(장애학생의 보호) 조항에서와 같이 장애학생에 대한 처벌이 강화되었으며, 학교폭력으로부터 장애학생에 대한 보호를 명시한다.

장애학생에 대한 학교폭력이 발생할 경우, 장애학생들은 폭행을 당하고도 말로 표현하는 데 한계가 있기 때문에 학교폭력을 당하고 있는지의 여부와 사건의 진상을 파악하는 데 신중을 기해야 한다. 장애학생에게 학교폭력을 가한 가해학생들은 장애학생이 진술을 제대로 하지 못하는 까닭에 비장애학생 대상 학교폭력보다 징계수준이 낮을 수 있다. 이에 학교마다 학교폭력대책자치위원회 규정을 만들 때 장애학생에게 학교폭력을 가한 가해학생에 대해서는 징계를 가중시키는 항목을 추가하기도 한다.

최근 '학교폭력근절 종합대책'의 하나로 내놓은 학교생활기록부 작성 및 관리지침에 따르면 가해학생의 징계사항을 학교생활기록부에 기록한 뒤 초·중등학생은 졸업 후 5년간 보존한 후 자동 삭제하게 한다(교육과학기술부 훈령 282호). 다만 경미한 조치의 경우 가해학생의 반성 및 개선 가능성이 높을 경우 기록을 졸업 후 5년간 보존하지 않고 졸업 직후 삭제한다. 갈수록 학교폭력에 대한 처벌이 강화되는 만큼 사건처리 과정이 중요하다.

「장애인 차별금지 및 권리구제 등에 관한 법률」 제32조(괴롭힘 등의 금지)

① 장애인은 성별, 연령, 장애의 유형 및 정도, 특성 등에 상관없이 모든 폭력으

로부터 자유로울 권리를 가진다.

② 괴롭힘 등의 피해를 당한 장애인은 상담 및 치료, 법률구조, 그 밖에 적절한 조치를 받을 권리가 있으며, 괴롭힘 등의 피해를 신고하였다는 이유로 불이익한 처우를 받아서는 아니 된다.

③ 누구든지 장애를 이유로 학교, 시설, 직장, 지역사회 등에서 장애인 또는 장애인 관련자에게 집단 따돌림을 가하거나 모욕감을 주거나 비하를 유발하는 언어적 표현이나 행동을 하여서는 아니 된다.

④ 누구든지 장애를 이유로 사적인 공간, 가정, 시설, 직장, 지역사회 등에서 장애인 또는 장애인 관련자에게 유기, 학대, 금전적 착취를 하여서는 아니 된다.

⑤ 누구든지 장애인의 성적 자기결정권을 침해하거나 수치심을 자극하는 언어 표현, 희롱, 장애 상태를 이용한 추행 및 강간 등을 행하여서는 아니 된다.

⑥ 국가 및 지방자치단체는 장애인에 대한 괴롭힘 등을 근절하기 위한 인식개선 및 괴롭힘 등 방지 교육을 실시하고 적절한 시책을 강구하여야 한다.

「성폭력범죄의 처벌 등에 관한 특례법」 제6조 (장애인에 대한 강간 · 강제추행 등)

① 신체적인 또는 정신적인 장애가 있는 사람에 대하여 「형법」 제297조(강간)의 죄를 범한 사람은 무기징역 또는 7년 이상의 징역에 처한다.

② 신체적인 또는 정신적인 장애가 있는 사람에 대하여 폭행이나 협박으로 다음 각 호의 어느 하나에 해당하는 행위를 한 사람은 5년 이상의 유기징역에 처한다.

　가. 구강 · 항문 등 신체(성기는 제외한다)의 내부에 성기를 넣는 행위

　나. 성기 · 항문에 손가락 등 신체(성기는 제외한다)의 일부나 도구를 넣는 행위

③ 신체적인 또는 정신적인 장애가 있는 사람에 대하여 「형법」 제298조(강제추행)의 죄를 범한 사람은 3년 이상의 유기징역 또는 2천만 원 이상 5천만 원 이하의 벌금에 처한다.

④ 신체적인 또는 정신적인 장애로 항거불능 또는 항거곤란 상태에 있음을 이
용하여 사람을 간음하거나 추행한 사람은 제1항부터 제3항까지의 예에 따
라 처벌한다.

⑤ 위계(僞計) 또는 위력(威力)으로써 신체적인 또는 정신적인 장애가 있는 사
람을 간음한 사람은 5년 이상의 유기징역에 처한다.

⑥ 위계 또는 위력으로써 신체적인 또는 정신적인 장애가 있는 사람을 추행한
사람은 1년 이상의 유기징역 또는 1천만 원 이상 3천만 원 이하의 벌금에 처
한다.

⑦ 장애인의 보호, 교육 등을 목적으로 하는 시설의 장 또는 종사자가 보호, 감
독의 대상인 장애인에 대하여 제1항부터 제6항까지의 죄를 범한 경우에는
그 죄에 정한 형의 2분의 1까지 가중한다.

「학교폭력 예방 및 대책에 관한 법률」 제16조의2(장애학생의 보호)

① 누구든지 장애 등을 이유로 장애학생에게 학교폭력을 행사하여서는 안 된
다.

② 자치위원회는 학교폭력으로 피해를 입은 장애학생의 보호를 위하여 장애인
전문 상담가의 상담 또는 장애인전문 치료기관의 요양조치를 학교의 장에게
요청할 수 있다.

2) 구체적 사건 대처방안

장애학생에 대한 폭력의 피해학생과 가해학생에 대한 사후 지도방안은 여러
가지가 있겠으나, 주로 장애학생에 대한 이해 부족으로 발생하는 경우가 많으므
로 여기에서는 장애학생을 이해하고 보호하는 방안을 소개하도록 한다.

(1) 피해학생

다양한 사회기술 습득의 기회 제공하기

- 장애학생들은 일반학생들에 비해 언어능력과 사회적 기술능력이 부족하기 때문에 사회적응능력을 향상시킬 수 있는 다양한 프로그램이 필요하다.
- 연극, 상황극, 역할극 등의 극화활동을 경험해 봄으로써 신체표현을 통한 다양한 언어활동을 유도하고 지적 · 정서적 성장을 도모한다.
- 구성원과의 올바른 상호작용 및 의사소통을 위해 몸짓 표현, 오감훈련, 감정놀이 등의 기회를 제공한다.

긍정적 자존감 형성하기

- 장애학생 자신이 능력을 발휘하여 자신감 있게 문제를 해결할 수 있도록 하는 것이 필요하며, 그 자신감으로 자신의 존재를 인식하고 상대방을 존중하고 아끼는 사고를 형성할 수 있도록 한다.
- 장애학생들에게 신체적 · 언어적 표현의 기회를 부여하여 자기 자신에 대한 표현의 기회를 제공한다.
- 성취가능한 과제를 단계적으로 수행해 봄으로써 과제에 대한 주의집중력을 향상시키고 과제해결을 통해 성공감을 느끼도록 한다.

(2) 가해학생

장애학생의 특이한 행동 이해하기

- 장애학생의 특성에 대해 설명하고, 나와 내 친구의 공통점과 차이점을 이야기해 봄으로써 개인마다 다른 특성에 대하여 이해하도록 한다.
- 장애학생의 특이한 행동들을 몇 가지 정리해 보면 다음과 같다.
    - 장애학생들은 일반적으로 억울한 일이 있거나 무언가 말을 하고 싶은데 잘 되지 않을 때 답답해하며 분노 표출의 행동을 하기도 한다.
    - 지적장애학생의 경우 친구를 사귀는 방법을 알지 못해 친근감의 표시로 친구들을 놀리거나 반복해서 건드리는 등 귀찮게 하기도 한다.

-자폐성장애학생의 경우 수업시간에 갑자기 소리를 지르기도 하고 일어나
서 돌아다니는 등 돌발행동을 보이기도 한다.

-정서 · 행동장애학생의 경우 감정기복이 심해서 책이나 물건을 집어던지기
도 하고 물건을 깨기도 하며 같은 말을 계속 반복해서 중얼거리기도 한다.

장애학생에 대한 폭력 알아보기

• 장애학생에 대한 편견을 알아보고 장애인이 우리와 같은 사람임에도 불구하
고 다른 시선으로 바라보고 있음을 알려 준다.

• 장애학생을 대상으로 한 폭력은 법으로 엄중하게 처리하는 점을 알려 준다.
특히 장애인을 대상으로 한 성폭력은 가중처벌을 받으며 학교폭력에서도 장
애인을 대상으로 한 경우에는 중대 사안으로 처리한다는 것을 알려 준다.

• 장애학생이 학교폭력을 당한 것을 경험하거나 목격한 적이 있는지 서로 이야
기해 보고 장애학생의 어떤 점이 비장애학생들의 놀림이나 괴롭힘의 이유가
되는지 토론해 본다.

• 강자에게는 약하고 약자에게는 군림하는 사람은 매우 비겁한 사람임을 알려
주고 장애학생과 더불어 살아가는 것이 중요한 이유에 대하여 이야기한다.

나와 같음을 인식하기

• 가해학생들은 장애학생들의 어눌한 말투나 특이한 행동, 표정을 보고 장난을
치거나 놀린다. 장애학생들은 장난하는 것에 크게 반응하지 않거나 '싫다'는
의사표시를 제대로 하지 못하기 때문에 가해학생들은 별다른 죄의식 없이 지
속적으로 가해행위를 한다. 그러므로 장애학생도 자신과 같이 신체적 · 정신
적으로 상처를 받는다는 것을 인식하게 되는 경험이 필요하다.

• 가장 좋은 방법은 피해학생의 입장이 되어 보는 것이지만 실제적으로 경험
하는 데 어려움이 있다면, '눈 가리고 일상생활 해 보기' '휠체어 타고 하루
종일 생활해 보기' 등 장애학생들의 어려움을 경험할 수 있는 신체적인 장애
를 경험해 봄으로써 피해학생의 심정을 느낄 수 있는 계기를 마련한다.

3. 장애학생에 대한 폭력의 사례와 판례

장애학생에 관한 실제 사례와 가상 사례를 살펴보는 일은 장애학생에 대한 폭력에 대한 이해와 더불어 대처능력을 기르는 데 큰 도움이 될 것이다.

1) 실제 사례

Case 1. 지적장애학생에 대한 괴롭힘, 신체폭력

지적장애 2급인 A군은 음악·미술·체육 등 일부 과목을 통합반에서 일반학생들과 함께 공부하고, 국·영·수 등 나머지 과목은 특수반에서 다른 장애학생들과 함께 듣는다. 올 초 B 중학교 2 학년이 된 A군은 4층 통합반과 1층 특수반을 오가면서 공부했다. A군이 괴롭힘을 당하고 있다는 징후는 그동안 교사들에게 몇 차례 포착된 적이 있었다. A군이 1학년 때, 특수교사가 A군 아버지로부터 "초등학교 때 가방에 모래를 넣는 등 A군을 괴롭힌 아이들이 있다"는 말을 전해 듣고, 괴롭힌 학생 1명을 수소문해 훈계하기도 했다. 올 초 2학년이 되면서 가해학생들의 행동은 양상이 달라졌다. 몸집이 커지면서 폭행이 심해진 것이다. A군을 때리고 괴롭힌 19명 중 같은 반 학생이 13명이다. 반 남학생이 전부 17명인데, 3명 빼고는 모두 A군을 괴롭히는 데 가담한 것이다. 적극적으로 괴롭힌 학생은 '짱'을 포함한 9명이다. 나머지 10명은 대부분 별 생각 없이 다른 학생을 따라 A군을 괴롭혔다. 특히 가해학생 중에는 A군과 유치원, 초등학교, 중학교까지 같은 학교에 다닌 학생도 있다. B 중학교 교사는 "어릴 땐 A군이 귀여워서 볼을 꼬집고 놀리기 시작했다가, A군이 저항을 안 하니까 죄의식을 느끼지 못하고 계속한 것 같다"며 "A군을 괴롭히면 불분명한 발음으로 '하디마(하지 마)'라고 소리를 지르니까 그 반응이 재미있어서 계속한 아이도 있을 것"이라고 말했다(조선일보, 2012.06.06.).

Case 2. 청각장애학생에 대한 집단폭력

청각장애를 가진 중학교 2학년 C군은 지난 3월 체육수업에 참가하러 가는 도중 같은 학년 학생 13명에게 집단폭행을 당했다고 주장하고 있으며, 이로 인한 정신적 충격으로 병원치료를 받고 있다. 이 사실을 알게 된 C군의 어머니가 다음 날 이 같은 사실을 학교에 알렸고, 학교에서 가해학생들을 불러 조사한 결과 가해학생들은 C군에게 피해를 입힌 사실을 인정했다. 그러나 학교에서는 이 사건을 학교폭력대책자치위원회에 회부하지 않고 담임종결사안으로 처리한 데다, 담임종결사안이라는 이유로 교육청에 제대로 보고조차 하지 않은 것으로 드러나 사건을 숨기기에 급급한 것 아니냐는 비난을 받고 있다. 이번 사건은 청각장애를 가진 C군을 집단폭행한 데다, 사건 조사과정에서 가해학생 대부분이 1학년 때 C군과 같은 반 학생으로 1년 전부터 괴롭힘을 가해 온 사실도 밝혀져 담임종결사안에 해당하지 않는다. 그런데도 학교에서는 C군과 C군 어머니가 가해학생과 학부모들의 화해요청에 응해 화해했다는 이유로 담임종결로 처리했다. 하지만 취재가 시작되고 나서 4월 18일 학교폭력대책자치위원회가 열렸는데, 회의 결과 학생들의 집단폭행이 있었던 것도 아니고 지속적인 괴롭힘이 있었던 것도 아니라는 이유로 1호 조치인 가해학생의 서면사과 결정이 내려졌다. 사건이 있은 후 한 달이 지나서야 학교폭력대책자치위원회가 열린 셈이다. 청각장애학생인 C군은 이 학교 특수학급 학생으로 비장애학생들과 함께 통합교육을 받아왔지만, 집단폭력 사건의 충격으로 등교하지 못하다가 지난 4월 15일 특수학교로 전학했다. C군은 그림 실력이 뛰어나 각종 미술대회에서 수차례 수상하고 장학생으로 선발되기도 하는 등 재능을 인정받아 왔지만, 지금은 그림 그리기에도 집중할 수 없는 상태다(순천투데이, 2013.04.19.).

Case 3. 통합형 수업의 장애학생에 대한 괴롭힘

D 초등학교 E 교사는 지난해 6학년 일반 학급에서 장애학생이 놀림감이 된 내용을 체험 수기로 적어 알렸다. 이 학급에서 힘이 센 학생은 교실에 교사가 없는 틈에 같은 반 장애학생의 얼굴을 걸레로 닦고 물을 퍼붓는 등의 괴롭힘을 일삼았

다. 일부 학생은 장애학생을 괴롭히는 사이 담임교사가 오는지 망을 봐 주기도
했다. E 교사는 수기에서 "이곳은 이미 공부하는 교실이 아니었다. 가해자, 피해
자, 침묵하는 자만 교실에 있었다"라고 적었다. 통합형 수업을 듣는 장애학생들
은 특수반 담당교사와 보조교사 또는 공익요원의 도움을 받지만, 문제는 장애학
생에 대한 괴롭힘이나 폭력이 장애학생이 혼자 있는 쉬는 시간에 발생하기 쉽다
는 점이다. 보조교사가 일일이 챙기지 못하는 사각지대가 있을 수밖에 없다. 장
애학생이 10여 명 있는 D 초등학교의 교장은 "거동이 불편한 장애학생들은 보조
교사의 도움을 받지만, 그렇지 않은 학생들은 혼자서 교실을 이동하고 쉬는 시간
을 보낸다."며 "따라서 괴롭힘은 주로 쉬는 시간에 일어나기 마련"이라고 말했
다. 그는 "장애학생이 피해를 본 내용을 상세하게 기억하지 못하기 때문에 가해
학생의 처벌은 커녕 상황파악도 쉽지 않다"고 덧붙였다(연합뉴스, 2012.01.05.).

Case 4. 지적장애학생에 대한 성추행

학생들의 안전을 위해 배치된 '학교 배움터 지킴이'가 오히려 여학생을 성추
행한 사실이 드러나 재판에 넘겨졌다. 서울중앙지검 여성아동범죄조사부는 지
적장애인 여고생을 상습적으로 강제추행한 혐의(「성폭력범죄의 처벌 등에 관한 특
례법」 위반)로 F 씨(61)를 구속 기소했다고 밝혔다. G 고등학교에서 배움터 지킴
이로 일하는 F 씨는 올해 3월 중순부터 6월 말까지 지적장애 2급인 H양을 강제
로 껴안고 키스하는 등 모두 8차례에 걸쳐 성추행한 혐의를 받고 있다. 조사결과
F 씨는 H양이 지적장애장애로 저항하기 어렵다고 보고 범행을 저지른 것으로 알
려졌다. F 씨는 검찰조사에서 혐의사실을 모두 인정했다. 검찰은 피해자의 심신
이 미약한 점을 이용하고 상습적으로 성추행하는 등 F 씨의 죄질이 매우 불량하
다고 보고 사법처리했다(경향신문, 2013.08.04.).

2) 가상 사례

청력 · 시력 장애를 가진 안경이

중소도시의 한 초등학교에 다니는 안경이는 최근 청력과 시력에 장애 판정을 받았다. 안경이는 어렸을 때 시력이 급격히 약해지더니 선천적인 약시로 판정되어 유치원에 다닐 때부터 두꺼운 안경을 썼다. 안경 때문이었을까, 안경이는 어렸을 때부터 친구를 사귀는 데 어려움이 있었다. 아이들은 빙글빙글 돌아가는 듯한 안경알을 보며 안경이를 괴물 취급하기 일쑤였다. 안경이는 새로운 사람을 만나야 하는 낯선 환경이 싫었다. 그래서 집에서 혼자 책을 읽거나 레고를 조립하면서 시간을 보냈다.

안경이는 초등학교에 들어가서 더욱 힘든 시간을 보내게 되었다. 고학년이 될수록 안경이를 괴롭히는 친구들이 늘어 갔기 때문이다. 시력과 더불어 청력도 점차 약해졌다. 그 사실을 알아챈 친구들이 안경이의 뒤에서 욕을 하거나 놀리는 말을 하고는 "바보 아냐? 지 욕을 해도 못 알아 듣냐!"라며 공공연히 험담과 욕을 하기 일쑤였다. 초등학교 5학년이 되자 아이들의 장난은 도를 넘어서 "애자야, 애자야~"라며 장애인을 낮추어 부르는 말로 별명을 지어 주고는 안경이 몰래 등에 장애인 표시를 붙여 놓고 놀리거나, 학교에 있는 장애인 화장실에 밀어 넣고는 못 나오게 하는 등의 괴롭힘을 시작했다. 처음에는 3명 정도의 아이들이 안경이를 놀리곤 했는데, 시간이 갈수록 놀리는 아이들이 늘어나 10명이 넘었다. 그중에는 정말 힘없고 약한 아이들도 끼어 있었다.

안경이는 이런 상황을 부모님께 알리고 도움을 요청했다. 부모님은 담임교사에게 안경이가 처한 상황을 얘기하고 보호해 줄 것을 요청했다. 하지만 담임교사는 아이들이 안경이와 함께 놀아 주는 것이라며 같이 놀아 주는 것만으로도 얼마나 다행인지 모른다고 하였다. 담임교사는 다만 혹시 괴롭힘이 있는지 잘 관찰하겠다는 약속을 해 주었다.

결국 안경이의 부모가 학교에 다녀간 그다음 날 사건이 일어났다. 아이들은 안경이가 부모에게 자신들의 행동을 일렀기 때문에 학교에 다녀간 것이라고 생각하여, 다시는 이르지 못하게 해야겠다고 마음을 먹고 방과 후에 안경이를 화장실로 데리고 갔다. "네 방에 들어가."라며, 여느 때와 같이 안경이를 장애인 화장실로 밀어 넣었다. 그리고 청소용구가 놓여 있는 곳으로 가서 양동이를 가져다가 수돗물을 받아서는 한 번만 더 부모에게 이르면 이런 꼴이 될 줄 알라며 장애인 화장실 안으로 쏟아부었다.

이 사건으로 아이들이 안경이를 괴롭히고 있다는 사실이 여실히 드러났다. 그리고 안경이의 부모는 장애 판정 이후 특수학교로의 전학을 고민하던 차에 마음을 결정하고 변두리에 있는 특수학교로 안경이를 전학시켰다. 이제 안경이의 부모는 안경이가 어쩔 수 없는 장애인으로 이 사회에서 살아가야 한다는 사실에 아파하며, 특수학교에서는 안경이가 조금이라도 편안한 학교생활을 할 수 있기를 기도했다.

3) 판례 검토

다음 내용은 실제로 발생하여 사회에 큰 파장을 일으킨 사건에 대한 대법원 등의 판례다. 장애학생 폭력에 대한 사법부의 판단을 이해하는 데 도움이 될 것이다. 판례는 발생가능한 유사한 사안에 대한 법적인 판단기준이 된다. 실제 사건에 대한 법원의 판례를 통해 장애학생 폭력에 대한 법적 판단기준을 올바르게 이해할 수 있기를 바란다.

판 례 **대법원 2011.4.14. 선고 2011다12675판결 손해배상(기)**

2심 - 서울고등법원 2010.12.24. 선고 2010나8893 판결
1심 - 서울동부지방법원 2009.12.16. 선고 2008가합16224 판결

가. 사건의 개요

　K 도 소재 J 공립고등학교에 입학한 지적장애 2급의 지적장애를 가진 피해학생을 같은 학교, 같은 학급에 다니는 가해학생 7명이 바보라고 놀리고, 손으로 때리고, 가해학생 중 일부 학생은 자신에게 장난을 친다는 이유로 피해학생의 뺨을 때렸으며, 가을소풍 날 해수욕장에서 물에 빠지기 싫어하는 피해학생을 물에 빠뜨릴 것처럼 장난을 치고, 난로에 데워진 뜨거운 동전을 피해학생이 줍도록 하는 등의 행위를 계속적으로, 그리고 집단적으로 함으로써 괴롭혀 왔다.

　이로 인해 피해학생은 정신분열증 진단을 받았고, 입원치료 및 통원치료를 받았고, 향후 불특정 장기간에 걸쳐 외래치료와 상담치료가 필요하고 보호자의 일상생활 관리 및 감독도 지속적으로 요구되는 상태의 정신분열병 진단을 받았다. 한편, 가해학생들은 폭행 또는 상해로 각 보호자의 감호에 위탁하는 소년법 제32조 제1항 제1호의 보호처분결정을 받았다.

　이에 피해학생과 피해학생의 부모 및 남동생이 가해학생들 및 그들의 부모와 지방자치단체인 K 도의 교육책임자인 교육감을 상대로 손해배상청구 소송을 제기한 사건이다.

나. 사건의 경과

　제1심법원 판결은 피고들은 각자 피해학생 본인에게 56,037,047원, 부에게 1천만 원, 모에게 52,396,574원, 동생에게 5백만 원을 지급하라는 판결을 선고하였으며, 이에 대해 피고들이 항소하여, 항소심인 서울고등법원은 1심보다 적은 금액인 피해학생에게 40,793,074원, 부 및 모에게 각 7백만 원, 동생에게 3백만 원을 지급하라고 판결하였고, 이에 대해 원고인 피해학생 측이 상고하였으나 상고가 기각되어 2심인 서울고등법원의 판결대로 확정되었다.

다. 사건의 결말

　이 사건의 경우 괴롭힘에 가담한 가해학생들이나 피해학생은 같은 학급의 학생들로 가해행위는 수업시간을 전후한 쉬는 시간 또는 점심시간, 소풍과 같은 야외활동시간 등에 발생하였고, 당시 담임교사도 이 괴롭힘 사건이 발생하기 전에 가해학생들이 피해학생을 가끔 괴롭힌다는 사실을 들어서 알고 있었고 피해학생의 부모에게서 직접 같은 반 학생들이 괴롭히지 않도록 신경을 써 달라는 부탁을 받았으며 이에 가해학생들을 불러서 질타를 하기도 한 점에 비추어 보면, 담임교사는 수업시간 전후로 수시로 교실의 상황을 파악하고, 학급의 반장 등을 통하여 학급 내에서의 집단 따돌림이나 폭행사건이 발생하는지를 알아보며, 학급 내에서 종종 급우들을 괴롭히는 가해학생들에 대하여는 더욱 적극적인 자세로 훈육을 하고 위와 같은 집단 따돌림 등이 발생하지 않도록 필요한 예방조치를 해야 할 주의 의무가 있음에도 이를 소홀히 함으로써 결과적으로 피해학생으로 하여금 이 괴롭힘 사건을 당하는 상황에 이르도록 하였으므로, 학교의 교장 및 교사가 보호·감독 의무를 다하지 않음으로 말미암아 사건이 발생한 것이라고 판단하였고 K 도는 공립고등학교 교사의 사용자로서 지휘·감독의무를 위반한 과실이 있으므로 이 괴롭힘 사건으로 인하여 피해학생 측이 입은 손해를 배상할 의무가 있다고 판시하였다.

라. 판결의 의의(손해배상의 범위)

대법원은 대법원 2000.4.11. 선고 99다44205 판결 및 대법원 2007. 6. 15. 선고 2004다48775 판결 [손해배상(기)] 등에서 꾸준히 가해학생 및 가해학생의 보호자, 학교장, 담임교사, 지방자치단체에도 손해배상책임을 인정하여 왔다.

이러한 판결들은 가해학생이 책임능력이 있는 미성년자라고 하더라도 그 보호자에게도 공동불법행위책임을 인정하였고, 또한 학교장이나 담임교사 및 학교를 설치·운영하는 지방자치단체에도 공동책임을 인정한 점에서 의미 있는 판결들이라고 할 것이다.

이러한 사건들의 쟁점은 (1) 가해학생들이 피해학생에게 가한 행위가 고등학교 남학생들끼리 통상적으로 장난을 치는 정도로 볼 것인가, 아니면 피해학생을 만만하게 보고 지속적으로 놀리고 때리는 등 단순한 장난의 정도를 넘어서는 일종의 집단 따돌림으로 볼 수 있는가 하는 점, (2) 가해학생들의 집단 따돌림 행위와 피해학생이 정신분열증의 상해를 입게 된 것에 인과관계가 있는가 하는 점, (3) 고등학교 1학년으로 미성년자인 가해학생들의 책임능력이 인정되는 경우에도 그 보호자에게 불법행위책임을 물을 수 있는가 하는 점, (4) 지방자치단체에서 설치·경영하는 학교의 교장이나 교사가 학생을 보호·감독할 의무를 지는 범위는 어디까지인가 하는 점이었다.

이 사건에서 제1, 2심 모두

(1) 피해학생의 지적장애장애를 이유로 약 1년 동안 지속적으로 놀리고 때리는 등의 가해학생들의 행위는 당하는 피해학생의 입장에서 종합적으로 보면 단순한 장난의 정도를 넘어서는 일종의 집단 따돌림으로 볼 수도 있다고 판단하였다.

(2) 피해학생은 지적장애 2급의 장애를 가진 학생으로 비장애학생들에 비하여 정신·사회적인 스트레스에 취약한 점, 고등학교 2학년은 감수성이 예민하고 또래와의 관계를 중요시하는 시기라는 점에서 정신적 장애가 없는 학생이라도 같은 반 학생 다수에게 약 1년 동안 지속적으로 집단 따돌림을 받는다면 정신적인 고통을 받고 정신병이 발병할 가능성을 배제할 수 없으므로, 가해학생들의 집단 괴롭힘과 피해학생의 정신분열증 간에는 인과관계가 인정된다고 판단하였다.

(3) 가해학생들은 불법행위자로서 피해학생 및 부모와 동생이 입은 손해를 배상할 의무가 있다고 판시하였고, 가해학생들의 부모는 당시 미성년자였던 가해학생들이 피해학생을 지속적, 집단적으로 괴롭히는 불법행위를 하지 아니하도록 보호·감독하여야 할 주의 의무가 있음에도 이를 게을리한 과실이 인정되므로 가해학생들과 공동불법행위자로서 이들과 각자 피해학생 측에 손해를 배상할 책임이 있다고 판시하였다.

(4) 또한, 지방자치단체인 K 도에 대해서는 지방자치단체가 설치·경영하는 학교의 교장이나 교사는 학생을 보호·감독할 의무를 지지만, 이러한 보호·감독의무는 「교육법」에 따라 학생들을 친권자 등 법정감독의무자를 대신하여 감독 하여야 하는 의무로 학교 내에서의 학생의 전 생활관계에 미치는 것은 아니고, 학교에서의 교육활동 및 이와 밀접·불가분의 관계에 있는 생활관계에 한하며, 그 의무범위의 생활관계라고 히더라도 교육활동의 때와 장소, 가해자의 분별능력, 가해학생의 성행, 가해학생과 피해학생의 관계, 기타 여러 사정을 고려하여 사고가 학교생활에서 통상 발생할 수 있다고 예측되거나 또는 예측가능성(사고발생의 구체적 위험성)이 있는 경우에 한하여 교장이나 교사가 보호·감독의무 위반에 대한 책임을 진다고 보았다.

출처: 김용수(2012). 학교폭력, 집단 괴롭힘 등으로 인한 손해배상청구 및 위자료 산정 시 참작할 요소.

연 구 과 제

1. 통합학급을 운영하고 있는 담임교사라면 장애학생에 대한 학교폭력을 예방하기 위해 어떤 노력을 해야만 하는지에 대해 토론해 보자.

2. 사회적 약자에 대한 우리 사회의 편견은 아직도 심한 편이다. 장애인뿐만 아니라 다문화 가정 아이들, 한부모가정 또는 조손가정 아이들, 사회시설에 거주하는 아이들, 경제적 어려움에 처한 아이들에 대한 학교폭력 실태를 조사하고 그 지도방안에 대해 토론해 보자.

참고문헌

국립특수교육원(2013). 중 · 고등학생을 위한 장애학생 학교폭력 예방 프로그램.
김용수(2012). 학교폭력, 집단 괴롭힘 등으로 인한 손해배상청구 및 위자료 산정 시 참작할 요소. 2012년 판례연구, 26(1). 서울지방변호사회.
한국청소년정책연구원(2011). 한국 아동 · 청소년 인권실태 연구 I.

참고 자료
경향신문(2013.08.04.). '학교 배움터 지킴이', 지적장애 여고생 성추행.
순천투데이(2013.04.19). 순천 L중학교 장애인학생 집단폭행.
연합뉴스(2012.01.05.). 학교폭력에 노출된 일반학교 장애학생.
조선일보(2012.06.06.). "하디마(하지마)" 절박한 외침… 가해학생엔 장난거리였다.

부록

1. 학교폭력 예방 및 대책에 관한 법률과 시행령

「학교폭력 예방 및 대책에 관한 법률」

법률 제11948호 일부개정 2013.7.30.

제1조 (목적)

이 법은 학교폭력의 예방과 대책에 필요한 사항을 규정함으로써 피해학생의 보호, 가해학생의 선도·교육 및 피해학생과 가해학생 간의 분쟁조정을 통하여 학생의 인권을 보호하고 학생을 건전한 사회구성원으로 육성함을 목적으로 한다.

제2조 (정의)

이 법에서 사용하는 용어의 정의는 다음 각 호와 같다. [개정 2009.5.8, 2012.1.26, 2012.3.21] [[시행일 2012.4.1]]

1. "학교폭력"이란 학교 내외에서 학생을 대상으로 발생한 상해, 폭행, 감금, 협박, 약취·유인, 명예훼손·모욕, 공갈, 강요·강제적인 심부름 및 성폭력, 따돌림, 사이버 따돌림, 정보통신망을 이용한 음란·폭력 정보 등에 의하여 신체·정신 또는 재산상의 피해를 수반하는 행위를 말한다.

   1의2. "따돌림"이란 학교 내외에서 2명 이상의 학생들이 특정인이나 특정집단의 학생들을 대상으로 지속적이거나 반복적으로 신체적 또는 심리적 공격을 가하여 상대방이 고통을 느끼도록 하는 일체의 행위를 말한다.

   1의3. "사이버 따돌림"이란 인터넷, 휴대전화 등 정보통신기기를 이용하여 학생들이 특정 학생들을 대상으로 지속적, 반복적으로 심리적 공격을 가하거나, 특정 학생과 관련된 개인정보 또는 허위사실을 유포하여 상대방이 고통을 느끼도록 하는 일체의 행위를 말한다.

2. "학교"란 「초·중등교육법」 제2조에 따른 초등학교·중학교·고등학교·특수학교 및 각종학교와 같은 법 제61조에 따라 운영하는 학교를 말한다.

3. "가해학생"이란 가해자 중에서 학교폭력을 행사하거나 그 행위에 가담한 학생을 말한다.

4. "피해학생"이란 학교폭력으로 인하여 피해를 입은 학생을 말한다.

5. "장애학생"이란 신체적·정신적·지적 장애 등으로「장애인 등에 대한 특수교육법」
   제15조에서 규정하는 특수교육을 필요로 하는 학생을 말한다.

제3조 (해석·적용의 주의의무)

이 법을 해석·적용함에 있어서 국민의 권리가 부당하게 침해되지 아니하도록 주의하여
야 한다.

제4조 (국가 및 지방자치단체의 책무)

① 국가 및 지방자치단체는 학교폭력을 예방하고 근절하기 위하여 조사·연구·교육·
   계도 등 필요한 법적·제도적 장치를 마련하여야 한다.

② 국가 및 지방자치단체는 청소년 관련 단체 등 민간의 자율적인 학교폭력 예방활동과
   피해학생의 보호 및 가해학생의 선도·교육활동을 장려하여야 한다.

③ 국가 및 지방자치단체는 제2항에 따른 청소년 관련 단체 등 민간이 건의한 사항에 대
   하여는 관련 시책에 반영하도록 노력하여야 한다.

④ 국가 및 지방자치단체는 제1항부터 제3항까지의 규정에 따른 책무를 다하기 위하여
   필요한 행정적·재정적 지원을 하여야 한다. [개정 2012.3.21] [[시행일 2012.4.1]]

제5조 (다른 법률과의 관계)

① 학교폭력의 규제, 피해학생의 보호 및 가해학생에 대한 조치에 있어서 다른 법률에
   특별한 규정이 있는 경우를 제외하고는 이 법을 적용한다.

② 제2조제1호 중 성폭력은 다른 법률에 규정이 있는 경우에는 이 법을 적용하지 아니한
   다.

제6조 (기본계획의 수립 등)

① 교육부장관은 이 법의 목적을 효율적으로 달성하기 위하여 학교폭력의 예방 및 대책
   에 관한 정책 목표·방향을 설정하고, 이에 따른 학교폭력의 예방 및 대책에 관한 기
   본계획(이하 "기본계획"이라 한다)을 제7조에 따른 학교폭력대책위원회의 심의를 거
   쳐 수립·시행하여야 한다. [개정 2012.3.21, 2013.3.23 제11690호(정부조직법)]

② 기본계획은 다음 각 호의 사항을 포함하여 5년마다 수립하여야 한다. 이 경우 교육부
장관은 관계 중앙행정기관 등의 의견을 수렴하여야 한다. [개정 2012.3.21, 2013.3.23
제11690호(정부조직법)]

1. 학교폭력의 근절을 위한 조사 · 연구 · 교육 및 계도
2. 피해학생에 대한 치료 · 재활 등의 지원
3. 학교폭력 관련 행정기관 및 교육기관 상호 간의 협조 · 지원
4. 제14조제1항에 따른 전문상담교사의 배치 및 이에 대한 행정적 · 재정적 지원
5. 학교폭력의 예방과 피해학생 및 가해학생의 치료 · 교육을 수행하는 청소년 관련
   단체(이하 "전문단체"라 한다) 또는 전문가에 대한 행정적 · 재정적 지원
6. 그 밖에 학교폭력의 예방 및 대책을 위하여 필요한 사항

③ 교육부장관은 대통령령으로 정하는 바에 따라 특별시 · 광역시 · 특별자치시 · 도 및
특별자치도(이하 "시 · 도"라 한다) 교육청의 학교폭력 예방 및 대책과 그에 대한 성
과를 평가하고, 이를 공표하여야 한다. [신설 2012.1.26, 2013.3.23 제11690호(정부조
직법)]

제7조 (학교폭력대책위원회의 설치 · 기능)

학교폭력의 예방 및 대책에 관한 다음 각 호의 사항을 심의하기 위하여 국무총리 소속으
로 학교폭력대책위원회(이하 "대책위원회"라 한다)를 둔다. [개정 2012.3.21] [[시행일
2012.5.1]]

1. 학교폭력의 예방 및 대책에 관한 기본계획의 수립 및 시행에 대한 평가
2. 학교폭력과 관련하여 관계 중앙행정기관 및 지방자치단체의 장이 요청하는 사항
3. 학교폭력과 관련하여 교육청, 제9조에 따른 학교폭력대책지역위원회, 제10조의2에
   따른 학교폭력대책지역협의회, 제12조에 따른 학교폭력대책자치위원회, 전문단체 및
   전문가가 요청하는 사항

[본조제목개정 2012.3.21] [[시행일 2012.5.1]]

제8조 (대책위원회의 구성)

① 대책위원회는 위원장 2명을 포함하여 20명 이내의 위원으로 구성한다.
② 위원장은 국무총리와 학교폭력 대책에 관한 전문지식과 경험이 풍부한 전문가 중에

서 대통령이 위촉하는 사람이 공동으로 되고, 위원장 모두가 부득이한 사유로 직무를 수행할 수 없을 때에는 국무총리가 지명한 위원이 그 직무를 대행한다.

③ 위원은 다음 각 호의 사람 중에서 대통령령이 위촉하는 사람으로 한다. 다만, 제1호의 경우에는 당연직 위원으로 한다. [개정 2013.3.23 제11690호(정부조직법)]

1. 기획재정부장관, 미래창조과학부장관, 교육부장관, 법무부장관, 안전행정부장관, 문화체육관광부장관, 보건복지부장관, 여성가족부장관, 방송통신위원회 위원장, 경찰청장

2. 학교폭력 대책에 관한 전문지식과 경험이 풍부한 전문가 중에서 제1호의 위원이 각각 1명씩 추천하는 사람

3. 관계 중앙행정기관에 소속된 3급 공무원 또는 고위공무원단에 속하는 공무원으로서 청소년 또는 의료 관련 업무를 담당하는 사람

4. 대학이나 공인된 연구기관에서 조교수 이상 또는 이에 상당한 직에 있거나 있었던 사람으로서 학교폭력 문제 및 이에 따른 상담 또는 심리에 관하여 전문지식이 있는 사람

5. 판사 · 검사 · 변호사

6. 전문단체에서 청소년보호활동을 5년 이상 전문적으로 담당한 사람

7. 의사의 자격이 있는 사람

8. 학교운영위원회 활동 및 청소년보호활동 경험이 풍부한 학부모

④ 위원장을 포함한 위원의 임기는 2년으로 하되, 1차에 한하여 연임할 수 있다.

⑤ 위원회의 효율적 운영 및 지원을 위하여 간사 1명을 두되, 간사는 교육부장관이 된다. [개정 2013.3.23 제11690호(정부조직법)]

⑥ 위원회에 상정할 안건을 미리 검토하는 등 안건 심의를 지원하고, 위원회가 위임한 안건을 심의하기 위하여 대책위원회에 학교폭력대책실무위원회(이하 "실무위원회" 라 한다)를 둔다.

⑦ 그 밖에 대책위원회의 운영과 실무위원회의 구성 · 운영에 필요한 사항은 대통령령으로 정한다.

[전문개정 2012.3.21] [[시행일 2012.5.1]]

제9조 (학교폭력대책지역위원회의 설치)

① 지역의 학교폭력 문제를 해결하기 위하여 시·도에 학교폭력대책지역위원회(이하 "지역위원회"라 한다)를 둔다. [개정 2012.1.26] [[시행일 2012.5.1]]

② 특별시장·광역시장·특별자치시장·도지사 및 특별자치도지사는 지역위원회의 운영 및 활동에 관하여 시·도의 교육감(이하 "교육감"이라 한다)과 협의하여야 하며, 그 효율적인 운영을 위하여 실무위원회를 둘 수 있다. [개정 2012.1.26] [[시행일 2012.5.1]]

③ 지역위원회는 위원장 1인을 포함한 11인 이내의 위원으로 구성한다.

④ 지역위원회 및 제2항에 따른 실무위원회의 구성·운영에 필요한 사항은 대통령령으로 정한다.

제10조 (학교폭력대책지역위원회의 기능 등)

① 지역위원회는 기본계획에 따라 지역의 학교폭력 예방대책을 매년 수립한다.

② 지역위원회는 해당 지역에서 발생한 학교폭력에 대하여 교육감 및 지방경찰청장에게 관련 자료를 요청할 수 있다.

③ 교육감은 지역위원회의 의견을 들어 제16조제1항제1호부터 제3호까지나 제17조제1항제5호에 따른 상담·치료 및 교육을 담당할 상담·치료·교육 기관을 지정하여야 한다. [개정 2012.1.26] [[시행일 2012.5.1]]

④ 교육감은 제3항에 따른 상담·치료·교육 기관을 지정한 때에는 해당 기관의 명칭, 소재지, 업무를 인터넷 홈페이지에 게시하고, 그 밖에 다양한 방법으로 학부모에게 알릴 수 있도록 노력하여야 한다. [신설 2012.1.26] [[시행일 2012.5.1]]

[본조제목개정 2012.1.26] [[시행일 2012.5.1]]

제10조의2 (학교폭력대책지역협의회의 설치·운영)

① 학교폭력 예방대책을 수립하고 기관별 추진계획 및 상호 협력·지원 방안 등을 협의하기 위하여 시·군·구에 학교폭력대책지역협의회(이하 "지역협의회"라 한다)를 둔다.

② 지역협의회는 위원장 1명을 포함한 20명 내외의 위원으로 구성한다.

③ 그 밖에 지역협의회의 구성·운영에 필요한 사항은 대통령령으로 정한다.

[본조신설 2012.3.21] [[시행일 2012.5.1]]

제11조 (교육감의 임무)

① 교육감은 시·도교육청에 학교폭력의 예방과 대책을 담당하는 전담부서를 설치·운영하여야 한다.

② 교육감은 관할 구역 안에서 학교폭력이 발생한 때에는 해당 학교의 장 및 관련 학교의 장에게 그 경과 및 결과의 보고를 요구할 수 있다.

③ 교육감은 관할 구역 안의 학교폭력이 관할 구역 외의 학교폭력과 관련이 있는 때에는 그 관할 교육감과 협의하여 적절한 조치를 취하여야 한다.

④ 교육감은 학교의 장으로 하여금 학교폭력의 예방 및 대책에 관한 실시계획을 수립·시행하도록 하여야 한다.

⑤ 교육감은 제12조에 따른 자치위원회가 처리한 학교의 학교폭력빈도를 학교의 장에 대한 업무수행 평가에 부정적 자료로 사용하여서는 아니 된다.

⑥ 교육감은 제17조제1항제8호에 따른 전학의 경우 그 실현을 위하여 필요한 조치를 취하여야 하며, 제17조제1항제9호에 따른 퇴학처분의 경우 해당 학생의 건전한 성장을 위하여 다른 학교 재입학 등의 적절한 대책을 강구하여야 한다. [개정 2012.1.26, 2012.3.21] [[시행일 2012.5.1]]

⑦ 교육감은 대책위원회 및 지역위원회에 관할 구역 안의 학교폭력의 실태 및 대책에 관한 사항을 보고하고 공표하여야 한다. 관할 구역 밖의 학교폭력 관련 사항 중 관할 구역 안의 학교와 관련된 경우에도 또한 같다. [개정 2012.1.26, 2012.3.21] [[시행일 2012.5.1]]

⑧ 교육감은 학교폭력의 실태를 파악하고 학교폭력에 대한 효율적인 예방대책을 수립하기 위하여 학교폭력 실태조사를 연 2회 이상 실시하여야 한다. [신설 2012.3.21] [[시행일 2012.5.1]]

⑨ 교육감은 학교폭력 등에 관한 조사, 상담, 치유프로그램 운영 등을 위한 전문기관을 설치·운영할 수 있다. [신설 2012.3.21] [[시행일 2012.5.1]]

⑩ 교육감은 관할 구역에서 학교폭력이 발생한 때에 해당 학교의 장 또는 소속 교원이 그 경과 및 결과를 보고함에 있어 축소 및 은폐를 시도한 경우에는 「교육공무원법」 제50조 및 「사립학교법」 제62조에 따른 징계위원회에 징계의결을 요구하여야 한다. [신설

2012.3.21] [[시행일 2012.5.1]]

⑪ 교육감은 관할 구역에서 학교폭력의 예방 및 대책 마련에 기여한 바가 큰 학교 또는 소속 교원에게 상훈을 수여하거나 소속 교원의 근무성적 평정에 가산점을 부여할 수 있다. [신설 2012.3.21] [[시행일 2012.5.1]]

⑫ 제1항에 따라 설치되는 전담부서의 구성과 제8항에 따라 실시하는 학교폭력 실태조사 및 제9항에 따른 전문기관의 설치에 필요한 사항은 대통령령으로 정한다. [개정 2012.3.21] [[시행일 2012.5.1]]

제11조의2 (학교폭력 조사 · 상담 등)

① 교육감은 학교폭력 예방과 사후조치 등을 위하여 다음 각 호의 조사 · 상담 등을 수행할 수 있다.

  1. 학교폭력 피해학생 상담 및 가해학생 조사
  2. 필요한 경우 가해학생 학부모 조사
  3. 학교폭력 예방 및 대책에 관한 계획의 이행 지도
  4. 관할 구역 학교폭력서클 단속
  5. 학교폭력 예방을 위하여 민간 기관 및 업소 출입 · 검사
  6. 그 밖에 학교폭력 등과 관련하여 필요로 하는 사항

② 교육감은 제1항의 조사 · 상담 등의 업무를 대통령령으로 정하는 기관 또는 단체에 위탁할 수 있다.

③ 교육감 및 제2항에 따른 위탁 기관 또는 단체의 장은 제1항에 따른 조사 · 상담 등의 업무를 수행함에 있어 필요한 경우 관계 기관의 장에게 협조를 요청할 수 있다.

④ 제1항에 따라 조사 · 상담 등을 하는 관계 직원은 그 권한을 표시하는 증표를 지니고 이를 관계인에게 보여 주어야 한다.

⑤ 제1항제1호 및 제4호의 조사 등의 결과는 학교의 장 및 보호자에게 통보하여야 한다.

[본조신설 2012.3.21] [[시행일 2012.5.1]]

제11조의3 (관계 기관과의 협조 등)

① 교육부장관, 교육감, 지역 교육장, 학교의 장은 학교폭력과 관련한 개인정보 등을 경찰청장, 지방경찰청장, 관할 경찰서장 및 관계 기관의 장에게 요청할 수 있다. [개정

2013.3.23 제11690호(정부조직법)]

② 제1항에 따라 정보제공을 요청받은 경찰청장, 지방경찰청장, 관할 경찰서장 및 관계 기관의 장은 특별한 사정이 없으면 이에 응하여야 한다.

③ 제1항 및 제2항에 따른 관계 기관과의 협조 사항 및 절차 등에 필요한 사항은 대통령령으로 정한다. [본조신설 2012.3.21] [[시행일 2012.5.1]]

제12조 (학교폭력대책자치위원회의 설치 · 기능)

① 학교폭력의 예방 및 대책에 관련된 사항을 심의하기 위하여 학교에 학교폭력대책자치위원회(이하 "자치위원회"라 한다)를 둔다. 다만, 자치위원회 구성에 있어 대통령령으로 정하는 사유가 있는 경우에는 교육감의 보고를 거쳐 둘 이상의 학교가 공동으로 자치위원회를 구성할 수 있다. [개정 2012.1.26] [[시행일 2012.5.1]]

② 자치위원회는 학교폭력의 예방 및 대책 등을 위하여 다음 각 호의 사항을 심의한다. [개정 2012.1.26] [[시행일 2012.5.1]]

1. 학교폭력의 예방 및 대책수립을 위한 학교 체제 구축

2. 피해학생의 보호

3. 가해학생에 대한 선도 및 징계

4. 피해학생과 가해학생 간의 분쟁조정

5. 그 밖에 대통령령으로 정하는 사항

③ 자치위원회는 해당 지역에서 발생한 학교폭력에 대하여 학교장 및 관할 경찰서장에게 관련 자료를 요청할 수 있다. [신설 2012.3.21] [[시행일 2012.5.1]]

④ 자치위원회의 설치 · 운영 등에 필요한 사항은 지역 및 학교의 규모 등을 고려하여 대통령령으로 정한다. [개정 2012.3.21] [[시행일 2012.5.1]]

제13조 (자치위원회의 구성 · 운영)

① 자치위원회는 위원장 1인을 포함하여 5인 이상 10인 이하의 위원으로 구성하되, 대통령령으로 정하는 바에 따라 전체위원의 과반수를 학부모전체회의에서 직접 선출된 학부모대표로 위촉하여야 한다. 다만, 학부모전체회의에서 학부모대표를 선출하기 곤란한 사유가 있는 경우에는 학급별 대표로 구성된 학부모대표회의에서 선출된 학부모대표로 위촉할 수 있다. [개정 2011.5.19] [[시행일 2011.11.20]]

② 자치위원회는 분기별 1회 이상 회의를 개최하고, 자치위원회의 위원장은 다음 각 호의 어느 하나에 해당하는 경우에 회의를 소집하여야 한다. [신설 2011.5.19, 2012.1.26, 2012.3.21] [[시행일 2012.4.1]]

1. 자치위원회 재적위원 4분의 1 이상이 요청하는 경우

2. 학교의 장이 요청하는 경우

3. 피해학생 또는 그 보호자가 요청하는 경우

4. 학교폭력이 발생한 사실을 신고받거나 보고받은 경우

5. 가해학생이 협박 또는 보복한 사실을 신고받거나 보고받은 경우

6. 그 밖에 위원장이 필요하다고 인정하는 경우

③ 자치위원회는 회의의 일시, 장소, 출석위원, 토의내용 및 의결사항 등이 기록된 회의록을 작성·보존하여야 한다. [신설 2011.5.19] [[시행일 2011.11.20]]

④ 그 밖에 자치위원회의 구성·운영에 필요한 사항은 대통령령으로 정한다. [개정 2011.5.19] [[시행일 2011.11.20]]

[본조제목개정 2011.5.19] [[시행일 2011.11.20]]

제14조 (전문상담교사 배치 및 전담기구 구성)

① 학교의 장은 학교에 대통령령으로 정하는 바에 따라 상담실을 설치하고,「초·중등교육법」제19조의2에 따라 전문상담교사를 둔다.

② 전문상담교사는 학교의 장 및 자치위원회의 요구가 있는 때에는 학교폭력에 관련된 피해학생 및 가해학생과의 상담결과를 보고하여야 한다.

③ 학교의 장은 교감, 전문상담교사, 보건교사 및 책임교사(학교폭력문제를 담당하는 교사를 말한다) 등으로 학교폭력문제를 담당하는 전담기구(이하 "전담기구"라 한다)를 구성하며, 학교폭력 사태를 인지한 경우 지체 없이 전담기구 또는 소속 교원으로 하여금 가해 및 피해 사실 여부를 확인하도록 한다. [개정 2012.3.21] [[시행일 2012.5.1]]

④ 전담기구는 학교폭력에 대한 실태조사(이하 "실태조사"라 한다)와 학교폭력 예방 프로그램을 구성·실시하며, 학교의 장 및 자치위원회의 요구가 있는 때에는 학교폭력에 관련된 조사결과 등 활동결과를 보고하여야 한다. [개정 2012.3.21] [[시행일 2012.5.1]]

⑤ 피해학생 또는 피해학생의 보호자는 피해사실 확인을 위하여 전담기구에 실태조사를

요구할 수 있다. [신설 2009.5.8, 2012.3.21] [[시행일 2012.5.1]]

⑥ 국가 및 지방자치단체는 실태조사에 관한 예산을 지원하고, 관계 행정기관은 실태조사에 협조하여야 하며, 학교의 장은 전담기구에 행정적·재정적 지원을 할 수 있다. [개정 2009.5.8, 2012.3.21] [[시행일 2012.5.1]]

⑦ 전담기구는 성폭력 등 특수한 학교폭력사건에 대한 실태조사의 전문성을 확보하기 위하여 필요한 경우 전문기관에 그 실태조사를 의뢰할 수 있다. 이 경우 그 의뢰는 자치위원회 위원장의 심의를 거쳐 학교의 장 명의로 하여야 한다. [신설 2012.1.26, 2012.3.21] [[시행일 2012.5.1]]

⑧ 그 밖에 전담기구 운영 등에 필요한 사항은 대통령령으로 정한다. [신설 2012.3.21] [[시행일 2012.5.1]]

제15조 (학교폭력 예방교육 등)

① 학교의 장은 학생의 육체적·정신적 보호와 학교폭력의 예방을 위한 학생들에 대한 교육(학교폭력의 개념·실태 및 대처방안 등을 포함하여야 한다)을 학기별로 1회 이상 실시하여야 한다. [개정 2012.1.26] [[시행일 2012.4.1]]

② 학교의 장은 학교폭력의 예방 및 대책 등을 위한 교직원 및 학부모에 대한 교육을 학기별로 1회 이상 실시하여야 한다. [개정 2012.3.21] [[시행일 2012.4.1]]

③ 학교의 장은 제1항에 따른 학교폭력 예방교육 프로그램의 구성 및 그 운용 등을 전담기구와 협의하여 전문단체 또는 전문가에게 위탁할 수 있다.

④ 교육장은 제1항부터 제3항까지의 규정에 따른 학교폭력 예방교육 프로그램의 구성과 운용계획을 학부모가 쉽게 확인할 수 있도록 인터넷 홈페이지에 게시하고, 그 밖에 다양한 방법으로 학부모에게 알릴 수 있도록 노력하여야 한다. [개정 2012.1.26] [[시행일 2012.4.1]]

⑤ 그 밖에 학교폭력 예방교육의 실시와 관련한 사항은 대통령령으로 정한다. [개정 2011.5.19] [[시행일 2011.11.20]]

[본조제목개정 2011.5.19]

제16조 (피해학생의 보호)

① 자치위원회는 피해학생의 보호를 위하여 필요하다고 인정하는 때에는 피해학생에 대

하여 다음 각 호의 어느 하나에 해당하는 조치(수개의 조치를 병과하는 경우를 포함한다)를 할 것을 학교의 장에게 요청할 수 있다. 다만, 학교의 장은 피해학생의 보호를 위하여 긴급하다고 인정하거나 피해학생이 긴급보호의 요청을 하는 경우에는 자치위원회의 요청 전에 제1호, 제2호 및 제6호의 조치를 할 수 있다. 이 경우 자치위원회에 즉시 보고하여야 한다. [개정 2012.3.21] [[시행일 2012.4.1]]

1. 심리상담 및 조언

2. 일시보호

3. 치료 및 치료를 위한 요양

4. 학급교체

5. 삭제 [2012.3.21] [[시행일 2012.4.1]]

6. 그 밖에 피해학생의 보호를 위하여 필요한 조치

② 자치위원회는 제1항에 따른 조치를 요청하기 전에 피해학생 및 그 보호자에게 의견진술의 기회를 부여하는 등 적정한 절차를 거쳐야 한다. [신설 2012.3.21] [[시행일 2012.4.1]]

③ 제1항에 따른 요청이 있는 때에는 학교의 장은 피해학생의 보호자의 동의를 받아 7일 이내에 해당 조치를 하여야 하고 이를 자치위원회에 보고하여야 한다. [개정 2012.3.21] [[시행일 2012.4.1]]

④ 제1항의 조치 등 보호가 필요한 학생에 대하여 학교의 장이 인정하는 경우 그 조치에 필요한 결석을 출석일수에 산입할 수 있다. [개정 2012.3.21] [[시행일 2012.4.1]]

⑤ 학교의 장은 성적 등을 평가함에 있어서 제3항에 따른 조치로 인하여 학생에게 불이익을 주지 아니하도록 노력하여야 한다. [개정 2012.3.21] [[시행일 2012.4.1]]

⑥ 피해학생이 전문단체나 전문가로부터 제1항제1호부터 제3호까지의 규정에 따른 상담 등을 받는 데에 사용되는 비용은 가해학생의 보호자가 부담하여야 한다. 다만, 피해학생의 신속한 치료를 위하여 학교의 장 또는 피해학생의 보호자가 원하는 경우에는 「학교안전사고 예방 및 보상에 관한 법률」제15조에 따른 학교안전공제회 또는 시·도교육청이 부담하고 이에 대한 구상권을 행사할 수 있다. [개정 2012.1.26, 2012.3.21] [[시행일 2012.4.1]]

1. 삭제 [2012.3.21] [[시행일 2012.4.1]]

2. 삭제 [2012.3.21] [[시행일 2012.4.1]]

⑦ 학교의 장 또는 피해학생의 보호자는 필요한 경우 「학교안전사고 예방 및 보상에 관한 법률」 제34조의 공제급여를 학교안전공제회에 직접 청구할 수 있다. [신설 2012.1.26, 2012.3.21] [[시행일 2012.4.1]]

⑧ 피해학생의 보호 및 제6항에 따른 지원범위, 구상범위, 지급절차 등에 필요한 사항은 대통령령으로 정한다. [신설 2012.3.21] [[시행일 2012.4.1]]

제16조의2 (장애학생의 보호)

① 누구든지 장애 등을 이유로 장애학생에게 학교폭력을 행사하여서는 아니 된다.

② 자치위원회는 학교폭력으로 피해를 입은 장애학생의 보호를 위하여 장애인전문 상담가의 상담 또는 장애인전문 치료기관의 요양 조치를 학교의 장에게 요청할 수 있다.

③ 제2항에 따른 요청이 있는 때에는 학교의 장은 해당 조치를 하여야 한다. 이 경우 제16조제6항을 준용한다. [개정 2012.3.21] [[시행일 2012.4.1]]

[본조신설 2009.5.8] [[시행일 2009.8.9]]

제17조 (가해학생에 대한 조치)

① 자치위원회는 피해학생의 보호와 가해학생의 선도·교육을 위하여 가해학생에 대하여 다음 각 호의 어느 하나에 해당하는 조치(수개의 조치를 병과하는 경우를 포함한다)를 할 것을 학교의 장에게 요청하여야 하며, 각 조치별 적용 기준은 대통령령으로 정한다. 다만, 퇴학처분은 의무교육과정에 있는 가해학생에 대하여는 적용하지 아니한다. [개정 2009.5.8, 2012.1.26, 2012.3.21] [[시행일 2012.4.1]]

1. 피해학생에 대한 서면사과
2. 피해학생 및 신고·고발 학생에 대한 접촉, 협박 및 보복행위의 금지
3. 학교에서의 봉사
4. 사회봉사
5. 학내외 전문가에 의한 특별교육 이수 또는 심리치료
6. 출석정지
7. 학급교체
8. 전학
9. 퇴학처분

② 제1항에 따라 자치위원회가 학교의 장에게 가해학생에 대한 조치를 요청할 때 그 이유가 피해학생이나 신고·고발 학생에 대한 협박 또는 보복행위일 경우에는 같은 항 각 호의 조치를 병과하거나 조치 내용을 가중할 수 있다. [신설 2012.3.21] [[시행일 2012.4.1]]

③ 제1항제2호부터 제4호까지 및 제6호부터 제8호까지의 처분을 받은 가해학생은 교육 감이 정한 기관에서 특별교육을 이수하거나 심리치료를 받아야 하며, 그 기간은 자치 위원회에서 정한다. [개정 2012.1.26, 2012.3.21] [[시행일 2012.4.1]]

④ 학교의 장은 가해학생에 대한 선도가 긴급하다고 인정할 경우 우선 제1항제1호부터 제3호까지, 제5호 및 제6호의 조치를 할 수 있으며, 제5호와 제6호는 병과조치할 수 있다. 이 경우 자치위원회에 즉시 보고하여 추인을 받아야 한다. [개정 2012.1.26, 2012.3.21] [[시행일 2012.4.1]]

⑤ 자치위원회는 제1항 또는 제2항에 따른 조치를 요청하기 전에 가해학생 및 보호자에 게 의견진술의 기회를 부여하는 등 적정한 절차를 거쳐야 한다. [개정 2012.3.21] [[시 행일 2012.4.1]]

⑥ 제1항에 따른 요청이 있는 때에는 학교의 장은 14일 이내에 해당 조치를 하여야 한다. [개정 2012.1.26, 2012.3.21] [[시행일 2012.4.1]]

⑦ 학교의 장이 제4항에 따른 조치를 한 때에는 가해학생과 그 보호자에게 이를 통지하 여야 하며, 가해학생이 이를 거부하거나 회피하는 때에는 「초·중등교육법」 제18조 에 따라 징계하여야 한다. [개정 2012.3.21] [[시행일 2012.4.1]]

⑧ 가해학생이 제1항제3호부터 제5호까지의 규정에 따른 조치를 받은 경우 이와 관련된 결석은 학교의 장이 인정하는 때에는 이를 출석일수에 산입할 수 있다. [개정 2012.1. 26, 2012.3.21] [[시행일 2012.4.1]]

⑨ 자치위원회는 가해학생이 특별교육을 이수할 경우 해당 학생의 보호자도 함께 교육 을 받게 하여야 한다. [개정 2012.3.21] [[시행일 2012.4.1]]

⑩ 가해학생이 다른 학교로 전학을 간 이후에는 전학 전의 피해학생 소속 학교로 다시 전 학 올 수 없도록 하여야 한다. [신설 2012.1.26, 2012.3.21] [[시행일 2012.4.1]]

⑪ 제1항제2호부터 제9호까지의 처분을 받은 학생이 해당 조치를 거부하거나 기피하는 경우 자치위원회는 제7항에도 불구하고 대통령령으로 정하는 바에 따라 추가로 다른 조치를 할 것을 학교의 장에게 요청할 수 있다. [신설 2012.3.21] [[시행일 2012.4.1]]

⑫ 가해학생에 대한 조치 및 제11조제6항에 따른 재입학 등에 관하여 필요한 사항은 대통령령으로 정한다. [신설 2012.3.21] [[시행일 2012.4.1]]

제17조의2 (재심청구)

① 자치위원회 또는 학교의 장이 제16조제1항 및 제17조제1항에 따라 내린 조치에 대하여 이의가 있는 피해학생 또는 그 보호자는 그 조치를 받은 날부터 15일 이내, 그 조치가 있음을 안 날부터 10일 이내에 지역위원회에 재심을 청구할 수 있다. [신설 2012.3.21] [[시행일 2012.5.1]]

② 자치위원회가 제17조제1항제8호와 제9호에 따라 내린 조치에 대하여 이의가 있는 학생 또는 그 보호자는 그 조치를 받은 날부터 15일 이내, 그 조치가 있음을 안 날로부터 10일 이내에 「초·중등교육법」 제18조의3에 따른 시·도학생징계조정위원회에 재심을 청구할 수 있다. [개정 2012.3.21] [[시행일 2012.5.1]]

③ 지역위원회가 제1항에 따른 재심청구를 받은 때에는 30일 이내에 이를 심사·결정하여 청구인에게 통보하여야 한다. [신설 2012.3.21] [[시행일 2012.5.1]]

④ 제3항의 결정에 이의가 있는 청구인은 그 통보를 받은 날부터 60일 이내에 행정심판을 제기할 수 있다. [신설 2012.3.21] [[시행일 2012.5.1]]

⑤ 제1항에 따른 재심청구, 제3항에 따른 심사절차 및 결정통보 등에 필요한 사항은 대통령령으로 정한다. [신설 2012.3.21] [[시행일 2012.5.1]]

⑥ 제2항에 따른 재심청구, 심사절차, 결정통보 등은 「초·중등교육법」 제18조의2제2항부터 제4항까지의 규정을 준용한다. [개정 2012.3.21] [[시행일 2012.5.1]]

[본조신설 2012.1.26] [[시행일 2012.5.1]]

제18조 (분쟁조정)

① 자치위원회는 학교폭력과 관련하여 분쟁이 있는 경우에는 그 분쟁을 조정할 수 있다.

② 제1항에 따른 분쟁의 조정기간은 1개월을 넘지 못한다.

③ 학교폭력과 관련한 분쟁조정에는 다음 각 호의 사항을 포함한다.

　1. 피해학생과 가해학생 간 또는 그 보호자 간의 손해배상에 관련된 합의조정

　2. 그 밖에 자치위원회가 필요하다고 인정하는 사항

④ 자치위원회는 분쟁조정을 위하여 필요하다고 인정하는 때에는 관계 기관의 협조를

얻어 학교폭력과 관련한 사항을 조사할 수 있다.

⑤ 자치위원회가 분쟁조정을 하고자 할 때에는 이를 피해학생·가해학생 및 그 보호자에게 통보하여야 한다.

⑥ 시·도교육청 관할 구역 안의 소속 학교가 다른 학생 간에 분쟁이 있는 경우에는 교육감이 해당 학교의 자치위원회 위원장과의 협의를 거쳐 직접 분쟁을 조정한다. 이 경우 제2항부터 제5항까지의 규정을 준용한다.

⑦ 관할 구역을 달리하는 시·도교육청 소속 학교의 학생 간에 분쟁이 있는 경우에는 피해학생을 감독하는 교육감이 가해학생을 감독하는 교육감 및 관련 해당 학교의 자치위원회위원장과의 협의를 거쳐 직접 분쟁을 조정한다. 이 경우 제2항부터 제5항까지의 규정을 준용한다.

제19조 (학교의 장의 의무)

학교의 장은 교육감에게 학교폭력이 발생한 사실 및 제16조, 제16조의2, 제17조, 제17조의2 및 제18조에 따른 조치 및 그 결과를 보고하고, 관계 기관과 협력하여 교내 학교폭력 단체의 결성예방 및 해체에 노력하여야 한다. [개정 2012.3.21] [[시행일 2012.5.1]]

제20조 (학교폭력의 신고의무)

① 학교폭력 현장을 보거나 그 사실을 알게 된 자는 학교 등 관계 기관에 이를 즉시 신고하여야 한다.

② 제1항에 따라 신고를 받은 기관은 이를 가해학생 및 피해학생의 보호자와 소속 학교의 장에게 통보하여야 한다. [개정 2009.5.8] [[시행일 2009.8.9]]

③ 제2항에 따라 통보받은 소속 학교의 장은 이를 자치위원회에 지체 없이 통보하여야 한다. [신설 2009.5.8] [[시행일 2009.8.9]]

④ 누구라도 학교폭력의 예비·음모 등을 알게 된 자는 이를 학교의 장 또는 자치위원회에 고발할 수 있다. 다만, 교원이 이를 알게 되었을 경우에는 학교의 장에게 보고하고 해당 학부모에게 알려야 한다. [개정 2009.5.8, 2012.1.26] [[시행일 2012.4.1]]

⑤ 누구든지 제1항부터 제4항까지에 따라 학교폭력을 신고한 사람에게 그 신고행위를 이유로 불이익을 주어서는 아니 된다. [신설 2012.3.21] [[시행일 2012.4.1]]

제20조의2 (긴급전화의 설치 등)

① 국가 및 지방자치단체는 학교폭력을 수시로 신고받고 이에 대한 상담에 응할 수 있도록 긴급전화를 설치하여야 한다.

② 국가와 지방자치단체는 제1항에 따른 긴급전화의 설치ㆍ운영을 대통령령으로 정하는 기관 또는 단체에 위탁할 수 있다. [신설 2012.1.26] [[시행일 2012.5.1]]

③ 제1항과 제2항에 따른 긴급전화의 설치ㆍ운영ㆍ위탁에 필요한 사항은 대통령령으로 정한다. [개정 2012.1.26] [[시행일 2012.5.1]]

[본조신설 2009.5.8] [[시행일 2009.8.9]]

제20조의3 (정보통신망에 의한 학교폭력 등)

제2조제1호에 따른 정보통신망을 이용한 음란ㆍ폭력 정보 등에 의한 신체상ㆍ정신상 피해에 관하여 필요한 사항은 따로 법률로 정한다.

[본조신설 2012.3.21] [[시행일 2012.4.1]]

제20조의4 (정보통신망의 이용 등)

① 국가ㆍ지방자치단체 또는 교육감은 학교폭력 예방 업무 등을 효과적으로 수행하기 위하여 필요한 경우 정보통신망을 이용할 수 있다.

② 국가ㆍ지방자치단체 또는 교육감은 제1항에 따라 정보통신망을 이용하여 학교 또는 학생(학부모를 포함한다)이 학교폭력 예방 업무 등을 수행하는 경우 다음 각 호의 어느 하나에 해당하는 비용의 전부 또는 일부를 지원할 수 있다.

1. 학교 또는 학생(학부모를 포함한다)이 전기통신설비를 구입하거나 이용하는 데 소요되는 비용

2. 학교 또는 학생(학부모를 포함한다)에게 부과되는 전기통신역무 요금

③ 그 밖에 정보통신망의 이용 등에 관하여 필요한 사항은 대통령령으로 정한다.

[본조신설 2012.3.21] [[시행일 2012.5.1]]

제20조의5 (학생보호인력의 배치 등)

① 국가ㆍ지방자치단체 또는 학교의 장은 학교폭력을 예방하기 위하여 학교 내에 학생보호인력을 배치하여 활용할 수 있다.

② 다음 각 호의 어느 하나에 해당하는 사람은 학생보호인력이 될 수 없다. [신설 2013.7.30] [[시행일 2014.1.31]]

1. 「국가공무원법」 제33조 각 호의 어느 하나에 해당하는 사람

2. 「아동·청소년의 성보호에 관한 법률」에 따른 아동·청소년 대상 성범죄 또는 「성폭력범죄의 처벌 등에 관한 특례법」에 따른 성폭력범죄를 범하여 벌금형을 선고받고 그 형이 확정된 날부터 10년이 지나지 아니하였거나, 금고 이상의 형이나 치료감호를 선고받고 그 집행이 끝나거나 집행이 유예·면제된 날부터 10년이 지나지 아니한 사람

3. 「청소년 보호법」 제2조제5호가목3) 및 같은 목 7)부터 9)까지의 청소년 출입·고용 금지업소의 업주나 종사자

③ 국가·지방자치단체 또는 학교의 장은 제1항에 따른 학생보호인력의 배치 및 활용 업무를 관련 전문기관 또는 단체에 위탁할 수 있다. [개정 2013.7.30] [[시행일 2014.1.31]]

④ 제3항에 따라 학생보호인력의 배치 및 활용 업무를 위탁받은 전문기관 또는 단체는 그 업무를 수행함에 있어 학교의 장과 충분히 협의하여야 한다. [개정 2013.7.30] [[시행일 2014.1.31]]

⑤ 국가·지방자치단체 또는 학교의 장은 학생보호인력으로 배치하고자 하는 사람의 동의를 받아 경찰청장에게 그 사람의 범죄경력을 조회할 수 있다. [신설 2013.7.30] [[시행일 2014.1.31]]

⑥ 제3항에 따라 학생보호인력의 배치 및 활용 업무를 위탁받은 전문기관 또는 단체는 해당 업무를 위탁한 국가·지방자치단체 또는 학교의 장에게 학생보호인력으로 배치하고자 하는 사람의 범죄경력을 조회할 것을 신청할 수 있다. [신설 2013.7.30] [[시행일 2014.1.31]]

⑦ 학생보호인력이 되려는 사람은 국가·지방자치단체 또는 학교의 장에게 제2항 각 호의 어느 하나에 해당하지 아니한다는 확인서를 제출하여야 한다. [신설 2013.7.30] [[시행일 2014.1.31]]

[본조신설 2012.3.21] [[시행일 2012.5.1]]

제20조의6 (영상정보처리기기의 통합 관제)

① 국가 및 지방자치단체는 학교폭력 예방 업무를 효과적으로 수행하기 위하여 교육감과 협의하여 학교 내외에 설치된 영상정보처리기기(「개인정보 보호법」 제2조제7호에 따른 영상정보처리기기를 말한다. 이하 이 조에서 같다)를 통합하여 관제할 수 있다. 이 경우 국가 및 지방자치단체는 통합 관제 목적에 필요한 범위에서 최소한의 개인정보만을 처리하여야 하며, 그 목적 외의 용도로 활용하여서는 아니 된다.

② 제1항에 따라 영상정보처리기기를 통합 관제하려는 국가 및 지방자치단체는 공청회·설명회의 개최 등 대통령령으로 정하는 절차를 거쳐 관계 전문가 및 이해관계인의 의견을 수렴하여야 한다.

③ 제1항에 따라 학교 내외에 설치된 영상정보처리기기가 통합 관제되는 경우 해당 학교의 영상정보처리기기운영자는 「개인정보 보호법」 제25조제4항에 따른 조치를 통하여 그 사실을 정보주체에게 알려야 한다.

④ 통합 관제에 관하여 이 법에서 규정한 것을 제외하고는 「개인정보 보호법」을 적용한다.

⑤ 그 밖에 영상정보처리기기의 통합 관제에 필요한 사항은 대통령령으로 정한다.

[본조신설 2012.3.21] [[시행일 2012.5.1]]

제21조 (비밀누설금지 등)

① 이 법에 따라 학교폭력의 예방 및 대책과 관련된 업무를 수행하거나 수행하였던 자는 그 직무로 인하여 알게 된 비밀 또는 가해학생·피해학생 및 제20조에 따른 신고자·고발자와 관련된 자료를 누설하여서는 아니 된다. [개정 2012.1.26] [[시행일 2012.5.1]]

② 제1항에 따른 비밀의 구체적인 범위는 대통령령으로 정한다.

③ 제16조, 제16조의2, 제17조, 제17조의2, 제18조에 따른 자치위원회의 회의는 공개하지 아니한다. 다만, 피해학생·가해학생 또는 그 보호자가 회의록의 열람·복사 등 회의록 공개를 신청한 때에는 학생과 그 가족의 성명, 주민등록번호 및 주소, 위원의 성명 등 개인정보에 관한 사항을 제외하고 공개하여야 한다. [개정 2011.5.19, 2012.3.21] [[시행일 2012.5.1]]

제22조 (벌칙)

① 제21조제1항을 위반한 자는 300만 원 이하의 벌금에 처한다. [개정 2012.3.21] [[시행일 2012.5.1]]

② 제17조제9항에 따른 자치위원회의 교육 이수 조치를 따르지 아니한 보호자에게는 300만 원 이하의 과태료를 부과한다. [신설 2012.3.21] [[시행일 2012.5.1]]

부 칙[2004.1.29 제7119호]

이 법은 공포 후 6개월이 경과한 날부터 시행한다.

부 칙[2005.3.24 제7421호(청소년기본법)]

제1조(시행일) 이 법은 공포 후 3개월 이내에 청소년위원회의 조직에 관한 대통령령이 시행되는 날부터 시행한다.

제2조 생략

제3조(다른 법률의 개정) ① 내지 ⑤ 생략

⑥ 「학교폭력 예방 및 대책에 관한 법률」 일부를 다음과 같이 개정한다.

제8조제3항제1호 중 "청소년보호위원회 위원장"을 "청소년위원회 위원회장"으로 한다.

⑦ 내지 ⑨ 생략

제4조 생략

부 칙[2005.12.29 제7796호(국가공무원법)]

제1조 (시행일) 이 법은 2006년 7월 1일부터 시행한다.

제2조 내지 제5조 생략

제6조 (다른 법률의 개정) ① 내지 〈62〉 생략

〈63〉 「학교폭력 예방 및 대책에 관한 법률」 일부를 다음과 같이 개정한다.

제8조제3항제2호 중 "3급 이상의 공무원"을 "3급공무원 또는 고위공무원단에 속하는 일반직공무원"으로 한다.

〈64〉 내지 〈68〉 생략

부 칙[2005.12.29 제7799호(청소년기본법)]

제1조 (시행일) 이 법은 공포 후 3개월이 경과한 날부터 시행한다.

제2조 생략

제3조 (다른 법률의 개정) ① 내지 ⑨ 생략

⑩「학교폭력 예방 및 대책에 관한 법률」일부를 다음과 같이 개정한다.

제8조제3항제1호 중 "청소년위원회"를 "국가청소년위원회"로 한다.

⑪ 생략

제4조 생략

부 칙[2006.2.21 제7849호(제주특별자치도 설치 및 국제자유도시 조성을 위한 특별법)]

제1조 (시행일) 이 법은 2006년 7월 1일부터 시행한다. 〈단서 생략〉

제2조 내지 제39조 생략

제40조 (다른 법령의 개정) ① 내지 〈34〉 생략

〈35〉「학교폭력 예방 및 대책에 관한 법률」일부를 다음과 같이 개정한다.

제11조제3항제4호 중 "경찰공무원"을 "국가경찰공무원"으로 하고, 동항제5호를 제6호로 하며, 동항에 제5호를 다음과 같이 신설한다.

5. 해당 학교의 구역을 관할하는 제주특별자치도 소속 자치경찰공무원

〈36〉 내지 〈47〉 생략

제41조 생략

부 칙[2008.2.29 제8852호(정부조직법)]

제1조 (시행일) 이 법은 공포한 날부터 시행한다. 단서 생략

제2조부터 제5조까지 생략

제6조 (다른 법률의 개정) ①부터 〈116〉까지 생략

〈117〉「학교폭력 예방 및 대책에 관한 법률」일부를 다음과 같이 개정한다.

제6조제1항·제2항 각 호 외의 부분 후단, 제7조 각 호 외의 부분 중 "교육인적자원부장관"을 각각 "교육과학기술부장관"으로 한다.

제8조제2항 중 "교육인적자원부장관"을 "교육과학기술부장관"으로 하고, 같은 조 제5항 중 "교육인적자원부"를 "교육과학기술부"로 한다.

〈118〉부터 〈760〉까지 생략

제7조 생략

부 칙[2008.3.14, 제8887호]

이 법은 공포 후 6개월이 경과한 날부터 시행한다.

부 칙[2009.5.8 제9642호]

이 법은 공포 후 3개월이 경과한 날부터 시행한다.

부 칙[2010.1.18 제9932호(정부조직법)]

제1조(시행일) 이 법은 공포 후 2개월이 경과한 날부터 시행한다. 〈단서 생략〉

제2조 및 제3조 생략

제4조(다른 법률의 개정) ①부터 〈125〉까지 생략

〈126〉「학교폭력 예방 및 대책에 관한 법률」 일부를 다음과 같이 개정한다.

제8조제3항제2호를 삭제한다.

〈127〉 부터 〈137〉 까지 생략

제5조 생략

부 칙[2011.5.19 제10642호]

이 법은 공포 후 6개월이 경과한 날부터 시행한다.

부 칙[2012.1.26 제11223호]

제1조(시행일) 이 법은 2012년 5월 1일부터 시행한다. 다만, 제17조제5항의 개정규정은 공포한 날부터 시행하고, 제2조, 제13조제2항, 제15조제1항 및 제4항, 제16조, 제17조(제5항은 제외한다), 제20조제4항의 개정규정은 2012년 4월 1일부터 시행한다.

[개정 2012.3.21] [[시행일 2012.4.1]]

제2조(재심청구에 관한 적용례) 제17조제1항제8호의 개정규정에 대한 재심청구는 이 법 시행 후 최초로 전학조치를 받은 학생부터 적용한다.

부 칙[2012.3.21 제11388호]

제1조(시행일) 이 법은 2012년 5월 1일부터 시행한다. 다만, 제2조, 제4조제4항, 제13조
제2항, 제15조제2항, 제16조, 제16조의2, 제17조, 제20조제5항, 제20조의3의 개정규정 및
법률 제11223호「학교폭력 예방 및 대책에 관한 법률」일부개정법률 부칙 제1조의 개정규
정은 2012년 4월 1일부터 시행한다.

제2조(학교안전공제회 등의 비용부담 및 구상권 행사에 관한 적용례) 제16조제6항의 개
정규정은 학교폭력으로 피해를 받아 같은 개정규정 시행 당시 치료 등을 받고 있는 사람부
터 적용한다.

부 칙[2013.3.23 제11690호(정부조직법)]

제1조(시행일) ① 이 법은 공포한 날부터 시행한다.

② 생략

제2조부터 제5조까지 생략

제6조(다른 법률의 개정) ①부터 〈77〉까지 생략

〈78〉「학교폭력 예방 및 대책에 관한 법률」일부를 다음과 같이 개정한다.

제6조제1항, 같은 조 제2항 각 호 외의 부분 후단, 같은 조 제3항, 제8조제5항 및 제11조
의3제1항 중 "교육과학기술부장관"을 각각 "교육부장관"으로 한다.

제8조제3항제1호 중 "교육과학기술부장관"을 "미래창조과학부장관, 교육부장관"으로,
"행정안전부장관"을 "안전행정부장관"으로 한다.

〈79〉부터 〈710〉까지 생략

제7조 생략

부 칙[2013.7.30 제11948호]

제1조(시행일) 이 법은 공포 후 6개월이 경과한 날부터 시행한다.

「학교폭력 예방 및 대책에 관한 법률 시행령」

대통령령 제24423호(교육부와 그 소속기관 직제) 일부개정 2013.3.23.

제1조 (목적)

이 영은 「학교폭력 예방 및 대책에 관한 법률」에서 위임된 사항과 그 시행에 필요한 사항을 규정함을 목적으로 한다.

제2조 (성과 평가 및 공표)

「학교폭력 예방 및 대책에 관한 법률」(이하 "법"이라 한다) 제6조제3항에 따른 학교폭력 예방 및 대책에 대한 성과는 「초·중등교육법」 제9조제2항에 따른 지방교육행정기관에 대한 평가에 포함하여 평가하고, 이를 공표하여야 한다.

[[시행일 2012.4.1]]

제3조 (학교폭력대책위원회의 운영)

① 법 제7조에 따른 학교폭력대책위원회(이하 "대책위원회"라 한다)의 위원장은 회의를 소집하고, 그 의장이 된다.

② 대책위원회의 회의는 반기별로 1회 소집한다. 다만, 재적위원 3분의 1 이상이 요구하거나 위원장이 필요하다고 인정하는 경우에는 수시로 소집할 수 있다.

③ 대책위원회의 위원장이 회의를 소집할 때에는 회의 개최 5일 전까지 회의 일시·장소 및 안건을 각 위원에게 알려야 한다. 다만, 긴급히 소집하여야 할 때에는 그러하지 아니하다.

④ 대책위원회의 회의는 재적위원 과반수의 출석으로 개의(開議)하고, 출석위원 과반수의 찬성으로 의결한다.

⑤ 대책위원회의 위원장은 필요하다고 인정할 때에는 학교폭력 예방 및 대책과 관련하여 전문가 등을 회의에 출석하여 발언하게 할 수 있다.

⑥ 회의에 출석한 위원과 전문가 등에게는 예산의 범위에서 수당과 여비를 지급할 수 있다. 다만, 공무원인 위원이 그 소관 업무와 직접적으로 관련하여 회의에 출석하는 경우에는 그러하지 아니하다.

제4조 (학교폭력대책실무위원회의 구성·운영)

① 법 제8조제6항에 따른 학교폭력대책실무위원회(이하 "실무위원회"라 한다)는 위원 장(이하 "실무위원장"이라 한다) 1명을 포함한 12명 이내의 위원으로 구성한다. [개정 2013.3.23 제24423호(교육부와 그 소속기관 직제)]

② 실무위원장은 교육부차관이 되고, 위원은 기획재정부, 미래창조과학부, 교육부, 법무 부, 안전행정부, 문화체육관광부, 보건복지부, 여성가족부, 국무조정실 및 방송통신 위원회의 고위공무원단에 속하는 공무원과 경찰청의 치안감 또는 경무관 중에서 소 속 기관의 장이 지명하는 사람 각 1명이 된다. [개정 2013.3.23 제24423호(교육부와 그 소속기관 직제)]

③ 실무위원회의 사무를 처리하기 위하여 간사 1명을 두며, 간사는 교육부 소속 공무원 중에서 실무위원장이 지명하는 사람으로 한다. [개정 2013.3.23 제24423호(교육부와 그 소속기관 직제)]

④ 실무위원장이 부득이한 사유로 직무를 수행할 수 없을 때에는 실무위원장이 미리 지 명한 위원이 그 직무를 대행한다.

⑤ 회의는 대책위원회 개최 전 또는 실무위원장이 필요하다고 인정할 때 소집한다.

⑥ 실무위원회는 대책위원회의 회의에 부칠 안건 검토와 심의 지원 및 그 밖의 업무수행 을 위하여 필요한 경우에는 이해관계인 또는 관련 전문가를 출석하게 하여 의견을 듣 거나 의견 제출을 요청할 수 있다.

⑦ 실무위원장은 회의를 소집할 때에는 회의 개최 7일 전까지 회의 일시·장소 및 안건 을 각 위원에게 알려야 한다. 다만, 긴급히 소집하여야 할 때에는 그러하지 아니하다.

제5조 (학교폭력대책지역위원회의 구성·운영)

① 법 제9조제1항에 따른 학교폭력대책지역위원회(이하 "지역위원회"라 한다)의 위원 장은 특별시·광역시·특별자치시·도·특별자치도(이하 "시·도"라 한다)의 부단 체장(특별시의 경우에는 행정(1)부시장, 광역시 및 도의 경우에는 행정부시장 및 행 정부지사를 말한다)으로 한다.

② 지역위원회의 위원상은 회의를 소집하고, 그 의장이 된다.

③ 지역위원회의 위원장이 부득이한 사유로 직무를 수행할 수 없을 때에는 지역위원회 위원장이 미리 지명하는 위원이 그 직무를 대행한다.

④ 지역위원회의 위원은 학식과 경험이 풍부하고 청소년보호에 투철한 사명감이 있는 사람으로서 다음 각 호의 어느 하나에 해당하는 사람 중에서 특별시장·광역시장·특별자치시장·도지사·특별자치도지사(이하 "시·도지사"라 한다)가 교육감과 협의하여 임명하거나 위촉한다.

1. 해당 시·도의 청소년보호 업무 담당 국장 및 시·도교육청 생활지도 담당 국장

2. 해당 시·도의회 의원 또는 교육위원회 위원

3. 시·도 지방경찰청 소속 경찰공무원

4. 학생생활지도 경력이 5년 이상인 교원

5. 판사·검사·변호사

6. 「고등교육법」 제2조에 따른 학교의 조교수 이상 또는 청소년 관련 연구기관에서 이에 상당하는 직위에 재직하고 있거나 재직하였던 사람으로서 학교폭력 문제에 대한 전문지식이 있는 사람

7. 청소년 선도 및 보호 단체에서 청소년보호활동을 5년 이상 전문적으로 담당한 사람

8. 「초·중등교육법」 제31조제1항에 따른 학교운영위원회(이하 "학교운영위원회"라 한다)의 위원 또는 법 제12조제1항에 따른 학교폭력대책자치위원회(이하 "자치위원회"라 한다) 위원으로 활동하고 있거나 활동한 경험이 있는 학부모 대표

9. 그 밖에 학교폭력 예방 및 청소년 보호에 대한 지식과 경험이 있는 사람

⑤ 지역위원회 위원의 임기는 2년으로 한다. 다만, 지역위원회 위원의 사임 등으로 새로 위촉되는 위원의 임기는 전임위원 임기의 남은 기간으로 한다.

⑥ 지역위원회의 사무를 처리하기 위하여 간사 1명을 두며, 지역위원회의 위원장과 교육감이 시·도 또는 시·도교육청 소속 공무원 중에서 협의하여 정하는 사람으로 한다.

⑦ 지역위원회 회의의 운영에 관하여는 제3조제2항부터 제6항까지의 규정을 준용한다. 이 경우 "대책위원회"는 "지역위원회"로 본다.

제6조 (학교폭력대책지역실무위원회의 구성·운영)

법 제9조제2항에 따른 실무위원회는 7명 이내의 학교폭력 예방 및 대책에 관한 실무자 및 민간 전문가로 구성한다.

제7조 (학교폭력대책지역협의회의 구성 · 운영)

① 법 제10조의2에 따른 학교폭력대책지역협의회(이하 "지역협의회"라 한다)의 위원장은 시 · 군 · 구의 부단체장이 된다.

② 지역협의회의 위원장은 회의를 소집하고, 그 의장이 된다.

③ 지역협의회의 위원장이 부득이한 사유로 직무를 수행할 수 없을 때에는 위원장이 미리 지정하는 위원이 그 직무를 대행한다.

④ 지역협의회의 위원은 학식과 경험이 풍부하고 청소년보호에 투철한 사명감이 있는 사람으로서 다음 각 호의 어느 하나에 해당하는 사람 중에서 시장 · 군수 · 구청장이 해당 지역교육청의 교육장과 협의하여 임명하거나 위촉한다.

  1. 해당 시 · 군 · 구의 청소년보호 업무 담당 국장(국장이 없는 시 · 군 · 구는 과장을 말한다) 및 지역교육청의 생활지도 담당 국장(국장이 없는 지역교육청은 과장을 말한다)

  2. 해당 시 · 군 · 구의회 의원

  3. 해당 시 · 군 · 구를 관할하는 경찰서 소속 경찰공무원

  4. 학생생활지도 경력이 5년 이상인 교원

  5. 판사 · 검사 · 변호사

  6. 「고등교육법」 제2조에 따른 학교의 조교수 이상 또는 청소년 관련 연구기관에서 이에 상당하는 직위에 재직하고 있거나 재직하였던 사람으로서 학교폭력 문제에 대하여 전문지식이 있는 사람

  7. 청소년 선도 및 보호 단체에서 청소년보호활동을 5년 이상 전문적으로 담당한 사람

  8. 학교운영위원회 위원 또는 자치위원회 위원으로 활동하거나 활동한 경험이 있는 학부모 대표

  9. 그 밖에 학교폭력 예방 및 청소년보호에 대한 지식과 경험이 있는 사람

⑤ 지역협의회 위원의 임기는 2년으로 한다. 다만, 지역위원회 위원의 사임 등으로 새로 위촉되는 위원의 임기는 전임위원 임기의 남은 기간으로 한다.

⑥ 지역협의회에는 사무를 처리하기 위해 간사 1명을 두며, 간사는 지역협의회의 위원장과 교육장이 시 · 군 · 구 또는 지역교육청 소속 공무원 중에서 협의하여 정하는 사람으로 한다.

제8조 (전담부서의 구성 등)

법 제11조제1항에 따라 다음 각 호의 업무를 수행하기 위하여 시·도교육청 및 지역교육청에 과·담당관 또는 팀을 둔다.

1. 학교폭력 예방과 근절을 위한 대책의 수립과 추진에 관한 사항
2. 학교폭력 피해학생의 치료 및 가해학생에 대한 조치에 관한 사항
3. 그 밖에 학교폭력의 예방 및 대책과 관련하여 교육감이 정하는 사항

제9조 (실태조사)

① 법 제11조제8항에 따라 교육감이 실시하는 학교폭력 실태조사는 교육부장관과 협의하여 다른 교육감과 공동으로 실시할 수 있다. [개정 2013.3.23 제24423호(교육부와 그 소속기관 직제)]

② 교육감은 학교폭력 실태조사를 교육 관련 연구·조사기관에 위탁할 수 있다.

제10조 (전문기관의 설치 등)

① 교육감은 법 제11조제9항에 따라 시·도교육청 또는 지역교육청에 다음 각 호의 업무를 수행하는 전문기관을 설치·운영할 수 있다.

1. 법 제11조의2제1항에 따른 조사·상담 등의 업무
2. 학교폭력 피해학생·가해학생에 대한 치유 프로그램 운영 업무

② 교육감은 제1항제2호에 따른 치유 프로그램 운영 업무를 다음 각 호의 어느 하나에 해당하는 기관·단체·시설에 위탁하여 수행하게 할 수 있다. [개정 2012.7.31 제24002호(청소년복지 지원법 시행령), 2012.9.14 제24102호(청소년 보호법 시행령)]

1. 「청소년복지 지원법」 제31조제1호에 따른 청소년쉼터, 「청소년 보호법」 제35조제1항에 따른 청소년 보호·재활센터 등 청소년을 보호하기 위하여 국가·지방자치단체가 운영하는 시설
2. 「청소년활동진흥법」 제10조에 따른 청소년활동시설
3. 학교폭력의 예방과 피해학생 및 가해학생의 치료·교육을 수행하는 청소년 관련 단체
4. 청소년 정신치료 전문인력이 배치된 병원
5. 학교폭력 피해학생·가해학생 및 학부모를 위한 프로그램을 운영하는 종교기관

등의 기관

6. 그 밖에 교육감이 치유 프로그램의 운영에 적합하다고 인정하는 기관

③ 제1항에 따른 전문기관의 설치 · 운영에 관한 세부사항은 교육감이 정한다.

제11조 (학교폭력 조사 · 상담 업무의 위탁 등)

교육감은 법 제11조의2제2항에 따라 학교폭력 예방에 관한 사업을 3년 이상 수행한 기관 또는 단체 중에서 학교폭력의 예방 및 사후조치 등을 수행하는 데 적합하다고 인정하는 기관 또는 단체에 법 제11조의2제1항의 업무를 위탁할 수 있다.

제12조 (관계 기관과의 협조 사항 등)

법 제11조의3에 따라 학교폭력과 관련한 개인정보 등을 협조를 요청할 때에는 문서로 하여야 한다.

제13조 (자치위원회의 설치 및 심의사항)

① 법 제12조제1항 단서에서 "대통령령으로 정하는 사유가 있는 경우"란 학교폭력 피해학생과 가해학생이 각각 다른 학교에 재학 중인 경우를 말한다. [[시행일 2012.4.1]]

② 법 제12조제2항제5호에서 "대통령령으로 정하는 사항"이란 학교폭력의 예방 및 대책과 관련하여 법 제14조제3항에 따른 책임교사 또는 학생회의 대표가 건의하는 사항을 말한다.

제14조 (자치위원회의 구성 · 운영)

① 법 제13조제1항에 따른 자치위원회의 위원은 다음 각 호의 어느 하나에 해당하는 사람 중에서 해당 학교의 장이 임명하거나 위촉한다.

1. 해당 학교의 교감

2. 해당 학교의 교사 중 학생생활지도 경력이 있는 교사

3. 법 제13조제1항에 따라 선출된 학부모대표

4. 판사 · 검사 · 변호사

5. 해당 학교를 관할하는 경찰서 소속 경찰공무원

6. 의사 자격이 있는 사람

7. 그 밖에 학교폭력 예방 및 청소년보호에 대한 지식과 경험이 풍부한 사람

② 자치위원회의 위원장은 위원 중에서 호선(互選)하며, 위원장이 부득이한 사유로 직무를 수행할 수 없을 때에는 위원장이 미리 지명한 위원이 그 직무를 대행한다.

③ 자치위원회의 위원의 임기는 2년으로 한다. 다만, 자치위원회 위원의 사임 등으로 새로 위촉되는 위원의 임기는 전임위원 임기의 남은 기간으로 한다.

④ 자치위원회의 회의는 재적위원 과반수의 출석으로 개의하고, 출석위원 과반수의 찬성으로 의결한다.

⑤ 자치위원회의 위원장은 해당 학교의 교직원 중에서 자치위원회의 사무를 처리할 간사 1명을 지명한다.

⑥ 자치위원회의 회의에 출석한 위원에게는 예산의 범위에서 수당과 여비를 지급할 수 있다. 다만, 공무원인 위원이 그 소관 업무와 직접적으로 관련하여 회의에 출석한 경우에는 그러하지 아니하다.

⑦ 자치위원회의 위원장은 회의 일시를 정할 때에는 일과 후, 주말 등 위원들이 참석하기 편리한 시간으로 정하여야 한다.

제15조 (상담실 설치)

법 제14조제1항에 따른 상담실은 다음 각 호의 시설ㆍ장비를 갖추어 상담활동이 편리한 장소에 설치하여야 한다.

1. 인터넷 이용시설, 전화 등 상담에 필요한 시설 및 장비
2. 상담을 받는 사람의 사생활 노출 방지를 위한 칸막이 및 방음시설

제16조 (전담기구 운영 등)

법 제14조제3항에 따른 전담기구는 가해 및 피해 사실 여부에 관하여 확인한 사항을 학교의 장 및 자치위원회(자치위원회의 요청이 있는 경우만을 말한다)에 보고하여야 한다.

제17조 (학교폭력 예방교육)

학교의 장은 법 제15조제5항에 따라 학생과 교직원 및 학부모에 대한 학교폭력 예방교육을 다음 각 호의 기준에 따라 실시한다.

1. 학기별로 1회 이상 실시하고, 교육 횟수ㆍ시간 및 강사 등 세부적인 사항은 학교 여건

에 따라 학교의 장이 정한다.

2. 학생에 대한 학교폭력 예방교육은 학급 단위로 실시함을 원칙으로 하되, 학교 여건에 따라 전체 학생을 대상으로 한 장소에서 동시에 실시할 수 있다.

3. 학생과 교직원, 학부모를 따로 교육하는 것을 원칙으로 하되, 내용에 따라 함께 교육할 수 있다.

4. 강의, 토론 및 역할연기 등 다양한 방법으로 하고, 다양한 자료나 프로그램 등을 활용하여야 한다.

5. 교직원에 대한 학교폭력 예방교육은 학교폭력 관련 법령에 대한 내용, 학교폭력 발생 시 대응방법, 학생 대상 학교폭력 예방 프로그램 운영방법 등을 포함하여야 한다.

6. 학부모에 대한 학교폭력 예방교육은 학교폭력 징후 판별, 학교폭력 발생 시 대응방법, 가정에서의 인성교육에 관한 사항을 포함하여야 한다.

[[시행일 2012.4.1]]

제18조 (피해학생의 지원범위 등)

① 법 제16조제6항 단서에 따른 학교안전공제회 또는 시·도교육청이 부담하는 피해학생의 지원범위는 다음 각 호와 같다.

1. 교육감이 정한 전문심리상담기관에서 심리상담 및 조언을 받는 데 드는 비용

2. 교육감이 정한 기관에서 일시보호를 받는 데 드는 비용

3. 「의료법」에 따라 개설된 의료기관, 「지역보건법」에 따라 설치된 보건소·보건의료원 및 보건지소, 「농어촌 등 보건의료를 위한 특별조치법」에 따라 설치된 보건진료소, 「약사법」에 따라 등록된 약국 및 같은 법 제91조에 따라 설립된 한국희귀의약품센터에서 치료 및 치료를 위한 요양을 받거나 의약품을 공급받는 데 드는 비용

② 제1항의 비용을 지원받으려는 피해학생 및 보호자가 학교안전공제회 또는 시·도교육청에 비용을 청구하는 절차와 학교안전공제회 또는 시·도교육청이 비용을 지급하는 절차는 「학교안전사고 예방 및 보상에 관한 법률」 제41조를 준용한다.

③ 학교안전공제회 또는 시·도교육청이 법 제16조제6항에 따라 가해학생의 보호자에게 구상(求償)하는 범위는 제2항에 따라 피해학생에게 지급하는 모든 비용으로 한다.

[[시행일 2012.4.1]]

제19조 (가해학생에 대한 조치별 적용 기준)

법 제17조제1항의 조치별 적용 기준은 다음 각 호의 사항을 고려하여 결정하고, 그 세부적인 기준은 교육부장관이 정하여 고시한다. [개정 2013.3.23 제24423호(교육부와 그 소속기관 직제)]

1. 가해학생이 행사한 학교폭력의 심각성 · 지속성 · 고의성
2. 가해학생의 반성 정도
3. 해당 조치로 인한 가해학생의 선도 가능성
4. 가해학생 및 보호자와 피해학생 및 보호자 간의 화해의 정도
5. 피해학생이 장애학생인지 여부

[[시행일 2012.4.1]]

제20조 (가해학생에 대한 전학 조치)

① 초등학교 · 중학교 · 고등학교의 장은 자치위원회가 법 제17조제1항에 따라 가해학생에 대한 전학 조치를 요청하는 경우에는 초등학교 · 중학교의 장은 교육장에게, 고등학교의 장은 교육감에게 해당 학생이 전학할 학교의 배정을 지체 없이 요청하여야 한다.

② 교육감 또는 교육장은 가해학생이 전학할 학교를 배정할 때 피해학생의 보호에 충분한 거리 등을 고려하여야 하며, 관할구역 외의 학교를 배정하려는 경우에는 해당 교육감 또는 교육장에게 이를 통보하여야 한다.

③ 제2항에 따른 통보를 받은 교육감 또는 교육장은 해당 가해학생이 전학할 학교를 배정하여야 한다.

④ 교육감 또는 교육장은 제2항과 제3항에 따라 전학 조치된 가해학생과 피해학생이 상급학교에 진학할 때에는 각각 다른 학교를 배정하여야 한다. 이 경우 피해학생이 입학할 학교를 우선적으로 배정한다.

[[시행일 2012.4.1]]

제21조 (가해학생에 대한 우선 출석정지 등)

① 법 제17조제4항에 따라 학교의 장이 출석정지 조치를 할 수 있는 경우는 다음 각 호와 같다.

1. 2명 이상의 학생이 고의적 · 지속적으로 폭력을 행사한 경우

2. 학교폭력을 행사하여 전치 2주 이상의 상해를 입힌 경우

3. 학교폭력에 대한 신고, 진술, 자료제공 등에 대한 보복을 목적으로 폭력을 행사한 경우

4. 학교의 장이 피해학생을 가해학생으로부터 긴급하게 보호할 필요가 있다고 판단하는 경우

② 학교의 장은 제1항에 따라 출석정지 조치를 하려는 경우에는 해당 학생 또는 보호자의 의견을 들어야 한다. 다만, 학교의 장이 해당 학생 또는 보호자의 의견을 들으려 하였으나 이에 따르지 아니한 경우에는 그러하지 아니하다.

[[시행일 2012.4.1]]

제22조 (가해학생의 조치 거부 · 기피에 대한 추가 조치)

자치위원회는 법 제17조제1항제2호부터 제9호까지의 조치를 받은 학생이 해당 조치를 거부하거나 기피하는 경우에는 법 제17조제11항에 따라 학교의 장으로부터 그 사실을 통보받은 날부터 7일 이내에 추가로 다른 조치를 할 것을 학교의 장에게 요청할 수 있다.

[[시행일 2012.4.1]]

제23조 (퇴학학생의 재입학 등)

① 교육감은 법 제17조제1항제9호에 따라 퇴학 처분을 받은 학생에 대하여 법 제17조제12항에 따라 해당 학생의 선도의 정도, 교육 가능성 등을 종합적으로 고려하여 「초 · 중등교육법」 제60조의3에 따른 대안학교로의 입학 등 해당 학생의 건전한 성장에 적합한 대책을 마련하여야 한다.

② 제1항에서 규정한 사항 외에 가해학생에 대한 조치 및 재입학 등에 필요한 세부사항은 교육감이 정한다.

[[시행일 2012.4.1]]

제24조 (피해학생 재심청구 및 심사절차 및 결정통보 등)

① 법 제17조의2제5항에 따라 피해학생 또는 보호자가 지역위원회에 재심을 청구할 때에는 다음 각 호의 사항을 적어 서면으로 하여야 한다.

1. 청구인의 이름, 주소 및 연락처

2. 가해학생

3. 청구의 대상이 되는 조치를 받은 날 및 조치가 있음을 안 날

4. 청구의 취지 및 이유

② 지역위원회는 청구인, 가해학생 및 보호자 또는 해당 학교에 심사에 필요한 자료 또는 정보의 제출을 요구할 수 있고, 청구인, 가해학생 또는 해당 학교는 특별한 사유가 없으면 이를 즉시 제출하여야 한다.

③ 지역위원회는 직권으로 또는 신청에 따라 청구인, 가해학생 및 보호자 또는 관련 교원 등을 지역위원회에 출석하여 진술하게 할 수 있다.

④ 지역위원회는 필요하다고 인정할 때에는 전문가 등 참고인을 출석하게 하거나 서면으로 의견을 들을 수 있다.

⑤ 지역위원회의 회의는 비공개를 원칙으로 한다.

⑥ 지역위원회는 재심사 결정 시 법 제16조제1항 각 호와 제17조제1항 각 호의 어느 하나에 해당하는 조치(수개의 조치를 병과하는 경우를 포함한다)를 할 것을 해당 학교의 장에게 요청할 수 있다.

⑦ 지역위원회의 재심 결과는 결정의 취지와 내용을 적어 청구인과 가해학생에게 서면으로 통보한다.

제25조 (분쟁조정의 신청)

피해학생, 가해학생 또는 그 보호자(이하 "분쟁당사자"라 한다) 중 어느 한쪽은 법 제18조에 따라 해당 분쟁사건에 대한 조정권한이 있는 자치위원회 또는 교육감에게 다음 각 호의 사항을 적은 문서로 분쟁조정을 신청할 수 있다.

1. 분쟁조정 신청인의 성명 및 주소

2. 보호자의 성명 및 주소

3. 분쟁조정 신청의 사유

제26조 (자치위원회 위원의 제척 · 기피 및 회피)

① 자치위원회의 위원은 법 제16조, 제17조 및 제18조에 따라 피해학생과 가해학생에 대한 조치를 요청하는 경우와 분쟁을 조정하는 경우 다음 각 호의 어느 하나에 해당하면

해당 사건에서 제척된다.

1. 위원이나 그 배우자 또는 그 배우자였던 사람이 해당 사건의 피해학생 또는 가해학
   생의 보호자인 경우 또는 보호자였던 경우
2. 위원이 해당 사건의 피해학생 또는 가해학생과 친족이거나 친족이었던 경우
3. 그 밖에 위원이 해당 사건의 피해학생 또는 가해학생과 친분이 있거나 관련이 있다
   고 인정하는 경우

② 학교폭력과 관련하여 자치위원회를 개최하는 경우 또는 분쟁이 발생한 경우 자치위
원회의 위원에게 공정한 심의를 기대하기 어려운 사정이 있다고 인정할 만한 상당한
사유가 있을 때에는 분쟁당사자는 자치위원회에 그 사실을 서면으로 소명하고 기피
신청을 할 수 있다.

③ 자치위원회는 제2항에 따른 기피신청을 받으면 의결로써 해당 위원의 기피 여부를 결
정하여야 한다. 이 경우 기피신청 대상이 된 위원은 그 의결에 참여하지 못한다.

④ 자치위원회의 위원이 제1항 또는 제2항의 사유에 해당하는 경우에는 스스로 해당 사
건을 회피할 수 있다.

제27조 (분쟁조정의 개시)

① 자치위원회 또는 교육감은 제25조에 따라 분쟁조정의 신청을 받으면 그 신청을 받은
날부터 5일 이내에 분쟁조정을 시작하여야 한다.

② 자치위원회 또는 교육감은 분쟁당사자에게 분쟁조정의 일시 및 장소를 통보하여야
한다.

③ 제2항에 따라 통지를 받은 분쟁당사자 중 어느 한쪽이 불가피한 사유로 출석할 수 없
는 경우에는 자치위원회 또는 교육감에게 분쟁조정의 연기를 요청할 수 있다. 이 경
우 자치위원회 또는 교육감은 분쟁조정의 기일을 다시 정하여야 한다.

④ 자치위원회 또는 교육감은 자치위원회 위원 또는 지역위원회 위원 중에서 분쟁조정
담당자를 지정하거나, 외부 전문기관에 분쟁과 관련한 사항에 대한 자문 등을 할 수
있다.

제28조 (분쟁조정의 거부 · 중지 및 종료)

① 자치위원회 또는 교육감은 다음 각 호의 어느 하나에 해당하는 사유가 발생한 경우에

는 분쟁조정의 개시를 거부하거나 분쟁조정을 중지할 수 있다.

1. 분쟁당사자 중 어느 한쪽이 분쟁조정을 거부한 경우

2. 피해학생 등이 관련된 학교폭력에 대하여 가해학생을 고소·고발하거나 민사상 소송을 제기한 경우

3. 분쟁조정의 신청내용이 거짓임이 명백하거나 정당한 이유가 없다고 인정되는 경우

② 자치위원회 또는 교육감은 다음 각 호의 어느 하나에 해당하는 사유가 발생한 경우에는 분쟁조정을 끝내야 한다.

1. 분쟁당사자 간에 합의가 이루어지거나 자치위원회 또는 교육감이 제시한 조정안을 분쟁당사자가 수락하는 등 분쟁조정이 성립한 경우

2. 분쟁조정 개시일부터 1개월이 지나도록 분쟁조정이 성립하지 아니한 경우

③ 자치위원회 또는 교육감은 제1항에 따라 분쟁조정의 개시를 거부하거나 분쟁조정을 중지한 경우 또는 제2항제2호에 따라 분쟁조정을 끝낸 경우에는 그 사유를 분쟁당사자에게 각각 통보하여야 한다.

제29조 (분쟁조정의 결과 처리)

① 자치위원회 또는 교육감은 분쟁조정이 성립하면 다음 각 호의 사항을 적은 합의서를 작성하여 자치위원회는 분쟁당사자에게, 교육감은 피해학생 및 가해학생 소속 학교 자치위원회와 분쟁당사자에게 각각 통보하여야 한다.

1. 분쟁당사자의 주소와 성명

2. 조정 대상 분쟁의 내용

가. 분쟁의 경위

나. 조정의 쟁점(분쟁당사자의 의견을 포함한다)

3. 조정의 결과

② 제1항에 따른 합의서에는 자치위원회가 조정한 경우에는 분쟁당사자와 조정에 참가한 위원이, 교육감이 조정한 경우에는 분쟁당사자와 교육감이 각각 서명날인하여야 한다.

③ 자치위원회의 위원장은 분쟁조정의 결과를 교육감에게 보고하여야 한다.

제30조 (긴급전화의 설치·운영)

법 제20조의2에 따른 긴급전화는 경찰청장과 지방경찰청장이 운영하는 학교폭력 관련 기구에 설치한다.

제31조 (정보통신망의 이용 등)

법 제20조의4 제3항에 따라 국가·지방자치단체 또는 교육감은 정보통신망을 이용한 학교폭력 예방 업무를 다음 각 호의 기관 및 단체에 위탁할 수 있다.

1. 「한국교육학술정보원법」에 따라 설립된 한국교육학술정보원
2. 공공기관의 위탁을 받아 정보통신망을 이용하여 교육사업을 수행한 실적이 있는 기업
3. 학교폭력 예방에 관한 사업을 3년 이상 수행한 기관 또는 단체

제32조 (영상정보처리기기의 통합 관제)

법 제20조의6 제1항에 따라 영상정보처리기기를 통합하여 관제하려는 국가 및 지방자치단체는 다음 각 호의 절차를 거쳐 관계 전문가와 이해관계인의 의견을 수렴하여야 한다.

1. 「행정절차법」에 따른 행정예고의 실시 또는 의견 청취
2. 학교운영위원회의 심의

제33조 (비밀의 범위)

법 제21조 제1항에 따른 비밀의 범위는 다음 각 호와 같다.

1. 학교폭력 피해학생과 가해학생 개인 및 가족의 성명, 주민등록번호 및 주소 등 개인정보에 관한 사항
2. 학교폭력 피해학생과 가해학생에 대한 심의·의결과 관련된 개인별 발언 내용
3. 그 밖에 외부로 누설될 경우 분쟁당사자 간에 논란을 일으킬 우려가 있음이 명백한 사항

부 칙[2004.7.30.]
이 영은 2004년 7월 30일부터 시행한다.

부 칙[2008.9.12 제21003호]
제1조(시행일) 이 영은 2008년 9월 15일부터 시행한다.

제2조(다른 법령과의 관계) 이 영 시행 당시 다른 법령에서 종전의 「학교폭력 예방 및 대책에 관한 법률 시행령」의 규정을 인용하고 있는 경우 이 영 중 그에 해당하는 규정이 있으면 종전의 규정을 갈음하여 이 영의 해당 조항을 인용한 것으로 본다.

부 칙[2009.8.6 제21675호]
이 영은 2009년 8월 9일부터 시행한다.

부 칙[2011.11.18 제23301호]
이 영은 2011년 11월 20일부터 시행한다.

부 칙[2012.3.13 제23659호]
이 영은 공포한 날부터 시행한다.

부 칙[2012.3.30 제23689호]
이 영은 2012년 5월 1일부터 시행한다. 다만, 제2조, 제13조 제1항, 제17조부터 제23조까지의 개정규정은 2012년 4월 1일부터 시행한다.

부 칙[2012.7.31 제24002호(청소년복지 지원법 시행령)]
제1조(시행일) 이 영은 2012년 8월 2일부터 시행한다.
제2조부터 제4조까지 생략
제5조(다른 법령의 개정) ①부터 ③까지 생략
④「학교폭력 예방 및 대책에 관한 법률 시행령」 일부를 다음과 같이 개정한다.
제10조제2항제1호 중 "「청소년복지지원법」 제14조에 따른 청소년쉼터"를 "「청소년복지 지원법」 제31조제1호에 따른 청소년쉼터"로 한다.
제6조 생략

부 칙[2012.9.14 제24102호(청소년 보호법 시행령)]
제1조(시행일) 이 영은 2012년 9월 16일부터 시행한다. 〈단서 생략〉
제2조 생략

제3조(다른 법령의 개정) ①부터 ⑥까지 생략

⑦ 「학교폭력예방 및 대책에 관한 법률 시행령」 일부를 다음과 같이 개정한다.

제10조제2항제1호 중 "「청소년보호법」 제33조의2에 따른 청소년보호센터"를 "「청소년보호법」 제35조제1항에 따른 청소년 보호 · 재활센터"로 한다.

⑧ 생략

제4조 생략

부 칙[2013.3.23 제24423호(교육부와 그 소속기관 직제)]

제1조(시행일) 이 영은 공포한 날부터 시행한다. 〈단서 생략〉

제2조부터 제6조까지 생략

제7조(다른 법령의 개정) ①부터 〈90〉까지 생략

〈91〉 「학교폭력 예방 및 대책에 관한 법률 시행령」 일부를 다음과 같이 개정한다.

제4조 제1항 중 "11명"을 "12명"으로 한다.

제4조 제2항을 다음과 같이 한다.

② 실무위원장은 교육부차관이 되고, 위원은 기획재정부, 미래창조과학부, 교육부, 법무부, 안전행정부, 문화체육관광부, 보건복지부, 여성가족부, 국무조정실 및 방송통신위원회의 고위공무원단에 속하는 공무원과 경찰청의 치안감 또는 경무관 중에서 소속 기관의 장이 지명하는 사람 각 1명이 된다.

제4조 제3항 중 "교육과학기술부"를 "교육부"로 한다.

제9조 제1항 및 제19조 각 호 외의 부분 중 "교육과학기술부장관"을 각각 "교육부장관"으로 한다.

〈92〉부터 〈105〉까지 생략

2. 학교폭력 예방 및 대처 관련 자료

학교폭력 사안처리 가이드북(교육과학기술부 외, 2012, 2009)에 실린, 학교폭력 예방 및 대처를 위해 학교 현장에서 실제적으로 필요한 자료들을 학교폭력 예방 및 대처 시 자료 접근성을 쉽게 하기 위해 부록 성격으로 이 책에도 게재한다.

학교폭력 인식 검사지

〈양식 1〉

나는 학교폭력을 어느 정도 이해하는가?

내용을 읽어 보시고 학교폭력이라고 생각하면 Y(yes)에 아니면 N(no)에 체크해 주세요.

	내 용	Y	N
1	A와 B가 싸움을 한 후 B가 겉으로 보기에는 멀쩡했으나 정신을 잃음.		
2	복도를 걸어가고 있는 학생의 얼굴에 일부러 침을 뱉음.		
3	싫다고 하는데도 강제로 손이나 옷을 잡아당김.		
4	학생들이 보는 앞에서 단순한 욕 ('지랄' '재수 없어' '깝치지 마' 등)을 함.		
5	동아리 선배가 후배들에게 기합을 준 다음 동아리방의 문을 잠그고 밤 10시까지 나오지 못하게 함.		
6	학생들이 보는 앞에서 아무 이유 없이 장난으로 '바보' '생긴 게 역겨워' 라고 계속 놀림.		
7	A가 B를 툭툭 치다가 팔에 멍이 살짝 듦.		
8	동성에게 포르노 비디오를 보여 주면서, 움직이지 못하게 한 후 일부러 손을 만지작거려서, 상대방이 창피하다는 생각과 짜증난다는 기분을 경험하게 함.		
9	학생들이 보는 앞에서 '미친년' '개새끼' '병신새끼' '또라이 같은 년' 이라고 욕을 함.		
10	A가 B에게 돈을 빼앗는 것을 보고, C가 A에게 그 돈을 요구함.		
11	30분 동안 기합을 줌.		
12	하의를 벗기고 성기를 노출하게 한 후, 휴대전화로 사진을 찍어서 다른 친구들에게 전송함.		
13	남학생이 좋아하는 여학생에게 '뽀뽀해 줘.' 라고 문자를 보내 여학생이 불쾌감을 느낌.		
14	화장실로 끌고 가서 때림.		
15	친구들끼리 한 학생을 때리기로 한 후, 친구들이 때릴 때 옆에서 망을 봄.		
16	집단으로 다른 학교 학생들과 싸움을 함.		
17	방과 후 같은 반 학생이 노래방 같이 가자고 해서 갔는데, 다른 학교 학생들이 같이 있었고 노래방에서 폭행을 당함.		
18	돈을 요구하고, 심부름을 하지 않으면 때림.		
19	A는 B를 때릴 생각이 없었는데, C가 A에게 'B를 때리지 않으면 너를 죽여 버릴 거야.' 라는 말을 하여 A가 B에 대하여 폭력을 행사함.		
20	4명 중 A학생이 자신들의 험담을 했다며 3명이 A학생에게 동시에 말을 안 함.		

문항	1	2	3	4	5	6	7	8	9	10	11	12	13	14	15	16	17	18	19	20
정답	Y	Y	Y	Y	Y	Y	Y	Y	Y	Y	Y	Y	Y	Y	Y	Y	Y	Y	Y	Y

나는 학교폭력 유형을 어느 정도 알고 있는가?

내용을 읽어 보시고, 선택한 학교폭력 유형의 번호를 적어 주세요.

① 신체폭력 ② 언어폭력 ③ 금품갈취 ④ 강요 ⑤ 따돌림 ⑥ 성폭력 ⑦ 사이버 폭력 예) 신체폭력이면 1	
1	목을 졸라 기절시키고 깨어나면 때리고 다시 기절시키는 행동 반복.
2	아무 이유 없이 지나가면서 머리를 하루에도 몇 번씩 때림.
3	'5만 원 가지고 놀이터로 오지 않으면 죽어.' 라고 문자를 보냄.
4	싸움 잘 하는 학생이 약한 학생에게 자신의 청소를 대신 시킴.
5	말을 듣지 않으면 끌고 가서 '때리겠다.' 라고 함.
6	돈을 갚을 확실한 약속 없이 자꾸 빌려달라고 하고 갚지 않는 경우
7	'나는 네가 너무 재수 없어'라는 말을 상대방 학생을 볼 때마다 함.
8	종이에 '죽여 버리겠다.' '몸조심해.' 라는 말을 적어 보냄.
9	뒷담을 했다며, 가서 다짜고짜 때림.
10	'넌 얼굴이 너무 환자같이 생겨서 기분 나빠.' 라고 말함.
11	학교 짱이 학생들에게 2천 원씩 일괄적으로 걷어 오라고 시킴.
12	마주칠 때마다 '뻐큐(fuck you)'를 하며, 주먹을 쥐고 무서운 표정을 지음.
13	사이버상에서 자신의 게임 아이템을 상대방에게 대신 키우도록 협박
14	야한 동영상을 캡처하여 자신이 싫어하는 학생에게 이메일로 보냄.
15	싫은 학생의 운동화에 락스를 부음.
16	지나갈 때, 부딪히는 척하면서 가슴을 만지는 행동을 2~3번 반복함.
17	조별 숙제를 하면서 반 학생들이 한 학생을 의도적으로 배제시킴.
18	선배가 자신의 생일이라고 비싼 선물을 달라고 해서 운동화를 사 줌.
19	싫어하는 학생의 가방에 여러 번 뱀 모양의 모형을 넣어 두어서 놀라게 함.
20	여러 명이 한 명의 학생이랑 놀지 말자면서, 인사도 받지 않음.
21	'쟤네 집은 가난해서, 놀이공원도 가지 못할 거야' 라고 소문을 냄.
22	수업시간에 바로 뒷자리에서 샤프나 볼펜으로 계속 찌름.
23	학교 화장실에서 일진 신고식을 한다며, 학생들 뺨을 때림.
24	일부러 소문을 내서 다른 학생들이 피해학생을 싫어하도록 조장함.
25	게임 아이템을 주지 않으면 '가만 두지 않겠다.' 고 협박하여 빼앗음.

문항	1	2	3	4	5	6	7	8	9	10	11	12	13
정답	1	1	7	4	2	3	2	2	1	2	3	2	4
문항	14	15	16	17	18	19	20	21	22	23	24	25	
정답	7	3	6	5	3	5	5	2	1	1	5	3	

학교폭력 사안처리 체크리스트 〈양식 2〉

방법 및 대상	사안처리	〈단계〉	보관장부 및 액션	일시
		담당자	제공서식(번호)	교감확인
	사안발생			
	접수대장등록	〈1〉	학교폭력 신고 접수대장	
		책임교사	[양식 5]	
통보-교장, 담임 통지-가·피해 부모 유선-교육지원청	통보, 통지 및 유선보고	〈2〉 책임교사	학교장, 담임교사, 교육청 학교장 보고서식 [양식 6]	
사안 경중 따라	즉시조치	〈3〉 학교장	사전 선도조치 서식 [양식 7]	
서면조사 면담조사 현장조사	사안조사	〈4〉 전담기구 상담교사	면담조사일지, 상담일지 (확인서, 반성문, 등 첨부) [양식 8~양식 14]	
	전담기구협의회	〈5〉 전담기구	전담기구협의록 [양식 15]	
담임 자치위원회	사안배치	〈6〉 전담기구	담임조치 자치위원회조직 [양식 15에 기록]	
이메일 또는 공문	교육지원청보고	〈7〉 책임교사	지역교육청 보고서식 [양식 16]	
자치위원 가·피해학부모	자치위원회개최 통보	〈8〉 책임교사	개최통보 참석요청서 [양식 18]	
사안발생 7일 이내	자치위원회개최	〈9〉 학교장	학부모위원 서약서 자치위원회 회의록 [양식 19~양식 23]	
가·피해자학부모	개최결과통보	〈10〉 책임교사	개최결과 통보서식 [양식 24]	
공문보고	개최결과보고	〈11〉 책임교사	지역교육청 보고서식 [양식 25]	
교육청 Ono-Stop 지원센터로	특별교육신청	〈12〉 책임교사	특별교육 신청서식 [양식 29]	
특별교육기관에서 발급	특별교육 이수 여부 확인	〈13〉 책임교사	이수증 보관(학교에서) (학생, 학부모) 발급기관 제공양식	
가·피해학생 추수지도		〈14〉 상담교사	추수지도서식 [양식 33]	

응급처치 기록일지 〈양식 3〉

날 짜	
장 소	
피해학생	학년 반 이름:
가해학생	학년 반 이름:
사안정황	
피해학생 상태	
응급처치 내용	
이 송 상 황	
의학적 진단	
회 복 날 짜	

학교폭력 신고서 〈양식 4〉

성 명		학년 / 반	
학생과의 관계	① 본인　　　② 친구　　　③ 보호자(　　　　　) ④ 교사(　　　　　　)　　⑤ 기타 (　　　　　)		
연 락 처	집　　　　　－　　　－	휴대전화	－　　　－
주 소			
사안을 알게 된 경위 (피해 · 가해 학생일 경우는 제외)			
사안내용	① 누 가		
	② 언 제		
	③ 어디서		
	④ 무엇을 / 어떻게		
	⑤ 왜		
사안해결에 도움이 될 정보			
기 타	(증거자료 있을 시 기재 등)		

학교폭력 신고 접수대장 〈양식 5〉

접수 번호	일시	신고자 또는 신고 기관	신고자 신분 및 전화번호	신고내용	사실 여부	사실 통보	
						피해 학생	가해 학생
1							
조치 사항							
참고 사항							

학교폭력 책임교사: (인)

해당 담임교사: (인)

학생부장: (인)

교감: (인)

교장: (인)

학교폭력사안 접수보고서 〈양식 ⑥〉

학교폭력사안 접수를 학교장에게 보고한다.

1	접수일자			2	보고일자		
3	피해학생	성명		학년/반	학년 / 반	성별	남 / 여
4	가해학생	성명		학년/반	학년 / 반	성별	남 / 여
5	사안유형	☐ 신체폭력　☐ 금품갈취　☐ 언어폭력　☐ 따돌림　☐ 괴롭힘 ☐ 성폭력　☐ 사이버폭력 및 매체폭력　☐ 폭력서클					
6	사안내용 (간단히)	누가					
		언제					
		어디서					
		무엇을/ 어떻게					
		왜					
7	현재상태 (신체, 심리, 정서)	피해 학생					
		가해 학생					
8	책임 교사 / 소견						
9	기타						
10	담당자					서명	

사전 선도조치 보고서 〈양식 7〉

대상자 (가해학생)	이름 : _____ 학년/반 : ___ 학년 ___ 반		
사건내용	발생일		
	피해학생	이름 : _____ 학년/반 : ___ 학년 ___ 반	
	유형	① 신체폭력 ② 언어폭력 ③ 금품갈취 ④ 강요(강제적 심부름) ⑤ 따돌림 ⑥ 성폭력 ⑦ 사이버 폭력	
조치일자			
조치내용	① 피해학생에 대한 서면사과 ② 피해학생 및 신고학생에 대한 접촉, 협박 및 보복행위의 금지 ③ 학교에서의 봉사 ④ 학내외 전문가에 의한 특별 교육이수 또는 심리치료 ⑤ 출석정지 (④와 ⑤는 병과조치할 수 있습니다.)		
사전 선도조치의 필요성	 (학교폭력사안의 심각성, 가해학생의 태도, 가해행위의 지속성 등 고려)		
가해학생 또는 보호자 의 의견청취 여부	① 의견청취 완료 (일시: _____ , 방법: _____) ② 의견을 들으려 하였으나 이에 따르지 않음. (출석정지 조치를 하고자 할 경우 의견청취가 필수입니다.)		
학생 및 학부모에 대한 통지	통지일자		
	통지방법		

년   월   일

학 교 장   (직인)

학교폭력 확인서 (피해 · 가해 학생용)   〈양식 8〉

1	성명		학년 / 반	/	성별	남 / 여
2	사안 확인	누가	(관련 학생 모두)			
		사안기간	① 처음 있는 일 　　　년　　월　　일　　　시경 ②　　개월간　　번 정도			
		어디서	① 교실　② 화장실　③ 복도 ④ 기타: 학교 안(　　　　　　　) 　　　　　학교 밖(　　　　　　　)			
		무엇을 /어떻게	(폭력상황, 폭력기간, 피해상황 집단여부 등 기록)			
		왜				
3	목격한 학생(모두)		① 같은 반 친구 　(　　　　　　　) ② 다른 반 친구 　(　　　　　　　) ③ 기타(　　　　　　　　　)			
4	현재 기분					
5	원하는 조치		① 니 ② 상대 학생 - (예-사과, 치료비, 학급교체, 학교봉사, 사회봉사, 전학 등)			
6	필요한 도움		담임교사 - 학교 - 보호사 -			
7	기타					
8	작성일	20　년　　월　　일		작성학생		(서명)

만약 사안이 2번 이상 발생한 것이라면, 사안별로 각각 기록을 해 주세요.

성명			학년 / 반	/
1	사안 기록 (1회)	① 누가		
		② 언제	_____년 _____월 _____일 _____시경	
		③ 어디서		
		④ 무엇을/ 어떻게		
		⑤ 왜		
		⑥ 목격자 유무	목격자 -	
2	사안 기록 (2회)	① 누가		
		② 언제	_____년 _____월 _____일 _____시경	
		③ 어디서		
		④ 무엇을/ 어떻게		
		⑤ 왜		
		⑥ 목격자 유무	목격자 -	
3	사안 기록 (3회)	① 누가		
		② 언제	_____년 _____월 _____일 _____시경	
		③ 어디서		
		④ 무엇을/ 어떻게		
		⑤ 왜		
		⑥ 목격자 유무	목격자 -	

보호자 확인서 〈양식 9〉

1. 본 확인서는 학교폭력 사안조사를 위한 것입니다.
2. 자녀와 상대방 학생에 관련된 객관적인 정보를 제공해 주셨으면 합니다.
3. 사안해결을 위해 학교는 객관적이고 적극적인 자세로 임할 것입니다.

1	학생의 학교폭력 경험		□ 피해학생 □ 가해학생 □ 방관자 □ 기타			
2	학생성명		학년 / 반	/	성별	남 / 어
3	사안 인지 경위					
4	현재 자녀의 상태		신체적 - 정신적 -			
5	자녀 관련 정보	교우 관계	(친하게 지내는 학생이 있는지, 친한 친구가 누구이며, 몇 명 정도 인지 등)			
6		폭력경험 유무 및 내용	(실제로 밝혀진 것 외에도 의심되는 사안에 대해서도)			
7		자녀 확인 내용	(사안에 대해 자녀가 부모에게 말한 것)			
8	현재까지의 부모 조치					
9	사안해결을 위한 관련 정보제공		(특이점, 성격 등)			
10	현재 부모의 심정		(어려운 점 등)			
11	본 사안 해결을 위한 부모 의견, 바라는 점		담임교사 - 학교 - (사과, 각서, 치료비 지급, 학급교체, 전학, 심리치료 등)			
12	(더 적을 것이 있으면 적어 주세요.)					

목격자 확인서 〈양식 10〉

1. 본 확인서는 학교폭력 사안조사를 위한 것입니다.
2. 목격자에게 피해가 가지 않도록 꼭 사안 담당교사들만 확인할 것입니다.
3. 기록한 내용들은 공정한 사안 해결을 위한 매우 소중한 정보입니다.

1	성명		학년 / 반	/	성별	남 / 여
2	사안 확인	누가 (관련 학생 모두)				
		사안기간	① 처음 있는 일 　20 년　　월　　일　　　시경 ②　　개월간　　번 정도			
		어디서	① 교실　②화장실　③복도 ④ 기타: 학교 안(　　　　) 　　　 학교 밖(　　　　)			
		무엇을 /어떻게				
		왜				
3	목격한 학생(모두)		(피해·가해 학생이 예전에 당했거나, 가해한 경험 등)			
4	기타					

자료 제출서 〈양식 11〉

수집한 자료들을 이곳에 기록하거나 붙이시면 됩니다.

자료설명:

자료설명:

학교폭력 관련 학생생활보고서

〈양식 12〉

담임교사가 반 학생에 대해 보고하는 내용입니다.

1	학생의 학교폭력 경험		☐ 피해학생 ☐ 가해학생 ☐ 방관자 ☐ 기타			
2	성명		학년 / 반	/	성별	남 / 여
3	사안인지 경위		☐ 교사 인식 ☐ 책임교사 ☐ 보호자 ☐ 학생 ☐ 기타			
4	해당 학생 관련 생활 정보	출결현황	(결석, 조퇴, 지각 등)			
		교우관계	(친하게 지내는 학생이 있는지, 친한 친구가 누구이며, 몇 명 정도 인지 등)			
5		평소 생활 상황				
6		폭력경험 유무 및 내용	(실제로 밝혀진 것 외에도 의심되는 사안에 대해)			
7	본 사안에 대한 담임교사 소견					
8	현재까지 담임교사가 한 조치					
9	사안해결을 위한 관련 정보제공		(특이점, 평소 학급 분위기 등)			
10	기타					

면접상담 일지[1]

〈양식 13〉

피해학생					
이 름		초/중/고 학년	남 / 여	특이사항	
주 소				연락처	
피해유형	신체폭력, 금품갈취, 괴롭힘, 언어폭력, 위협, 사이버 폭력, 성폭력, 기타( )				
피해기간	1회성, 3개월 이내, 6개월 이내, 1년 이내, 1년 이상, 기타( )				
피해장소	학교 내( ), 학교 외( ), 기타( )				
피해상황	예) 전치 2주 이상				

가해학생					
이 름		초/중/고 학년	남 / 여	특이사항	
폭력경험 (유, 무)		처벌경험		처벌형태	
기타 (기록란)					

상담내용				
상 담 일		상담방법		상담자	
내 담 자		연락처			
폭력내용				
주 호소내용				
현재상황				
피해학생 평가 및 결과				

년   월   일

작성자   (서명 또는 인)

1) 문용린 외(2005). 학교폭력 예방과 상담. 학지사. p. 191.

학교폭력사안 조사보고서 〈양식 14〉

사건발생 일시						
학교폭력의 유형						
1. 가해학생 신상	성 명		성 별		주민번호	
	가족상황				출결상황	
	학년/ 반				전화번호	
	주 소					
2. 피해학생 신상	성 명		성 별		주민번호	
	가족상황				출결상황	
	학년/ 반				전화번호	
	주 소					
3. 피해학생 주장	– 사건의 발단 – 사고과정 – 사고결과 – 요구사항					
4. 가해학생 주장						
5. 피해학생 보호자의 주장						
6. 가해학생 보호자의 주장						
7. 참고인(목격자) 의견						
8. 책임교사 의견						
9. 전문상담교사 의견						
10. 특기사항						
11. 문제점 진단						

학교폭력전담기구(협의록)

〈양식 15〉

협의일시	년 월 일 (시작 시각 : - 종료 시각 :)	
참석위원		
협의주제		
협의내용		
확인	학교폭력대책자치위원회 위원장 (서명 · 날인) 학교폭력대책자치위원회 위원 (서명 · 날인) (서명 · 날인) (서명 · 날인)	학교폭력대책자치위원회 위원 (서명 · 날인) (서명 · 날인) (서명 · 날인) 학교폭력 책임교사 (서명 · 날인)

학생 사안 보고(지역교육청 제출용) 〈양식 16〉

학 교 명		학교장	성명		책임교사	성명	
			H.P.			H.P.	
1. 사 안 명							
2. 발생일시			유선보고일시				
3. 관 련 자	가해자 :						
	피해자 :						
4. 사안내용	누가/누구에게						
	언 제						
	어디서						
	무엇을/어떻게						
	왜						
	※ 언론보도 :						
5. 학생상태	피해자 :						
	가해자 :						
6. 학교조치내 용							
7.지역교육청조치내용							
8. 분쟁유무및내 용							

학교폭력대책자치위원회 진행절차 〈양식 17〉

개최알림	• 개회사 : 위원장 위원장이 자치위원회 개최를 알린다.
자치위원회 개요 안내	• 참석자 소개 및 자치위원회 안내 : 책임교사 ① 자치위원회 목적 ② 진행절차 ③ 주의사항 전달 – 발언을 하기 위해서는 먼저 동의를 구해야 한다. – 욕설, 폭언, 폭행 등을 할 때, 퇴실 조치함을 알린다. – 자치위원회에서 알게 된 사항에 대한 비밀유지의무가 있음을 알린다. ④ 참석자 소개
사건조사 보고	• 사건보고 : 책임교사 사건조사 결과보고를 한다.
피해학생 측 발언 및 질의응답	• 피해학생 측 발언(사건내용 발언, 요구사항) ① 사건을 발언하고 피해학생 측의 입장에서 요구사항을 말하도록 한다. ② 위원회에서 피해자 측에 질문하고 피해자 측에서 답변한다. ③ 퇴장
가해학생 측 진술 및 질의응답	• 가해학생 측 발언(사건내용 발언, 가해학생 측 입장) ① 사건을 발언하고 가해학생 측의 입장을 말하도록 한다. ② 위원회에서 가해학생 측에 질문하고 가해학생 측에서 답변한다. ③ 퇴장
피해학생 보호조치, 가해학생 조치 논의 합의조정	• 피해학생 보호조치, 가해학생 조치 논의 자치위원들끼리의 협의를 통해 피해학생 보호조치와 가해학생 처벌조치의 수위를 결정한다.
학교장 결재 후 결과통보	• 학교장 결재 : 위원회의 결정사항에 대하여 결재 • 피해 · 가해 측에 결과 통보 : 양식에 의거 통보

학교폭력대책자치위원회 참석요청서 〈양식 18〉

　본 위원회는 「학교폭력 예방 및 대책에 관한 법률」 제12조에 의거하여 제
회 학교폭력대책자치위원회를 다음과 같이 개최하고자 하오니 참석하여 주
시기 바랍니다.

1. 일시:　　　　년　　　　월　　　　일　　　　시

2. 장소:

3. 안건:

　　　　　　　　　　년　　　　월　　　　일

학교폭력대책자치위원회 위원장 (직인)

서약서 〈양식 19〉

서 약 서

성 명: ⑪

생년월일:

　본인은 『학교폭력 예방 및 대책에 관한 법률』 제21조(비밀누설금지 등)에 따라 학교폭력의 예방 및 대책과 관련된 업무를 수행하는 과정에서 알게 된 비밀 또는 가해자·고발자와 관련된 자료를 누설하지 않을 것이며 만약 위와 같은 비밀을 공개하거나 누설할 경우에는 제12조 1항에 따른 민·형사상의 모든 책임을 감수할 것을 서약한다.

년   월   일

○○ 학교장 ⑪

학교폭력대책자치위원회 위원 위촉동의서 〈양식 20〉

학교폭력대책자치위원회 위원 위촉동의서

성명		생년월일	
소속		직급	
주소			
연락처	근무처	E-mail	
	자택	휴대전화	
위촉기간	20 년 월 일 ~ 20 년 월 일		
비고	학부모위원( ), 외부 전문가위원( ), 교사위원( )		

　　상기 본인은 ○○ 학교의 학교폭력대책자치위원회 위원 위촉에 동의하며,
위원으로서의 직무를 성실히 수행하겠습니다.

20   년   월   일

성 명   (서명)

○○ 학교장 귀하

학교폭력대책자치위원회 위촉장 〈양식 21〉

위 촉(임명)장

성   명:

주소(소속):

위촉(임명)기간: 20   년   월   일 ~ 20   년   월   일

　위 사람을 「학교폭력 예방 및 대책에 관한 법률」 제9조의 규정에 의하여
○○○○ 학교의 학교폭력대책자치위원회 위원으로 위촉(임명)한다.

　　　　년　　　월　　　일

○○ 학교장 ㉖

학교폭력대책자치위원회 위원명부 〈양식 22〉

【 ○○ 학교 학교폭력대책자치위원회 위원명부 】

연번	성 명	소 속	연락처	위촉기간
1				
2				
3				
4				
5				
6				
7				
8				
9				
10				

※ 표기방법: 1번에 위원장을 기록하고 다른 위원들은 이후에 가나다 순 기록.
※ 위원명부는 학교폭력대책지위원회 개최 시 참석자 확인용으로 사용

학교폭력대책자치위원회 회의록   〈양식 23〉

제 회   학교 학교폭력대책자치위원회

회 의 록

• 일   시: 년   월   일(요일)   시   분
• 장   소:
• 위원정수: 명
• 참석위원: 명
• 불참위원: 명

• 회 순

1. 개회   2. 국민의례   3. 위원장 말씀
4. 안건발의   5. 안건심의   6. 기타 협의
7. 폐회

• 의사일정(부의된 안건)
  1.
  2.

• 회의내용
  (발언순서에 따라 기재)

• 확인
  위원장   ㉑

위원	㉑	위원	㉑
위원	㉑	위원	㉑
위원	㉑	위원	㉑
위원	㉑	위원	㉑
위원	㉑	위원	㉑

학교폭력대책자치위원회 회원교육일지 〈양식 23-1〉

1	일 시	200 년 월 일
2	장 소	
3	참석자	– 위원장 : – 위 원 : – 교 장 : – 전담기구 소속 교사 :
4	교육내용	(간단히)
5	안 건	(다음에 보완되어야 할 사항)
6	기 타	

학교폭력대책자치위원회 결과 및 재심 안내통지서 〈양식 24〉

○○ 학교장

학교폭력자치위원회 결과 및 재심 안내통지서

년 월 일

내용	조치결과		관련 근거
자치위원회 개최일	년 월 일		「학폭법」제12조
1. 가해학생 징계조치			「학폭법」17조 1항
2. 가해학생 특별교육	학생특별교육	※ One-Stop 지원센터 의뢰시기 및 기관 결정	「학폭법」17조 3항 ※ 징계(1항~9항 중) 1항 서면사과, 5항 특별교육, 9항 퇴학을 제외한 모든 징계 ※ 1일 6시간 기준
	학부모 특별교육	※ One-Stop 지원센터 의뢰시기 및 기관 결정	「학폭법」17조 9항 4시간 이내: 보복행위 금지, 학교봉사, 사회봉사 징계시 5시간 이상: 특별교육, 출석정지, 학급교체, 전학 징계 시
3. 피해학생 보호조치			「학폭법」16조 1항 등하교시보호, 전문상담기관 연계치료, 치료비용 보상
4. 재심의 안내	가해학생 측	가해학생 징계가 전학이나 퇴학조치로 이의가 있는 경우 시·도징계조정위원회에 재심청구 가능 (조치받은 날부터 15일 이내)	
	피해학생 측	가해학생의 모든 조치에 대하여 이의가 있는 경우 학교폭력 예방지역위원회에 재심청구 가능 (조치받은 날부터 15일 이내, 조치를 안 날부터 10일 이내)	

※ 위 내용을 기입하여 가·피해학생 학부모님께 반드시 서면통보하여야 함.

○○○ 학부모님 귀하

학교폭력대책자치위원회 결과보고(지역교육청 제출용) 〈양식 25〉

학 교 명		학교장	성명		책임교사	성명	
			H.P.			H.P.	
1. 사 안 명							
2. 발생일시				유선보고일시			
3. 관 련 자	가해자 :						
	피해자 :						
4. 사안내용	누가/ 누구 에게						
	언 제						
	어디서						
	무엇을/ 어떻게						
	왜						
	• 언론보도 :						
5. 학생상태	피해자 :						
	가해자 :						
6. 학교조치 내 용							
7. 지역교육청 조치내용							
8. 분쟁유무 및 내용							
9. 자치위원회 조치결과	개최일 : 참석자 : 조치결과 :						

담임 종결사안 확인서

〈양식 26〉

확 인 서

피해학생(갑)	성 명:	○○○ (학년 반 번)
	주 소:	
	전 화:	
가해학생(을)	성 명:	○○○ (학년 반 번)
	주 소:	
	전 화:	

　　20○○년 ○○월 ○○일 ○○시 ○○분경 ○○○에서 ○○○가 ○○○에게 피해를 입힌 사실이 있음을 인정하고 화해를 요청하였고, 이에 대해 피해학생 ○○○이 화해에 응하여 담임교사 ○○○에게 자체 해결해 주시도록 부탁을 드리며 이후 추가적인 학교폭력 사안발생 등 특별한 사유가 없는 한 폭력대책자치위원회 제소를 하지 않을 것을 확약하고 후일의 증거로서 이 합의서에 서명날인한다.

　　　　　　　　　　　○○○○년 ○○월 ○○일

　　　　　　　　　　　　　위 피해학생:　　　　　　　(印)
　　　　　　　　　　　　　보호자　　　　　　　　　　(印)
　　　　　　　　　　　　　위 가해학생:　　　　　　　(印)
　　　　　　　　　　　　　보호자　　　　　　　　　　(印)

입회인　성 명:　담임　　　　　(印)
　　　　주 소:
　　　　전 화:

출처: 교육과학기술부(2012). 학교폭력 대응지침.

사과 각서

〈양식 27〉

사과 각서

1. 나 _____(은/는) _____에게 _____한 행동을 하였습니다.

2. 그로 인해 _____(을/를) 힘들게 만들었음을 진심으로 인정하며, 나는
   _____에게 다시는 학교폭력을 행사하지 않을 것을 약속한다.

3. 또한 나 _____(이/가) 학교폭력을 행사함으로써, 부모님과 학교
   선생님들을 힘들게 했음을 인정한다.

4. 역시 나 _____(은/는) 이를 목격한 다른 학생들에게도 좋지 못
   한 영향을 미쳤음도 인정한다.

5. 앞으로 나 _____(이/가) 다시 학교폭력을 행사할 시, 더 엄중한
   처벌이 내려져도 이를 불만 없이 받아들일 것을 약속한다.

6. 나는_____(을/를)
   (약속한다/인정한다.)

   _____
   _____

   (이/가) 위 약속한 사항을 앞으로 성실히 지킬 것을 증인들은 믿습니다.

   〈증 인〉
   담임교사 _____   서명 _____
   책임교사 _____   서명 _____
   학 교 장 _____   서명 _____
   학 부 모 _____   서명 _____
   학 부 모 _____   서명 _____

보호자교육 참가확인서

〈양식 28〉

참 가 자	소 속	학교 (자녀성명:)	
	성 명	(서명)	전화:
	생년월일		
강좌내용			
강좌일시	년 월 일 시 ～ 시		
교육장소			

교육활동 인정시간: 총   시간

상기와 같이 교육에 참가하였음을 확인한다.

　　　　　　　　　　　　확인자　　　　　　　　　　　서명

* 아래 예시를 참고하여 소감문을 써 주세요.

(예시) 이번 교육 참가를 통해 자녀와의 소통기술을 습득하였으며, 참가한 보호자들과의 교류를 통해 지속적으로 발전할 수 있는 교육적인 기회와 시간을 가질 수 있을 것으로 생각됩니다.

특별교육 의뢰신청서(학교→Wee 센터) 〈양식 29〉

1. 학교

학교명		연락처	사무실:
담당자			핸드폰:

2. 학생정보

성 명		성 별	☐남 ☐여	부모님	자 택 :
					휴대전화:
				학 생	
학년 반	학년 반	**생 년 월 일**		년 월 일	
처분 결과	☐피해학생 및 신고 ☐고발학생에 대한 접촉, 협박 및 보복행위의 금지 ☐학교에서의 봉사 ☐사회봉사 ☐학내외 전문가에 의한 특별교육 이수 또는 심리치료 ☐출석정지 ☐학급교체 ☐전학				
학생 개인의 특성	학업성취 정도	최근학기 성적 : ☐상 ☐중 ☐하			
	심리 정서 적 측면	☐가족갈등 ☐사회성부족 ☐진로선택의 어려움 ☐주의력 결핍 ☐교우관계 ☐소극적 성격 ☐정서 불안/우울 ☐본인의 신체장애 ☐기타 ( )			
	학교생활 태도의 문제	☐음주/흡연 ☐이성문제 ☐폭력사용 ☐약물남용 ☐수업태도 불량 ☐상습결석/지각 ☐학습부진 ☐가출 ☐ 도벽 ☐기타 ( )			
	기타				
상담경험	유☐ (학교 내, 외) 무☐	시 기	년 월 일 ~ 년 월 일		
		기 관			

※ 참고사항

상기인을 ○○교육지원청 Wee 센터에 특별교육을 의뢰한다.

년   월   일

학교장: **(직인)**

특별교육이수 안내서   〈양식 30〉

1. 의뢰대상

학교명		학생명		의뢰날짜	

2. 특별교육 이수구분

1) 단위 학교에서 특별교육 이수
2) 대안교실
3) 학생교육원
4) Wee 센터
5) 기타

3. 특별교육 이수안내

년   월   일
(○○Wee 센터) 담당자: (인 / 서명)

○○ 학교장 귀하

특별교육 결과보고서 〈양식 31〉

특별교육 결과보고서

1. 학생 인적사항

이 름		학 교	
		학년, 반	

2. 특별교육이수 담당기관

기관명		담당자명	
		연락처	사무실) 휴대전화)

3. 프로그램 내용

순	일시	프로그램 활동 내용
1		
2		
3		
4		
5		

4. 평 가

2012.   .

○○ 센터장: (직인)

Wee 센터 이용 보호자동의서 〈양식 32〉

(관리번호:)

보호자동의서

본인은   학생의 보호자로서 Wee 센터 심층 사전평가검사와 상담서비스에 동의한다.

20   년   월   일

보호자 :   (서명)
학생과의 관계:

-절취선-

학부모님 안녕하십니까?
본교에서는 학생정서행동선별검사 및 조기중재 사업의 일환으로,
1차 학생 대상의 설문조사(학교)를 마치고,
2차 학생(학부모)을 대상으로 면접 등 심층사정평가(전문기관 또는 학교)를 진행하기 위해 다음의 기관을 안내한다. 다음의 기관에서 심층사정평가를 받으신 후, 그 결과에 따라 상담 및 치료 연계 등의 서비스를 제공받으실 수 있습니다.

▶ 다음 사항에 유의하시기 바랍니다.
1. 기관(Wee 센터) 방문 시에는, 방문 전 반드시 전화하여 심층사정평가 예약날짜를 정하셔야 합니다.
2. 심층사정평가결과는 서면으로 밀봉되어 개별 발송됩니다.

심층평가 실시기관	
심층평가기간	
연락처	
담당자	

▶ 심층사정평가 이후 주의군에 해당될 경우 Wee 센터에서 진행되는 방학 중 프로그램과 개인상담 서비스를 제공받을 수 있습니다. 진행되는 프로그램 및 상담서비스는 공지된 기간 내에 보호자가 직접 자발적으로 해당기관에 전화를 하셔야만 가능함을 알려 드립니다.

상담 및 추후관리프로그램 실시기관	
서비스신청기간	
서비스기간	
연락처	
담당자	

추수지도

모니터링 카드(학교폭력가해학생)

학 교		학년 반		성 명		담 임	
주 소							
집전화		휴대전화 (본인)		휴대전화 (부친)		휴대전화 (모친)	
친구1				친구2			
이름		휴대전화		이름		휴대전화	

사안		발생 일시		징계 내용		징계 완료	

년 도	월	모니터링 기록	학교 적응도	모니터링 요원
1차 모니터링	월			
	월			
	월			
	월			
2차 모니터링	월			
	월			
	월			
3차 모니터링	월			
	월			
피드백				

심층 상담 카드(가해학생용)

소 속 1	학년 반 번 이름 :	
소 속 2	학년 반 번 이름 :	
항 목	내 용	상담자
가족사항		
꿈 찾기		
특 기		
적 성		
취 미		
관심 과목		

항 목	내 용
부모에 대한 태도	
대인 지각 및 관계	
학교생활에 대한 태도	
교사와의 관계	
관심 분야	

모니터링 카드(학교폭력피해학생용)

학 교		학년 반		성 명		담 임	
주 소							
집전화		휴대전화 (본인)		휴대전화 (부친)		휴대전화 (모친)	
친구1				친구2			
이름		휴대전화		이름		휴대전화	

사안		발생 일시		징계 내용		징계 완료	

년 도	월	모니터링 기록	학교 적응도	모니터링 요원
1차 모니터링	월			
	월			
	월			
	월			
2차 모니터링	월			
	월			
	월			
3차 모니터링	월			
	월			
피드백				

심층 상담 카드(피해학생용)

소 속 1	학년　반　번 이름 :	
소 속 2	학년　반　번 이름 :	
항 목	내　용	상담자
가족사항		
꿈 찾기		
특 기		
적 성		
취 미		
관심 과목		

항 목	내　용
부모에 대한 태도	
대인 지각 및 관계	
학교생활에 대한 태도	
교사와의 관계	
관심 분야	

분쟁조정 신청서 〈양식 34〉

신청인	성명	(남 / 여)				
	주소					
	소속		학교 학년 반			
보호자	성명		관계		전화번호	
	주소					

신청사유

상기 본인은 위와 같이 분쟁조정을 신청한다.

신청일 :   년   월   일

신청인 :   (서명)

학교

분쟁조정 참석 요청   <양식 35>

   본 위원회는「학교폭력 예방 및 대책에 관한 법률」제18조에 의거하여 분쟁조정을 위한 자치위원회를 다음과 개최하고자 하오니 참석하여 주시기 바랍니다.

---

1. 일시 :

2. 장소 :

3. 참석자 :
　- 보호자 :
　-

4. 진행순서:
① 개회사
② 참석자 소개
③ 분쟁조정 목적과 진행절차, 주의사항 전달
④ 사안조사 및 문제의 장점 보고
⑤ 피해자 측 사실보고 및 욕구확인
⑥ 가해자 측 사실보고 및 욕구확인
⑦ 자치위원회 중재안 논의
⑧ 욕구조정
⑨ 합의조정

　　　　　　　　　　　년　　　월　　　일

　　　　　　　　　　　　　　학교 자치위원회 위원장　　　(인)

분쟁조정 회의록 〈양식 36〉

1	일시	
2	장소	
3	참석자	– 보호자 : – 위원장 : – 위원 :
4	진행 순서	① 개회사 ② 참석자 소개 ③ 분쟁조정 목적과 진행절차, 주의사항 전달 ④ 사안조치 및 문제의 쟁점 보고 ⑤ 피해자 측 사실보고 및 욕구확인 ⑥ 가해자 측 사실보고 및 욕구확인 ⑦ 자치위원의 중재안 논의 ⑧ 욕구조정 ⑨ 합의조정
5	회의 내용	▶ 현재 상황 ▶ 피해자 측 요구사항 ▶ 가해자 측 요구사항 ▶ 분쟁조정 결과

분쟁조정 결과통보서(거부/중지된 경우) 〈양식 37〉

신청인 (피해학생)	성명			성별	
	학교명			학년 / 반	
	주소				
보호자	성명		관계	전화번호	
	주소				
피신청인 (가해학생)	성명			성별	
	학교명			학년 / 반	
	주소				
보호자	성명		관계	전화번호	
	주소				

사유

년   월   일

학교 자치위원회 위원장   (인)

분쟁조정 결과통보서(종료된 경우) 〈양식 38〉

신청인 (피해학생)	성명			성별	
	학교명			학년 / 반	
	주소				
보호자	성명		관계	전화번호	
	주소				
피신청인 (가해학생)	성명			성별	
	학교명			학년 / 반	
	주소				
보호자	성명		관계	전화번호	
	주소				

사유

년   월   일

학교 자치위원회 위원장   (인)

분쟁조정위원회 합의서

〈양식 39〉

합의서

피해학생	성 명:	○○○ (학년 반 번)
	주 소:	
	전 화:	
가해학생	성 명:	○○○ (학년 반 번)
	주 소:	
	전 화:	

　○○○○년 ○○월 ○○일 ○○시 ○○분경　　　○○○에서 ○○○에게 폭행하여 피해를 입힌 사실이 있음을 인정하고 치료에 소요되는 일체의 배상금으로 가해학생이 책임질 것을 상호 원만히 합의하였음. 이후 재심요구, 행정심판 등 추후 절차나 민사상 소 제기·형사상의 고소나 고발 등 일체의 추후 조치를 취하지 않을 것을 확약하고 후일의 증거로서 이 합의서에 서명날인한다.

○○○○년 ○○월 ○○일

피해학생	(印)
보호자	(印)
가해학생	(印)
보호자	(印)

입회인 성 명: 　○○○학교 학교폭력대책자치위원회 위원장　　　(印)

　　　　주 소:

　　　　전 화:

〈법률적 근거〉

　분쟁의 조정(「학교폭력 예방 및 대책에 관한 법률」 제18조)

　– 학교폭력과 관련하여 피해학생과 가해학생 간 또는 그 보호자 간의 손해 배상에 관련된 합의조정 등에 관하여 분쟁을 조정할 수 있음.

　– 분쟁을 조정하고자 할 때에는 이를 피해학생·가해학생 및 그 보호자에게 통보하여야 함.

고소장 〈양식 40〉

고 소 장

고 소 인   주소:
　　　　　 성명:　　　　　　　　연락처:

피 고 소 인 주소:
　　　　　 성명:　　　　　　　　연락처:

고소내용

• 6하 원칙(누가, 언제, 어디서, 누구에게, 무엇을, 어떻게 했나)에 근거하
  여 피해상황을 구체적이고 자세하게 표시할 것
• 가해학생에 대한 처벌을 구하는 의사를 표시할 것

＊ 첨부자료

　　　　　　　　　　　　　　　　　20 　　.　　.　　.

　　　　　　　　　　　　　　　　　고소인　　　　 (인)

　　　경찰청장(　　　지방청장,　　　경찰서장) 귀하

통고서

통 고 서

○○가정(지방)법원 소년부 귀중

통고인	성명				
	직장명				
	보호소년과의 관계 (□에 ✔ 표시)	□ 학교장	□ 사회복리시설의 장	□ 보호관찰소장	□ 보호자
	전화번호 (집 또는 직장)	(　　) 　－		전화번호 (휴대전화)	(　　) 　－

위 통고인은 다음과 같이 보호 대상 소년을 발견하였으므로 「소년법」 제4조 제3항에 따라 귀 법원 소년부에 통고한다.

통고하게 된 사유

소년	성명		주민등록번호	
	직업 (학교, 학년, 반)			
	주소			
소년의 보호자	성명		소년과의 관계	
	주소			

○ 통고하게 된 사유의 요지(□에 ✔ 표시)

□ 범죄를 저지름(14세 이상 19세 미만)	
□ 형벌법령에 서촉되는 행위를 함(10세 이상 14세 미만)	
□ 형벌법령에 저촉되는 행위를 할 우려가 있음.	□ 집단적으로 몰려다니며 주위에 불안감을 조성하는 성벽(버릇) 이 있음.
	□ 정당한 이유 없이 가출함.
	□ 술을 마시고 소란을 피우가나 유해환경에 접촉하는 성벽(버릇) 이 있음.

○ 통고하게 된 사유의 상세(필요한 경우 별지 활용)

보호소년은　년　월　일　시경에 …에서 … 하였다(일시, 장소 및 행위의 내용을 명확하고 상세하게 적어 주시기 바랍니다).

20 ．．．

통 고 인　○ ○ ○ ㊞

학교폭력 예방교육 기록부

⟨양식 42⟩

교육일시	년 월 일	교육시간	
대 상		장·소	
교육주제		강 사	

교육내용	

확인	책임교사: (서명·날인)	전문상담교사: (서명·날인)
	교 감: (서명·날인)	교 장: (서명·날인)

학교폭력 예방 서약서[2]

<양식 43>

서 약 서

– 나는 학교폭력을 절대 하지 않겠습니다 –

◉ 학교폭력 예방교육을 받았다면, 이제 우리 같이 약속해 봐요.
  읽어 보고 약속한다면 이름을 적어 주세요.

• 나_____은/는 학교폭력 피해를 당한 친구들이 매우 심각한 후유증을 가진다
  는 것을 알았습니다.

• 나_____은/는 학교폭력을 하지 않을 것입니다.

• 나_____은/는 학교폭력을 당한 친구를 알게 되면, 그냥 지나치지 않겠습니다.

• 나_____은/는 학교폭력이 발생한 사실을 알게 되면 신고하겠습니다.

• 나_____은/는 학교폭력 피해를 당한 친구를 도와주겠습니다.

• 나_____은/는 학교폭력 피해를 당하게 되면, 주위에 도움을 청하겠습니다.

• 나_____은/는 다른 학생들과 싸우지 않고 잘 지내겠습니다.

나는 위의 내용을 반드시 지킬 것을 진심으로 약속한다.

                200   년   월   일

_____학년 _____반   이름 : _____ (서명)

---

2) 양식 1~42 자료는 '학교폭력 사안처리 가이드북(교육과학기술부 외, 2012)의 내용이며, 양식 43~46, 자
   료 1~4는 '학교폭력 사안처리 가이드북(교육과학기술부 외, 2009)' 의 내용이다.

자료제출서

〈양식 44〉

이 름		학년/반	학년 / 반	성별	남 / 여
주 소					
생년월일			집전화		
가족관계			휴대전화		
요청경위					
평소 학생 생활 태도					
상담 특기 사항					
상담일자					
사건경위					
현재 상황	피해 정도				
	심리 정서 상태				
	주변 환경				
학생의견					
종합의견					

년   월   일

학교명 :   학교   상담자 : 교사   ㉑

신변보호 서비스 신청서

〈양식 45〉

신청 학교	학교명					
	주 소					
	신 청 교 사	이 름		학교전화		휴대전화
희망 학생	이 름		학년/반	/ 반	성별	남☐ 여☐
	주 소					
	생 년 월 일			주 거 형 태	부모☐ 친인척☐ 기타☐	
	동 행 장 소	등교 시		하교 시		
	동 행 시 간	등교시각 :	하교시각 :	집전화 휴대전화		
	동 행 기 간	일	시 작 일 년 월 일		종 료 일 년 월 일	
학 부	이름	부 모		휴대전화		
주요 상담 사항						
특기 사항						

신청일자 : 　년　　월　　일　　신청인 : 교사　　　㊞

고객센터 : 1588-0112, FAX : 02) 3281-0432

※ 신청서 팩스 접수 후 고객센터로 전화하여 접수확인 바랍니다.

접 수 사 항

※ KT텔레캅 작성사항임

구 분	고객센터	관리본부	관리지사
접수번호			
접 수 자			
접수일자			

학교폭력 사안처리 후 점검표 〈양식 46〉

		확인 내용	2주 후	1달 후	2달 후
1	피해학생	① 신체적 상태			
		② 정신적 상태			
		③ 보호조치 이행 여부			
		④ 학교생활			
		⑤ 교우관계			
		⑥ 기타			
	피해학생 학부모	확인내용	2주 후	1달 후	2달 후
		① 부모님의 안부			
		② 가정에서 학생의 상태			
		③ 부모님이 겪는 어려움			
		④ 기타			
2	가해학생	확인내용	2주 후	1달 후	2달 후
		① 신체적 상태			
		② 정신적 상태			
		③ 선도조치 이행 여부			
		④ 학교생활			
		⑤ 교우 관계			
		⑥ 기타			
	가해학생 학부모	확인내용	2주 후	1달 후	2달 후
		① 부모님의 안부			
		② 가정에서 학생의 상태			
		③ 부모님이 겪는 어려움			
		④ 기타			
3	목격자	확인내용	2주 후	1달 후	2달 후
		① 목격자의 현재 심리 상태			
		② 목격자가 본 피해·가해 학생의 상태			
		③ 기타			
4	기타				

학교폭력 피해 · 가해의 징후   〈자료 1〉

피해의 징후
- 수업시간에 다른 학생들로부터 야유나 험담을 많이 듣는다.
- 잘못했을 때 놀리거나 비웃는 학생들이 많다.
- 체육시간, 점심시간, 야외활동시간 등에 혼자 있는 학생이 있다.
- 옷이 지저분하거나 단추가 떨어지고 구겨져 있다.
- 안색이 안 좋고 평소보다 기운이 없다.
- 친구가 시키는 대로 그대로 따른다.
- 항상 학생들이 힘겨루기를 할 때 그 상대가 된다.
- 자주 친구의 심부름을 해 준다.
- 혼자 하는 행동이 많다.
- 주변 학생들한테 험담을 들어도 반발하지 않는다.
- 성적이 갑자기 떨어진다.
- 청소당번을 도맡아 한다.
- 다른 학생들에게 눈치를 많이 받는다.
- 자주 지각을 하거나 몸이 아프다는 이유로 조퇴하거나 결석한다.
- 평소보다 어두운 얼굴표정으로 수심이 있어 보이고 수업에 열중하지 못한다.
- 담임교사나 교무실, 상담실 주위를 서성이거나 보건실을 찾아오는 횟수가 많다.
- 전학 가고 싶다는 말을 한다.
- 수업이 시작한 후에 화장실에 가려고 한다.
가해의 징후
- 교실에서 큰 소리를 많이 치고 반 분위기를 주도한다.
- 교사와 눈길을 자주 마주치며 수업 분위기를 독점하려 한다.
- 교사가 질문할 때 다른 학생의 이름을 대면서 그 학생이 대답하게 한다.
- 교사의 권위에 도전하는 행동을 종종 나타낸다.
- 자신의 문제행동에 대해서 이유와 핑계가 많다.
- 성미가 급하고 충동적이다.
- 화를 잘 내고 공격적이다.
- 친구에게 받았다고 하면서 비싼 물건을 가지고 다닌다.
- 자기 자신에 대해 과도하게 자존심이 강하다.
- 작은 칼 등 흉기를 소지하고 다닌다.
- 등하교 시 책가방을 들어 주는 친구나 후배가 있다.
- 손이나 팔 등에 종종 붕대를 감고 다니거나 문신 등이 있다.
- 친구나 후배에게 돈을 빌려서 갚지 않는다.

외상 후 스트레스 장애의 진단 기준(PTSD) 〈자료 2〉

외상 후 스트레스 장애의 주된 증상은 충격적인 사건의 재경험과 이와 관련된 상황 및 자극에서 회피하는 행동을 보이는 것이다. 질환은 사건발생 1달 후 심지어는 1년 이상 경과된 후에 시작될 수도 있다.

다음의 내용은 진단기준의 전문입니다.

A. 외상성 사건을 경험했던 개인에게 다음 두 가지가 모두 해당된다.

(1) 개인이 자신 또는 타인의 실제적이거나 위협적인 죽음이나 심각한 상해 또는 신체적 안녕에 위협을 가져다주는 사건(들)을 경험하거나 목격하거나 직면했을 때

(2) 개인의 반응에 극심한 공포, 무력감, 고통이 동반될 때

B. 외상성 사건을 다음과 같은 방식 가운데 한 가지(또는 그 이상) 방식으로 지속적으로 재경험할 때

(1) 사건에 대해 반복적이고 집요하게 떠오르는 고통스러운 회상(영상이나 생각 또는 지각을 포함)

(2) 사건에 대한 반복적이고 괴로운 꿈

(3) 마치 외상성 사건이 재발하고 있는 것 같은 행동이나 느낌(사건을 다시 경험하는 듯한 지각, 착각, 환각, 해리적인 환각 재현의 삽화들, 이런 경험은 잠에서 깨어날 때 혹은 중독상태에서의 경험을 포함한다)

(4) 외상적 사건과 유사하거나 상징적인 내적 또는 외적 단서에 노출되었을 때의 심각한 심리적 고통

(5) 외상적 사건과 유사하거나 상징적인 내적 또는 외적 단서에 노출되었을 때의 생리적 재반응

C. 외상과 연관되는 자극을 지속적으로 회피하려 하거나 일반적인 반응의 마비(전에는 없었던)가 다음 중 세 가지 이상일 때

(1) 외상과 관련되는 생각, 느낌, 대화를 피한다.

(2) 외상이 회상되는 행동, 장소, 사람들을 피한다.

(3) 외상의 중요한 부분을 회상할 수 없다.

(4) 중요한 활동에 흥미나 참여가 매우 저하되어 있다.

(5) 다른 사람들로부터 소외감을 느낀다.

(6) 정서의 범위가 제한되어 있다(예: 사랑의 감정을 느낄 수 없다).

(7) 미래가 단축된 느낌이 든다(예: 직업, 결혼, 자녀, 정상적 삶을 기대하지 않는다).

D. 증가된 각성반응의 증상(외상 전에는 존재하지 않았던)이 다음 중 두 가지 이상일 때

(1) 잠들기 어려움 또는 잠을 계속 자기 어려움

(2) 자극에 과민한 상태 또는 분노의 폭발

(3) 집중의 어려움

(4) 지나친 경계

(5) 악화된 놀람반응

E. 장해(진단기준 B, C, D)의 기간이 1개월 이상이다.

F. 증상이 임상적으로 심각한 고통이나 사회적, 직업적, 다른 중요한 기능 영역에서 장해를 초래한다.

〈세분할 것〉

급성: 증상의 기간이 3개월 미만

만성: 증상의 기간이 3개월 이상

지연발현: 증상이 외상 후 6개월 지나서 발현

따돌림 진단척도

이름: _____ 연령: _____ 세 성별: 남 / 녀

본 척도는 학교에서 따돌림을 당하는지 평가하기 위한 것입니다. 다음의 각 문항을 읽으시고, 자신 (혹은 여러분의 자녀)에게 해당되는 란에 ✓표 하십시오. 다음 중 하나를 선택하시면 됩니다.

( )	( )	( )	( )
전혀 없음	약간 있음	상당히 있음	아주 심함

	전혀 없음	약간 있음	상당히 있음	아주 심함
1. 나는 학교에서 다른 학생들로부터 위협이나 협박을 당한 적이 있다.				
2. 나는 다른 학생들로부터 이유 없이 신체적으로 구타를 당한 적이 있다.				
3. 나는 학교에서 친한 친구가 없다.				
4. 나는 학교에서 다른 학생들과 잘 어울리지 못한다.				
5. 나는 학교에서 다른 학생들로부터 강제로 돈을 빼앗긴 적이 있다.				
6. 나는 학교에 가기가 두렵다.				
7. 나를 도와주는 친구가 없다.				
8. 나를 이유 없이 괴롭히는 친구가 있다.				
9. 친구들이 나를 일부러 따돌리고 소외시키며, 완전히 무시한 적이 있다.				
10. 나에 대해 나쁜 말을 하고 다녀서 다른 친구들이 나를 싫어하게 만든 친구가 있다.				
11. 친구들이 내가 싫어하는 별명으로 나를 부르며 비웃은 적이 있다.				
12. 내가 하기 싫어하는 일을 강제로 시키는 친구가 있다.				
합 계				

공격성 척도(BDHI)

〈자료 4〉

이름: _____　　연령: _____ 세　　성별: 남 / 녀

다음 질문들은 당신의 대인관계에서의 행동을 알아보려는 것입니다. 각 문장을 자세히 읽어 보고 자신의 평소 행동을 가장 잘 나타낸다고 생각되는 번호에 표시하여 주십시오. 응답방식은 다음과 같습니다.

(1)	(2)	(3)	(4)
전혀 그렇지 않다	약간 그렇다	꽤 그렇다	확실히 그렇다

	전혀 그렇지 않다	약간 그렇다	꽤 그렇다	확실히 그렇다
1. 나는 누가 나를 때린다고 할지라도 좀처럼 맞서서 같이 때리지 않는다.				
2. 나는 때때로 싫어하는 사람 앞에서 그의 험담을 늘어놓는다.				
3. 나는 때때로 다른 사람을 해치고 싶은 충동을 억제할 수 없다.				
4. 나는 아무리 화가 나도 결코 물건을 던지지 않는다.				
5. 나는 상대방과 다른 의견이 있다면 그의 입장을 고려하지 않고 나의 입장을 말한다.				
6. 나는 무슨 일이 있던지 간에 다른 사람을 때려서는 안 된다고 생각한다.				
7. 사람들이 나에게 동의하지 않을 때에는 논쟁할 수밖에 없다.				
8. 누가 먼저 나를 때린다면 나도 때리겠다.				
9. 계속해서 나를 괴롭히는 사람은 나에게 한 대 얻어맞기를 자초하는 셈이다.				
10. 사람들이 나에게 호통을 칠 때 나도 맞서서 호통을 친다.				
11. 나는 매우 흥분했을 때 누군가를 때릴 수 있다.				
12. 나는 때때로 시비조로 행동한다.				
13. 나는 누가 괘씸해서 혼내 주어야 할 때일지라도 차마 그의 자존심을 상하게 할 수 없다.				
14. 나는 누구하고나 잘 싸운다.				
15. 나는 거짓 협박을 자주 한다.				
16. 나는 내가 싫어하는 사람에게는 좀 무례한 행동을 한다.				
17. 나는 다른 사람들에 대한 나의 좋지 않은 견해를 보통 내색하지 않는다.				
18. 나의 권리를 지키기 위해 폭력을 써야 한다면 쓰겠다.				
19. 나는 논쟁할 때 언성을 높이는 경향이 있다.				
20. 나는 나를 궁지에 빠지게 한 사람을 알면 그 사람과 싸운다.				
21. 나는 어떤 일에 반박하여 논쟁하기보다는 차라리 상대편의 의견에 따른다.				
합　계				

법사랑 사이버랜드 탑재 학교폭력 예방 콘텐츠 〈자료 5〉

웹페이지명	대분류	소분류	내용
학교폭력 예방 법교육 웹페이지 http://cyberland.lawnorder.go.kr	초등 고학년 및 중학생	학교폭력 예방 자가진단 프로그램	− 우울증, 대인관계 등 심리 테스트 − 폭력성 및 따돌림 진단 프로그램 − 가해자 및 피해자 진단 프로그램 학교폭력 예방
		학교폭력 예방 법교육 프로그램	− 학교폭력 유형별 대처 상황 드라마 − 학교폭력 예방 유명인사 교육 영상 − 학교폭력 극복 사례 웹툰 − 학교폭력 예방교육 자료
		학교폭력 예방 참여 활동	− 학교폭력 예방 공개 약속 − UCC 공모전
		지도 가이드	− 교사용 지도, 상담 및 대처 매뉴얼 − 학부모용 지도, 상담 및 대처 매뉴얼
	유아 및 초등 저학년	학교폭력 예방 법교육 프로그램	− 학교폭력 유형별 에피소드 애니메이션 − 학교폭력 개념형성 교육용 애니메이션 − 학교폭력 예방 Q&A 게임 − 학교폭력 예방 캠페인 웹툰
		학교폭력 예방 참여 활동	− 학교폭력 예방 동요 및 율동 따라 하기 − 학교폭력 예방 스티커 및 인형 달기
		지도 가이드	− 교사용 지도 매뉴얼 − 학부모용 지도 매뉴얼

출처: 청와대 정책소식(vol. 110)

참고문헌

교육과학기술부(2012). 학교폭력 대응지침.

교육과학기술부, 이화여자대학교 학교폭력 예방연구소, 청소년폭력예방재단, 법무부, 한국법교육센터(2012). 학교폭력 사안처리 가이드북.

교육과학기술부, 청소년폭력예방재단, 서울대학교 교육연구소(2009). 학교폭력 사안처리 가이드북.

문용린 외(2005). 학교폭력 예방과 상담, 191. 학지사.

청와대 정책소식 통권 110호(2012). 학교폭력 반드시 해결하겠습니다.

● 저자 소개 ●

천세영
Chun Seyeoung

서울대학교 대학원 박사(교육행정 전공)
현 충남대학교 교육학과 교수
　　한국스마트교육학회장
전 한국교육재정경제학회장
　　대통령실 교육비서관
　　한국교육학술정보원장
〈주요 저서〉
『교육과 자유』(학지사, 2013)
『스마트 교육혁명』(공저, 21세기북스, 2012)
『교육행정 및 교육경영』(공저, 학지사, 2009)
『한국교육재정 현상탐구 II』(충남대학교출판부, 2009)
『한국교육재정 현상탐구 I 』(충남대학교출판부, 2005)
『교사와 윤리』(공저, 원미사, 2004)
『한국교육과 교육재정연구』(학지사, 2001)

정일화
Jeong Ilhwa

충남대학교 대학원 박사(교육행정 전공)
현 대전전자디자인고등학교 수석교사
전 대전만년고등학교 수석교사
〈주요 저서〉
『초등교직실무』(공저, 학지사, 2015)
『교육윤리 리더십』(공역, 학지사, 2011)
『학업성취 향상 수업전략』(공역, 시그마프레스, 2010)
『블루리본 스쿨』(공저, 학지사, 2009)
『교육행정 및 교육경영』(공저, 학지사, 2009)
『교육행정 사례연구』(공저, 학지사, 2007)
『교육행정철학』(공저, 학지사, 2007)

남미정
Nam Mijeong

충남대학교 대학원 박사(교육행정 전공)
현 대전하기중학교 교사
〈주요 저서〉
『교사와 윤리』(공저, 원미사, 2004)

김미정
Kim Mijung

충남대학교 대학원 박사(교육행정 전공)
현 대전현암초등학교 교사
〈주요 저서〉
『교육행정 및 교육경영』(공저, 학지사, 2009)
『교육행정 사례연구』(공저, 학지사, 2007)
『교육행정철학』(공저, 학지사, 2007)

조성만
Cho Sungman

충남대학교 대학원 박사(교육행정 전공)
현 대전광역시교육청 장학사
　　전주교육대학교 겸임교수
〈주요 저서 및 역서〉
『교육행정 및 교육경영』(공저, 학지사, 2009)
『교육행정윤리』(공역, 시그마프레스, 2010)

김수아
Kim Sooah

충남대학교 대학원 박사(교육행정 전공)
현 산흥초등학교 교사
〈주요 역서〉
『교육행정윤리』(공역, 시그마프레스, 2010)

유지영
You Jiyoung

충남대학교 대학원 박사(교육행정 전공)
현 대전자양초등학교 교사

방인자
Bang Inja

충남대학교 대학원 박사수료(교육행정 전공)
현 충남대학교 교육연구소 연구원

사례와 판례로 이해하는
학교폭력의 예방과 대책
Understanding and Preventing School Violence

2014년 9월 1일 1판 1쇄 발행
2015년 10월 1일 1판 2쇄 발행

지은이 • 천세영 · 정일화 · 남미정 · 김미정
　　　　조성만 · 김수아 · 유지영 · 방인자
펴낸이 • 김진환
펴낸곳 • (주)**학지사**
　　　　121-838 서울특별시 마포구 양화로 15길 20 마인드월드빌딩
대표전화 • 02)330-5114　　팩스 • 02)324-2345
등록번호 • 제313-2006-000265호

홈페이지 • http://www.hakjisa.co.kr
페이스북 • https://www.facebook.com/hakjisa

ISBN 978-89-997-0469-7 93370

정가 18,000원

저자와의 협약으로 인지는 생략합니다.
파본은 구입처에서 교환해 드립니다.

인터넷 학술논문 원문 서비스 **뉴논문** www.newnonmun.com

이 도서의 국립중앙도서관 출판시도서목록(CIP)은 서지정보유통지
원시스템 홈페이지(http://seoji.nl.go.kr)와 국가자료공동목록시스템
(http://www.nl.go.kr/kolisnet)에서 이용하실 수 있습니다.
(CIP제어번호: CIP2014024691)